Hans Erman

Berliner Geschichten Geschichte Berlins

Historien · Episoden · Anekdoten
Mit zweiunddreißig Bildtafeln

Fünfte und sechste Auflage
Ergänzt von Martin Pfeideler

EDITION ERDMANN
Tübingen

ISBN 3-88639-505-7

Sechste, revidierte Auflage 1980
Umschlaggestaltung: Manfred Salemke
Druck: Becht-Druck, Ammerbuch-Pfäffingen
Bindearbeiten: Großbuchbinderei Josef Spinner, Ottersweier

Inhalt

Endlich, ganz ehrlich gesprochen,
wißt Ihr Herren in der Ferne
doch alle nichts von Berlin,
wo, wie aller Orten,
eine lebendige Gegenwart jede Vorstellung
und Gedanken Lügen straft.

(Karl Friedrich Zelter an Goethe, 1810)

Der Herausgeber

im Namen des Bären:

Das Buch handelt von Berlin, vom alten und vom nicht mehr ganz so alten Berlin, auch von dem Berlin unserer Tage.

Es gibt bereits hundert und tausend und noch mehr Bücher, dicke und dünne, große und kleine, die von Berlins Geschichte erzählen. Wer sich für unsere Stadt interessiert, hat einige von ihnen wohl auch daheim im Bücherbord stehen und sogar gelesen. Er wird fragen, warum ein neues, schon wieder ein neues Buch über Berlin nötig sei, was es Neues noch mitteilen könne. Er wird in dem Buche, hält er es nun einmal in der Hand, voller Argwohn herumblättern.

Was neu, wirklich neu und oft bestürzend neu ist, entdeckt er bald. Und wo, mit welchem Kapitel oder auf welcher Seite er dann zu lesen anfängt, ist gleichgültig. Wer Vergnügen daran findet, darf von der Mitte nach vorn oder hinten lesen, auch von der letzten Seite zurück zur ersten. Es macht nichts aus, ob man so oder so verfährt. Dem Buche liegt kein ausgeklügelter Plan zugrunde, es ist nicht nach der wohlüberlegten Anordnung eines bestimmten Autors entstanden:

Dieses Buch, auch das ist ungewöhnlich, wurde von der ganzen Stadt geschrieben. Dieses Buch schrieb Berlin!

Die Stadt hat sich für ihr Buch reichlich Zeit gelassen, siebenhundert Jahre und mehr. Während so vieler Jahre diktierte sie vielen Schreibern. Es waren flinke und bequeme, gelenke und plumpe Hände am Werk. Sie führten den Gänsekiel oder die Stahlfeder oder tippten auf einer Maschine, bedienten sich der Tinten aus Ruß oder Galläpfeln oder eines Farbbandes aus Nylon.

Die Schreiber gebrauchten auf sehr verschiedene Weise auch die Sprache, zuweilen ein mehr oder weniger elegantes Französisch, ein mehr oder weniger klares Latein. Oft war auch ihr Deutsch alles andere als vorbildlich, jedenfalls aber zeitgebunden in Stil und Ausdruck. Der Herausgeber meinte, alte fremdländische Phrasen so gut wie heute unbekannte deutsche Redewendungen entbehren zu können. Er hat diese und jene, ohne viel Aufhebens, in einer uns verständlichen Sprache wiedergegeben. Wenn er weiterhin, und gewiß ohne Schaden für Sinn und Zeitbild, nicht jeden Satz buchstabengetreu dargeboten, weitschweifige Prosa des öfteren zusammengezogen, sogar die Strophen einiger Stadtpoeten zuweilen verkürzt und überhaupt das Belanglose weggelassen hat, wird das selbst den Freund philologischer Akribie nicht zu stören brauchen.

Denn die „Geschichte Berlins" ist weder für Examenskandidaten der klassischen oder neueren Philologie, noch für Mitglieder eines historischen Seminars geschrieben worden. Die Autoren des Buches sind oft unstudierte Herren gewesen; das Abiturium fehlte vielen, manchen sogar die Mittlere Reife einer höheren Lehranstalt. Sie schrieben ja, schlicht und brav, auch meist für ihresgleichen, also für Leute, denen wissenschaftliche Techniken ebenfalls unbekannt, wohl fremd wie böhmische Dörfer und deshalb ganz gleichgültig waren.

Der Herausgeber dachte, durchaus im Sinne seiner Autoren zu handeln, wenn er auch seinerseits auf alle wissenschaftliche Apparatur, auf die mit Sternchen oder Ziffern versehenen Fußnoten, Textvergleichungen, Kommentare, Belegstellen, Lesarten und ähnliche Umständlichkeiten verzichtete. Weil Zahlen ohnehin immer vergessen werden, Geschichte aber wohl nur das ist, was man von ihr im Gedächtnis behalten will oder kann, hat er meist auch auf Daten verzichtet. Was an Jahreszahlen und sonst Lästigem ihm trotzdem unentbehrlich erscheinen wollte, packte er unauffällig in die Einführungen zu den jeweiligen Kapiteln und einzelnen Texten. Er hofft, daß der Leser sie weder zu lang, noch zu langweilig findet. Die Einführungen beschränken sich wirklich auf das Notwendigste, ein historisches Kompendium wollen sie nicht ersetzen.

Wie Fontanes „Wanderungen durch die Mark Brandenburg" hat auch, wenn der Vergleich gestattet ist, die Wanderung durch Berlins Geschichte keinen Ehrgeiz, mit der großartigen Wissenschaft gelehrter Werke und archivalischer Dokumentensammlungen zu konkurrieren. Als einstiger Schüler von Friedrich Meinecke, Hermann Oncken und Willy Andreas glaubte der Herausgeber immerhin, die wichtigste Literatur dieser Art zu kennen. Er hat sie benutzt, er fühlt sich sehr in ihrer Schuld. Daß er auch Literatur ganz anderer Art benutzt hat, braucht der Herausgeber niemandem zu verschweigen. Weil die Verfasser der Geschwisterwerke oft gerade dort einen Punkt setzten und aufhörten, wo die Mitarbeiter unseres Buches im Banne des Geschehens ein Komma setzten und munter fortfuhren, sieht der Herausgeber sogar eine kleine Möglichkeit, sich dankbar erweisen und Empfangenes bescheiden erwidern zu können. Denn dieses oder jenes, das hier mitgeteilt wird, mag auch dem Fachmann nicht geläufig, zumindest im Zusammenhange mit Berlins geschichtlicher Physiognomie nicht geläufig sein.

Die Stadt schrieb siebenhundert Jahre und länger an ihrem Buche. Die Damen und Herren Sekretäre Berlins waren vielfach von vornehmstem Stande, einige trugen sogar die Königs- oder Kaiserkrone. Andere glänzten mit ererbtem oder erworbenem Reichtume, wurden als große Künstler oder Gelehrte gefeiert. Wiederum andere sind weder vornehm, noch reich, noch berühmt gewesen, waren bescheidene Bürgersleute oder gar, wie Schusterjungen und Eckensteher, armselige Habenichtse und Tunichtgute.

An Abwechslung mangelte es auch sonst nicht. Zahlreiche unserer Autoren wollten ja durchaus, wie man so sagt, Geschichte machen und in die Geschichte eingehen, waren sich dessen stets auch sehr bewußt. Nicht wenige jedoch sind ohne eigenes Verlangen, oft wider eigenes Erwarten in die Chronik der Weltbegebenheiten hineingeraten. Weil sich die Bedeutung oder Bedeutsamkeit ihres Lebens erst spät erweisen sollte, manchmal erst lang nach ihrem Tode. So konnten beispielsweise auch die klügsten Zeitgenossen und der Apotheker Klaproth selbst nicht ahnen, daß in einem Berliner Laboratorium Otto Hahn und Lise Meitner zur Atomzertrümmerung des Elementes sich bedienen würden, das Klaproth schon zu Friedrichs des Großen Zeit in einem Berliner Laboratorium entdeckt und Uran genannt hatte. Im oft großen zeitlichen Abstande erst wandelte sich auch mancher Scherz zu Ironie und gewann tiefere Bedeutung.

Gelebtes Leben ist von der postumen Anerkennung unabhängig. Auch die großen oder kleinen Ideen, die wirklich oder scheinbar harmlosen Späße gehören wie Feldzüge und Friedensschlüsse ihrer jeweiligen Zeit an, gleichgültig, wann nachfolgende Generationen dann auf das Vergangene aufmerksam wurden, dessen Bedeutung erkannten und in etwa zu spüren begannen. Der Leser findet auch das, was verspätet und manchmal zu spät und von den Schreibern des Buches sozusagen in einem Nachtrag also erst mitgeteilt werden konnte, an dem zugehörigen Platz. Es ist nicht so, daß hier etwa die ganze weite und große Weltgeschichte „auf berlinisch" rekapituliert wird, wie man eine Weltgeschichte auf englisch oder französisch schreiben, den Text auch in jede andere Sprache, auch in jede Mundart übersetzen könnte. Dieses Buch ist kein historisches Kompendium; seine Autoren erzählen von der ganzen weiten und großen Weltgeschichte nur, was Berliner von ihr erlebt und auf ihre Art erlebt haben.

Siebenhundert und mehr Jahre sind eine lange Zeit. Es ist sehr viel passiert in diesen siebenhundert und mehr Jahren. Auch in Berlin. Auch derart Wichtiges, daß die Geschichte Berlins zuweilen für die Geschichte der Welt bedeutungsvoll wurde. Bei der Fülle der Ereignisse konnte es sogar vorkommen, daß, wer an dem Buche schrieb, bereits vorhandene Eintragungen nicht beachtete. Er hat dann nochmals, genauso oder ähnlich, notiert, was genauso oder ähnlich schon früher im Guten oder Bösen erlebt und aufgeschrieben worden war. Solche Wiederholungen lassen wohl aufmerken. Begegnen wir ihnen immerfort und etwa bis in unsere Tage hinein, sind auch sie vielleicht ein Exempel für das, was man die „unbewältigte Vergangenheit" und folglich Berlins heutige Aufgabe nennen könnte.

Das andere nun, das sich niemals wiederholte, mag kaum weniger aufmerken lassen. Dem Einmaligen und Einzigartigen, das abseitig und oft wahnwitzig schien, hatte man jegliches Fortwirken in die Zukunft ja zuweilen abgesprochen. Es blieb ihm jeglicher Einfluß auch auf die eigene Zeit versagt. Es ging unter im Gelächter der Mitwelt. Denn nicht jeder, der an dem Buche mitwirkte, hat ja das Richtige gewollt, nicht für die Stadt, nicht einmal für sich selbst. So findet der Leser Anlaß genug, noch heute über manche Torheit zu lachen.

Die Schreiber des Buches bekunden ihre unguten, bekunden ihre guten Absichten. Bald melden sie sich mit gewichtigerem Ausspruch, bald mit unbeschwertem und auch unbegreifbarem Schabernack. Sie zeigen sich in prächtiger Leibhaftigkeit oder in nur sehr schemenhaftem Umriß. Ihr Leben wurde als Vorbild bewundert oder als Verirrung getadelt.

Was das Einmalige und Einzigartige betrifft, so wurde es nicht selten nur deshalb getadelt, für abseitig und wahnwitzig gehalten, weil die Kritik sich gegen eigenen Irrtum gefeit fühlte. Berlin war auch grausam; die Geschichte der Stadt ist nicht frei von Betrüblichem. Die Stadt hat nicht gerade selten ihre eigenen Kinder verstoßen, auch oft denen, die sich willentlich ihr anvertrauen, Hilfe oder auch nur Verständnis verweigert. Wenn so das Gute und Edle nicht anerkannt, sogar verlacht wurde, findet der Leser auch Anlaß genug, heute das Lachen von gestern zu beklagen.

Glück und Unglück und verwirrendste und seltsamste Mannigfaltigkeit der Begebenheiten und Lebensläufe finden sich sehr nah beisammen, in jedem Kapitel und oft auf jeder Seite. Aber von einem Buche, das Berlin geschrieben hat, in siebenhundert und mehr Jahren, erwartet ein Leser, dem sein eigenes kurzes Leben den überaus wechselvollen Ablauf der Zeiten nicht ersparte, wohl gerade Mannigfaltigkeit sehr gegensätzlicher Art. Die Beiträge der hier zusammengestellten Historien oder Histörchen, der ernsten oder heiteren Anekdoten, der amüsanten Episoden und trächtigen Epochen bietet ihnen Mannigfaltigkeit genug. Nach eigener Laune darf der Leser grollen oder schmunzeln, wenn er während der Lektüre bemerkt, wie sehr er sich mit Berlin verschworen hat, sei er nun Urberliner oder Wahlberliner, Zugewanderter oder Flüchtling oder Mitglied jener großen Freundesschar des Berliner Bären an jedem Ort, in jedem Land der Erde.

Für sie alle, die das Leben gezwungen hat, Weltgeschichte als ihr sehr persönliches Schicksal zu betrachten, wurde diese Selbstdarstellung Berlins herausgegeben.

H. E.

Unter dem Roten Adler

Unter den Kastellanen, die den Fremden einst durch das Hohenzollernschloß an der Spree führten, gab es auch einen recht munteren Mann. Hatte er seine Gäste durch die schier unzählbaren Zimmer, Säle, Galerien aller Epochen und Stile endlich zum Grünen Hut geleitet, hieß es in bestmöglichem Hochdeutsch:

„Wir befinden uns hier im ältesten Teile des Schlosses, wie es Kurfürst Friedrich II. angelegt hat. Dieser Turm, meine Damen und Herren, stammt schon aus det fuffzehnte Jahrhundert, aber die Steine, woraus er jebaut is, sind nadierlich ville älter noch, ooch wenn keiner nischt Jenaues nich sagen kann!"

Ganz ähnlich verhält es sich mit Berlin. Wer aufmerksam die Stadt durchwandert, findet Kirchen, die um 1300 oder 1270 oder 1250 entstanden sein müssen. Es berichten schön geschriebene, zuverlässige Urkunden schon 1244, sogar 1237 von einer „Doppelstadt Cölln-Berlin" an Spreefluß und Kupfergraben.

Aber ein Markgraf Gero ist bereits zu Kaiser Ottos des Großen Zeit anerkannter Herr des Landes zwischen Elbe und Oder gewesen, die Städte Brandenburg und Havelberg sind 948 und 946 Bischofssitze geworden...

Vielleicht mag auch Berlin „ville älter noch" sein als seine Bauwerke und Urkunden? Wir wissen es nicht. Selbst vom Markgrafen Gero ist kaum mehr bekannt als das, was der Dichter des Nibelungenliedes uns überliefert, der ihn als einen „großen und tapferen Mann" rühmt. Es kann keiner „nischt Jenaues nich" sagen über Berlins Anfänge, es fehlt die Gründungsurkunde, wie man den amtlichen Geburtsschein der Städte zu nennen pflegt.

Es fehlt überhaupt vieles, beinahe alles, das notwendig wäre, um von den ältesten Urberlinern, ihrem Leben und ihrer Stadt ein Bild zu geben, wie unsere Neugier es sehen möchte.

Berlin und die Bärlin

Nicht einmal über den Namen der Stadt gibt es zuverlässige Auskunft. Ein Herr Albrecht von Askanien, dessen Familie im Thüringischen zu Hause war, ist zweihundert Jahre nach Gero mit der Mark belehnt worden. Er hatte ein reichliches Dutzend Erben, die Askanier regierten von 1134 bis 1319 in Brandenburg. Die Berliner befaßten sich mit Schiffahrt, Handel, Fischerei und anderem Gewerbe sehr fleißig – um die Geschichte ihrer Stadt kümmerten sie sich wenig. Bald hatten sie sämtliche Askanier und dazugehörige Jahreszahlen vergessen und erzählten sich eben, daß irgendwann einmal der Markgraf Albrecht an die Spree gekommen wäre, in den moorigen Wäldern wilde Tiere gejagt hätte.

Ein mächtiger Bär wurde aufgespürt, und Graf Albrecht verfolgte ihn bis zu dessen Lager, wo die Bärin sich mit ihren Jungen tummelte. Albrecht ließ den wurfbereiten Ger sinken; das Familienidyll rührte sein Herz. „Hier will ich eine Stadt bauen", soll Albrecht gesagt haben, „und nach den kleinen Bärlin will ich sie heißen!"

Damit hatte die Sage alles hübsch erklärt: den Namen und auch das Wappen Berlins.

Leider kamen später, in aufgeklärteren Zeiten, Historiker und wiesen nach, daß die Askanier schon immer den Bären im Wappen geführt hatten. Die Gelehrten bewiesen haargenau auch, daß der Stadtname mit kleinen „Bärlin" nichts zu tun haben kann, weil er sonst auf der ersten Silbe betont worden wäre. Die Gelehrten bewiesen weiterhin haargenau, daß auch andere Erklärungen falsch sind.

Aber wie der Name Berlin wirklich zu deuten ist, bleibt noch heute eine offene Frage. Es kann keiner „nischt Jenaues nich" sagen.

Die „Streusandbüchse"

Wenn jedoch im Zusammenhange mit Berlin von „Des Heiligen Römischen Reiches Streusandbüchse" die Rede ist, erhalten wir zuverlässigen Bescheid. Die spöttische Bezeichnung finden wir erstmals 1822 in einem Wörterbuch, das der Direktor des Gymnasiums zum Grauen Kloster Theodor Heinsius herausgegeben hat.

Im frühen Mittelalter, und auch dies ist aktenkundig, hat das Land rings um Berlin den Deutschen jedoch sehr gut gefallen.

Der Zug nach dem Goldenen Osten

Auch das Mittelalter hatte seine sozialen Probleme. Der Deutschen waren mehr geworden, aber des Landes, das sie für ihre Nahrung brauchten, wurde immer weniger. Adel und Geistlichkeit bekamen Macht, beanspruchten Herrschaft über Äcker und Wiesen und Wälder, unterwarfen sich Land und Leute mit Gewalt. Wer nicht dienstbar werden, ein freier Mann bleiben wollte, verließ die alte Wohnstatt und suchte in der Mark, die von slawischen Stämmen nur spärlich besiedelt war, eine neue Heimat.

Schon im Jahre 1108 lockte eine Botschaft die Landsuchenden herbei: „Diese Heiden hier sind die allerschlimmsten, aber ihr Land ist das allerbeste und, wenn es ordentlich bestellt wird, an Fruchtbarkeit ohnegleichen. Wohlan ihr Sachsen, Franken, Lothringer, Flamen, Ihr ruhmwürdigen Bezwinger der Welt, hier könnt Ihr das fruchtbarste Land zur Siedlung erwerben, wenn Ihr wollt, und zugleich für das Heil Eurer Seelen sorgen."

Völker gehen nicht ohne Grund auf Wanderschaft. Die Deutschen brauchten Äcker um des Leibes Nahrung willen. Sie kamen in die Mark. Sie kamen als Christen, die das Heidentum bekämpften, was dem Heil auch ihrer Seele diente.

Märkische Dichtkunst

Einige Jahre später war dann auch Graf Albrecht gekommen, aus dem Thüringischen, wie erwähnt worden ist, und ohne Sorge um exakte Geschichtsschreibung feierte man ihn bald als Gründer der Stadt. Die Berliner bewunderten ihren Markgrafen, und diese Bewunderung ließ sie sogar poetisch werden:

Heinrich der Löw und Albrecht der Bär,
Darzu Friedrich mit dem roten Här,
Das waren drei Herren,
Die konnten die Welt verkehren.

Die Sprache scheint noch ungeschickt, denken wir an die Sonette, die Petrarca zu gleicher Zeit der geliebten Laura widmete, aber die Sprache ist verständlich und klar. Allenfalls bedarf es des Hinweises auf den rothaarigen Kaiser Friedrich, Barbarossa, der als Hohenstaufe die Besiedlung des Ostlandes unterstützte, wie es Heinrich der Löwe, der Sachsenherzog, zu des Markgrafen Gero Lebzeit getan hat.

Land ohne Hauptstadt

Es gab in der Markgrafschaft zahlreiche Städte. Berlin war eine unter den anderen, nicht die größte, nicht die älteste und nicht die vornehmste. Es war auch nicht Hauptstadt, es gab keine! Die askanischen Markgrafen residierten und regierten dort oder hier in irgendeiner Burg, und in Berlin besaßen sie, was moderner Sprachgebrauch ein pied à terre nennen würde, ein Absteigequartier, eine Bleibe und nichts sonst. Großartig war lediglich der Name „Das Hohe Haus".

Von dem „Hohen Haus" ist uns so wenig bekannt wie von den anderen Häusern des ältesten Berlin. Hatte es ein Stockwerk mehr als diese? Oder bekundete der Name den

Respekt vor der Hoheit des Landesherrn? Der Chronist kann zuverlässig nur mitteilen, daß das „Hohe Haus" in der Klosterstraße gestanden hat, und daß ein 1931 zufällig aufgefundenes Tor im Märkischen Museum besehen werden kann.

Bis Berlin Hauptstadt wird, bis es ein Schloß bekommt, dauert noch einige Zeit. Die Askanier regieren dann nicht mehr, die Hohenzollern sind gekommen. Unter ihnen erst wird Berlin stolze Fürstenresidenz, Stadt der Regierung und Landesverwaltung.

Das „Hohe Haus" mag abgerissen worden sein, es ist trotzdem nicht völlig aus der Stadtgeschichte verschwunden. Wenn wieder ein paar Jahrhunderte vergangen sind, erinnert man sich des „Hohen Hauses" der Markgrafen, und nun nimmt das Volk den Namen für die Versammlung seiner gewählten Vertreter in Anspruch. Der Reichstag wird das neue „Hohe Haus" der Berliner.

Der Falsche Waldemar

Das Urbild politischer Hochstapler, dessen die Berliner in der Redensart „Unjewiß wie Waldemar, weil es im Walde war" noch gedenken, hat auch zu diesen Zeiten gelebt. Der falsche Waldemar tauchte auf, als der echte Waldemar schon fast dreißig Jahre tot und die Mark nach dem Aussterben der Askanier ohne rechtmäßigen Herrn war.

Es gab im Brandenburgischen Leute, die für bare Münze nahmen, was der so spät Wiederauferstandene erzählte: daß er eben nicht wiederauferstanden sei, weil er niemals gestorben wäre, daß er auch nicht dreißig Jahre zu Chorin im Grabe gelegen, sondern so lang als Pilger im Heiligen Lande geweilt hätte. Es gab außerhalb Brandenburgs mächtige und einflußreiche Herren, die den Schwindel vielleicht durchschauten, ihn aber für ihre politischen Zwecke recht nützlich hielten. Sogar Kaiser Karl IV. bekannte sich zu dem angeblichen Jerusalempilger, auch der Erzbischof von

Magdeburg, auch die Fürsten von Sachsen und Anhalt, um mittels des falschen Waldemar das Land des echten Waldemar den Wittelsbachern streitig machen zu können.

Es war eine verdrießliche, gefährliche Zeit. Die bayerischen Wittelsbacher bekämpften Kaiser Karl und waren für den Gegenkaiser Günter, die eine Partei war mit dem Papst Freund, die andere mit Rom verfeindet. Alles das ging die Berliner eigentlich nichts an, war große und hohe Weltpolitik. Aber die große, hohe Weltpolitik wurde in Berlin ausgetragen.

Nach Gottes Jahrtausend, Jahrhundert dre
Achtundvierzig und nicht meh
Als eben im 1348 Jahre
Kam der Falsche Waldemare,
Der Markgraf, mit Hülffe stark
Und machte Platz sich in der Mark.

Wie man sieht, haben die Berliner von diesem Waldemar nichts wissen wollen. Gegen die „Hülffe stark" waren sie machtlos, mußten dem Schützling des Kaisers huldigen. Und vielleicht würde die Regierung des falschen Waldemar lang gedauert haben – aber Kaiser und Gegenkaiser, Wittelsbacher und sächsische Askanier versöhnten sich mit einem Male. Jetzt brauchte man keinen Falschen Waldemar mehr. Auch von den Freunden verlassen, floh er 1350 nach Dessau, wo er 1357 gestorben ist. Daß er ein Betrüger war, steht fest. Ob er „ein Mensch niedrigster Herkunft" gewesen ist, dessen unbekannte Heimat „im Walde war", bei räubernden Troßbuben oder stadtflüchtigen Dieben, wer und was er wirklich war, wurde niemals geklärt.

Sorgen der „Rathmänner"

Dabei gab es auch im alten Berlin, das ein halbes Dutzend Kirchen und Klöster sein eigen nannte, in den Taufbüchern ein durchaus zuverlässiges Personenstandswesen. Bürgerverzeichnisse, Schuldregister ergänzten es. An Ordnung mangelte es nicht, und schon das Jahr 1335 überliefert uns das erste Stadtgesetz:

„Wir Rathmänner, alte und neue, von Berlin und Kölln thun kund durch diesen Brief, daß wir in unserm Rathe einmütig übereingekommen sind, wie die folgenden Punkte Jahr aus und Jahr ein sollen gehalten werden. Zum ersten wollen wir, daß weder Frauen noch Jungfrauen an Armspangen oder Geschmeide mehr tragen sollen als eine halbe Mark werth ist. Ferner sollen weder Frauen noch Jungfrauen golddurchwirkte Tücher tragen; auch soll keine Jungfrau goldene Reifen oder Kränze tragen, die mehr kosten als eine Mark. Ferner befehlen wir, daß weder Frauen noch Jungfrauen Zobelpelz und Besatz auf ihren Kleidern und Mänteln tragen ...

Ferner wollen wir, daß die Jungfrau, die dem Manne gegeben wird, oder die Witwe, die sich wieder verheiratet, das behalten soll, was man ihr schenkt und es nicht wieder herausgeben soll ...

Ferner, wenn eine Frau nach ihrer Niederkunft den ersten Kirchgang thut, so soll sie nicht mehr Frauen laden als zu drei Schüsseln, und soll sie dabei niemand beschenken ...

Ferner wollen wir, daß niemand Schänken halte und Bier schänke nach dem Läuten der letzten Betglocke. Wo das geschieht, sollen Wirth und Gäste gepfändet werden ...

Nach dem letzten Läuten soll auch niemand mehr auf der Straße tanzen, weder Männer noch Frauen ...

Ferner soll niemand kegeln oder würfeln um mehr als 5 Schillinge ...

Endlich wollen wir auch, daß, wenn einer eine Frau oder Jungfrau von außerhalb zur Ehe nimmt und diese groß Geschmeide in unsere Städte brächte, so soll sie es tragen dürfen einen Monat, das ist vier Wochen und nicht länger."

Für einen Schilling konnte man damals einen ausgewachsenen, schlachtreifen Ochsen kaufen. Die Berliner konnten sich also nicht beklagen, daß sie „nur" um fünf Schillinge kegeln oder würfeln durften. Da erst zwölf Schillinge eine Mark ergaben, war auch der Wert des den Damen zugestandenen Schmuckes beträchtlich. Wer Freude am Rechnen hat, mag mit heutigen Fleischpreisen vergleichen.

Die Hanseaten

Im vierzehnten Jahrhundert hat Berlin dem mächtigen Bunde angehört, der auch Lübeck, Hamburg, Danzig, Bremen, auch Dortmund, Köln, Soest und andere Städte vereinte, zu London und zu Nowgorod eigene Niederlassungen unterhielt. Als angesehenes Mitglied der Hanse trieben die Berliner Handel überall, ihr Reichtum war sprichwörtlich:

Berliner Geld
geht durch die Welt ...

Das waren gute Zeiten. Die Berliner legten das viele Geld auch trefflich an, mit ihm erkauften sie von den Markgrafen immer neue Vorrechte. Berlin wurde eine fast unabhängige Bürgerrepublik wie Bremen, Hamburg oder Lübeck.

Fürstliche Händler

Um das liebe Geld sorgten sich zu diesen Zeiten auch gar vornehme Herren. Sie handelten nicht mit Salz oder Stockfisch wie Bürgersleute, auch nicht mit Tuch oder Mehl. Ihre Ware war das Land. Als Kaiser Sigismund Geld brauchte, verpfändete er die Mark Brandenburg an seinen Vetter Jobst von Mähren. Als Jobst in Nöte kam, weil seine Wahl zum deutschen König finanziert werden mußte, versetzte er die Mark Brandenburg beim Markgrafen Wilhelm von Meißen. Das Pfand war noch nicht ausgelöst, als Jobst das Leben endete. Der Meißner hielt sich an Kaiser Sigismund.

Kaiser Sigismund hatte noch weniger Geld als früher, dafür noch mehr Schulden als je zuvor. Da niemand ihm auf die verpfändete Mark Brandenburg neuen Kredit geben wollte, verkaufte er sie. Das Höchstgebot machte der Nürnberger Burggraf Friedrich. Er entstammte einem Geschlecht, das auf der schwäbischen Burg Zollern ansässig war.

So kamen, mitsamt ihrer schwarz-weißen Hausflagge, die Hohenzollern in die Mark Brandenburg.

Das Geschäft des Hohenzollern

Genau 400 000 Goldgulden hat der Burggraf Friedrich von Nürnberg, Graf von Hohenzollern, teils bar bezahlt, teils mit früheren Darlehen, teils mit früher geleisteten Diensten verrechnet.

Er bekam dafür 423,38 Quadratmeilen, rund 22 000 Quadratkilometer brandenburgisches Land, bestehend aus Altmark, Prignitz, Uckermark und Mittelmark. Er bekam auch außerdem die Kurfürstenwürde. Selbstverständlich bekam er auch Berlin.

Es war ein gutes Geschäft, das der Nürnberger gemacht hatte; auch wenn ein Gulden etwa sechs oder sieben oder acht Goldmark bedeutete.

„Nürnberger Tand"

Die Berliner waren gute Kaufleute, aber sie mochten nicht, daß man sie selber verkaufte. Der neue Herr gefiel ihnen wenig, ganz ohne Respekt vor der Majestät des fürstgräflichen Kunden sprachen sie vom „Nürnberger Tand", den der Kaiser ihnen beschert hätte, und schworen: „Wenn es auch ein Jahr lang Burggrafen vom Himmel regnete, so sollen sie in der Mark doch nicht gedeihen!"

Die Faule Grete

Ärger über die neue Herrschaft verriet sich auch in dem Namen, mit dem das Geschütz bedacht wurde, das Kurfürst Friedrich mitgebracht hatte. Die Berliner sprachen von der „Faulen Grete". Das war hämische Ironie, denn „Grete" war keineswegs faul, mit ihren vierundzwanzig Pfund schweren Steinkugeln zertrümmerte sie fleißig die Burgen der zahlreichen Raubritter, auch die der Quitzows.

Die faulen Berliner

Der Kurfürst wiederum hatte eine schlechte Meinung von den neuen Untertanen.

„Fleißige und verständige Gehilfen finden wir hie unter den märkischen Schreibern nicht", steht in einem Briefe an seine fränkischen Verwandten. Friedrich holte seine Beamten also aus Süddeutschland. Auch die nächsten Kurfürsten beschäftigten nur süddeutsche Landsleute in der Verwaltung. Wer es in Berlin zu etwas brachte, war damals aus Franken oder Schwaben wie späterhin aus Breslau.

Der Totentanz in der Marienkirche

Ein um das andere ihrer Stadtrechte mußten die Berliner hergeben. Mit nicht immer sanften Maßnahmen zwangen die beiden Friedriche, die von 1415 bis 1470 regierten, die Stadt zum Gehorsam. Als Zeichen dafür, daß Berlin nun Residenz und den Kurfürsten untertänig geworden war, wurde das Schloß errichtet.

Es mag seinen geheimen Grund gehabt haben, daß gerade jetzt, während an der Spree die landesherrliche Burg gebaut wurde, in der Marienkirche die Bilderreihe des Totentanzes entstand.

Herr Junker mit Eurem Habicht fein,
Ihr wolltet allzeit der Feinste sein!
So manchen habt Ihr gebracht zum Fallen,
Des Todes nur dachtet Ihr nicht bei allem.
Weidwerk, Hofieren war Euer Art,
Nun folgt mir zum Tanze, zur letzten Fahrt.

Dreißigmal ruft der Knochenmann zum Tanze, keinen verschont er, nicht den Fürsten, nicht den Prälaten, nicht des Kaisers Majestät:

Herr Kaiser, edel und mächtiglich,
Ihr lebtet auf Erden schon himmelisch,
Hattet stolz Roß, ein hold Weib auf dem Throne,
Nun leget nieder die güldene Krone,
Zum Totentanz halt' Euch bereit!
Auch Ihr müßt mit, wär's Euch lieb oder leid.

Wie anderwärts, zu Basel oder Lübeck etwa, ist auch der Berliner Totentanz Anklage. Die mittelalterliche Lebens=ordnung war endgültig zerschlagen, Grafen und Fürsten hatten sich ihre Herrschaftsbereiche geschaffen, die selb=ständigen Bauern und freien Städter untertänig gemacht. Eine entrechtete Generation fand bescheidenen Trost darin, daß auch die Träger der neuen Macht – ob Kurfürst oder König oder Kaiser – dem Sensenmann untertan waren.

Ein klein wenig hat es die Weltgeschichte dann bestätigt. Das riesige Schloß an der Spree steht nicht mehr; die Bilderreihe in der Marienkirche hat die Zeiten überdauert und mahnt bis zum heutigen Tage:

Zum Tod sind alle Menschen auserkoren,
Helf Gott, daß keiner ist verloren.

Gepfeffertes von Albrecht Achilles

Nur in der Fixierung seiner Gegensätze ergibt sich, was man den Geist der Zeit zu nennen pflegt. Von Albrecht Achilles, der den beiden Friedrichen als dritter hohen=

zollernscher Kurfürst folgte, zitieren wir aus dem diskreten Briefwechsel mit seinem Eheweibe Anna in originaler Schreibung.

Der Staatsgeschäfte wegen hatte der Kurfürst sich nach Koblenz begeben müssen. Nur wenige Tage später erreichte ihn das Schreiben seiner Gemahlin:

> „Mein herzen allerlibster her und gemahel, schick ewer lib ein Zetel, das ihr hort, wu ich gewesen pin und wu ich uber nacht pin und pit Euch mein herzen allerlibster her, das ihr mir oft wolt potschaft tun, wie es ewer libt gee, da mir zeit und weil sunst gar langk ist."

Und Albrecht Achilles bedankt sich sogleich für seiner Ehefrau liebevollen Zettel, auch für die leckeren Rebhühnchen, die ihn begleitet hatten. Sie hätten, meint er, des Pfeffers bedurft, den Anna als sorgsame Hausfrau ebenfalls nach Koblenz geschickt hatte:

> „Aber wir wollen Dir, liebe Anna, den pfeffer sparn bis heim. Wirt Dir der Hintern gross, so erleidest du es dester bas, lassen wirn genyssen, so er schön ist; wer er türr, wir hielten dest bas hinan. Den Pfeffer sent ich wieder. Pfeffer die junckfraun von unser wegen und halt vaster bas hinan das sie meiner darbey denken. So uns Gott glückseliglich heimhilffet, wollen wir dich und die Jungffrawn pfeffern. Auch sag der Hofmeisterin, wir wölln sie auch pfeffern in das gross arschloch. Und schreib uns allwegen selber mit Deine Hendt. Und flicht narrnteiding darein."

Kurfürstin Anna erwiderte mit nächstem Postreiter:

> „Ich lass ew lib wisen mein gros verlangen und lust, dass ich solich nach ewr leib habe."

Und Kurfürst Albrecht Achilles schickt auch seinerseits sehnsüchtige Post, denkt wieder an den Pfeffer und das Pfeffern:

„Und darum so iss flugs und tu dir selber gutlich auch, daß Dir der unterleger dick bleibe. Liebe Anna! Ich wil wissen, op Dir der arss grosser oder kleiner worden, auch von der Sreberin und der Rosenbergerin. Wenn wir heim kommen, so wollen wir in und der andern junckfrauen besehen an der arsskrynnen, desglichen der margrefin. Und anders haben wir auch im synne. Darumb mutz den rappen am pauch, das dadurch mus dringen mein slauch. Damit bewar got Dich vor leid. Datum im veld bei Zues an Donerstag in der pfingstwochen."

Viereinhalb Jahrhunderte später hat Georg Steinhausen in der zweibändigen Sammlung „Deutsche Privatbriefe des Mittelalters" diese und andere kurfürstliche Bekenntnisse veröffentlicht. Der weltbekannte Kulturhistoriker vermerkt im Kommentar auch, daß Anna siebenunddreißig, ihr Mann sechzig Jahre zählte.

Hochfürstliche Korrespondenz genoß den Vorzug, in hochfürstlichen Archiven aufbewahrt zu werden. Den Briefen des einfachen Bürgers wurde weniger Aufmerksamkeit zuteil, fast alle gingen verloren. Wir dürfen jedoch annehmen, daß die Untertanen sich nicht anders oder strenger als die Herren hielten, und daß, trotz des Totentanzes in der Kirche, daheim ihre Lebensfreude ungebrochen war.

Trithemius rümpft die Nase

In Italien, in Frankreich und auch am Rheine hatten die Wiederentdecker der Antike schon lang die Welt aus starr gewordener Ordnung gelöst. In das abgelegene Berlin kamen humanistisches Wissen und Denken spät. Dann führen die Kurfürsten so schöne Namen wie Achilles oder Cicero oder Nestor, aber die Bürger interessieren sich, erzählt Trithemius, nicht für das Erbe der Klassik.

Der hochgelahrte Abt des Klosters Sponheim bei Kreuznach, der den Kurfürsten Nestor besucht hat, übte harte Kritik an den Berlinern:

„Sie sind gut, aber zu rauh und ungelehrt, lieben mehr die Schmausereien und den Trunk als die Wissenschaften. Selten findet man einen Mann, der die Bücher liebt; aus Mangel der Erziehung und der Lebensart ziehen sie den Müßiggang und die Pokale vor. Die Ausschweifung im Trinken wird von den Berlinern nicht für ein Laster gehalten."

Der Abt wiederholte die Vorwürfe in einem anderen Brief: „Leben heißt bei den Berlinern fast nichts anderes als essen und trinken!"

Trithemius reiste wieder heim. Aber vielleicht ist seiner Freundschaft mit dem Kurfürsten zu verdanken, daß Nestor ein Jahr danach eine Universität gründete, die erste des Landes, die siebzehnte des Reiches. Lag es wohl auch an Trithemius und seiner Abscheu vor den Berlinern, daß Frankfurt an der Oder Sitz der Hohen Schule wurde?

Mit dem gelehrten Johannes Trithemius wollen wir nicht rechten. Der Herr Abt vergaß immerhin, daß Berlin im Vergleich mit den Städten seiner rheinischen Heimat eine recht junge Siedlung war. Ganz Brandenburg war ein junges Land, in dem es nicht einmal ein Gymnasium, dafür aber noch immer sehr viele Raubritterburgen gab.

Die Hosen des Herrn von Bredow

Des Ritters Götz von Bredow berühmte Hosen, denen Willibald Alexis seinen zweibändigen Roman gewidmet hat, waren aus unverwüstlichem Elchleder. Ob der Ritter Götz von Bredow nun wirklich und urkundlich nachweisbar gelebt, oder ob dichterische Phantasie ihn und auch seine Hosen erfunden hat, soll nicht untersucht werden. Jedenfalls war, um dem Roman zu folgen, dem Ritter Götz und seinen Hosen Mißgeschick widerfahren, und die Bredowschen Beinkleider zeigten nun sehr häßliche Flecken, und der hohenzollernsche, landfremde, nicht gerade beliebte Herr Kurfürst wagte spöttisches Lachen.

Solches einem eingesessenen märkischen Ritter, für den die neuen Herren nur „Hergelaufene" waren?

Dem Kurfürsten zum Tort ließ Götz von Bredow die elchledernen Hosen nicht säubern oder gar waschen. Er erschien fürderhin, wenn er überhaupt erschien, eben mit verschmutzten Elchlederhosen bei Hofe.

Der Götz von Bredow, wie Willibald Alexis im historischen Roman ihn uns darstellt, war ein standesbewußter Rittersmann. Andere und von der Historie bezeugte Ritter dieses Namens sind nicht weniger standesbewußt und stolz gewesen. Es gab nicht nur die Bredows, die dem Landesherren und dessen Gesetzen den Respekt verweigerten. Auch die Itzenplitz, die Otterstädt und andere hatten in der Mark Recht und Gewalt gehabt, lange bevor die Hohenzollern kamen. Zu solchen angestammten Rechten gehörte, so meinten sie, auch die Wegelagerei auf die Kaufleute.

Die Berliner klagten, auch nachdem die Faule Grete viele Burgen zerschlagen hatte, die Quitzows und andere gezähmt worden waren, über neue Raubritter:

Vor Köckeritzen, Lüderitze,
Vor Köcher, Kracht und Itzenplitze
Behüt uns, lieber Herre Gott!

Die Raubritter des Geschlechtes derer von Bredow hatten gleichfalls eine poetische Ader. Dem erwähnten Kurfürsten Joachimus Nestor drohten sie:

Jochimke, Jochimke, hüde dy!
Fange wy dy, so hange wy dy!

Den Sängerstreit entschieden schließlich die Waffen. Joachimus Nestor verfügte über mehr und bessere Musketen. Auch die Köckeritze, Lüderitze, Itzenplitze fügten sich und gingen nun als der Kurfürsten Beamten oder Offiziere einem Erwerbe nach. Nur der (brandenburgische) Ritter Götz schmollte noch lang; die Hosen des Herrn von Bredow blieben auch fürderhin ungewaschen.

Der Dunkelmann Jodocus

Sehr im argen lag der Schulunterricht; er wurde nur so nebenbei von den damals nicht gerade hochgebildeten Pfarrern und Mönchen erteilt. Berlin hatte auch keine Universität, und die Hohe Schule zu Frankfurt an der Oder war

Der Große Kurfürst mit seiner Familie

(Gemälde von Martin Meytens im Jagdschloß Grunewald bei Berlin)

Der Berliner Bär mit seinen Bärlin

(Trinkhumpen aus dem Jahr 1562. Märkisches Museum, Berlin)

recht bescheiden, ihre Professoren verschlossen sich den neuen Bildungsidealen des Humanismus.

Anderswo im Reiche war es besser, es gab mehr als ein Dutzend große Universitäten, an vielen von ihnen hatte klassische Bildung längst Eingang gefunden. Für Johann Reuchlin und andere Gelehrten galt einfach als engstirniger Dunkelmann, wer am Schatze humanistischen Wissens nicht teilhatte, nicht einmal eines guten Lateines fähig war.

Hutten und andere Freunde Reuchlins verspotteten in den berühmten „Dunkelmännerbriefen" oder „Epistolae obscurorum virorum" solche rückständigen Gelehrten. Ein klein wenig Spott fiel dabei auch auf einen Berliner. Der berlinische Dunkelmann Jodocus Klynge war des Lateins sogar derart wenig mächtig, daß er es nur selten – und dann sehr stümperhaft – verwendete. Auch sein Deutsch war nicht viel besser. Überhaupt, so will es das Buch, erweist sich der gelehrte Pfarrer Jodocus Klynge als ein beschränkter Kopf, der auf seine Unfähigkeit auch noch stolz war und sich für einen geistreichen Dichter hielt, wenn er reimte:

Ick kam gen Spandow opp den Damm,
Da starrten mick de Plontzgen an.

Hutten und seine Freunde haben die Briefe, auch die Korrespondenten erfunden. Es ging ihnen nicht um die Personen der Zeit, es ging ihnen um den Geist, im besonderen um den Ungeist der Zeit. Den Jodocus Klynge hat es nicht gegeben, Leute seines Schlages hat es gewiß auch in Berlin gegeben.

Und ganz bestimmt hat es die von Dunkelmann Jodocus besungenen Plontzgen oder Plötzen gegeben. Soviel Törichtes Jodocus Klynge schrieb, er durfte seinen Brief zu Recht mit den Worten schließen:

„Datum Perlin in Marchia, ubi sunt bona piscalia."

Das war miserables Latein, wie eben ein Dunkelmann es schrieb. Aber der Worte Sinn war richtig: „Gegeben zu Berlin in der Mark – hier sind gute Fischgründe."

Von des Johann Cicero Söhnen war Nestor, der Älteste, 1499 Kurfürst geworden. Den jüngeren Albrecht ließ man Theologie studieren. Als hochgeborener Prinz machte er schnell Karriere, wurde mit dreiundzwanzig Jahren Erzbischof von Magdeburg, bekam gleich das reiche Bistum Halberstadt dazu, und ehe viele Monate vergingen, war er außerdem auch noch Erzbischof und Kurfürst von Mainz geworden.

Im Berliner Schloß freute man sich dessen, der ehrgeizige Kurfürst Nestor hatte es aus politischen Gründen an Unterstützung nicht fehlen lassen und seines Bruders wegen Gesandte nach Rom geschickt. Derartige Häufung höchster geistlicher Würden bedurfte ausdrücklicher Genehmigung des Papstes. Julius II. erteilte sie, nachdem Albrecht die Zahlung von baren 10 000 Dukaten versprochen hatte. Und soweit ist dies ein Handel, wie er gut oder schlecht sein mag, jedenfalls damals nichts Besonderes war.

Außergewöhnlich waren jedoch die Folgen. Da weder Albrecht in Mainz noch Nestor in Berlin bare 10 000 Dukaten aufbringen konnten, liehen sie sich den Betrag vom reichen Jacob Fugger in Augsburg Als Sicherheit für Rückzahlung und Verzinsung verpfändete Albrecht die Einnahmen aus einem „Ablaß", den ihm der Papst auf acht Jahre bewilligt hatte, und Bruder Nestor versprach wiederum, als Kurfürst in seinen Landen, vorzüglich in seiner Hauptstadt Berlin den „Ablaß" zu fördern.

Der Dominikanermönch Johann Tetzel, der zum „Kommissarius für den Ablaß" ernannt worden war, füllte in Berlin seine Kasse. Dann ging er nach Wittenberg, wo ihn der Augustinermönch Martin Luther sehr unfreundlich empfing, am Tor der Schloßkirche die „Fünfundneunzig Thesen" aushing, die den Ablaßhandel als dem Evangelium zuwider und als der Kirche unwürdig erklärten.

Ohne das brandenburgisch-hohenzollernsche Ablaßgeschäft würde es keine „Fünfundneunzig Thesen" und vielleicht keine Reformation gegeben haben.

Ohne das brandenburgisch-hohenzollernsche Ablaßgeschäft – und das ist nicht so hypothetisch – würde Julius II. keine 10 000 Dukaten bekommen haben, würde es die Deckengemälde in der Sixtinischen Kapelle, auch das Grabdenkmal Julius II. nicht geben. Mit den 10 000 Dukaten wurden auch die nicht gerade bescheidenen Honoraransprüche Michelangelos befriedigt.

Angst vor der Sintflut

Von den gelehrten Männern hat dann wenigstens einer sich in Berlin niedergelassen. Carionus hieß er, war ein Freund Melanchthons; Kurfürst Joachimus Nestor schätzte ihn als Arzt, schätzte ihn noch mehr als Astronom.

Das Weltbild, wie es der Wortlaut der Bibel ergab, galt noch unverändert. In seinem Sinne die Zeichen am Himmel und auf der Erde zu deuten, war Wissenschaft. Für Carionus wurde eine Sternwarte im Schloß eingerichtet. Da das Fernrohr noch nicht erfunden war, beobachtete Carionus mit bloßem Auge, was am Himmel und auf der Erde sich ereignete, um daraus gute oder böse Zukunft zu folgern.

Auf der Erde vermerkte er Bauernaufstände und Glaubenskämpfe, welche beide sowohl der fürstlichen Macht als auch dem rechten Glauben Joachim Nestors Gefahr bringen konnten.

Am Himmel entdeckte er, ebenfalls ohne Fernrohr, Konstellationen, die für den 15. Juni 1525 den Weltuntergang durch eine neue Sintflut befürchten ließen.

Kurfürst Joachim dachte an Noah. Auf eine Arche legte er keinen Wert, nahe der Residenz gab es den Tempelhofer Berg. Gold und Edelsteine und sonstige kostbare Habe wurden in wasserdicht verleimte Kästen getan. Mit dem Gepäck, einigen Kähnen, dem Eheweibe, auch seinen Kindern und Hofleuten zog Joachimus Nestor auf die Höhe, die heute der Kreuzberg genannt wird.

„Um von dorten den Untergang der Stadt ansehen zu wollen", vermerkt ein Chronist, ohne mit den in Berlin zurückgebliebenen Bürgern mehr Mitleid als der Kurfürst zu haben.

> „Als er lang auf dem Berge gehalten und nichts geworden, hat ihn sein Gemahlin gebeten, daß er möchte wieder in die Stadt ziehen und bei seinen armen Untertanen auswarten möge, was Gott thun wollte, weil die Unterthanen die Sintflut vielleicht nicht allein verschuldet. Darüber er bewogen und ist um vier Uhr gegen Abend wieder gegen Cölln gezogen."

Mit der Sintflut war es nichts, aber Carionus hatte doch nicht schlecht den Himmel beobachtet. Denn „ehe der Churfürst aufs Schloß kommen, hat sich ein Wetter bewiesen, und wie er unter das Schloß=Thor kommen, hat 's dem Churfürsten 4 Pferd vorm Wagen samt dem Knechte genommen und sonsten keinen Schaden mehr gethan".

Joachimus Nestor genierte sich allerdings vor seinen Berlinern. Wenn er bisher dem astrologischen Astronomen ähnliche Irrtümer verziehen hatte, wurde er dieses Mal böse. Carionus verließ Berlin und übersiedelte nach Wittenberg, wo neben dem Freund Melanchthon auch Martin Luther lehrte. Von der Astrologie und deren ungewissen Voraussagen ließ Carionus nun ab; er wurde zum rückwärts schauenden Propheten und schrieb zusammen mit Melanchthon eine damals viel gerühmte Weltgeschichte.

Zeitgenössische Geschichtsklitterung

Der starre Wortlaut der Bibel bestimmte auch die Geschichtswissenschaft. Weil alle anderen Menschen in der Sintflut ertrunken waren, konnten die späteren Geschlechter nur von Noah abstammen.

Theologen bewiesen auch in Berlin, daß „die ältesten Bewohner die Kinder von des Noah Sohn Ham gewest" sind.

Es war das eine anthropologische Irrlehre, aber gerade als solche verkündete sie die Wahrheit, daß alle Menschen

Brüder sind! Leider zogen die Berliner aus dieser Voraussetzung nicht den richtigen Schluß: Im Jahre 1510 ließ Kurfürst Joachimus Nestor sechsunddreißig Juden verbrennen, zwei enthaupten, alle anderen Juden wurden der Stadt und des Landes verwiesen.

Der Humanismus zeitigte nicht nur köstliche Früchte. Mit der Reformation, die er im Gefolge hatte, entstand ein ganz neuartiger Nationalismus in den deutschen Landen. Des Kurfürsten Johann Georg Professor Wolfgang Jobst schrieb ein Geschichtsbuch, das sich nicht mehr auf Noahs Geschlechterfolge berief.

Als des Lateinischen kundiger Humanist hatte Jobst den Tacitus studiert. Jobstens brandenburgisch-vaterländischer Stolz entzündete sich heftig an dem, was Tacitus von den alten Deutschen und deren weit nach dem Osten reichenden Lande mitteilte.

In seinem Eifer, den Berlinern endlich eine bibelfreie Nationalhistorie zu geben, machte Jobst die Vorväter zu Cheruskern, und als Gründer der Stadt rühmte er den „Helden Arminius" mit schwungvollen Worten.

Staat und Kirche

Am 1. November 1539 schon war mit dem kurfürstlichen Hofe auch Berlin von Staats wegen evangelisch geworden, wie es vorher von Staats wegen katholisch gewesen war. Nur lag kirchliche Gewalt jetzt nicht mehr bei den Bischöfen und deren Oberhaupt in Rom, Herr über die Kirche war fortan der Kurfürst.

Es gab manchen Streit, wenn der Kurfürst sich nun auch in theologische Sachen, in gottesdienstlichen Brauch einmischte. Propst Buchholzer von der Nikolaikirche beklagte sich bei Luther, der Kurfürst wolle ihn zwingen, auch jetzt noch die prächtigen Gewänder der katholischen Priester zu tragen.

Martin Luther schrieb sozusagen postwendend zurück aus Wittenberg:

„Wenn Euch Euer Herr, der Markgraf und Churfürst will nur lassen das Evangelium lauter, klar und rein predigen ohne menschlichen Zusatz, so gehet in Gottes Namen mit herum und traget ein silbern oder gülden Kreuz, auch Chorkappe und Chorrock von Sammet, Seide oder Leinewand. Und hätt Euer Herr, der Churfürst, an einer Chorkappe oder Chorrock nicht genug, die Ihr anziehet, so ziehet deren drei an, wie Aaron der Hohepriester drei Röck übereinander anzog. Denn solche Sachen geben oder nehmen dem Evangelio gar nichts."

Der strenge Propst Buchholzer hatte kein Verständnis für Luthers diplomatische Weisheit, er verbannte die kostbaren Gewänder aus der Kirche, nur den „weißen Chorrock" duldete er des Kurfürsten wegen. Der weiße Chorrock blieb, die Pröpste von Nikolai und der ihnen unterstellten Kirchen Altberlins tragen ihn bis zum heutigen Tage.

Immerhin hatte der Streit den Kurfürsten verärgert, Joachim II. baute sich das nahe dem Schloß gelegene Dominikanerkloster zur Hofkirche um. Hier am Kupfergraben entstand der erste Dom der Hohenzollern.

Das Jagdschloß Joachims II.

Auch das Schlößchen am Grunewaldsee hat Joachim gebaut. Ein Steinmetz hielt die Szene fest, wie der Kurfürst mit seinem Baumeister Caspar Theyss und dem Schreiber Kunz Buntschuh den Fortgang der Arbeiten begutachtet. Schreiber Buntschuh hatte vorsorglich den Wein mitgebracht, aber Joachim war ein gar trinkfroher Herr und an größeres Gemäße gewöhnt:

Casper Theys, was sal di kleine Flasch
di Koncz Buntschug hot in der Tasch?
Diser Willkomm mus zuvor heraus,
sunst wirt ein solchges Lärmen draus.

Mit einem „Theyss, es gilt!“ kredenzte Joachim seinen eigenen, schweinskopfgroßen Riesenpokal – den „Willkomm“ – zur Leerung.

Das schlichte Renaissance-Jagdschloß steht noch im Grunewald, auch das heitere Bildwerk in seinem Gemäuer blieb erhalten.

Bernauer Bier

Der Wein stammte nicht von weither, noch heute erinnern Namen wie Weinbergsweg, Weinmeisterhöhe daran, daß in Berlin Reben wuchsen. Die besten Lagen gehörten natürlich dem Kurfürsten, und vielleicht deshalb bevorzugten die Berliner das Bier. Am besten schmeckte ihnen das zu Bernau gebraute, es war den Berlinern so wichtig, daß sie dafür einen stadteigenen Keller anlegten, zu dessen Verwaltung ein städtischer Beamter eingesetzt wurde, den wiederum ein zum „Kellerherren“ ernanntes Ratsmitglied kontrollierte.

Der Konsum des Bernauer Bieres geschah sozusagen von Amts wegen, so mußte der Kellerverwalter also auch den Amtseid leisten:

> „Ich gelobe und schwöre, daß ich in meinem Amte im Bernauischen Keller, darzu ich vom ehrbaren Rate und den verordneten Kellerherren bestallt und angenommen worden, getreulich und fleißig sein und handeln will. Auch will ich das Geld für das Bier getreulich einnehmen und abrechnen, weder etwas verborgen noch unterschlagen. Auch des Kellers Braugeheimnis niemandem offenbaren, sondern verschwiegen bei mir behalten, alles getreulich als mir Gott und sein heiliges Wort helfe.“

Bernauer Bier kam erst im siebzehnten Jahrhundert aus der Mode, während des Dreißigjährigen Krieges wurden auch die letzten Weinbaugebiete Berlins vernichtet.

Wider den „Hosenteufel"

Schon Martin Luther, mit ihm andere, haben gegen die verschwenderische Stoffülle der Pluderhosen gewettert.

> „Weil auch eben zu der Zeit in Berlin unmäßige, abscheuliche, teufelische durchgezogene Hosen bis an die Knöchel in Flor waren, denen der Churfürst überaus feind war, hat der Churfürst drei Bürgerssöhne ins vergitterte Narren-Häuslein sperren und einen ganzen Tag und Nacht sitzen lassen. Es hat der Churfürst auch einem vom Adel die feinen Hosen oben an den Bändern abschneiden lassen, daß sie auf die Erde gefallen sind, und er im Hemde zu sehen gewesen."

Des Kurfürsten Joachims II. Professor Andreas Meusel, genannt Musculus, das Mäuschen, schrieb wider den „Hosenteufel" gar ein richtiges Buch.

Katharinas Aussteuer

Mit dem Luxus der Prinzessinnen nahmen die Kurfürsten es weniger genau. Des Kurfürsten Johann Georgs Nichte Katharina bekam folgende Ausstattung:

> „Acht goldbestickte, acht silberbestickte Röck, acht Samtröck, darunter einer mit 388 Perlenrosen, einer mit 2317 Goldrosen, einer mit 434 goldenen Herzchen. Ferner 9 Atlasröcke, 8 Mäntel mit silbernen Blumen und mit Zobel gefüttert, 32 Hauben, darunter 1 Perlenhauben mit 11 Smaragden, 15 Diamanten und 12 Rubinen in Gold gefasset. Darzu dann 96 Schleier, 32 Kleinodien, 11 Armbänder, 18 Ringe, 33 Ketten aus goldenen Ringen, 5 Gürtel, 20 Tischtücher, 14 Laken, 4 Bademäntel und 1 vergüldeter Wagen mit 10 Hengste und Pferde mit Geschirr."

Prinzessin Katharina war zwanzig Jahre alt und entstammte einer Nebenlinie der brandenburgischen Hohenzollern.

Hofnarr Claus

Die Kurfürsten hatten, wie andere Herrscher, ihre Hofnarren. Am bekanntesten ist Claus, er ist mit einem seiner Sprüche sogar in Büchmanns „Geflügelte Worte" eingegangen.

Kurfürst Joachim Friedrich jammerte wieder einmal über den mit Nichtigkeiten verplemperten Tag: „Den Tag haben wir übel verloren!"

Hofnarr Claus kannte die Arbeitsunlust seines Herrn, und als Hofnarr durfte er sich spottende Tröstung erlauben:

> „Morgen wollen wir den gestrigen Tag suchen und, wenn wir gar fleißig sein möchten, wohl wiederfinden!"

Der Kohlhase

Der in sein Recht so unglückselig verstrickte Kaufmann Kohlhase hat wirklich gelebt, nur hieß er mit Vornamen Hans und nicht Michael, wie in einer berühmten Novelle zu lesen ist. Überhaupt erzählt Kleist alles etwas anders, als die Akten berichten. Der echte Kohlhase, wohnhaft in der Fischerstraße beim Mühlendamm, hatte „Wegelagerer, Diebe und sonst viel liederliches Volk" in seinen Dienst genommen, mit ihnen plünderte und brandschatzte er ganze Dörfer.

Wenn Kohlhase, dem kurfürstlich sächsische Knechte die Pferde genommen hatten, zu Anfang im Recht war, so hatte er sich schnell ins Unrecht gesetzt. Kohlhase und sein schlimmster Spießgesell, der Kriegsknecht Georg Nagelschmidt, kamen vor Gericht.

> „Weil die Verbitterung so groß gewesen, sind sie beide zum Tode des Rades verdammt worden. Und obwohl der Churfürst den Kohlhase mit dem Schwerte begnaden wollen, hat der Nagelschmidt ihn (Kohl-

hase) doch abgehalten, daß er 's nicht annehmen soll. Denn wären sie gleiche Brüder gewesen, so wollten sie auch gleiche Kappen tragen. Sind also miteinander zur Richtstatt geführt und aufs Rad gelegt. Es ist aber dem Churfürsten leid gewesen."

Passionsspiele an der Spree

Wir wissen wenig von weltlichem und geistlichem Theater dieser Zeit. Aber die Berliner haben noch lang nach der Reformation Passionsspiele aufgeführt. Dann erst ergehen des Kurfürsten und des Propstes Verbote:

„Daß mit der Darstellung der Angst und Schmerzen Christi billig nachzulassen sei, indem die geistlichen Betrachtungen dadurch verhindert oder gleichsam in ein Komödienspiel verwandelt werden."

Johann Sigismund wird abgesetzt

Kurfürst Johann Sigismund, der seinen Untertanen das Theaterspiel verboten hat, war ein Anhänger Johann Calvins, des anderen großen Reformators. Johann Sigismund trat vom lutherischen Glauben zum calvinistischen über, berief an die Domkirche auch calvinistische Prediger.

Die Berliner fürchteten die Zukunft; sie wollten nicht, daß Calvins übereifrige Sittenstrenge in der Stadt bestimme, wie es in Genf der Fall war. Es kam zu Tätlichkeiten gegen des Kurfürsten Prediger, und als Johann Sigismund nicht einlenkte, mit der „Verlegung der Residenz" drohte, zu einer seltsamen, in der Geschichte Brandenburgs und auch Preußens einzigartigen Maßnahme:

Die Bürger Berlins erklärten, daß Johann Sigismund ein „Glaubensverräter" wäre, daß alle einem „Ketzer" geleisteten Eide ungültig seien. Der Kurfürst wurde der Regierung für unwürdig befunden. Aus gleichen Gründen entzogen ihm die Stände auch im Herzogtum Preußen die landesherrliche Gewalt.

Johann Sigismund war abgesetzt! Er mußte auch das Schloß verlassen, zog in die Poststraße zu seinem Kammerdiener Freitag. Dort ist der einzige Hohenzollernfürst, dessen Herrschaft durch Absetzung endete, auch gestorben.

Botenmeister Frischmanns Kriegsberichte

Noch vor 1618 und jedenfalls früh genug, um über die Schlachten des Großen Krieges berichten zu können, hat Botenmeister Frischmann, der in der Brüderstraße das erste Postamt leitete, auch Berlins erste Zeitung redigiert. Sie erschien „alle Woche" und war mit acht bis zwölf kleinen Seiten ein bescheidenes Blättchen, brachte die Nachrichten auch genau, „wie sie aus andern Orten gedruckt und geschrieben anher kommen".

Trotzdem gab es Ärger während des wechselvollen Krieges, den der böhmische Fürst Wallenstein und der schwedische König Gustav Adolf auf deutschem Boden führten. Die Wiener Regierung beschwerte sich:

> „Es ist kein Ort im ganzen Reiche, da man also frei und schlimm schreibt gegen ihre Kaiserliche Majestät oder gegen dero Armee als in Berlin. Allemal attribuirt (gibt) man dem Kaiser nur Verlust und den Feinden Victoria!"

Die Berliner Regierung beschied so diplomatisch wie unklar, daß Frischmanns Zeitung künftig auch „das Ausgelassene beischreiben" würde.

Wallenstein

Der berühmte Generalissimus weilte zweimal in Berlin. Die Stadt interessierte ihn nicht, gefiel ihm auch nicht. An ein besseres Getränk von Jugend an gewöhnt, beklagt er sich:

„Vermißte auch eyn guttes Weissbier, so es das in der Mark nicht gibt."

Nun danket alle Gott

Wallenstein war Freund oder Feind, auch Gustav Adolf war Freund oder Feind, wie es die wechselvolle Politik Brandenburgs eben bewirkt hat. Auch die jeweiligen Verbündeten brachten nur Ungemach, und obgleich die Stadt unter Schlachtenlärm wenig zu leiden gehabt hat, waren die Folgen des langen Krieges schwer:

„Allenthalben verlassene und verfallene Häuser oder gänzlich leere Grundstücke. Der wüsten Stellen 300 von 845 in Berlin, in Cölln fast die Hälfte wüst, 150 von 364. Von 12000 Inwohnern sind kaum an 7000 geblieben."

Die Berliner waren des Friedens froh. Johann Crüger, der Organist der Nikolaikirche, komponierte die Melodie für die Verse „Nun danket alle Gott mit Herzen, Mund und Händen".

Zur Feier des Westfälischen Friedens wurde das Lied 1649 in der Nikolaikirche zum ersten Male gesungen.

Peuckers „Wohlklingende Pauke"

Als ein Jahr darauf Friedrich Wilhelm Einzug hielt, hörte Berlin andere Verse. Der Stadtrichter Nikolaus Peucker bediente sich zur Begleitung nicht der Orgel, griff auch nicht in die Saiten der poetischen Leier. Peucker handhabte die „wohlklingende Pauke" zu seinen Liedern:

Mein Paukenschlag, das Bom di bi di bom,
spricht: Friedrich Wilhelm komm!

Der Krieg hat sich verloren,
Des Vaterlandes Ruh
Und Friede sind geboren,
Die Städte nehmen zu.
Was war gefolgt den Fahnen,
das gibt jetzt Untertanen.
Bom bom di bi di bom!

Unter dem Titel „Des Nikolaus Peucker Wohlklingende Paucke“ wurden des Herrn Stadtrichters poetische Werke dann auch gedruckt und dienen Literarhistorikern als Exempel damaliger berlinischer Dichtkunst. Peucker hat in vielen Versen die Zeiten begleitet. Auch als wieder neue Kriege das Land bedrohten, dichtete er – ohne Paukenschläge, dafür aber mit innerer Anteilnahme – die schlichte Strophe:

Kommt her und sehet, wie so schnelle
Hier Schanzen sind gebaut und Wälle.
Nicht, daß wir Lust zum Kriege hätten:
Der Märker schliefe ja so gern
Zu Haus auf seinen weichen Betten
Wie andern Ortes alle Herrn.
Doch weil er nicht kann Frieden haben,
So muß er Wäll und Schanzen graben.

Auch der Krieg gegen Polen, dem gleich ein Krieg gegen Schweden folgte, brachte der Stadt Nöte und Sorgen. Er brachte ihr auch Vorteile, die Hohenzollern wurden souveräne Herrscher im ostwärts gelegenen Herzogtum Preußen, Berlin schickte sich an, die Hauptstadt eines großen Staates zu werden.

Der alte Schwede

Menschenmangel zwang den Großen Kurfürsten Friedrich Wilhelm, Soldaten außerhalb des Landes zu suchen. Am meisten schätzte er die kriegsbewährten Leute des schwedischen Heeres, die schon viele Dienstjahre hinter sich gebracht hatten. Sie wurden als Unteroffiziere eingestellt und wegen ihrer Erfahrung „Die alten Schweden" genannt.

Der Held von Fehrbellin

Ausländer war auch Georg Derfflinger, der 1675 mit seinen Reitern die Schlacht bei Fehrbellin entschieden hat. Er stammte aus dem Österreichischen, war unadliger Abkunft und ist erst später Reichsfreiherr geworden.

Ein holsteinischer Herzog fragte bei der Tafel, ob wahr sei, daß der Generalfeldmarschall Reichsfreiherr von Derfflinger früher einmal Schneider gewesen. Bevor der Kurfürst seinen Freund verteidigen konnte, rief Derfflinger dem Herzog zu:

> „Ja, es hat seine Richtigkeit. Und hier ist die Elle, mit der ich die Hundsfötter nach der Länge und Breite messe!"

Er wies auf seinen Degen, und der Herzog unterließ weiteres Fragen.

Friedrich Wilhelm und Iwans Gesandter

Als 1687 ein Gesandter des Zaren Iwan nach Berlin kam, war der Kurfürst krank. Weil wichtige Geschäfte zu bereden waren, wollte Friedrich Wilhelm den Gesandten im Bett empfangen.

Der Vertreter zaristischer Majestät verlangte, daß „er dann auch in einem Bette liegen und im Bette zum Kurfürsten gebracht" werde. Er wollte, des Respektes wegen, „darbei Hut, Stiefel und Sporen" tragen.

Friedrich Wilhelm ließ sich auf einen Sessel tragen: daraufhin begnügte sich auch Iwan Alexejewitschs bevollmächtigter Minister damit, auf einem Sessel in das Audienzgemach geschoben zu werden.

Ohne Linden unter den Linden

Der Große Kurfürst ist zweimal verheiratet gewesen und hat dreizehn Kinder gehabt. Nach der zweiten Frau Dorothea wurde das zwischen Behrenstraße und Spree neu angelegte Viertel „Dorotheenstadt" genannt. Dort, wo bisher Urwald gewesen war, wollte Friedrich Wilhelm zu Dorotheas Vergnügen auch eine prächtige Allee schaffen.

Leider fehlten die zweitausend Bäumchen, auch wisse er nicht, klagte der Gärtner Michael Hanf, ob und wie er jemals zu den zweitausend jungen Bäumchen kommen sollte. Aus der Antwort, die als einziges Dokument zur Gründung der Straße Unter den Linden erhalten blieb, ersieht man, um wie viele Kleinigkeiten der Kurfürst sich kümmerte und wohl kümmern mußte:

> „Dieweil wir verstanden, daß Ihr so bald die zugehörige Anzahl Bäume nicht werdet zusammenbringen können, und es auch nicht ratsam sein würde, anitzo der Saft schon in den Bäumen und selbige allbereits ausgeschlagen, dieselbigen zu versetzen, als könntet Ihr es bis auf den künftigen Herbst anstehen lassen, daß alsdann genugsam Bäume zur Hand gebracht werden mögen. Füritzo könntet Ihr die Kuhlen oder Gräben, da die Bäume eingesetzt werden sollen, ausgraben und mit guter Erde wieder auffüllen lassen. Solches dann bei der Einsetzung den Bäumen wohl zu statten kommen und die Bewürzelung und Wachsung umb so viel besser befördern wird. Worbey auch in Acht zu nehmen, daß so wohl die wenigen Bäume, so allbereits gesetzt sein, alsofort und die übrigen künftig umbezeunet werden, damit das Vieh oder Wild oder Hasen denselben mit Abschälung nicht schaden können."

Die Flüchtlingsstadt

Nach dem Ende des Großen Krieges war die Zahl der Einwohner auf weniger als 7000 gesunken. Der Kurfürst nahm Holländer auf, die dem Glaubenszwang ihrer Heimat entfliehen wollten oder durch den „Tulpenschwindel" um ihr Vermögen gebracht worden waren. Er bot den französischen Hugenotten Zuflucht, die Ludwig XIV. mit Feuer und Schwert verfolgte. Auch aus Böhmen und Polen, sogar aus Rußland kamen Flüchtlinge.

Von den 25 000 Menschen, die der Große Kurfürst in seiner Residenz zählte, waren an 8000 in fremden Ländern geboren und aufgewachsen. Die Stadt war sehr international geworden, beinahe jeder dritte Berliner redete in einer des Landes fremden Sprache.

Die Stadt wirkte weiterhin wie ein Magnet auf Menschen, die in ihrer Heimat unterdrückt wurden und Freiheit suchten. Schließlich wohnten gar 10 000 Franzosen in Berlin, und unter König Friedrich Wilhelm I. kamen in einem einzigen Jahre auch 17 000 Protestanten aus Salzburg, die wegen ihres Glaubens vom dortigen Erzbischof vertrieben worden waren.

Die Stadt zählte 1730 etwa 70 000 Einwohner! Wir brauchen nur in moderner Größenordnung zu rechnen, daß 1945 plötzlich etwa 600 000 Flüchtlinge nach Westberlin gekommen wären, um dieses frühere Flüchtlingsproblem richtig einzuschätzen.

Welthandel und Kolonialpolitik

Den neuen Bürgern, vornehmlich denen aus Frankreich und Holland, war ein großer Aufschwung der Gewerbe zu verdanken. Franzosen und Holländer waren auch mehr als die eingesessenen Berliner an weltweite Geschäfte gewöhnt.

Friedrich Wilhelms Politik förderte die unternehmungsfrohen Kaufleute. Die Berliner schickten einen Mann namens Tormonier sogar nach Delhi, um mit dem Großmogul über einen Handelsverkehr zu beraten, eine „Ostindische Compagnie" sollte gegründet werden. Auch Prospekte, die für das Unternehmen warben, wurden gedruckt.

Die Prunkschiffe des ersten Preußenkönigs

(Stich von Peter Schenk, um 1700)

Voltaire und Friedrich II. im Park von Sanssouci

(Nach einem Bild von Rössler. Staatsbibliothek Berlin, Bildarchiv Handke)

Am Widerstand des Kaisers in Wien scheiterten die kühnen Pläne, die auch China und selbst Japan für die Berliner Wirtschaft erschließen sollten. Außer Tormonier reisten nur gelegentlich und vereinzelt berlinische Kaufleute in den fernsten Osten. Aus dem großen ostindischen Geschäft war nichts geworden, man mußte es weiterhin der holländischen und englischen Konkurrenz überlassen.

Dem Drängen der Kaufleute folgend, baute Friedrich Wilhelm jedoch Schiffe. Es waren die ersten Schiffe Berlins, die über die Ozeane gesegelt sind! Hauptmann Blonk führte fünf Schiffe an die Gold- und Pfefferküste, Major von Groeben hißte am Kap der Drei Spitzen die Flagge mit dem roten Adler Brandenburgs, und Hauptmann Voß brachte Berliner Kaufleute an die Ufer des Senegals.

Die Siedlungen Accada, Dorothea, Taccarary und Friedrichsburg wurden angelegt und entwickelten sich zu wichtigen Handelsplätzen an Afrikas Westküste. Die Berliner gründeten eine „Afrikanische Compagnie", die ihren Sitz in der dem Kurfürsten untertanen Hafenstadt Emden hatte. Für den Warenverkehr mit Rußland, den baltischen und skandinavischen Häfen schuf man ein „Kommerz-Kollegium" auch zu Pillau an der Ostsee.

Die Flotte verfügte schließlich über mehr als vierzig stattliche Schiffe. Auf ihnen fuhren Berlins Kaufleute und Berlins Erzeugnisse weit in die Welt hinein. Für die Bedeutung dieses Handels zeugt, daß der Kurfürst den Gewinn auf 50 000 Tonnen Goldes veranschlagt hat.

Die ersten Börsianer

In der kurfürstlichen Ordre, die 1685 unterzeichnet wurde und als Geburtsurkunde der Berliner Börse gilt, heißt es jedoch recht bescheiden:

> „Daß zur Beförderung der Commercien hiesiger Residentz die Packhäuser zu einer Börse mit darzugehörigen Bequemlichkeiten adaptiret werden."

Die Packhäuser lagen an der Spree und anderen Wasserläufen; sie waren Speicher und sonst nichts, von „Bequemlichkeiten" konnte wohl keine Rede sein. Gehandelt wurde auch nicht mit Wertpapieren, sondern mit Waren. Berlins erste Börsianer waren Kaufleute, die mit Tuchen, Gewürzen, Fellen, Getreide, Seide übliche Loco-Geschäfte tätigten, aber auch spekulativen und riskanten Termin-Handel nicht scheuten.

Warnung vor Halbstarken

> „Es ist eine Unart den Kindern hiesiger Einwohner gewöhnet, daß sie, den Winterfrost in ihrem Gehirne empfindend, bei einer jeglichen eindringenden Kälte eine unzulässige Freiheit auf dem Eise suchen und sich vermittelst Zuziehung von Soldaten, Handwerksjungen und liederlichen Bürgern allerhand Üppigkeiten und gefährlicher Unternehmungen erkühnen, zumalen da diese Buben sich nicht entblöden, unsere ausgeschickten Diener mit tötlichem Gewehr zu begegnen und ihrem Befehle sich zu widersetzen."

So erlassen und verkündet vom Rat der Städte Berlin und Cölln.

Eine Stadt aus fünf Städten

Daß die jungen (und wahrscheinlich auch die alten) Einwohner es an Respekt vor städtischen Beamten fehlen ließen, hatte seinen wichtigsten Grund jedoch in der umständlichen Gliederung des Verwaltungswesens. Die Stadt bestand aus fünf Städten; die neuen Gründungen Dorotheenstadt, Friedrichswerder und die später erbaute Friedrichstadt hatten ihre eigene Verwaltung, nur Cölln und Berlin waren vereinigt.

Nach dem gültigen Recht ergab sich die Gesamtzahl von zwölf Bürgermeistern und einundfünfzig Ratsherren. Sie erließen für jeweils die eine Stadt Verordnungen, die jeweils die andere Stadt wenig kümmerten.

Die „Weiße Frau"

Wie jeder ansehnliche Fürstensitz hat auch das Schloß an der Spree sein Gespenst gehabt, dessen Rumoren Unheil ankündigte. In Berlin spukte die „Weiße Dame" seit Johann Sigismunds betrüblichem Tode (1619), und auch gelehrteste Professoren schworen, daß das Erscheinen der „Weißen Frau" auch später immer den Tod eines Hohenzollern zur Folge gehabt hätte.

Die „Weiße Dame" oder „Weiße Frau" ließ sich auch zu des Großen Kurfürsten Zeit im Schloß hören. Friedrich Wilhelm mag sonst ein nüchtern denkender Mann gewesen sein, der weder Kaiser noch Papst sonderlich respektierte – an Gespenster glaubte er, und vor Gespenstern hatte er Angst.

Anders hielt sich sein Kammerherr Kurt von Burgsdorff. Der wollte an böse Geister nicht glauben; beim abendlichen Trunke höhnte er das Schloßgespenst und verstieg sich zu dem Wunsche, daß die „Weiße Frau" ihm doch einmal begegnen möge.

Als er zu später Stunde das Schloß verlassen wollte, stand die „Weiße Frau" vor ihm auf der zum Garten führenden Treppe. Der tapfere Burgsdorff brüllte sie an: „Du alte sakramentische Hure du, hast du noch nicht genug Fürstenblut gesoffen, willst du noch mehr haben?"

Die „Weiße Frau" antwortete nicht, aber mit gewaltiger Kraft, die für eine entkörperte Dame sehr ungewöhnlich schien, packte das Gespenst den Burgsdorff und schwenkte ihn erst einige Male in der Luft herum, um ihn dann die Treppe hinunterzuwerfen. „So daß mir die Rippen gekrachet", wie der Kammerherr berichtete.

Ein Gespenst, das Fäuste wie die eines Troßknechtes hatte und überdies, versicherte Burgsdorff, nach Branntwein roch, war vielleicht doch kein Gespenst?

Es spukte weiter. Auch nachdem man einen Küchenjungen, danach einen Soldaten im Kleid der „Weißen Frau" ertappt hatte. Zuletzt soll die „Weiße Dame" 1918 erschienen sein und den Untergang der Monarchie angekündigt haben.

Der Küchendragoner

Seit des Großen Kurfürsten Zeit gab es auch in den Bürgerhäusern eine sehr handfeste Erscheinung – den „Küchendragoner".

Der Alte Dessauer erzählt, daß der Kurfürst aus dem unnützen Troß der „Hofstaats- oder Küchendragoner des Oberschenken Grumbkow ein neu Reiterregiment gerichtet" hat, um diese Soldaten für eigentliche, militärische Zwecke zu verwenden.

Als es die kriegerisch-männlichen „Küchendragoner" nicht mehr gab, verwendete der Berliner den Ausdruck zur Kennzeichnung der kriegerisch-weiblichen Geschöpfe am Kochherd.

Kunckel auf Kaninchenwerder

Friedrich Wilhelm berief den Chemiker oder, wie man damals sagte, den Alchimisten Kunckel nach Berlin. Auch ohne die Kenntnisse der späteren Kernphysik glaubte der Kurfürst wie damals jedermann, daß die Elemente sich verwandeln ließen.

Kunckel machte kein Gold, er entdeckte aber den Phosphor, zugleich ein wirtschaftliches Verfahren für dessen Gewinnung. Auch gründete er die „Christallinen Glashütte" und entwickelte sie zu der nächst Venedig und Böhmen bedeutsamsten Produktionsstätte edler Kristallwaren. Im einsamen Laboratorium auf der damals „Kaninchenwerder" genannten Pfaueninsel gelang Johannes Kunckel der glücklichste Wurf, die Herstellung des herrlich leuchtenden Rubinglases, aus dem er die heute in Museen bewunderten Pokale, Krüge, Becher und Kelche fertigte. Nicht einmal auf Murano, der anderen Insel vor Venedig, schuf man ähnliches.

Märkische Metropolis

Aus der rund 22 000 Quadratkilometer großen Mark, die der erste Hohenzollern gekauft hatte, war ein Land mit mehr als 110 000 Quadratkilometern Bodenfläche geworden. Das Kurfürstentum zählte nun anderthalb Millionen Einwohner.

Mächtig herangewachsen war auch Berlin, mit 56 000 Bürgern hatte es sogar Leipzig, Dresden, Frankfurt, Nürnberg überflügelt, sogar das ehrwürdige Köln. Nur Wien und Hamburg waren größer. Und um ein Vielfaches größer als alle deutschen Städte zusammen war Paris mit fast 600 000 Bewohnern.

Den Kurfürsten plagte Ehrgeiz, Berlin der Residenz Ludwigs des Sonnenkönigs zur Rivalin zu machen. Mit einem Manne namens Benedikt Skytte, der sich Meister der Baukunst und Doktor der Philosophie nannte, in Wahrheit wohl nur hochstapelnder Scharlatan gewesen ist, entwarf er Pläne dafür, „den Mittelpunkt und die Hauptstadt der ganzen Europäischen Welt nach den Brandenburgischen Staaten zu verlegen".

Berlin sollte erweitert, modernisiert, eigentlich ganz und gar abgerissen und völlig neu gebaut werden. Auch eine „Hohe Schule und Universitas für alle Völker und Wissenschaften und Künste" war vorgesehen.

Es war das ein phantastisches Projekt, bedenkt man, daß Europa in zwei Dutzend sich bekriegender Nationalstaaten aufgeteilt war und daß das Deutsche Reich in dreihundert Länder und Ländchen zerfiel, deren jedes auf seine Souveränität ungemein stolz war. Allein der Freien Reichsstädte gab es sechsundfünfzig, der Regierenden Grafen nur drei weniger.

Der Große Kurfürst investierte in das phantastische Projekt immerhin 15 000 reale Taler, nach damaliger Kaufkraft eine beträchtliche Summe, die wir zur Vergleichung mit heutiger Zeit wohl mit 60 multiplizieren dürfen.

Der Tod rief Friedrich Wilhelm aus dem Leben. Die „Europäische Hauptstadt" und die „Hohe Schule für alle Völker und Wissenschaften und Künste" wurden weder in Berlin noch sonstwo gebaut.

Kurfürstliche Selbstdarstellung

Niemand erkennet meinen Sinn,
ob Fuchs ich oder Hase bin.

Friedrich Wilhelm, der Große Kurfürst, jagte nach Ideen und wurde von ihnen gejagt, wie er es in diesen Zeilen von sich bekannt hat.

Des Königs Untertanen

Am 18. Januar 1701, nachdem er zwölf Jahre als brandenburgischer Kurfürst regiert hatte, krönte sich der Sohn und Erbe Friedrich Wilhelms zum König. Und Berlin wurde die Haupt- und Residenzstadt Preußens.

Was sich auf alten Landkarten als Friedrichs I. Königreich sehen läßt, war ein allerdings kurioses Gebilde:

Einige Quadratmeilen am Unterlaufe des Rheines, an der Ems, an der Ruhr, an der Weser. Um Berlin herum die Mark Brandenburg und, sich anschließend, das 1648 erworbene Hinterpommern. Weitab, jenseits der Weichsel, das Land der einstigen Ordensritter, das eigentliche Preußen.

Auch Friedrich I. vermochte die Territorien nicht zu vereinen; er mehrte die Zersplitterung noch, als er im Süden, gar jenseits des Rheines, die Grafschaft Neufchatel in Besitz nahm. Es regierte dann Friedrich Wilhelm I., und es kamen der zweite Friedrich und der zweite Friedrich Wilhelm, die den Besitz nach Osten erweiterten, ihm die schlesischen Herzogtümer anfügten, auch Thorn und zuletzt (1793) Danzig.

Vier Könige haben fast genau hundert Jahre gebraucht, um nach den Spielregeln dynastischer Erbgesetze und dynastischer Kriegführung zwischen Elbe und Pregel einen in sich geschlossenen Staat zu schaffen. Die Gebiete im Westen, an Weser, Ruhr, Ems und Rhein lagen noch immer außerhalb und weit ab.

Die hundert Jahre waren kaum vorbei, als auch schon die Zeit absolutistischen Königstumes vorbei war und dem Fürstenrecht das Volksrecht gegenübertrat. Auch in Berlin wollte nun Bürger sein, was bisher Untertan gewesen war.

Der „Schwarze Adler"

Noch am Tage der Krönung hat Friedrich I. den „Hohen Orden vom Schwarzen Adler" gestiftet. Der Orden blieb, so lang Könige regierten, Preußens höchste Auszeichnung; seine Ritter bildeten, im roten Sammetmantel, die Elite der Monarchie.

Die Worte *„Suum cuique"* auf dem Ordensstern hatten gute Bedeutung, wenn sie „Jedem das Seine" versprachen. Aber der erste König Preußens war kein Demokrat; den Orden bekamen regierende Fürsten, Angehörige der Dynastie, hohe Standespersonen. Und wenn er späterhin an große Künstler und Gelehrte verliehen wurde, erhielten diese mit der Ordensurkunde zugleich auch das Adelsdiplom, wurden ihrer bürgerlichen Herkunft entrückt.

Eine neue Armee

Bisher waren nur die Obristen vom Monarchen ernannt worden; die Ernennung und Beförderung der rangniedrigeren Offiziere hatte man den Regimentsbefehlshabern nach deren Gutdünken überlassen.

Friedrich I. befahl, daß künftig „alle Offiziers von ihm zu ernennen sind und fortab deren Carriere (Beförderung, Verabschiedung) von ihm zu bestimmen ist".

Mit dieser Ordre entstand, was als „Das Preußische Offizierskorps" innerhalb des Staates künftig einen eigenen Staat bilden sollte. Schon der jüngste Leutnant sah sich abhängig von der persönlichen Gnade des Monarchen, war in seiner Karriere an den König gebunden.

Zwei neue Akademien

Die Berliner bekamen eine Akademie der Künste, die für Maler, Bildhauer und Architekten zuständig war. Der Akademie wurde das Privilegium erteilt,

> „durch ihr Patent akademische Künstler zu ernennen, die ihre Tätigkeit ohne Einreden der Zünfte zu treiben berechtigt sind".

Der Akademie der Künste wurden tausend Taler und sechs Zimmer im oberen Stockwerk des Königlichen Marstalles angewiesen.

Die Berliner bekamen auch eine Akademie der Wissenschaften. Ihr wurde das Privilegium erteilt,

> „eynen Adress-Kalender der Kön. Preuss. Haupt- und Residenz-Städte Berlin und Cölln und daselbst befindlichen Königl. Hofes, auch anderer hohen und niedrigen Kollegien herauszugeben".

Auch der Akademie der Wissenschaften wurde nur geringe finanzielle Hilfe zuteil; als Arbeitsstätte bekam sie die übrigen Zimmer im oberen Stockwerk des königlichen Pferdestalles, der sich Ecke Charlottenstraße und Unter den Linden befand.

Leibniz, der reisende Philosoph

Gottfried Wilhelm Leibniz, sächsischer Geburt, kam auf dem Wanderwege, der ihn schon nach Warschau, Paris, Wien und Rom geführt hatte, auch nach Berlin. Von Friedrichs kluger Frau Sophie Charlotte erhoffte er Unterstützung für den großen Plan, für Europa eine Zentrale geistigen Lebens zu schaffen.

Leibniz fand kein Gefallen am überschwenglichen Treiben des neuen Königshofes.

> „Ich führe hier, was ich beklagen muß, ein liederlich Leben. Bin gänzlich aus der Ordnung und keineswegs in meinem Element."

Sophie Charlotte mokierte sich: „Ein gewisser Philosoph haßt die Leere, ich dagegen hasse das Volle." Sie dachte dabei an zwei Hofdamen, deren Leibesfülle ihr zuwider war, und fragte: „Was hat sich der liebe Gott nur gedacht, als er derartige Geschöpfe nach seinem Bilde schuf?"

Das waren gleich zwei oder sogar drei Bosheiten an die Adresse eines Philosophen, der ein „leeres" Universum ablehnte, die geschlossene „Fülle" der Existenzen verehrte und unseren Kosmos als göttlich und „die beste aller Welten" pries.

Der Freundschaft zwischen Königin und Philosoph war immerhin die Gründung der Akademie der Wissenschaften zu verdanken. Andere Pläne zerschlugen sich, und nach Sophie Charlottes frühem Tode hörte jede Verbindung mit Leibniz auf, Berlin vergaß den berühmten Mann sehr schnell.

Spree=Athen

Die Akademie der Wissenschaften entwickelte sich überhaupt nicht; die Akademie der Künste, der auch Andreas Schlüter angehörte, gewann nur langsam Bedeutung neben den älteren Instituten in Italien und Frankreich.

Am schnellsten und prächtigsten entwickelte sich die neue Stadt. Schon als Kurfürst hatte Friedrich durch den holländischen Baumeister Nering südlich der Linden dreihundert stattliche Häuser errichten lassen. Die Lange Brücke und die Parochialkirche wurden gebaut, Andreas Schlüter vollendete das Zeughaus und gab dem Schloß an der Spree den Glanz einer königlichen Residenz.

Groß und stattlich und schön wie nie zuvor sahen die Berliner ihre Stadt, und einer von ihnen, Erdmann Wiecker mit Namen, rühmte den ersten Preußenkönig:

Daß gantz Europa nicht von einem Fürsten hört,
Der so der Künste Kern wie König Friedrich liebet.
Die Fürsten wollen selbst in deine Schule gehn,
Drumb hastu auch für sie gebaut ein Spree=Athen.

Das sind recht klägliche Verse, die Berliner haben sie auch längst vergessen. Aber der Name „Spree-Athen" ist der Stadt seitdem geblieben.

Träume von Weltherrschaft

Zar Peter besuchte König Friedrich. Auch Sophie Charlotte und ihr philosophischer Freund waren zugegen, als im Berliner Schlosse die Fragen der Weltpolitik erörtert wurden. Zar und Königin hingen dem Ziel an, ein Weltreich zu gründen, jeder auf seine Weise und zunächst im Frieden mit dem anderen. Friedrich schaute nach Westen, Peter dachte daran, seinem moskowitischen Reich nicht nur Sibirien, sondern alles Land bis an den Pazifischen Ozean einzuverleiben.

Des Zaren heimische Ratgeber hatten auf die ungeheueren Entfernungen verwiesen und das Vorhaben für unmöglich erklärt, Peter suchte Verständnis in Berlin. Der Philosoph war sofort dafür entflammt, daß Europas Geist bis ins fernste Asien gebracht werden sollte. Auch Friedrich kümmerte sich nicht um Entfernungen und um Transportprobleme und stimmte dem Zaren zu.

Was die Königin meine, wollte der Zar wissen. Sophie Charlotte erklärte: „Es ist Euer Majestät absolute Pflicht und Schuldigkeit, so bald als möglich die Küsten des Großen Ozeans zu erreichen, selbst wenn Euer Majestät ganz allein mit dem Hundeschlitten dahin fahren müßten."

Sophie Charlottes letzter Brief

Sophie Charlotte hatte auch von Friedrich keine gute Meinung. Mit ihrem nüchternen Humor bedachte sie kurz vor dem Hinscheiden auch den König:

> „Ich sterbe nun also und tue damit alles, was ich für Seine Majestät zu tun imstande bin, indem ich ihn nicht bloß von einem Druck befreie, den er in meiner Gegenwart immer empfand, sondern ihm auch Gelegenheit zu einem pomphaften Begräbnis gebe, was für ihn, bei dem Geschmack, den er nun einmal hat, immer das Wichtigste bleibt."

Schlüters Großer Kurfürst

Von Schlüter ließ Friedrich das Denkmal für den Großen Kurfürsten errichten. Es war von all dem Kunstwerk, das die Stadt schmückte, das eindrucksvollste. Roß und Reiter, aus Erz gegossen, schienen zu leben.

Heute hat das Denkmal seinen Platz vor dem Charlottenburger Schloß; es stand auf der Langen Brücke, als Lessing von seinem Anblick gebannt wurde:

Ihr bleibet vor Verwundrung stehn
Und zweifelt doch an meinem Leben?
Laßt meinem Reiter mir die Ferse geben:
So sollt ihr sehn!

Auch Schlüter geht

Alles was bisher geschaffen worden war, galt als Anfang. Wie der Große Kurfürst, plante auch der prunkliebende König ein überhaupt völlig neues Berlin, verlangte von Schlüter den Bau eines Schlosses, dem an Größe und Schönheit kein anderes zu vergleichen wäre.

Der erste Bau, der Münzturm, scheiterte. Der zu „gewalthiger Höhe emporgebaute" Münzturm drohte einzustürzen und mußte abgetragen werden. In einem Brief an Schloßhauptmann von Printz schreibt der unglückliche Schlüter:

„Ich kann Ew. Hochgeb. Excell. versichern, daß ich übermenschlich wegen dieser Werke leiden muß. Ich habe über die dreißig Jahre mit großen Arbeiten Tag und Nacht zugebracht, und ist unter allen denen Werken kein Fehl begangen, auch habe ich in Berlin schon bewiesen, daß man ja wohl sehen kann, ob ich ein Meister gewesen, daß ich hierher gekommen bin, und nun muß ich mich so höhnisch und recht wie ein unvernünftiger Junge tractiren lassen. Ich muß nicht allein leiden, daß ich mein so lang mit großer Mühe zusammengebrachtes Werk abbrechen und davon in der Welt Schande haben muß, sondern ich muß auch Herzeleid von dem gemeinen Manne auf der Straße leiden. Ich kann vor Traurigkeit nicht schlafen, vor Angst meiner Seelen, indem ich nicht weiß, wie es für mich bei Hofe stehet, und muß doch noch täglich ersinnen, erfinden und arbeiten."

Bei Hofe stand es schlecht um ihn, Schlüter wurde des Amtes eines Schloßbaumeisters enthoben. Schlüter verließ Berlin. Das Wunderschloß wurde auch von seinem Nachfolger nicht gebaut.

Akademischer Nachwuchs

Ob Friedrich den Wissenschaften nur deshalb Aufmerksamkeit widmete, weil Universitäten und Akademien dem Glanz der Monarchie dienen sollten, mag unerörtert bleiben. Da die Universitäten zu Halle und Frankfurt einmal vorhanden waren und Dienst für die Wissenschaft nun sogar als standesgemäß für einen Hofmann gelten durfte, drängten sich adlige Junker in den Hörsälen.

Auch damals kosteten Universitäten mehr Geld, als der Studiosi Gebühren einbrachten. Friedrich hatte keine Lust, Steuern, die er als seine persönliche Einnahme betrachtete, nutzlos auszugeben. Majestät resolvierte:

„An alle weltlichen und geistlichen Obrigkeiten des Königreiches, acht zu haben, daß ohne Ansehung auch adligen Standes denen stupidiis ingeniis oder dummen Köpfen, wie auch denen Faulen, Widerspänstigen und Ungehorsamen zu denen studiis keine permission ertheilet wird. Gegeben zu Berlin 1709."

Es mag solches Verdikt als vielleicht unzulängliche, aber kühne Vorwegnahme späterer Zulassungsbestimmungen gelten.

Jacobi und seine Kanone

Über den Plänen, die aus Berlin die großartigste Königsresidenz Europas machen sollten, hat Friedrich die Armee niemals vergessen. Berlin bekam eine Geschützgießerei. Ihr Direktor hieß Jacobi.

Ein den damals wohl üblichen Mischmasch von hugenottischem Français und eingeborenem Berlinisch verspottendes Verslein lautete:

Die iss von der Metall so künstlick fabricier,
Dass sie kan in der Welt als Wunderwerck passier.
Monsieur Jacobi iss der Inventeur,
Und hat damit erlangk die krösst Honneur.

Es handelt sich um eine Kanone, die Johann Jacobi gegossen hatte, sie galt als die größte der Zeit und war „Asia" genannt worden, weil Friedrich sie dem Zaren für den Krieg in Sibirien versprochen hatte. Aber Peter brauchte sie nicht mehr, die Kanone „Asia" war als Schaustück vor dem Zeughaus aufgestellt worden und wurde dort als die eben „krösst Honneur" Jacobis bewundert.

Daß dieser Monsieur Jacobi noch ganz anderen Ruhm erworben, Schlüters Reiterbild vom Großen Kurfürsten in Erz gegossen hatte, war schon vergessen. Die Berliner waren überhaupt des Prunkens leid geworden, das Stadt- und Staatsfinanzen völlig zerrüttet hatte.

Der Perücken-Inspektor

Vor allem klagte man über die vielerlei Steuern. Das Tragen eines Hutes kostete Steuer, das Tragen von Schuhen kostete Steuer. Schließlich besteuerte Friedrich auch die in Mode gekommenen Perücken, sie wurden mit einem Stempel versehen, wenn drei Taler bezahlt waren.

Die Kontrolle wurde von einem Königlichen Inspecteur der Perruques und einem Dutzend Königlicher Sous-Inspecteurs der Perruques ausgeübt. Wer ihnen verdächtig schien, mußte „auf offener Straße den künstlichen Haarschmuck abnehmen und auf den Stempel prüfen lassen, was bei Wind und Wetter für die kahlköpfigen Messieurs eine große Beschwernis war".

Die Perückensteuer, auch ein Königliches Handelsmonopol für Schweineborsten nützte nichts. Manche Steuern und Monopole brachten oft weniger ein, als der Verwaltungsapparat kostete.

Tabakskollegium

Unter dem nächsten König wurde bekanntlich alles anders. Friedrich Wilhelm I. liebte weder Prunk noch Feste, die vielen Höflinge entließ er ohne Pension, die schönen Säle in den Obergeschossen der Residenz wurden verriegelt. Friedrich Wilhelm begnügte sich mit einem kleinen Parterrezimmer, um seine Freunde zum Tabakskollegium zu vereinen.

Zweifellos war jedoch nicht das Rauchen, sondern das Trinken Hauptbeschäftigung. Und Meister im Saufen war Gundling, der dem König gleicherweise als Hofnarr wie als Präsident der Akademie der Wissenschaften diente.

Majestät fand Vergnügen daran, ein Weinfaß als Sarg herrichten zu lassen. In seinem Sargfaß liegend, pokulierte Gundling mit den Tabakskollegen.

Majestät fand Vergnügen daran, seinen alkoholisierten Akademiepräsidenten und Hofnarren mit Teer zu beschmieren und dann auch „gefedert aus dem Fenster zu schmeyssen, darmit derselbige seyn Rausch im Lustgartten verschlaffen" möge.

Eines Tages wurde Gundling krank und starb. „Sein Körper ward sogleich auf einem Brette nach dem Wittwenhause der Lakaienfrauen getragen und hier von den Wundärzten geöffnet. In seinem Magen fand man ein Loch."

In seinem Sargfaß, das schwarz angestrichen und mit einem weißen Kreuz geschmückt war, wurde der Freiherr Jacob Paul von Gundling auch begraben. „Sein Leichenbegängnis war äußerst lustig", berichtete die Chronik.

Der herzlose Gardist

Eine andere Passion des Königs, die seine Werber überall nach hochgewachsenen Soldaten suchen hieß, begegnete im Ausland harter Kritik. Man begann, den preußischen Drill zu fürchten, tadelte dessen Roheit.

Die holländische Zeitung „De Amsterdamsche Courant" meldete, der Flügelmann der Langen Kerls sei gestorben, die Sektion hätte ergeben, daß in seinem Leibe kein Herz war.

Darob große Entrüstung im Tabakskollegium, wo auch ausländische Zeitungen zirkulierten.

Friedrich Wilhelm diktierte einen Brief nach Amsterdam:

> „Es stimmt gar wohl, daß besagter Flügelmann kein Herz besessen, doch ist solches allein dem Umstande zuzuschreiben, daß dieser Gardist von Geburt ein Holländer gewesen."

Noch ein königlicher Spaß

Zu Anfang seiner Regierung mußte Friedrich Wilhelm wenigstens das übliche Karnevalsfest zugestehen. Er gab im Redoutensaale des Schlosses einen Maskenball, erschien mit einer Larve und trug einen Domino, der mit Anisküchlein beklebt war.

Niemand erkannte den König, und so dauerte es nicht lange, bis die ahnungslosen Gäste das letzte Anisküchlein abgerissen und verzehrt hatten.

Aber Friedrich Wilhelm I. war eben ein Freund derber Späße, hatte in die Küchlein ein kräftiges Abführmittel backen lassen und der Schloßwache befohlen, daß kein

Gast, wer es auch sein möge, sich aus dem Redoutensaal entfernen dürfe.

Von der Empore betrachtete Majestät den weiteren Verlauf. Der König hielt sich den Bauch vor Lachen, die Gäste hielten den Bauch aus anderem Grunde. Weitere Karnevalsfeste brauchte Friedrich Wilhelm nicht mehr abzuhalten und konnte das ersparte Geld für ihn wichtiger scheinende Dinge verwenden.

Hemdschilling und Busengeld

Auch den Aufwand, den adlige Herrschaften daheim zu treiben liebten, billigte der König nicht. Die Gutsherren finanzierten den oft beträchtlichen Luxus, indem sie von ihren leibeigenen Bauern nicht nur kostenlose Dienste, sondern auch zu allen möglichen Terminen noch Lieferung von Vieh, Getreide, Fischen, Hühnern verlangten. Starb ein Unfreier, mußte seine Familie dem Gutsherrn Sterbegeld zahlen. Wollte die Tochter eines Unfreien heiraten, war Busengeld oder Hemdschilling fällig, bevor der Herr auf das Recht der Leibeigenschaft verzichtete.

Friedrich Wilhelm I. wollte dem ein Ende machen; er gab das gute Beispiel, indem er auf die Herrenrechte in seinen eigenen Domänen verzichtete.

> „Befehle hiermit, die Leibeigenschaft von den Bauern abzuschaffen und sie zu Frey-Bauern zu machen. Die Höfe will ich hiermit erb- und eigentümlich auf ihre Kindes-Kinder schenken, dagegen sollen sie einen Eydt ablegen, daß sie Mir treu seyn wollen, ihre Abgaben fleyssig entrichten, die Höfe nicht verlassen als mit dem Todt."

Das gute Beispiel wurde nicht befolgt, die Bauern blieben auf den anderen Gütern Brandenburgs noch lange leibeigene Knechte. Noch länger blieben sie es außerhalb Preußens. Als erster Souverän die Sklaverei wenigstens zum Teil beseitigt zu haben, bleibt trotzdem das Verdienst Friedrich Wilhelms.

Börsennotiz

Handel und Gewerbe erstarkten wieder, die Kaufleute wollten jetzt auch eine Börsenordnung haben, wie sie in Deutschland nur zu Hamburg vorhanden war.

Man schickte einen Gesandten nach Hamburg, um die dortigen Bräuche zu erkunden, um vor allem die dortige Börsenordnung fein säuberlich abzuschreiben, damit sie auch für Berlin Gesetz werden könne.

Der Gesandte fand nur eine einzige uralte Verordnung:

„Mandat contra diejenigen, welche an der Börse und am Rathause Dolche und Messer entblößen."

Die Berliner verzichteten fürs erste auf eine Börsenordnung, sie machten auch ohne sie Geschäfte.

Luzifer, der erste Börsianer

An der Börse wurde, da Aktien und ähnliche Papiere noch nicht erfunden waren, nur mit Waren gehandelt. Die sogenannten Termingeschäfte mit Waren, die erst später geliefert werden sollten, beim Abschluß noch nicht zur Verfügung standen, enthielten ein großes und oft gefährliches Risiko.

Kein Wunder, daß fromme Leute den Teufel für die unheilvolle Börse verantwortlich machten: Luzifer wäre der erste Börsianer! Stand doch schon in der Bibel, daß Luzifer als erster die Menschen mit der frevelhaften Lüge betrogen hätte, daß sie, genau wie Gott, aus dem Nichts etwas zu schaffen vermöchten.

Afrikanischer Ausverkauf

Großen Kummer hatten die Berliner wegen der Kolonien, die ja dem König gehörten. Schon des Großen Kurfürsten Sohn hatte sie vernachlässigt, weil sein Hof so kostspielig war; er hatte auch die Flotte nicht instand gehalten.

Der Enkel war zu sehr mit seinem Sinnen auf das Nächstliegende gerichtet, ihm schienen die Besitzungen in Afrika unnütz und überflüssig. Friedrich Wilhelm I. verkaufte die Kolonien an die Holländer für:

> „17 200 Dukaten und 12 Mohren, von denen sechs güldene Ketten tragen sollten".

Was Friedrich Wilhelm mit dem Gelde tat, wissen wir nicht. Die Mohren steckte er in Uniformen, machte sie zu Spielleuten. So kam es, daß Preußen künftighin und für fast 150 Jahre zwar keine Kolonien, traditionsgemäß in manchem Garderegiment aber noch einen Mohren zum Trommler oder Schellenträger hatte.

Überflüssige Poesie

Der Kriegsrat von Happe wollte seine Gedichte veröffentlichen, wie das unter dem vorigen König auch preußische Kavaliere zuweilen getan hatten. Friedrich Wilhelm I. beschied den Herrn von Happe:

> „Ich habe aus euern Schreiben ersehen, daß ihr abermals Willens seyd, einige Bücher drucken zu lassen. Ich wil solches durchaus nicht haben. Werdet ihr es euch dennoch unterstehen, wil ich euch aufhengen und eure Schriften durch den Büttel verbrennen lassen."

Unkenntnis schützt vor Sünde

Der Franzose Picart hatte ein Buch über „Die Religiösen Gebräuche aller Völker" geschrieben. Dieses erste Werk einer vergleichenden Religionswissenschaft war dem König in die Hände gekommen, und schon der weitläufige Untertitel, der außer Jesus auch Moses und sogar Mohammed als Religionsstifter nannte, hatte den König empört:

„Es ist solches infame Buch in frantzösischer Sprache geschrieben; es haben aber Se. Königl. Mayestät solches selbst nicht gelesen, sondern alsofort verbrannt. Es befehlen Se. König. Mayt. hierdurch, scharff und genau acht zu haben, dass aber keyn Buchführer noch Buchhändler dergleich gottlos Buch, es sei mit der Post oder mit ander Gelegenheit kommen, einführe und verkauffe."

Philosophie und Fahnenflucht

An der Universität Halle lehrte Christian Wolff. Der Professor, den Kant dann „den gewaltigsten Vertreter des Vertrauens in die Macht der Vernunft" nennen wird, war seinen Kollegen nicht genehm. Um ihn loszuwerden, beschuldigten sie ihn, ein Irrgläubiger zu sein, der den Menschen die Freiheit des Wollens abspreche, so daß jede auch böse Tat vorbestimmt und deshalb straffrei wäre.

Friedrich Wilhelm hatte keinerlei Sinn für philosophische Spitzfindigkeiten, aber die Halleschen Professoren bedienten sich eines praktischen Exempels:

„Aus Wolffs Lehre gehe ohne weiteres hervor, dass, wenn einige von Seiner Majestät grossen Grenadieren durchgingen, es Bestimmung des Fatums sei, dass sie desertieren mussten, dass sie dieser Notwendigkeit nicht widerstehen könnten, und dass der König unrecht thue, wenn er sie bestrafen wollte."

Die Sorge, daß Philosophie Aufbau und Zucht des Heeres gefährden könnte, war des Soldatenkönigs Gedanken gemäß. Er verwies Wolff sogleich des Landes, mahnte bei Widersetzlichkeit auch den „Strick" an.

Friedrich Wilhelm und sein Königlicher Schwager

Das preußische und britische Königshaus hatten gemeinsames Blut auch schon damals. Auch damals schon waren sich die zu London oder Berlin residierenden Majestäten nicht wohlgewogen.

Friedrich Wilhelm I. sprach vom englischen König, der ein gar lebenslustiger Mann war, nie anders als von „Meinem Schwager, dem Komödianten".

Georg I. zeigte sich nicht minder liebenswürdig und erwiderte: „Mein Schwager, der Sergeant"!

Daß die beiden Herren sich nicht leiden konnten, hatte guten Grund. Der „Komödiant" regierte auch in Hannover, auch in Celle und Lüneburg. Er stand dem „Sergeanten" im Wege, der Preußen im Westen erweitern und den Zusammenschluß mit den Gebieten an Rhein und Weser, Ems und Ruhr schaffen wollte.

Gotteshaus und Pferdestall

Friedrich Wilhelms nüchterner Sparsinn bestimmte auch die Geschichte des Platzes, auf dem sein Vater zwei stattliche Kirchen gebaut hatte. Nahe dem Deutschen und Französischen Dom wohnten die Soldaten des Reiterregimentes *Gens d'armes* in privaten Quartieren. Für sie baute der König auf dem Markte, dessen Name noch an die *Gens d'armes* erinnert, eine Kaserne.

Das Reiterregiment brauchte Pferdeställe. Sie wurden unmittelbar neben den Kirchen, sogar in Anlehnung an deren Mauern, errichtet. Dabei kümmerte den König wenig, daß der Deutsche Dom nur noch über einen Schirrplatz zu erreichen war, daß die Prediger des Französischen Domes über das Wiehern der Pferde und den Gestank des Mistes klagten.

Der Soldatenkönig

Eine Wehrpflicht in auch nur annähernd modernem Sinne gab es nicht. Für die Rekrutierung sorgten Werber, deren Erfolgsprämien dann besonders hoch waren, handelte es sich um die „Langen Kerls" des Königs.

Für Soldaten von 182 cm Größe wurden 700, für Soldaten von 188 cm Größe 1000 Taler bezahlt. Es gab mehrere Regimenter, in denen überwiegend oder ausschließlich nur „Lange Kerls" dienten, und jedes Regiment zählte dreihundert Mann oder gar mehr. Für seine „Langen Kerls" waren dem König einige hunderttausend Taler nicht zuviel; für die Universitäten Frankfurt und Halle und die Akademie der Wissenschaften in Berlin stand jedoch nur ein Etat von insgesamt 12 000 Talern zur Verfügung.

Werbeprämien, Handgeld und selbstverständlich Löhnung kosteten auch die übrigen Soldaten. Es waren deren viele. Friedrich Wilhelm I. hat die Armee seines Vaters fast verdreifacht, hielt schließlich 83 000 Mann unter Waffen. Es war ein „stehendes Heer" und bedeutete für einen Staat mit zweieinviertel Millionen Bewohnern eine gewaltige Streitmacht. In Relation zu den Bevölkerungszahlen hätte Preußen-Deutschland 1870 mehr als 1 600 000 Soldaten haben müssen statt nur 900 000, die mitsamt Reserven mobilisiert werden konnten.

Ränkespiele

Friedrich Wilhelms Gemahlin hielt es mit den Franzosen und nahm von Ludwigs XV. Gesandten Rothenbourg Geld, um etwas königlicher leben zu können, als der sparsame Gatte es ihr erlaubte.

Der Sohn konspirierte mit den Engländern, verlangte von dem Attaché Guy Dickens, daß die britische Regierung ihm die vielen heimlichen Schulden bezahlen, mit Geld auch zur Flucht verhelfen möge.

Auch seiner Freunde war der König nicht sicher. Durch den Gesandten Seckendorff hatte Kaiser Karl VI. den Minister und Feldmarschall Grumbkow bestochen, damit das Mitglied des Tabakskollegiums ihm als Spion über Friedrich Wilhelms geheimste Pläne berichte. Im habsburgischen Wien beobachtete man nur mit Argwohn den Aufstieg Preußens.

Friedrich Wilhelm stand dem Ränkespiel recht hilflos gegenüber, und nur mit der Unkenntnis geheimer Diplomatenbräuche ist zu erklären, daß er persönlich an den Prinzen Eugen schrieb. Um sich des einflußreichen Mannes Gunst und Neigung zu verschaffen, wollte er ihm „ein Koppel bester Pferde preußischer Zucht, zwei Elentiere und einen Auerochsen" zum Präsent machen.

Der Savoyer, sonst im Nehmen nicht kleinlich, war nicht zu kaufen. Der „edle Ritter" schrieb zurück:

> „Wollen Euer Koeniglich Majestaet mir nicht in ungnaden vermerken, wann ich nicht nur mit pferden zulänglich bereits versehen, sondern auch an frembden thieren dergestalt eyngerichtet bin, daß zu derley unterbringung in meyner menagerie keynen rauhm und platz übrig habe."

Höfischer Konfessionsstreit

In Berlin gab es, seitdem Brandenburg unter dem Kurfürsten Joachim II. evangelisch geworden war, keine katholische Kirche mehr. Auch eine neue Kirche zu bauen, war den Anhängern des Papstes verboten.

Der habsburgische deutsche Kaiser glaubte, daraus politischen Nutzen ziehen zu können. Seinem Gesandten in Berlin mußte, gemäß diplomatischen Rechtes oder Vorrechtes, ja auch Friedrich Wilhelm religiöse Freiheit zugestehen. Der Gesandte, er hieß Heems, erhielt aus Wien den Befehl, eine „Haus-Kapelle" zu bauen.

Friedrich-Wilhelm vermutete nicht gerade zu Unrecht, daß Wien sich damit den katholischen Berlinern als Freund erweisen mochte, und wurde böse:

> „Sollen Seiner Majestät Gesandter belieben", verfügte er nach langem Widerstreben, „die neue Kapelle also zu richten. Er muß jedoch Sorge tragen, daß nach der Straße kein Fenster gehet, auch daß kein Kreutz oder ander Symbolum das Haus als Kirche

ausweiset und zu Aergernis Ursach gibt. Der Heems muß auch sorgen, dass es nicht so gross wird."

Der Heems hat trotzdem „so gross" gebaut. Vor dem Potsdamer Tor bekam Berlin wieder eine katholische Kirche, auch wenn sie keine Fenster haben durfte und nur die „Haus=Kapelle" eines Diplomaten war.

Friedrich Wilhelm grollte, weil Heems ihm zuwider „so gross" gebaut hatte. Auch Karl VI. in Wien war unzufrieden und verlangte, daß der preußische Gesandte dortselbst die Fenster seiner evangelischen „Haus=Kapelle" vermauern müßte.

Der religiös=diplomatische Streit um diese Haus=Kapellen ging weiter und hörte erst auf, als unter dem nächsten König der politisch=militärische Streit um Schlesien begann. Als er entschieden war, wurde sofort in Berlin – und nun sogar nahe dem Königsschlosse – die prächtige St. Hedwigs=Kathedrale gebaut.

Gegen „Schund und Schmutz"

„Item ist es auch höchst vonnöten, alles dasjenige aus dem Wege zu räumen, so da die Seelen und Herzen der Jugend verführen kann. So verbieten und untersagen wir hiermit ausdrücklich allen Buchhändlern, Buchdruckern und Buchkrämern dieser unserer Stadt, der Jugend einige derjenigen Bücher, so da mit Ausgelassenheit und Gottlosigkeit angefüllet, oder deren Auctores sich dahin beflissen, die Laster zur Schmälerung der Tugend angenehm und lieblich zu machen, zu verkaufen, noch feilzubieten."

Polizeiverordnung, die Kinderzucht betreffend. Berlin, gegeben am 27. Juni 1738.

Heiraten oder bauen

Unter den vielen französischen Flüchtlingen war ein Baron Vernezobre, der nicht nur seinen Glauben, sondern auch sein Vermögen gerettet hatte. Es war ein stattliches Vermögen; daß es aus recht anrüchigen Geschäften stammte, störte den König nicht. Darauf bedacht, daß das viele Geld auch künftig im Lande bliebe, wollte Friedrich Wilhelm Vernezobres Tochter mit einem seiner Adligen verheiraten.

Der hierfür vorgesehene Herr war alt und häßlich und schielte; auch hatte die Baronesse ihr Herz einem Bürgerssohn von angenehmerem Äußeren geschenkt. Majestät beharrte trotzdem auf seinem Willen. Erst als die kleine Baronesse beim Versuche zu fliehen ertappt worden war, ließ Friedrich Wilhelm sich erweichen:

> „Der Vater muß aber bauen!" lautete die Bedingung. Friedrich Wilhelm verlangte „eyn Palast, wie an Größe und Schönheit seinsgleichen nicht anjetzt vorhanden in der Residentz".

Es entstand in der südlichen Wilhelmstraße jenes Palais, das später nach dem Prinzen Albrecht genannt wurde, viel später Amanullah von Afghanistan als Gast beherbergte und noch viel später als Quartier der Gestapo und Himmlers Furcht erregte.

Friedrich Wilhelm, der „Soldatenkönig" genannt wird, hat viel gebaut, beziehungsweise viele zum Bauen gezwungen. Er verfuhr dabei wie ein Erpresser, machte Ernennungen, Gnadenbeweise, Beförderungen vom Bau eines Hauses abhängig. Er nahm auch keine Rücksicht in finanzieller Hinsicht; Vernezobre hat sein Vermögen eingebüßt, andere gerieten in Schulden, wurden ganz und gar ruiniert. Die Häuser allerdings hielten sich lange; in ihnen haben noch Bismarck, Bülow, auch Ebert, Rathenau, Stresemann und dann andere gewohnt, ehe der Krieg vernichtete, was Friedrich Wilhelms Untertanen in der berühmten Wilhelmstraße gebaut hatten.

In tormentis pinxit

Friedrich Wilhelm I. ist kein bequemer Monarch gewesen. Not, oder was er für Notwendigkeit hielt, hatte ihn hart gemacht. Gegen den Sohn, gegen die Soldaten, gegen das Volk. Auch gegen sich selbst.

Er fand schon längst keine Freude mehr an den Zechereien im Tabakskollegium. Bilder waren seine Erholung. Er malte sie mit gichtgeschwollenen Fingern, jeder Pinselstrich bedeutete grausamen Schmerz. Friedrich Wilhelm trotzte dem Schmerz.

Nur seine Worte *„In tormentis pinxit"* verraten, daß der Soldatenkönig die Bilder „unter Qualen gemalt" hat.

Kronprinz Friedrichs Heiratsvorschlag

Dem Vater, der wenig von ihm wußte, galt er als der ungeratene Sohn. In Wien war man – dank dem General von Grumbkow – über den jungen Fritz besser orientiert und fürchtete ihn.

Es war nach der Flucht, nach dem Kriegsgericht und nach Kattes Enthauptung, als Friedrich in der Küstriner Festungshaft erklärte: wenn es seinen Vater versöhnen könnte, würde er auch die Erzherzogin Maria Theresia zum Weibe nehmen. Grumbkow hat es sofort nach Wien berichtet.

In der Hofburg war man wenig begeistert für solche „annoch dem Ertzhaus wenig zutragende Lieb". Immerhin machte man sich in Wien Gedanken über den Hohenzollernprinzen, der einen derart ungewöhnlichen Vorschlag wagte:

> „Es erhellet, was für weitausblickende Ideen der junge Herr hat. Obwohl selbe noch flüchtig und nicht gantz ueberdacht sind, muß es ihm doch an Lebhaftigkeit und Verstande gar nicht fehlen. Umso gefährlicher dürfte er aber auch mit der Zeit uns werden."

Die Wiener Diplomaten waren kluge Herren. Über ihren Schatten zu springen, vermochten sie trotzdem nicht.

Wer an Phantasien seine Freude hat, darf sich ausmalen, was geschehen und was nicht geschehen sein würde, wenn ...

Koalitionen

Es war jedoch statt zur Heirat zum Kriege gekommen. Der erste Krieg gegen Maria Theresia begann unmittelbar nach Friedrichs Thronbesteigung, ihm folgten die beiden anderen Kriege. Bis wirklicher Friede war, vergingen dreiundzwanzig Jahre.

Preußen und Österreich standen nicht allein, aber ihre Alliierten wechselten. Von den europäischen Großmächten kämpften während der dreiundzwanzig Jahre in den drei Kriegen jeweils

für Friedrichs Recht und gute Sache	*für Theresias Recht und gute Sache*
England	England
Frankreich	Frankreich
Rußland	Rußland
Schweden	Schweden
Spanien	Spanien

Der Frontenwechsel machte auch jedesmal, was „alliiert" gewesen war, untereinander zum Gegner. Der Schlesische Krieg war ein europäischer, ein weltweiter Krieg geworden. Während Friedrichs und Maria Theresias Soldaten ihre Schlachten bei Lobositz oder Burkersdorf schlugen, kämpfte England „wegen Schlesiens" am St.-Lorenz-Strom und am Nawab gegen Frankreich, auf Kuba gegen Spanien.

Der Friede zu Hubertusburg garantierte Preußen 680 Quadratmeilen schlesischen Landes; ein Friede zu Paris machte im selben Jahre 1763 England zum Herrscher über Kanada, Indien und die mittelamerikanischen Inseln.

In Berlin keine Zensur

Auch unter dem neuen König wurde bekanntlich alles anders. Friedrich hatte nicht umsonst die Schriften Voltaires und der anderen französischen Aufklärer gelesen. Der achtundzwanzigjährige Fridericus wollte der Welt ein herrliches Beispiel freien Geistes geben und ordnete an,

„dass dem hiesigen Berlinschen Zeitungsschreiber eine unumbschränkte Freyheit gelassen werden soll, in dem articul von Berlin von demjenigen, was anizo hieselbst vorgehet, zu schreiben, was er will, ohne dass solches censiret werde".
Es folgen noch viele Sätze. Es folgt der berühmte Satz, „dass Gazetten, wenn sie interessant seyn sollten, nicht geniret werden dürfen."

Keine Folter mehr

Preußen war das erste Land in Europa, das auch die Tortur abschaffte.

„Ich wage es", schrieb der achtundzwanzigjährige Fridericus, „die Partie der Humanität gegen einen Gebrauch zu nehmen, der den Christen und den gebildeten Völkern Schande macht, der ebenso grausam als unnütz ist".

Kein Glaubensstreit

„Die Religionen müssen alle Tolleriret werden, und mus der Fiscal (Staat) nuhr das Auge darauf haben, das keine der anderen abrug (Abbruch) Tuhe. In meinem Staate kann jeder nach seiner Façon seelich werden", erklärte der achtundzwanzigjährige Fridericus.

Pour le Mérite

Der achtundzwanzigjährige Fridericus stiftete auch einen Orden. Das achtspitzige Kreuz trug die Inschrift Pour le Mérite und wurde, entgegen sonstigem Brauche, sogleich auch an „Civil-Personen" verliehen, die „für das Verdienst" um friedliche Arbeit als Gelehrte oder Künstler geehrt werden sollten.

Friedrichs Orden hatte eine seltsame Zukunft, wurde später in Preußens höchste Kriegsauszeichnung verwandelt, wurde noch später in eine „Militärklasse" und eine „Friedensklasse" geteilt, deren erste die Jünger des Mars, deren zweite die Freunde der Musen ehrte.

Das Seltsamste ist, daß Friedrichs Orden Pour le mérite die Zeiten überdauerte, während der Weimarer Republik und während der Diktatur bestand und auch heute wieder Gelehrte und Künstler auszeichnet.

Die Ritter des Pour le mérite haben nur vergessen, daß ihr Orden in Berlin gegründet worden ist und in der Hauptstadt auch länger als zweihundert Jahre seinen Sitz gehabt hat. Die Herren Ritter des Ordens Pour le mérite halten gegenwärtig Tagung oder Kapitel noch immer in Bonn.

Voltaire und andere Emigranten

Die Stadt war unter dem Großen Kurfürsten, unter dem ersten Friedrich, auch unter dem ersten Friedrich Wilhelm eine Zuflucht für Zehntausende von Menschen geworden, die religiöse Unduldsamkeit aus der alten Heimat vertrieben hatte. Die vielen zehntausend Flüchtlinge kamen auf Ochsenkarren, oft zu Fuß, brachten ihren Glauben mit und selten mehr.

Die Flüchtlinge, die jetzt Berlin aufsuchten, waren anderer Art. Sie kamen mit Extra-Post und brachten die „Ideen" mit, denen Ludwig XV. so ablehnend wie Friedrich II. freundlich gesonnen war.

Es kam der Marquis d'Argens, der Frankreichs absolutistisches Regime verurteilt hatte, und wurde Akademie-Direktor und Kammerherr in Berlin ...

Es kam Lamettrie, Biologe, dessen Abstammungslehre den Parisern verdächtig war, und wurde Friedrichs Vorleser, auch Mitglied der Akademie der Wissenschaften ...

Es kam der berühmte Maupertius, der die Abplattung der Pole festgestellt hatte, aber in Frankreich der Freigeisterei beschuldigt wurde; Friedrich ernannte ihn zum Präsidenten der Akademie der Wissenschaften …

Es kam d'Alembert, Mathematiker, Mitherausgeber der *„Encyclopédie Française"*, und wurde mit Ehren empfangen …

Es kam Voltaire, der schon in den Rheinsberger Jahren von Friedrich geliebte und bewunderte Franzose, und wurde als Freund aufgenommen, wie ein alter guter Freund auch gehalten …

Noch andere gelehrte Männer flohen aus Paris, wurden von Friedrich aufgenommen, mit gut besoldeten Ämtern bedacht. Die gelehrte Flüchtlingsprominenz kam der Akademie der Wissenschaften zugute, die nach vierzigjähriger Bedeutungslosigkeit endlich zu arbeiten begann.

Lamettrie und der Materialist

Wie seine Kollegen war auch Lamettrie des Deutschen unkundig. Am Hofe machte das nichts aus, Friedrich sprach und schrieb mit Vorliebe Französisch. Französisch war auch die offizielle Verhandlungssprache der Akademie geworden; die neu organisierte Akademie hatte sogar einen französischen Namen bekommen und hieß jetzt *„Académie royale des Sciences et des Belles Lettres de Prusse"*.

Im Umgang mit den eingeborenen Berlinern stießen die gelehrten Herren jedoch auf Schwierigkeiten. Als Lamettrie von einem „großen Materialisten Krause" hörte, notierte er sogleich Straße und Hausnummer, um dem Philosophen, der mit ihm gleichen Gedanken anhing, einen Besuch abzustatten.

Lamettrie war recht verwundert, daß der „große Materialist Krause" in der Spandauer Straße im Laden stand – und Materialwaren, Zucker, Gewürze, Essig verkaufte.

Auch Voltaire war Mitglied der Akademie geworden. Er wurde auch Kammerherr und damit Mitglied der Hofgesellschaft. Friedrich machte ihn zum Ritter des Ordens Pour le mérite und zahlte 20000 Livres Jahresgehalt, was nach heutigem Geldwert etwa 150000 bis 200000 DM entspricht.

Die Freundschaft hielt nicht lang. Obwohl Voltaire auch freie Wohnung und Dienerschaft hatte, kostenlos des Königs Equipagen benutzen und kostenlos an des Königs Tafel speisen durfte, war er unzufrieden, eines König Diener zu sein.

> „Ich bin nicht Friedrichs Kammerherr, sondern Friedrichs Geistesherr, *non pas son valet mais son maître,* nicht sein Diener, sondern sein Meister", verwahrte sich Voltaire.

Als Friedrich ihm seine Gedichte und andere Schriften vorlegte und bat, Voltaire möge das Französisch prüfen und gegebenenfalls bessern und glätten, murrte Voltaire:

> „Ich finde mein Vergnügen nicht darin, die schmutzige Wäsche des Königs zu waschen und mit meiner ‚Stärke' auf Hochglanz zu plätten."

Wenn solche Bemerkungen dem König zugetragen wurden, ließ Friedrich sich vernehmen:

> „Ich brauche und gebrauche ihn, wie man eine Orange braucht und gebraucht. Wenn man den Saft ausgepreßt hat, wirft man die Schale fort."

Die Stadt war zu klein für zwei Männer, deren jeder sich als souveräner Herrscher fühlte, als „Der Einzige" von seinen Anhängern und Freunden gefeiert wurde. Als die Mißhelligkeiten sich mehrten, kam es zwischen Landes- und Geistesfürst zum endgültigen Bruch; der Flüchtling Voltaire flüchtete auch aus Berlin.

Es war, da Friedrich ihn des Diebstahls vertraulicher Papiere beschuldigte, Voltaire den König einen brutalen Tyrannen schalt, ein trübseliger Ausklang. Trotzdem haben Voltaires Berliner Jahre unverlöschliche Spuren hinterlassen. Auf dem Titelblatt des *„Siècle de Louis XIV."*, des wohl berühmtesten Werkes Voltaires, ist als Druckort „Berlin" genannt.

Die Karschin

Voltaire war noch nicht lange in Genf, als Anna Louise Karsch nach Berlin kam, aus Hammer bei Schwiebus. Sie kam als Flüchtling, den privates Unglück vertrieben hatte. Auch die Karschin kam mit geistigem Gepäck, heutige Literaturhistoriker respektieren das Schaffen einer Dichterin, die das friderizianische Berlin mit vielen Versen besungen hat.

Aber gerade Fridericus wollte von der „deutschen Sappho" wenig wissen. Als sie ihn um Unterstützung bat, versprach der König:

„Will schon sehen, will sorgen für sie."

Zehn Jahre danach erinnerte endlich die Karschin an das Versprechen. Mit welchem Erfolge, bekunden ihre Verse:

Zwei Taler gibt kein großer König,
Ein solch Geschenk vergrößert nicht mein Glück,
Nein, es erniedrigt mich ein wenig,
Drum geb' ich es zurück.

Fridericus soll den Vierzeiler seiner Tafelrunde vorgelesen und bemerkt haben:

„Messieurs, heut ist mir etwas arriviret, was mir noch nie geschehen, auf Französisch möchte ich 's gar nicht sagen, aber, Messieurs, eine Frau gab mir ihre Verweigerung."

Winckelmann trotzt

Winckelmann ist in Stendal geboren. Der Altmärker, dessen Schriften die „edle Einfalt und stille Größe" altgriechischer Kunst gepriesen und das Bild der Antike für Generationen bestimmt haben, wollte nach Berlin. Als die Akademie neu organisiert, die große Zahl der französischen Gelehrten berufen wurde, fragte Winckelmann aus Rom brieflich an, ob Rang und Amt eines „Akademikers" auch für ihn zu erhoffen wären.

Fridericus stimmt zwar zu, aber ein Gehalt in der den Franzosen zugestandenen Höhe wollte er nicht bewilligen, und Winckelmann grollte:

> „Im Uebrigen weiss Se. Majestaet wohl nicht, dass man einem Menschen, welcher Rom gegen Berlin verlässet und sich anzutragen nicht nötig hat, wenigstens so viel geben muss als Jemandem, welcher von dem Eismeer gerufen wird. Doch sollte Se. Majestaet wissen, dass die Erfahrung von zehn Jahren Rom weit kostbarer sei als die ebenso vieler Jahre zu Tobolsk."

Das ging auf Maupertius, der Lappland vermessen hatte, und wurde dem Wirken dieses Mannes sicherlich nicht gerecht. Schlimmer war, daß Fridericus offensichtlich die Bedeutung Winckelmanns unterschätzt hat. Deutschlands und der Welt berühmtester Archäologe verzichtete auf Berlin und blieb in Rom, wo Papst Clemens XIII. den Altmärker aus Stendal höher geachtet und zum Präsidenten der Vatikanischen Kunstsammlungen ernannt hat.

Lessing und der König

Über Lessing urteilte Fridericus im Gespräch mit Laveaux, einem seiner zahlreichen französischen Gesellschafter:

> „Ich würde ihn schätzen, wenn er nicht die Emilia Galotti geschrieben hätte, ein Stück, in welchem die Prinzessin närrisch, die Fürstin beschränkt, der Fürst ein

Liederjahn, die Gräfin eine Furie, der Kammerherr ein Meuchelmörder, der Prinz ein Dummkopf ist."

Kleider machen Leute

„Ich hätte längst", schrieb Lessing seiner Mutter aus Berlin, „hier unterkommen können, wenn ich mir, was die Kleidung anbelangt, ein besseres Aussehen hätte machen können. Es ist dieses aber in einer Stadt gar zu nötig, wo man meistens den Augen in Beurteilung eines Menschen traut und nur auf sein Aeusseres sieht."

Privatsekretär Lessing

Als Neunzehnjähriger war der Pastorensohn nach Berlin gekommen, den Kopf voller Ideen, im Koffer einen Packen Manuskripte. Was immer auch der junge Mann vom gefeierten König erhofft oder erträumt haben mochte, verwirklichte sich nicht. Lessing fand in Berlin Verleger für seine Manuskripte. Er brachte auch seine Ideen an, wurde als Theaterkritiker der Vossischen Zeitung schnell bekannt. Moses Mendelssohn, der Professor Sulzer, der Dichter Ramler und andere hochgeachtete Berliner, auch des Königs Flötist Quanz wurden seine guten Freunde.

Friedrich hatte kein Lob und erst recht keinen Taler übrig, kümmerte sich überhaupt nicht um Lessing. Lessings schriftstellerische und redaktionelle Arbeit brachte nicht genug ein. Um seinem Vater nicht auf der Tasche zu liegen, mußte er, da der König nicht half, einen Broterwerb suchen.

Man darf es als Ironie der Weltgeschichte betrachten, daß ausgerechnet Voltaire den Mittellosen als „Privatsekretär" engagierte. Vier Jahre diente der junge Lessing, der Deutschland ein deutsches Theater schaffen wollte, dem alten Voltaire, der keine andere Literatur als die Frankreichs gelten ließ.

Für den Herrn „Privatsekretär", der täglich Voltaires hoffärtige Laune dulden mußte, waren es ungute Jahre. Sie nahmen auch ein ungutes Ende. Als Voltaire fluchtartig Berlin verließ, schob er die Schuld an dem geheimnisvollen und noch jetzt nicht aufgeklärten Diebstahl von Friedrichs vertraulichen Papieren auf Lessing.

Der König wußte wohl, warum er die Sache nicht weiter verfolgte, aber Lessing war ihm nicht angenehmer geworden. Fridericus Rex verweigerte dem einen neuen Posten suchenden Lessing die Stellung eines Theaterdirektors, für die ihn Quintus Icilius, die eines Bibliothekars, für die ihn Nicolai, die eines Schuldirektors, für die ihn Winckelmanns Freund Stosch vorgeschlagen hatte. Als die Akademie der Wissenschaften und Schönen Künste Lessing dann zu ihrem Mitglied ernannte, mißbilligte Fridericus Rex die vollzogene Wahl, die Akademie fiel geradezu in Ungnade.

Aber das kümmerte nun wiederum Lessing nicht mehr, der die „verzweifelte Galeere" auf der Spree verlassen hatte und in Hamburg jene „Dramaturgie" schrieb, die eine „Berlinische Dramaturgie" hätte werden können.

Gleim, der singende Grenadier

Auch für Ludwig Gleim hatte Friedrich nichts übrig. Dabei ist es Gleim gewesen, der mit den „Liedern eines preußischen Grenadiers" das Volk begeistert und damit auf seine Weise dem König im dritten, langen Kriege gegen Österreich geholfen hat. Die „Lieder eines preußischen Grenadiers" waren ein Lieblingsbuch in jenen Jahren.

Nur Friedrich scheint es nicht gelesen, nicht geschätzt zu haben. Er fand kein Wort der Anerkennung.

Der brave Gleim ertrug es würdig. Und der Siebenjährige Krieg war auch schon vorüber, als König und Dichter in der Breiten Straße einander begegneten. Oberst Icilius, der Friedrich begleitete, dankte für Gleims Gruß, machte auch den Monarchen aufmerksam: „Majestät, das ist der Sänger der Grenadierlieder!"

Gleim hörte es, Friedrich hörte es. Aber der König verhielt nicht einmal den Schritt, ging ohne Gruß weiter.

Jetzt war der poetisierende Domschreiber und Kanonikus Johann Wilhelm Ludwig Gleim wirklich gekränkt, er kam nicht mehr von Halberstadt zu Besuch nach Berlin, ließ auch seine nächsten Bücher anderswo verlegen.

Opposition

Andere Poeten wehrten sich vernehmlicher gegen einen König, der sie so niedrig einschätzte. Einer von ihnen, sein Name ist nicht überliefert, weil er begreiflicherweise Anonymität schätzte, veröffentlichte zum fünfzigsten Geburtstag Friedrichs in der Zeitschrift „Der Druide" folgenden Glückwunsch:

„Monarch!" sing ich – und weiter nicht.
Du liest ja doch kein deutsch Gedicht.

Es war, bei aller Zensurfreiheit, die letzte Nummer dieser Zeitschrift.

Königliche Ironie

Quintus Icilius, der hier schon erwähnt wurde, hieß eigentlich Gottlieb Guichard, war erst 1757 in die preußische Armee eingetreten, hatte aber durch vielseitige Bildung und gutes Französisch sehr schnell Karriere gemacht.

Der König liebte Offiziere, mit denen er sich gescheit unterhalten konnte. Bei Landeshut, wo Laudon sein Heer böse zusammengehauen hatte, verglich Friedrich seine Lage mit der des Pompeius nach der Schlacht bei Pharsalos, seinen geschlagenen General Fouqué mit dem römischen Feldherrn Quintus Icilius.

Guichard kannte die Historie besser: der Feldherr habe Quintus Caecilius geheißen...

Es gab eine lange Debatte, aber Friedrich mußte nachgeben, als endlich Caesars Buch „Über den Bürgerkrieg" herbeigeschafft war.

„Der König war ärgerlich", berichtet Guichard, „und befahl, ich solle künftig den Namen Quintus Icilius führen."

Ob der neue Name den Obersten an unbotmäßige Rechthaberei oder den König an eigene Unzulänglichkeit erinnern sollte, sagte der höfliche Oberst nicht.

Soldatische Ehrlichkeit

Aber Quintus Icilius nahm auch künftig kein Blatt vor den Mund. Als Friedrich bemerkte: wenn er den dritten Krieg um Schlesien verlöre, würde er nach Italien gehen und dort Medizin studieren, kam die Antwort:

„Immer wollen Majestät den unschuldigen Leuten ans Leben."

Als Friedrich ihn fragte:

„Was hat Er denn alles mitgenommen, als Er das Schloß des Grafen Brühl geplündert hat?" entgegnete Oberst Quintus keck:

„Majestät waren ja in Pförten dabei, Majestät weiß es, wir haben ja ganz genau geteilt."

Ephraim und sein Geld

Obwohl Friedrich einen großen Teil des goldenen und silbernen Tafelgerätes hatte einschmelzen lassen, war es um die Staatsfinanzen schlecht bestellt. Für den dritten Krieg beschaffte sich Fridericus das notwendige Geld durch eine Münzverschlechterung, wie man statt Inflation damals sagte.

Die Zeitgenossen Mendelssohns und Lessings begriffen trotz philosophischer Bildung die ökonomischen Vorgänge schlecht. Sie schalten nicht auf den Krieg, sondern auf den Hofbankier Ephraim, der das Münzrecht in Pacht hatte und, um den Anforderungen zu genügen, eben unterwertiges Geld prägen mußte.

Außen schön, innen schlimm.
Außen Friedrich, innen Ephraim

lautete der berlinische Spottvers. Im übrigen war Veitel Ephraim ein in der Stadt wohlgelittener Mann, als großzügiger Mäzen besonders von den Malern geschätzt. Sein Haus in der Poststraße, ein Juwel berlinischen Barocks, wurde 1935 abgerissen, als auch die lebenden Glaubensgenossen Ephraims nicht mehr geduldet waren.

Berliner Siegesgesänge

Als die Schlacht bei Prag siegreich geendet hatte, sang man an der Spree:

Das war ein wunderlicher Krieg.
40000 gegen 100000 Mann
Behielten doch den Sieg!
So sei Er auch dafür gepreist,
Der König hat das Glück erweist,
Sein Ruhm bleibt ewiglich.

Nach der Schlacht bei Roßbach triumphierte Berlin, das kurze Zeit vom Feinde besetzt gewesen war:

Und wenn der Große Friedrich kommt
und klopft bloß auf die Hosen,
so läuft die ganze Reichsarmee,
Panduren und Franzosen.

Statt „Reichsarmee“ sagten die schlagfertigen Berliner jetzt nur noch „Reißausarmee“, und ihr Stolz kannte keine Grenzen, als der Sieg bei Leuthen bekannt wurde:

Vivat, es lebe der König von Preußen!
Seine Feinde, die tut er alle zerschmeißen.
Gefangen seynd auch viel tausend Leute,
Kanonen, Fahnen und große, große Beute.
Die tapferen Preußen haben gesungen,
Daß es hat die Nacht zum Himmel gedrungen.
Nun danket alle Gott!

Königliche Resignation

Friedrich schrieb aus dem Felde: „Glaubt Ihr, es sei ein Vergnügen, dies Hundeleben zu führen, Unbekannte fallen zu sehen und umzubringen, Tag für Tag Freunde und Bekannte zu verlieren, immerfort den eigenen Ruf den Launen des Zufalls preiszugeben, das ganze Jahr in Angst und Nöten zu schweben und fortwährend Leben und Glück aufs Spiel zu setzen?"

Und als der Krieg zu Ende, der Hubertusburger Friede unterzeichnet war, steigerte sich Friedrichs Resignation: „Was mich armen Greis betrifft, so kehre ich in eine Stadt zurück, von der ich nur die Mauern kenne, wo ich keine Bekannten wiederfinde, wo eine Riesenaufgabe meiner harrt und wo ich bald meine alten Knochen in einem Asyl lassen werde, das weder Krieg noch Unglück, noch die Schlechtigkeit der Menschen antasten kann."

Er blieb nicht in Berlin, er ging nach Potsdam. Auch in der Tafelrunde war – zu seinem Verdruß – viel von Ruhm und Schicksal und großer Fügung die Rede.

„Gott war unser Verbündeter", wagte jemand zu bemerken.

„In welchem Regiment dienten denn seine Himmlischen Heerscharen?" erkundigte sich Fridericus.

Höfisches

Die Herren von Kameke und von Engelbrecht, die Friedrich nach Paris geschickt hatte, waren voller Erstaunen zurückgekehrt. Prunk und Zeremoniell des Versailler Hofes hatten es ihnen angetan, ausführlich erzählten sie auch vom großartigen „lever" des fünfzehnten Ludwig.

Friedrich fand alles gräßlich, und Peter von Keith, der Jugendfreund, fragte, was Friedrich tun würde, wäre er König von Frankreich.

„Ich würde einen zweiten König ernennen, der dies alles auf sich nähme."

Fridericus brauchte kein *double* an seinem Hofe, er führte ein sehr privates Leben, war zeremonieller Gesellig=keit durchaus abhold. Wer an den Gesprächen der Tafel=runde nicht teilzunehmen vermochte, kam am preußischen Hofe zu kurz.

„Was machen Sie nur den ganzen Tag?" wurde einer die=ser überflüssigen Hofbeamten gefragt. Der antwortete gähnend:

„Wir konjugieren das Verbum ‚sich langweilen' in allen Sprachen."

Fridericianische Marginalien

Der Staat war größer, die Verwaltung komplizierter, der König älter geworden. Friedrich geizte mit der Zeit; die Vorträge der Minister wurden, wenn irgend möglich, durch schriftliche Berichte ersetzt, über die er mit Randbemer=kungen, den berühmten „Marginalien", entschied.

Auf die Eingabe eines Kriegsgerichtsrates, er warte seit dreißig Jahren auf Beförderung: „Ich habe ein haufen alte Maulesels im Stal, die lang den dienst machen, aber Stal=meister werden sie nicht."

An einen Buchhändler, der um Ernennung zum Kom=missionsrat petitionierte: „Buchhändler ist auch ein honet=ter Titel."

General von Rothkirch bat für seine Tochter um Ver=sorgung in einem Damenstift: „Es seynd bis vierzig anwartschaften auf jeder Stelle. Er soll hübsch Jungens machen, die kann ich alle unterbringen, aber mit die Madams Weiss ich nirgends hin".

Ein Offizier wollte zu Friedenszeit den ihm zugedachten Orden nicht annehmen: „Seinetwegen kann ich keinen Krieg anfangen!"

Die Frauen zweier Würdenträger baten um Entscheidung, welche von ihnen höheren Ranges wäre: „Die größte Närrin geht voran".

Der Berliner Magistrat wollte wissen, was mit einem Manne geschehen sollte, der Gott, den König und den Magistrat beleidigt hatte: „Daß der Arrestant Gott gelästert hat, ist ein Beweis, dass er ihn nicht kennt. Dass er mich gelästert hat, vergebe ich ihm. Dass er aber einen edlen Rat der Residenz gelästert hat, dafür soll er bestraft werden und auf eine halbe Stunde auf Spandau kommen".

Auf einen Bericht des Regierungspräsidenten aus Kleve: „Ich muss sehr unvollständig von Euch informiret worden sein, oder Ihr seid ein Esel, der die Provinz nicht kennt, oder ein Windbeutel, der sich um nichts kümmert. Man kann keinen dümmeren Bericht machen, als den Ihr mir da schicket".

Auf die Zusendung einer „Abhandlung über die Sünde wider den Heiligen Geist" an den Autor: „Seine Sünde wider den Heiligen Geist habe ich richtig erhalten".

Ein Oberst bat wegen Krankheit um gnädigen Abschied: „Mir gehet es Auch nicht immer, wie ich es Gern haben möchte, muss ich doch Immer könig bleiben. Rhabarber und Geduld wirken vortrefflich."

Die Königin

Der König residierte fast nur noch zu Potsdam. Die Königin hielt Hof in Schloß Monbijou zu Berlin. Es ist bekannt, daß Friedrich seine Gemahlin nicht liebte. Weniger bekannt ist, daß Elisabeth dem König zürnte, weil sie des Kindes entbehrte, Friedrich die ihm vom Vater aufgezwungene Ehe nicht erfüllen wollte oder konnte.

Trotzdem, nach langen Kriegsjahren, wollte Elisabeth den Gemahl in Potsdam wiedersehen ...

„Sie mag bleiben, wo sie ist, habe kein Verlangen nach Weibern", wehrte Friedrich ab.

Die Barberina

Die Tänzerin Barberina hatte ihm besser gefallen. Die Italienerin war noch keinen Monat in Berlin, als Friedrich sie zum Souper einlud:

> „Ich werde mich sehr freuen, Sie zu sehen. Wenn Ihre schönen Augen bezahlt sein wollen, so müssen sie sich zeigen. So wird es ein Vergnügen sein, Ihnen zu entrichten, was man Ihnen schuldet".

Majestät pflegte sich sogar bei offiziellen Hoffesten „im separierten Kabinett mit der Tänzerin zu vergnügen", und was er ihr dafür schuldete, zu schulden glaubte, zeigte sich in Barberinas Gage, die schnell von 2 000 auf 5 000, auf 6 000 und 7 000 Taler erhöht wurde und bei weitem jede andere Gage am Hoftheater übertraf.

Eine „hübsche Hure" fehlt

Ehe der dritte Krieg den Fünfzigjährigen (!) als „armen Greis" heimkehren ließ, ist Friedrich gewiß kein Weiberfeind gewesen.

Aus dem schlesischen Kriegslager schreibt er seinem Trésorier und Leibdiener Fredersdorf wegen eines neuen Pagen:

> „Schicke er ihn mir, und kann er eine hübsche Hure kriegen, so ist es auch gut, denn die fehlet uns auch."

Der sittenstrenge Rektor

In Berlins Bürgerhäusern hielt man sich sittsamer. Rektor Gedike vom Gymnasium zum Grauen Kloster, der das Abiturientenexamen erfunden hat, wollte nicht einmal das Wort Liebe in seinem Hause hören. Als seine Tochter Sophie mit Wilhelm Nicolai, einem Verwandten des bekannten Verlegers und Goethefeindes, am Pianoforte Lieder einübte, in denen viel von Liebe vorkam, unterbrach sie plötzlich ihr Spiel:

„Singen Sie Freundschaft, Freundschaft, Freundschaft, Papa kommt!"

Flötentöne

Johann Joachim Quantz, der Lessingfreund, ist Friedrichs Lehrer im Flötenspiel gewesen, bis zu seinem Tode hat er dem König als Hofkomponist gedient. Franz Benda, der im selben Jahre wie Friedrich starb, ist des Königs Konzertmeister gewesen.

Der König war unersättlich im Flötenspiel. Die Flöte begleitete ihn auf Reisen, bei der (von ihm verachteten) Jagd, während der Kriege.

Quantz komponierte mehr als fünfhundert Flötenwerke für den König ...

Benda zählte fünfzigtausend Konzerte, mit denen er den Flöte spielenden Fridericus begleitet hat.

Der theatermüde Fridericus

Er lebte in seinem Sans Souci und kam kaum mehr in die Hauptstadt. Friedrich rechnete, weil Streit um die bayerische Erbfolge ausgebrochen war, vielleicht mit kriegerischen Verwicklungen auch für Preußen. Er schrieb an Baron von Arnim, den Vater des Dichters Achim von Arnim, der das Theater in Berlin leitete:

> „Die gegenwärtigen Conjuncturen lassen ernsthaf=tere Scenen erwarten. Man kann die comischen sehr wohl entbehren, und deshalb habe Ich soeben den sämtlichen Schauspielern und Schauspielerinnen Mei=nes Theaters ihre Gehalte und Pensionen gestrichen. Das Eure ist mit einbegriffen, und nach der Verab=schiedung sämtlicher Comödianten wird es gantz in Eurem Belieben stehen, Eure gantze Sorgfalt Euren Liebhabereien zu widmen."

Es war das Ende des vom König begründeten Franzö=sischen Theaters; es war zugleich, auch wenn Friedrich es nicht wissen konnte, der Anfang deutscher Bühnenkunst in Berlin.

Goethe in Berlin

Wirklich nur ein einziges Mal ist Goethe in Berlin ge=wesen. Die Stadt gefiel ihm nicht, an das winzige Weimar gewöhnt, erschien sie ihm unheimlich groß. Die Berliner nannte er „ein verwegenes Volk", was allerdings kein moralisierendes Urteil bedeutet, weil Goethe damit die wirtschaftliche Unternehmungslust der Berliner gemeint hat.

Trotzdem, er mochte Berlin und die Berliner nicht. Auch der hauptstädtische Witz, meinte er, gibt „doch nur einen Begriff von einer höchst platten Lebensweise und von einem Mangel an eigentlich geistiger Tätigkeit".

Goethe=Premieren in der Behrenstraße

In Berlin und überhaupt zum ersten Male ist der „Götz" aufgeführt worden. Bei der Uraufführung wurde der Autor nicht genannt, erst bei der Wiederholung erschien ein

„Dr. Göde in Frankfurt am Main" auf dem Programmzettel.

Man spielte den „Götz" sechs Tage hintereinander und dann noch an elf weiteren Abenden. Selbstverständlich nicht auf der königlichen Bühne, die der Oper und den französischen Schauspielen vorbehalten war, sondern in der Behrenstraße in des Direktors Koch Privattheater.

Das berlinische Publikum war begeistert. Die berlinischen Kritiker waren weniger entzückt. Ramler stellte fest, daß dem Stück die „Einheit der Handlung" fehlt und die Begebenheiten „unter sich weiter keinen Zusammenhang haben, als daß sie zu Götzens Lebzeiten vorfallen". Der gefürchtete Nicolai schrieb, daß „die Kleider und Harnische, ganz neu gemacht, am Beifall ebensoviel als etwas Anderes Anteil" hatten.

Auch Lessing, damals noch in Berlin, schrieb an seinen Bruder Karl:

> „Der große Beifall ist, fürchte ich, weder zu Ehren des Verfassers, noch zur Ehre Berlins. Eine Stadt, die kahlen Tönen nachläuft, kann auch hübschen Kleidern nachlaufen."

Im selben Jahre und auf derselben Bühne wurde auch „Clavigo" gezeigt. Direktor Koch kündigte an:

> „Eyn gantz neues Original- und Trauerspiel in fünf Akten von Herrn D. Göthe. Dieses Stück spielt in Madrid und endigt sich mit Mariens Leichenbegängnis."

Prinzipal Koch starb, Karl Theophil Döbbelin übernahm die Direktion und führte „Stella" auf. Das Stück „entlockte den Zuschauern Tränen, Tränen, deren sich niemand schämen darf", stand in der Zeitung . . .

Nach zehn Aufführungen wurde es verboten. Für Dreiecksverhältnisse hatte auch Friedrichs Polizei kein Verständnis.

Friedrich der Große besucht General von Ziethen

(Nach einem Stich von Daniel Chodowiecki)

Der Alte Fritz beim Flötenspiel in Sanssouci

(Nach einem Bild von Wilhelm Camphausen. Staatsbibliothek Berlin, Bildarchiv Handke)

„Dem Publikum wird die schon öfters bekannt gemachte Verordnung: denen bei der Oper oder Komödie stehenden Personen weder an Geld oder an Waren nicht das Geringste zu borgen oder zu leihen, wiederholentlich in Erinnerung gebracht. Und haben diejenigen, die wider diese Verordnung handeln, zu gewärtigen, daß sie ihres Credits gänzlich verlustig gehen, indem Klagen auf dergleichen Schuldforderungen bei keinem Gericht angenommen, sondern die Gläubiger mit ihren Forderungen abgewiesen werden sollen. Wonach sich jedermann zu achten und vor Schaden und Nachteil zu hüten hat."

Gegeben Berlin, den 4. Januar 1784. Königlich-Preußisches Hof- und Kammergericht.

Der kleine Moritz über Schiller

Nach den „Räubern" war auch „Luise Millerin" oder, wie man sie später nannte, „Kabale und Liebe" in Berlin bekannt geworden. In der Vossischen Zeitung las man:

„Wieder einmal ein Produkt, das unsern Zeiten Schande macht! Mit welcher Stirn kann ein Mensch doch solchen Unsinn schreiben und drucken lassen, und wie muß es in dessen Kopf und Herz aussehen, der solche Geburten seines Geistes mit Wohlgefallen betrachtet! So schreiben, heißt Geschmack und gesunde Kritik mit Füßen treten, 167 Seiten voll ekelhafter Wiederholungen gotteslästerlicher Ausdrücke. Aus einigen Szenen hätte was werden können, aber alles, was dieser Verfasser angreift, wird unter seinen Händen zu Schaum und Blase."

Der Verfasser dieser seltsamen Rezension hieß Karl Philipp Moritz, hatte noch vor Goethe Ruhm als Autor von „Anton Reiser" erlangt, des ersten bedeutenden Ich-Romanes. Er war berühmt, er war ein großer Mann.

Aber seit der unflätigen und verständnislosen Kritik an Schiller war er für die Berliner der „Kleine Moritz" geworden, der die Welt nach seinem unzureichenden Maßstabe mißt.

Kein „medium" über Haydn

„In dem Kammerstil habe ich außer den Berlinern fast allen Nationen zu gefallen das Glück gehabt. Mich wundert nur, daß die sonst so vernünftigen Herrn Berliner in ihrer Kritik über meine Stücke kein medium haben, da sie mich in einer Wochenschrift bis in die Sterne erheben, in der andern sechzig Klafter tief in die Erde schlagen, und dieses ohne gegründeten warum."

Joseph Haydn, der einer unbekannten Adressatin seinen Kummer klagte, ist nie in Berlin gewesen. So blieb ihm unbekannt, daß seine Kammermusiken den bösen Kritikern zum Trotz hoch geschätzt und viel gespielt wurden. Anders war es mit den Oratorien; die „Schöpfung" wurde erst nach dem Tode des Komponisten aufgeführt und erhielt wenig Beifall.

Die Fridericianische Stadt

Auch dieser dritte König und zweite Friedrich hat viel für Berlin getan. Das Opernhaus, die Bibliothek, die Hedwigskathedrale, die schönen Kuppeln der Dome auf dem Gensdarmenmarkt und der erste Dom auf dem Lustgarten entstanden, auch das Palais des Prinzen Heinrich.

Goethe sah es, mag auch bestaunt oder bewundert haben, was noch bis zum zweiten Weltkrieg bestaunt und bewundert, im Baedeker mit zwei Sternchen hervorgehoben wurde.

Der weimarische Besucher sah gewiß auch anderes, das die steinerne Chronik uns nicht überliefert hat:

Berlin zählte 140 000 Einwohner. Aber 33 000 von ihnen waren Soldaten oder gehörten zu deren Familien. Der Beamten und deren Angehörigen waren es 14 000, und die Haushalte des Hofpersonals folgten mit 10 000 Köpfen in der Statistik.

Weit mehr als ein Drittel der Einwohnerschaft lebte vom Staatsdienste, hatte nach damaligem Brauche also weder Bürgerpflichten noch Bürgerrechte, wie auch 71 000 Privatbedienstete – Knechte, Mägde, Handlungsgehilfen, Arbeiter, Handwerksgesellen – auch die Juden, die meisten Hugenotten, Schauspieler, Künstler, Gelehrten kein Bürgerrecht und damit keinen Einfluß auf die Verwaltung der Stadt gehabt haben.

Bürger im eigentlichen Sinne gab es nur 11 000 in Berlin! Sie wählten die Ratsherren, die ihrerseits wieder die Bürgermeister wählten, womit die städtischen Kompetenzen nahezu erschöpft waren. Denn das Leben, den Ton in der Stadt bestimmten die 57 000 Staatsdiener. Berlin war eine Beamtenstadt geworden.

Die Aufklärung und die Juden

„Die jüdische Colonie ist beträchtlich; man zählt an 400 Familien, die auf 2000 Köpfe geschätzt werden. Sie hat den großen Vorzug, daß sie durch den Ruhm ihrer Gelehrten einen noch größeren Glanz erhält als durch die Schönheit der Damen", berichtet der Philosoph Hennings, der 1772 von Ploen aus Berlin besucht hat.

Er war bei dem berühmten Moses Mendelssohn gewesen, dem Freund Lessing im „Nathan" ein unvergängliches Denkmal gesetzt hat. Auch bei David Friedländer, dem Bibelübersetzer und Sprachgelehrten. Auch den Arzt und Naturwissenschaftler Markus Bloch, dessen reiche Fischsammlung den Grundstock von Berlins Zoologischem Museum bildete, hat Hennings kennengelernt. Auch den mäzenatischen Veitel Ephraim, den kunstsinnigen Bankier Itzig, dessen Sohn als Eduard Hitzig E. T. A. Hoffmanns

Freund und Biograph wurde, dessen Enkel Friedrich die Börse, die Reichsbank und die Technische Hochschule erbaute. Hennings verweilte im Hause des mit Kant wohlbefreundeten Arztes Markus Herz, der sich soeben mit der schönen Henriette, der Tochter seines jüdischen Kollegen Lemos, verlobt hatte. Im Salon von Markus und Henriette Herz sollten dann die Brüder Humboldt, Schadow, Gentz, auch Fichte und Schleiermacher, die Brüder Schlegel treue Gäste sein.

Im Reiche des Geistes herrschte allenthalben Toleranz, die Unterschiede auch zwischen Ungetauften und Getauften nicht mehr gelten ließ, jenen wie diesen gleiche Menschenwürde zuerkannte. Die Arbeit der Aufklärer hatte gute Früchte getragen.

Im staatlichen Bereiche sah es anders aus. Berlin hatte seit des Großen Kurfürsten Tagen Flüchtlinge aus aller Welt aufgenommen, und unbeschadet, ob sie Hussiten, Katholiken, Reformierte, Calvinisten waren oder – wie Voltaire und andere – sehr atheistisch dachten, konnten diese Flüchtlinge ihre Berufe ausüben.

Für die Juden aber galt noch immer die alte Ordnung:

„Alldieweil die Kaufmannsgülde aus ehrlichen und redlichen Leuten zusammengesetzet, also soll kein Jude, strafbarer Todtschläger, Gotteslästerer, Mörder, Dieb, Ehebrecher, Meineidiger oder der da sonst mit groben Lastern und Sünden beflecket und behaftet in der Gülde nicht gelitten, sondern davon gäntzlich ausgeschlossen sein und bleiben."

Unter dem zweiten Friedrich wurde diese Vorschrift beibehalten; auch andere Vorschriften, die die Ausübung handwerklicher Berufe nahezu unmöglich machten, den Erwerb von Grund- und Hausbesitz außerhalb des Ghettos sehr erschwerten, sind in Kraft geblieben. Und innerhalb des Ghettos, auch das änderte sich nicht, durften nur soviel Familien wohnen, wie der jüdischen Gemeinde Schutzbriefe zustanden.

Die einzigen Änderungen, die der König vornahm, brachten sogar neue Beschwer und Plage. Die erste verfügte,

„dass Keinem ferner gestattet ist, mehr als ein Kind anzusetzen".

Die zweite sah vor,

„daß künftig derjenige, welcher gestohlene Sachen kaufet oder Bankerutt machet, des Schutzbriefes für sich und seine Familie verlustig gehet".

Die dritte Änderung war gleichfalls Verschlechterung. Bisher durfte die jüdische Gemeinde Schutzbriefe für Familien, die weggezogen oder ausgestorben waren, auf neu zuziehende Glaubensgenossen übertragen. Friedrich verordnete,

„dass die Judengemeinde künftig die mit solchem Schutzbrief verbundenen Plätze einbüßt".

Zuwanderung war also unmöglich, und weil nur „ein Kind anzusetzen" erlaubt war, mußte der Juden in der Stadt schnell weniger und weniger werden.

„Bittschrift eines Dreckhaufens ..."

So schön die Häuser sich dem Auge darboten, so unschön war, worauf die Füße traten.

„Unsere Straßen sind so schlecht gepflastert, dass jeder Fremde, wenn er nur wenige Stunden umhergehet, über Schmerzen in den Fußsohlen klagt. Man läuft an dunklen Abenden Gefahr, zu stürzen oder ein Bein zu brechen. In der Mitte der Straßen befinden sich Berg und Tal dicht beieinander, und bei dem unbedeutendsten Regen entsteht sogleich fast undurchdringlicher Kot."

Ein anderer Berliner fridericianischer Jahre klagte in der gereimten „Bittschrift eines Dreckhaufens an die Polizei" über den Unrat:

Ich armes Häuflein Dreck
Lieg hier, wie du 's befohlen,
Seit Montag wie auf Kohlen.
Und niemand holt mich weg!
O, Mutter Polizey,
Sei flehentlich gebeten,
Laß mich nicht ganz zertreten,
Ich fließe schon wie Brey.
Kaum bin ich noch ein Hauff.
Soll ich auf deinen Karren
Hier noch acht Tage harren,
Löst sich mein Wesen auf.

Woraus wir entnehmen dürfen, daß eine hochwohllöbliche Polizei wenigstens einmal in der Woche, am Sonnabend, für die Reinigung der Straßen sorgte.

Aber das Nachtgeschirr

Die Berliner waren anscheinend noch nicht daran gewöhnt, in einer Großstadt zu leben. Der Königlich Preußische Policeydirector Philippi versuchte, sie zu erziehen:

„Da denen bisherigen Verordnungen zuwider sich viele Leute noch unterstehen, die Straßen durch Ausgiessung derer Nachteymer und Hinwerfung des Mülles zu verunreinigen: So machet das Policeydirectorium zu jedermanns Achtung und Warnung hierdurch bekannt, dass dergleichen Personen künftig statt mit 2 mit 5 Thalern oder proportionierlicher Leibesstrafe belegt, überdem aber ohne Ansehen der Person an dem Ort, wo sie betroffen, öffentlich mit einem Zettel vor der Brust ausgestellet werden."

„Die Berliner taugen allesamt nichts"

Der König, nun wurde er schon lang „Der Alte Fritz" geheißen, hatte sich über irgend jemanden, einen Kandidaten der Theologie, geärgert.

„Von wo kommt er?"
„Bin Berliner Kind, Majestät!"
„Die Berliner taugen allesamt nichts."
„Das mag Euer Majestät Regel sein, aber Ausnahmen gibt es!"
„Und was meint er damit?"
„Euere Majestät, mit Respekt, und mich!"
Des König dünne Lippen verzogen sich zu einem Grinsen, das für freundliches Lächeln gehalten werden konnte. Der schlagfertige Kandidat bekam jedenfalls die erste frei gewordene Pfarre.

Grützmacher und die Unsterblichkeit

Beinahe ein halbes Jahrhundert war vergangen; die fridericianische Epoche, die zuerst sich so stürmisch gebärdet hatte, ging dem Ende entgegen. Behaglich und zufrieden vergor sie zu Anekdoten.

Am liebsten, weil er einer der ihren war, erzählten sich die Berliner die Geschichte vom Pulvermüller Grützmacher, der doch dabeigewesen, als die schönen Ideen der Humanität geboren und diskutiert wurden. Sogar mit Lessing, mit Mendelssohn, mit Nicolai hat Grützmacher, der Pulvermüller, gestritten, als von der Unsterblichkeit die Rede war.

Mendelssohn verteidigte die Unsterblichkeit der Seele.

Grützmacher: „Ick glaube nich an ihr!"

Lessing: „Aber, Meister Grützmacher, warum denn nicht?"

Grützmacher: „Det is janz einfach so, sehnse, wenn ick dran glaube, und se kommt nich, denn ärjere ick mir bloss. Wenn ick nich dran glaube, und se kommt ooch nich, denn jibt et keenen Kummer, denn rege ick mir nich uff. Aber! Wenn ick nich an ihr glaube und se kommt trotzdem, denn is det doch ne Ieberraschung und en jrosset Verjniegen. Merken se wat, die Herren? Dadrum glaube ick nich an die Unsterblichkeit!"

Der Alte Fritz

Er ist vierundsiebzig Jahre alt geworden. Preußen, es wird immer wieder vergessen, reichte im Westen wenig über die Elbe hinaus, war jedoch ein mächtiger Staat geworden. Berlin nannte Baumwoll- und Seidenmanufakturen sein eigen, die schon die künftige Textilstadt ahnen lassen, eine Königliche Porzellanmanufaktur war entstanden, Handel und Gewerbe standen nach vielen Friedensjahren wie nie zuvor in Blüte.

Alles war anders, vieles schöner und besser geworden, die Krankenhäuser, die Schulen, die Zeitungen. Auch die Menschen?

Johann Georg Sulzer, der Professor vom Joachimsthaler Gymnasium, wollte dem König einreden, daß die Berliner moralische, sittliche Fortschritte gemacht hätten. Der König schüttelte den Kopf und belehrte den Lehrer:

„Lieber Sulzer, Er kennt diese verdammte Rasse noch immer nicht."

Kurz vor dem Hinscheiden schrieb Friedrich seiner Schwester Charlotte nach Braunschweig:

„Seit siebzig Jahren bin ich nun in der Welt, und in dieser ganzen Zeit habe ich nichts als närrische Possenspiele gesehen."

Mirabeaus Prognose

Honoré Gabriel de Riqueti Conte de Mirabeau war als Unterhändler und Geheimagent Ludwigs XVI. in den letzten Wochen von Friedrichs Regierung nach Berlin gekommen. Der König starb. Der neue König folgte.

„Was wird das Schicksal eines Landes sein, in dessen Regierung die Pfaffen, die Geisterseher und die Huren sich teilen werden?"

Die Zeit der Wöllner, Bischoffwerder, Lichtenau ist in dieser *„Correspondence secrète"* Mirabeaus angekündigt.

„Vater des Volkes“

Friedrich Wilhelm II. gab amtlich bekannt, daß er die Nachfolge seines dahingeschiedenen Oheims angetreten habe. Er versicherte den Untertanen feierlich, daß er „sie sämtlich in sein Herz geschlossen“ habe.

„Janz besonders die Weiber!“ kommentierte der Volksmund.

Er war Preußen-Brandenburgs erster Monarch, der sich durch Scheidung (von Elisabeth von Braunschweig) eine zweite Ehe ermöglicht hatte. Die zweite Ehe mit der badischen Prinzessin Friederike hinderte ihn nicht, sich das Fräulein Julie von Voss als Nebenfrau antrauen zu lassen, nach deren Tod auch die Comtesse Sophie von Dönhoff.

Davor, gleichzeitig, danach beglückte er weitere Schönheiten des Hofes mit seiner Liebe, mit Söhnen und Töchtern. Und vom zwanzigsten Lebensjahre bis zum Tode im dreiundfünfzigsten blieb er treu der Freundin Wilhelmine verbunden, sorgte standesgemäß für ihre wie auch für der anderen Damen Kinder.

Wenn der frühere König sich „Diener des Staates“ genannt hatte, gefiel es dem neuen König, sich bei allen möglichen Gelegenheiten „Vater des Volkes“ zu nennen.

„Stimmt! Keiner hat so viele Kinder im Lande wie er!“ amüsierten sich die Berliner.

Die Preußische Pompadour

Geboren wurde sie in Dessau als Tochter eines Gastwirtes, der einmal Trompeter gewesen war.

Wilhelmine Encke zählte wohl dreizehn Jahre, als Friedrich Wilhelm ihr in einem Kreise sehr lebensfroher Kavaliere begegnete und sie sogleich – zwecks Erziehung zu vornehmer Distinguiertheit – in eine Potsdamer Villa brachte, für Lehrer und Lehrerinnen und auch für den Unterhalt sorgte.

Wilhelmine Encke zählte wohl sechzehn Jahre, als Friedrich Wilhelm sich ihr vermählte. Es war eine unwirkliche

Hochzeit, ohne Standesbeamten und Pfarrer. Ein Protokoll wurde trotzdem geführt. Wilhelmine schrieb mit ihrem, Friedrich Wilhelm mit seinem Blute: „Die heiligste Versicherung, daß keiner den anderen je verlassen wird, daß wir bis zum Tode zusammengehören." Mit Blut aus Wilhelmines und Friedrich Wilhelms linkem Handballen wurde das Dokument auch unterzeichnet.

Wilhelmine zählte sechsundzwanzig Jahre und hatte fünf (oder sechs) Kinder von Friedrich Wilhelm, als sie eine neue, dieses Mal amtlich protokollierte Ehe einging. Sie hieß jetzt Wilhelmine Rietz, war das Eheweib des Königlichen Kammerdieners Rietz geworden.

Wilhelmine zählte zweiundvierzig Jahre und war von Rietz schon wieder geschieden, als sie Titel, Wappen und Stand einer Gräfin von Lichtenau und – mit rückwirkender Kraft – vier adlige Ahnen väterlicher und mütterlicher Seite bekam. Auch Güter, ein Palais Unter den Linden, 500 000 Taler Kapital, 100 000 Taler jährliche Rente.

Das galante Berlin

Wilhelmine hatte nicht nur ein schönes Gesicht, verführerische Hüften, graziöse Füßchen. Die Lichtenau hatte auch Verstand und, was die Politik betraf, treffliche Ideen. Beispielsweise diese: „Dass Reglement und Ordnung der verewigten hochsel. Majestät ohnmöglich für immer sind, des wegen der Nachfolger horchen muß, was vorgehet, da zu Paris die Leute die Assemblé Législative dem König abgezwungen haben."

Viele Berliner freuten sich, daß die Lichtenau den „Kaninchenwerder" in eine „Pfaueninsel" verwandelt, dort das hübsche Schloß gebaut, auch die Errichtung des Brandenburger Tores gefördert hatte. Im Hause der Lichtenau konferierten Berlins tüchtigste Künstler und Gelehrten, auf der Bühne ihres Privattheaters wurde Goethes Singspiel „Erwin und Elmire" aufgeführt, zum Wohlgefallen Ludwig Tiecks und anderer berlinischer Gäste.

Daß die Encke gierig nach Geld und Titeln gewesen sei und dem König von Preußen Unheil gebracht hätte, wurde behauptet. Am lautesten schalt, wie das immer so ist, des Königs Verwandtschaft.

Was sonst und, wie man sagt, hinter den Kulissen vorging, regte niemanden auf. In amourösen Angelegenheiten dachte und urteilte auch der Bürger nicht so streng wie früher. Man hatte in der Stadt, bei 150 000 Einwohnern, mehr als 3000 amtlich registrierte Freudenmädchen. Wie viele sonst in den eleganten Etablissements der Madame Schuwitz, der Madames Horst, Baranius, Schulsky unregistriert sich vergnügten, konnte die Statistik nicht ermitteln.

Von dem, was auf den Straßen, selbst auf der vornehmen Allee Unter den Linden zu sehen war, erzählen aber Verse:

Untern Linden, wie ihr wißt,
Wandeln, die da rufen: pst!
Mildgesinnte Herzen finden
Kannst du immer Untern Linden
In Berlin, in Berlin,
wenn die Linden blühn.

Verfasser war der Archäologe Aloys Hirt, Professor, Mitglied der Akademie der Künste, Mitglied der Akademie der Wissenschaften, Königlicher Rat und mit der Erziehung der Prinzen bedachter Gelehrter. Titel, Amt, Würde hinderten ihn nicht, diese und noch exaktere poetische Studien über die zeitgenössischen Dienerinnen der Venus in Journalen zu publizieren.

Wöllners Religions-Edikt

Die „Huren", vor denen Mirabeau gewarnt hat, schreckten niemanden. Furcht hatte man vor Johann Christoph Wöllner, dem Theologen, der durch Heirat mit einer Adligen Karriere gemacht hatte. Als Justizminister und

Chef des Geistlichen Departements wurde dieser Wöllner gefährlich. Er wollte nicht in das neue, das neunzehnte Jahrhundert hinein, wollte in das alte, das siebzehnte zurück. Er war der „Pfaffe" in Mirabeaus Prognose, erließ Verordnungen, die annullierten, was schon der junge Fritz an geistigen Freiheiten gegeben hatte. Wissenschaft, Schule, Staat waren für Wöllner vorhanden, um

> „treu und redlich der Kirche zu dienen, dass wir die göttliche Güte preisen und die reine, unverfälschte Wahrheit der Religion verteidigen."

Unter der „reinen, unverfälschten Wahrheit der Religion" verstand Wöllner,

> „was biblisches Wort als heilige Kenntnis von der Geschichte der Menschen und der Erde verkündet hat".

Von Galilei, von Kepler und von Kopernikus wollte Wöllner nichts wissen. Schon grübelte Goethe über dem *Os intermaxillare*, dem Zwischenkieferknochen, den Mensch und andere Wirbeltiere gemeinsam haben. Für Wöllner gab es nur ein Arche Noah, Gott hatte die Welt in eben genau sechs Tagen geschaffen, die Erde war ihr Mittelpunkt, von der Sonne umkreist. In einem strengen „Religions-Edikt" verbot er, eine Meinung zu haben, die anders wäre.

Dem „Religions-Edikt" mußte gehorcht werden. Die Witze am Stammtisch konnte auch das Edikt nicht verhindern, und wenn sie gut waren, wurden sie sogar heimlich gedruckt:

Über alles, was im ganzen Lande
Wahrheit predigt, Sitte lehrt,
Hat nun Aufsicht im Ministerstande
Wöllner, den der König ehrt.
Auf die reinste Lehre wird er halten,
Keines Schriftverdrehers Hand
Darf hinfort am Bibelworte spalten,
Das Jahrhunderte bestand.

Daß Wöllner auch Kants Schriften verbot, Lessings „Nathan" als sittenlos bezeichnete, mehrte den Spott. Man verglich Wöllner mit einem Esel, seine nach „Freigeistern suchenden Agenten“ mit den „Invaliden, die ehemals durchs Land reisen und umherschnüffeln mußten, ob sie Kaffee fänden, der als Contrebande betrachtet wurde“.

Der junge Gentz notierte: „Wer etwas Selbstgedachtes lehre, wird bestraft; denn Selbstgedachtes ist jetzo die Contrebande.“

Bischoffwerder und die Geister

Er war der „Geisterseher“ Mirabeaus, ein von Geltungstrieb und Ehrgeiz gejagter Mensch. Um den Einfluß der Lichtenau auszuschalten, eigenen Plänen den König gefügig zu machen, ließ er Geister sprechen. Wo Friedrich Wilhelm weilte, erschienen als Bischoffwerders Begleiter die Geister und gaben Ratschläge.

Was Bischoffwerder konnte, fiel auch der Lichtenau nicht schwer. Sie vergalt Gleiches mit Gleichem, gab dem König ebenfalls die Möglichkeit, der Geister Meinung zu hören.

Die Zeit war kurios. Zum ersten und einzigen Male in der preußischen Geschichte wurden Geisterséancen wichtiger als Kabinettssitzungen. Dem für die Politik verantwortlichen Minister Graf Hertzberg mißfiel der betrügerische Spuk:

> „Majestät haben directement gestern Nacht wieder mit dem Großen Kurfürsten gesprochen. Auch mit Caesar. Auf mich hört er garnicht. Ich habe aber keine Lust, mich über Gespenster zu ärgern. Soll Majestät den Seneca zum Minister ernennen“, beklagte er sich und nahm seinen Abschied.

„Und dennoch spukt's in Tegel“

Goethe spottete aus Weimar: „Wir sind so klug, und dennoch spukt 's in Tegel.“ Aus Berlin kam eine Kommission von Professoren, die für Spukgeschichten nicht anfällig waren. Solang die Professoren in Tegel weilten, kamen keine Geister.

Ansonsten spukte es überall, im Schlosse, in den Bürgerhäusern. Die Berliner nahmen's nicht ernst, machten Späße über die Gespenster.

Friedrich Wilhelm erfuhr, daß ein Prediger sich auf den Umgang mit Gespenstern verstehe und ließ den Mann ins Schloß kommen.

Der König: „Also, er kann Geister beschwören. Will er?"

Der Prediger: „Zu Befehl, Majestät, aber kommen duhnse nich."

Nackte Tatsachen

Ein Reisender, der die Aufführung von Kotzebues „Menschenhaß und Reue" besucht hatte, war ebenfalls der Meinung, daß die Berliner für körperlose Geister wenig, für leibliches Amüsement sehr viel übrig hatten:

„Ein Schlächtermeister in der Reihe vor mir applaudierte, indem er mit seiner flachen, herkulischen Hand auf die bloßen Hinterteile seines Mädchens schlug, daß das ganze Schauspielhaus davon erdröhnte."

Ähnliches bemerkte er auch in anderen Reihen und fand den Brauch „für eines Königs Theater nicht angenehm".

Die Kunst dem Volke

Friedrich der Große hatte die Theater als Stätte königlichen Vergnügens betrachtet. Daß Bürgersleute auf andere Weise sich amüsierten, war ihm gleichgültig. Der neue König glaubte, daß „der einfache Mann nur am Theater mehr interessiret werden müßte, um ihm mit Anteilnahme und Verständnis" zu begegnen. Friedrich Wilhelm II. widmete das Schauspielhaus am Gensdarmenmarkte dem Volke:

„Seine königliche Majestät haben dem generalprivilegierten Direktor der deutschen Bühne, Herrn Doebbelin, das ehemalige französische, von nun an „National=Theater" geheißen, mit allen den darin befindlichen Dekorationen und Maschinen, auch der dabei vorhandenen Garderobe, nebst 5000 Thaler jährlichen Zuschusses, außer der öffentlichen Einnahme, allergnädigst zu ertheilen geruht, auch ihm erlaubt, die Komparsenkleider bei Stücken, wo solche nöthig, aus dem königlichen Opernhause zu leihen."

Es war, nach Mannheim und Hamburg, das erste „National=Theater" und das überhaupt erste von einem Souverän geschaffene und unterstützte National=Theater der Erde.

Ein „Luftball"

Ludwig XVI. und ganz Paris hatten den kühnen Blanchard bewundert. François Blanchard zeigte seine Kunst auch den Berlinern:

„Der König ehrte ihn als Seinesgleichen. Als Blanchard im Thiergarten, auf dem Exercierplatz, die Gondel bestieg, waren der König und die ganze Königliche Familie zugegen. In Buchholz, wo er mit seinem Luftball zur Erde kam, wurde er von Cavalieren in Empfang genommen. Eine Königliche sechsspännige Equipage brachte ihn nach dem Theater, wo eine Loge neben der Königlichen reserviret war. Der König ehrte ihn durch eine Medaille."

Der Engel ist ein Teufel!

Im Schauspielhaus regierte jetzt Johann Jacob Engel. Er war Professor am Joachimsthalschen Gymnasium, Mitglied der Akademie der Wissenschaften, hatte auch über die Schauspielkunst ein dickes Buch geschrieben.

Als Praktiker bewährte er sich nicht. Für die Schauspieler war er zu pedantisch: „Der Engel ist ein Teufel!" hieß es, als er pünktlichste Einhaltung der Proben verlangte, den Komödianten „auf 's Strengste das Trinken verbot".

Auch der König resignierte: „Der Engel hat Gesetze gegeben, aber kein Teufel will sie halten." Johann Jacob Engels Direktionszeit war von kurzer Dauer; als er auch noch die bisher zahllosen „Freibillets" für die Beamten und sonstigen Honoratioren auf zehn beschränkte, fegte die Entrüstung der Betroffenen ihn hinweg.

Dabei hatte Engel – und es spricht immerhin für ihn! – eines der zehn Freibillete der alten Karschin reserviert. Auch gebührt ihm das Verdienst, das „Abonnement" geschaffen und damit die Berliner zum regelmäßigen Besuche des Theaters veranlaßt zu haben.

Nur der Kuriosität wegen sei erwähnt, daß Johann Jacob Engel den Anfang der Vorstellungen von 5 auf 5.30 Uhr verlegte, „damit auch das allgemeine Publicum bessere Möglichkeit zum Besuche nutzen" könne.

Neues aus Paris

Mit einem Male erschienen Zeitschriften, die „Annalen der Menschheit" oder „Journal für Menschenrechte" und ähnlich hießen. Der Buchhändler Vieweg publizierte schon einen Tatsachenbericht über den Aufruhr in Paris, in dem „von einem daran theilhabenden Manne die Erstürmung der Bastille, dieser fürchterlichsten Festung, die jetzt zur Ehre der Menschheit ihrer Vernichtung so nahe ist, ganz wahr geschildert wird".

Daniel Jenisch besang den Anbruch einer neuen Zeit mit Versen, in denen die Schlösser „üble Ställe" und die Hofleute „der Fürsten Haustiere" genannt wurden, in denen von „zitternden Königsseelen" die Rede war, und verstieg sich zu der Drohung:

Flieht, flieht, Tyrannen, Eure Throne beben!
Wenn Recht und Freiheit sich erheben,
Dann fürchtet Euren Lohn!

Hallesches Tor 1813. Landwehr feiert den Sieg bei Groß-beeren

(Umrißradierung von Gottfried Schadow, Aquatinta-Tönung von Joh. Baptist Hoessel)

Zeichnung: Herbert König

Zeichnung: C. Zimmermann

Zeitgenössische Karrikaturen: Preußens berühmter Philosoph J. G. Fichte (oben rechts) als diensteifriger Landsturmmann – daneben der Naturforscher Alexander von Humboldt, den »Kosmos« in der Hand, als skeptischer Wanderer zwischen den Welten – darunter der beleibte König Friedrich Wilhelm IV., von ihm selbst als »Butt« karikiert (1822)

Wie der Prediger und Schriftsteller Jenisch setzten andere Berliner ihre Hoffnung auf das Beispiel Frankreichs. Der Königliche Kriegsrat Friedrich Gentz: „Das Scheitern dieser Revolution würde ich für einen der härtesten Unfälle halten, die je das menschliche Geschlecht betroffen haben", schrieb er aus Berlin an seinen Lehrer Professor Garve in Breslau, „sie ist die Hoffnung und der Trost für so viele alten Übel, unter denen die Menschheit seufzt."

Die Jugend demonstrierte in den Straßen:

> „Auf einem der Hauptplätze der Königsstadt erschien eine Schaar junger, lebhafter, munterer Leute, die die Augen aller Vorübergehenden auf sich zogen. Sie trugen Mützen à la Jacobin von Papier und ihr Feldgeschrey waren Freyheit und Gleichheit."

Polizei verhaftete die Jacobiner-Novizen und schaffte sie in den Ochsenkopf, das Stadtgefängnis. Die vielen Freunde der Revolution insgesamt konnte man nicht verhaften, es waren zu viele, die sich in Schrift und Rede für das „Menschenrecht" begeisterten. Auch meldeten sich nicht nur die jungen Leute, wie Jenisch und Gentz. Wenn die „Berlinische Monatsschrift", das alte und angesehenste Blatt der Hauptstadt, den Umsturz begrüßte, merkte der Leser ohne Mühe, daß ein Poet älterer Generation die Verse geschmiedet hatte:

Es ist kein Trug der Phantasei,
O Freund. Was mir im Traum erschienen,
Ist hohe Wahrheit; wir sind frei!
Das alte Joch der Sclaverei,
Das mancher Sclav mit Brutusmienen
Uns vorwarf, brach EIN Tag entzwei.

Der König hatte nicht, wie die kluge Freundin ihm geraten, in die Welt hinausgehorcht und Kenntnis von dem genommen, was in Frankreich sich entwickelte. Friedrich Wilhelm erlebte nun, daß sein Volk hinausgehorcht und beobachtet hatte. Mit einer Verordnung, deren erste Worte mehr Ohnmacht als Macht bekunden, suchte er Hilfe beim Zensor Schlüter:

„Da doch nicht mehr möglich, die Kenntnis von den Begebenheiten und der ihnen entsprechenden Grundsätze zu unterdrücken, soll er (Schlüter) alle gegen die Treue, den Gehorsam, die Unterwürfigkeit der Untertanen, gegen höhere Stände anstößigen Sätze und Ausdrücke streichen und mildern und keinen gefährlichen Grundsatz stehen lassen, der auf Verbreitung des demokratischen Giftes abzielet."

Zur religiösen Zensur, die Wöllner wieder eingeführt hatte, gesellte sich jetzt auch die politische Zensur, die vom zweiten Friedrich abgeschafft worden war. Die Pressefreiheit war gründlich beseitigt.

Dreizehn-Stunden-Arbeitstag

Warum das Volk unruhig war, warum besonders der kleine Mann voller Erwartung nach Paris blickte, mag sich aus den Aufzeichnungen des in Berlin geborenen und aufgewachsenen Karl Friedrich von Klöden ergeben. Der spätere Begründer der Gewerbeschule hat als Lehrling eines Landkartenstechers begonnen:

„Gearbeitet wurde im Sommer von des Morgens 6 bis Abends um 7, im Winter von 7 bis 8 Uhr, also 13 Stunden. War viel zu tun, so wurde in die Nacht hinein, nicht selten auch des Sonntags gearbeitet."

Das Frühstück bestand aus zwei Tassen Zichorienkaffee, um 12 Uhr gab es ein Gericht, „meistens" mit etwas Fleisch, doch mußte sich Klöden, „um satt zu werden, öfters ein Stück Brot erbitten, das sehr unwillig und mit spitzen Bemerkungen gereicht wurde". Um 4 Uhr ein Stück Brot, trocken. Um 8 Uhr „zwei Stullen mit wenig Butter oder Pellkartoffeln mit einer Probe von Butter und Salz".

Nur beim Mittag- und Abendbrot setzte man sich an den Tisch, um beim letzten Bissen sofort aufzustehen und an die Arbeit zu gehen. Frühstück und Vesper „wurden in der Werkstatt verzehrt, ohne die Arbeit zu unterbrechen".

Der Tageslohn für einen Meister betrug etwa 9, für einen Gesellen 8, für einen Handlanger (ungelernten Arbeiter) 5 Groschen, etwa DM 7.–, 6.–, 4.– heutiger Kaufkraft. Eine Fürsorge für Krankheit und Arbeitslosigkeit gab es so wenig wie Urlaub und Kündigungsschutz oder Zuschlag für Überstunden.

Beethoven

Auch er kam, ein einziges Mal, nach Berlin. Er war Gast der Sing-Akademie, und deren Direktor Fasch notierte:

„Herr van Beethoven, Klavierspieler aus Wien, war so gefällig, uns eine Phantasie hören zu lassen."

Beethoven selbst berichtet: „Aber kein geringstes Zeichen von Beifall ertönte; das war mir doch zu arg; ich begriff nicht; das Rätsel löste sich jedoch dahin auf, daß das ganze Berliner Publikum fein gebildet war und mir mit nassen Schnupftüchern vor Rührung entgegenwinkte, um mich seines Dankes zu versichern. Das war einem groben Enthusiasten wie mir zuwider; ich sah, daß ich nur ein romantisches, aber kein künstlerisches Auditorium gehabt hatte." Die Berliner gehörten nach Beethovens Ansicht „zu jenen Menschen, die über etwas Gutes gerührt sind. Das sind aber keine Künstlernaturen. Künstler sind feurig, sie weinen nicht!" Seinem Schüler Karl Czerny sagt er dann auch, die Berliner wären „Narren" und „sehr verwöhnte Kinder", unter denen er nicht leben möchte.

Beethoven weilte als Gast auch im Charlottenburger Schloß. Friedrich Wilhelm war ein großer Musikliebhaber; hatte sein Oheim Flöte gespielt, so meisterte er trotz des dicken Bauches sein Cello. Der Hof zeigte sich applausfreudiger als das Bürgerpublikum, worüber sich Beethoven freute. Auch schenkte ihm der König eine besonders schöne goldene Tabatière, hatte auch daran gedacht, sie mit goldenen Louisdors füllen zu lassen.

Beethoven revanchierte sich. Die Violoncellsonaten op. 5 in F=dur und G=moll wurden dem König gewidmet und erinnern noch jetzt an Beethovens Berliner Tage.

Gerüchte um Beethoven

Zwei angesehene Musikkritiker erklärten die königliche Gunst für den Komponisten auf ganz besondere Art. Sie behaupteten, daß Beethoven eines der „natürlichen" Kin=der Friedrich Wilhelms wäre und deshalb auch sich des für „Musikanten ungewöhnlichen van" erfreue.

Das Brockhaussche Konversationslexikon nahm diese Meinung auf, wodurch sie sozusagen offiziell anerkannt wurde. Erst kurz vor dem Tode ließ Beethoven diese Ver=wandtschaft dementieren und bat Freund Wegeler, doch „die Rechtschaffenheit meiner Eltern und insbesondere meiner Mutter der Welt bekannt zu geben".

Ein Amt für Mozart?

Mozart saß im Parterre des Theaters auf dem Gensdar=menmarkt, dem Friedrich Wilhelm II. den stolzen Namen „Deutsches National=Theater" gegeben hatte, als seine Oper „Belmonte und Constanze" (Entführung aus dem Serail) aufgeführt wurde. Er störte der übrigen Gäste Kunstgenuß, indem er mitsummte und gestikulierte. Wäh=rend der Arie des Pedrillo sprang er plötzlich auf, rannte zum Orchester und schrie die Geiger an: „Verflucht, wollt Ihr D greifen!"

Jetzt wußten die Berliner, wer der junge Mann im schä=bigen grauen Rocke war und bereiteten ihm eine stürmische Ovation.

Dem König mußte der dreißigjährige Mozart täglich vor=spielen. Friedrich Wilhelm fragte ihn auch um seine Mei=nung über die Königliche Kapelle, und Mozart nahm wieder kein Blatt vor den Mund:

„Sie hat die größte Sammlung Virtuosen in der Welt, auch wenn die Herren Solisten im Quartett spielen, geht 's noch an. Aber wenn sie alle miteinander Musik machen, könnte es besser sein!"

Friedrich Wilhelm: „Dann bleiben Sie hier, Sie können es dahin bringen, daß es besser wird. Ich biete Ihnen dreitausend Taler jährlich Gehalt an."

Österreichs Monarch war nicht so großzügig; in Wien hatte Mozart kein Amt zu erwarten und war auf seine spärlichen Honorare und auf Stundengeben angewiesen. Friedrich Wilhelm wollte ihm den Entschluß leicht machen, ihm Zeit gönnen:

„Überlegen Sie sich 's in Ruhe. Ich halte mein Wort, auch wenn Sie in Jahr und Tag erst kommen wollen."

Aber Wolfgang Amadeus Mozart kam nicht (wieder) nach Berlin.

Der Gute König

Friedrich Wilhelms Regierungszeit war mit elf Jahren so kurz wie unheilvoll. Auf die Regierung, die Minister und Beamten, schalten alle Berliner. Den König liebten noch viele. Er war ja leutseliger, freundlicher und, jedenfalls auch in seinen Fehlern menschlicher als der König mit dem Krückstock. Im Gegensatz zum „Großen König" wurde er der „Gute König" geheißen.

Er war nicht viel älter als fünfzig Jahre, die Zähne waren ihm ausgefallen, Wassersucht quälte, auch andere Übel plagten. An Geselligkeit, bei der meist die Lichtenau noch immer präsidierte, fand er trotzdem viel Vergnügen. Einmal hatte er, wiederum sehr anders als sein Vorgänger, die berlinischen Poeten in sein Schloß gebeten. Er würdigte die Literaten einer Rede, deren witzige Pointen entweder nicht vorhanden waren oder unklar blieben, weil niemand den zahnlosen Monarchen verstehen konnte.

Es gab trotzdem viel Beifall und Gelächter, als Friedrich Wilhelm geendet hatte.

„Was hat der König eigentlich gesagt?" erkundigte sich Leopold Goecking, Herausgeber eines Musenalmanaches, beim Nachbarn.

„Ich habe ja auch nichts verstanden", antwortete Minister Graf Schulenburg.

„Und haben doch gelacht?"

„Ja, das gehört zu den kleinen Diensten, die wir Majestät noch erweisen können."

Hymnisches

Friedrich Wilhelm II. war eben der „Gute König" geworden. Und, so hieß es, der „Gute König" hat nicht gewußt, was an Bösem geschah in seinem Namen. Man pries jetzt den König um so eifriger, je heftiger man seine Minister angegriffen hatte. In der „Spenerschen Zeitung" wurde ein Gedicht zum Ruhme des Königs veröffentlicht. Es brachte kuriose Widersprüche zusammen, wenn sich der Poet zu den Versen verstieg:

Liebe des Unterthans,
Liebe des freien Manns!

Das reimte sich, und war trotzdem ungereimt im Lande absolutärer Herrschergewalt. Das Poem schloß mit der fünften Strophe:

Sey, Friedrich Wilhelm, hier
Lange der Preußen Zier,
Des Landes Stolz.
Jede geweihte Kunst
Reife durch Deine Gunst,
Bürger-Verdienst erwärm'
An Deiner Brust.

Eine ebenso überschwängliche wie unbeholfene Huldigung. Man braucht die Verse nur leicht zu skandieren, um zu bemerken, daß sie auch nicht ganz eigenwüchsig sind, daß sie zur Melodie der britischen Königshymne gereimt wurden. Aber sie erschienen als „Berliner Volksgesang“ in allen Liederbüchern und wurden fortan in Preußen so viel gesungen wie das *„God save the King“* in England.

Auch der nächste König hieß ja Friedrich Wilhelm. Ohne die geringste Änderung konnte auch ihn der „Berliner Volksgesang“ erfreuen. Mit dem bedeutungsschweren Widerspruch seiner Anfangsverse

Liebe des Unterthans,
Liebe des freien Manns!

ging der „Berliner Volksgesang“ in das nächste Jahrhundert ein, das keine „Untertanen“ mehr dulden und den Staat auf die „Liebe des freien Manns“ gründen wollte.

Freiheit, die ich meine

Der dritte Friedrich Wilhelm hatte als „Gutsherr von Paretz" ein ganz und gar unhöfisches Leben geführt. Daß ihm das Genialische mangelte, das im Guten wie im Bösen seine Vorgänger ausgezeichnet hatte, wurde nicht als Nachteil betrachtet. Das Genialische hatte, so oder so, stets auch Unruhe, Not und Last gebracht.

In den Augen der Berliner war der König ein Mann, ein Bürger ihresgleichen. Die Berliner brachten ihm Vertrauen entgegen; sie wünschten keine Republik und hatten trotz verwegener Worte kein Verlangen nach einer Revolution und deren blutigen Greuel. Der König, siebenundzwanzig Jahre, vermählt mit der angebeteten Luise, würde in friedlichem biedermännischem Geiste nachholen, was längst schon ausgedacht aber versäumt worden war.

Die Zukunft warf ihre Schatten nicht voraus; die nächsten Jahre schienen nur zu bestätigen, was die Berliner erhofft hatten. Ihre Stadt zog viele von Deutschlands größten Denkern und Dichtern an. Berlin nahm den Platz ein, den eben noch Weimar und Jena beansprucht hatten.

Berlin, das die kulturelle Hauptstadt der Deutschen geworden war, schickte sich an, auch politisch die Hauptstadt der Deutschen zu werden. Hier fand sich zusammen, was für die Erneuerung des Staates wirkte, dem Volke den Anbruch eines Zeitalters der Freiheit verhieß.

Doch sehr bald wurde es anders. Napoleons Truppen überschritten den Rhein. Schenkendorf hatte sein bekanntes Lied noch nicht gedichtet, da merkten die Berliner, daß das „Neue Zeitalter" eigentlich schon vorüber war, bevor es begonnen hatte. Die Berliner grollten:

„Freiheit? Wenn ick mal so frei sein darf, ick nehme mir die Freiheit, jenau zu meenen, wat ick Freiheit meenen duhe!"

Auch Friedrich Wilhelm III. nahm sich die Freiheit zu meinen, was Freiheit wäre.

König und Volk meinten oder minnten sehr verschiedene Freiheit. Der König dachte nur noch an Napoleon; sein Volk dachte auch an Bürgerrecht, Verfassung und Landtag.

Bei all seiner Bravheit und Biederkeit war Friedrich Wilhelm III. ein engstirniger Mann, dem das Schicksal eine Königskrone und sonst nichts in die Wiege gelegt hatte. Die Königskrone blieb ihm heilig. Für die Anliegen des Volkes, das Verlangen nach politischer Mündigkeit, die Sehnsucht nach einem die vielen Staaten und Stämme vereinigenden Deutschland hatte Friedrich Wilhelm weder Ohr noch Sinn. Seine Sternstunde hat er nicht erkannt und wahrscheinlich nicht einmal geahnt, daß es auch Preußens und ganz Deutschlands Sternstunde gewesen ist, die er versäumt hat.

Der König unterdrückte den Geist, der auch ihn – vielleicht zum Könige der Deutschen – hätte erheben können. Und weil alles beim alten blieb, mußte das neunzehnte Jahrhundert, das man 1797 voreilig begrüßt hatte, wieder 1848, 1870 und sogar 1918 von neuem beginnen.

Auch Berlin büßte eine versäumte Sternstunde. Seine Universität mochte einigen Glanz bewahren, die unbeamteten Künder geistiger Freiheit verließen aber die Stadt. München und Hamburg wurden neue Zentren, und den Berlinern blieb nur die Erinnerung, daß ihre Stadt achtzehn Jahre, von 1797 bis 1815, das Herz ganz Deutschlands gewesen war.

Ein Musterexemplar von König

Die Berliner maßen den neuen Herrscher an seinen Vorgängern. Der Vater war verschwenderisch und sittenlos gewesen; Fridericus hatte das Volk verachtet, der erste Friedrich Wilhelm hatte es kujoniert, der erste Friedrich ausgebeutet.

„Wir bekommen Alle neues Leben. Der König ist ein Muster an Simplizität in seiner ganzen Lebensart, ohne alle Affectation, und giebt ein Beispiel von häuslicher Glückseligkeit, dergleichen man im bürgerlichen Leben selten siehet", begrüßte ihn der alte Friedrich Nicolai in einem Briefe.

Zuviel der Bescheidenheit?

Graf Detlev von Einsiedel schrieb an Theodor Körners Vater:

„Der König hatte für den Tag der Huldigung laute Freudenbezeugungen durchaus verboten. Ich fürchte, auf diesem Wege dürfte es ihm schwer fallen, die Einfachheit, die er der Menge zum Muster aufstellen will, in Berlin beliebt zu machen. Das Volk sieht dergleichen Veranstaltungen, wo es laut jubeln und sich lustig machen kann, aus einem ganz entgegengesetzten Gesichtspunkte. Denn das Fest und die Freude soll nicht allein dem König gelten, sondern ihm, dem Volke selbst."

Jubel um Luise

Herzhaft und vorbehaltlos wurde Luise begrüßt. Vier Könige hatten schon regiert, allesamt waren sie mehr oder minder unglücklich verheiratet gewesen, hatten die Ehefrau gemieden, im Kreise von Freundinnen oder Freunden ihr Leben verbracht. Residenz und Residenzstadt und die Berliner waren dabei vernachlässigt worden.

Endlich gab es eine Königin im Schlosse. Eine schöne, junge, eine lebensfrohe Königin als Hausfrau am Hofe! Für die nun einundzwanzigjährige Luise schwärmten die Berliner:

Ja, dich empfangen unsre Lobgesänge,
Und freudig beugt sich unser Knie.
Laut jubelt überall die Menge:
Denn Preußens neuer Glanz ist Sie!

Das war ungewohnte, beinahe gesetzwidrige Huldigung in einem Staate, der alle Rechte den Männern vorbehielt, in dem auch die Königin keine Rolle spielen und Ruhm oder Glanz doch nur dem Könige zukommen durfte.

Des Herrschers Herrscherin

Nur war, schon der psychologischen Situation gemäß, die lebensbejahende Luise dem gehemmten Friedrich Wilhelm von vornherein überlegen. Sie war sich dessen als kluge Frau auch bewußt.

„Du weißt, er liebt nicht Zwang, Umstände, Verpflichtungen", umschrieb sie so taktvoll wie klug in einem Billet an ihren Bruder Georg des Gemahles Mangel an Entschlußkraft und Energie. „So werde ich also die Last mit ihm teilen, wobei die Pflicht größtenteiles auf mich fällt."

In diesem Briefe, der auf der Reise nach Königsberg geschrieben wurde, wo Friedrich Wilhelms Krönung stattfand, steht dann auch der bedeutsame, enthüllende Satz: „Sonst reiste ich nach Frankfurt, um Krönungen zu s e h e n – jetzt lasse ich mich b e i n a h e doch nun s e l b s t krönen."

Die Sperrungen (Unterstreichungen) stammen von Luises Hand.

Luises Busen

Die Königin war dem König trotzdem eine gute und brave Ehefrau.

Als aber Schadow das anmutige Marmorwerk von Luise und ihrer Schwester Friederike geschaffen hatte, wurde Friedrich Wilhelm ärgerlich. Unter dem anschmiegsamen Fluß der griechischen Gewänder, so kritisierte er, träten die Körperformen der Damen allzu „plastisch" hervor. Besonders böse war er, weil Luise dem Bildhauer ungeniert erlaubt hatte, die „erforderlichen Maße nach der Natur zu nehmen".

Kennerisch, aber etwas neidisch, hatte er auch notiert, daß die Schwägerin „mehr formiert" war. Er beklagte Luises „mangelhafte Fülle" oberhalb des Gürtels.

Er quengelte und nörgelte. Luise gehorchte, entsagte dem Tanzen und Reiten, sorgte für Molligkeit. Treulich befolgte sie die vom Gatten verordnete Kur: „Sähmiger, sehr nahrhafter Gerstenschleim als Frühstück, Stettiner Bier vor, während und nach den Mahlzeiten, tägliche Bettruhe bis zum Mittagessen."

Die Kur schlug an. Und im weiteren bewirkten dann neun Wochenbetten, daß der König mit dem Busen seiner Frau immer zufriedener wurde.

Literatorheiten

Mit anderem blieb Friedrich Wilhelm weiterhin unzufrieden. Er beklagte sich bei der Oberhofmeisterin von Voß über Luise: „Bildungseifer aus meiner Welt hinausstreben." Er wagte die nicht unwitzige Bemerkung: „Louise nur Litera-tor-heiten im Kopf haben."

Aber auch Friedrich Wilhelm war ein guter und liebender Ehepartner. Es blieb beim Brummeln und Raunzen. Der König fügte sich darein, daß seine Frau Ideen und Interessen hatte, die er nicht mit ihr teilen konnte.

Er hieß weder Goethe noch Schiller und lebte nicht in Weimar. Er hieß August Heinrich Lafontaine, wohnte in Halle an der Saale und war nach Berlin gekommen, weil Luise ihn eingeladen hatte.

An der Tafel unterhielt man sich über seine Romane, von denen Lexika weit mehr als einhundertundfünfzig verzeichnen. Es waren sentimentale Romane, sie rührten an die empfindsamen Herzen der empfindsamen Zeit. Auch Luise hatte viele Tränen bei der Lektüre von Lafontaines Büchern vergossen.

Freimütig gestand der Autor, er selbst zerfließe in Tränen, und das Herz wolle ihm brechen, wenn wieder eine blühende Jungfrau oder ein edler Jüngling in Liebesleid sterben müsse, weil die Konzeption des Romanes das verlangte.

„Regieren auch schwer. Auch Konzeption haben. Dichten auch schwer", philosophierte der König. „Auch immer sehr viele Personen in seinen Büchern. Genau lesen. Sehr aufpassen, damit nicht verwirren."

Er kannte also Lafontaines Romane, die sich durch übergroße Fülle der Gestalten auszeichneten. Der Autor durfte sich das zum Lobe anrechnen. Er erwiderte das Kompliment mit dem nächsten freimütigen Geständnis, daß auch er sich in der Fülle der Gestalten nur schlecht zurechtfinde und es eigentlich dem Könige verdanke, daß beim Schreiben kein Versehen unterlaufe:

„Ich habe mir einige Dutzend Figürchen von Euerer Majestät Porzellanmanufaktur erstanden. Wenn ich einen Roman beginne, kommen so viele Figürchen auf den Schreibtisch, wie Personen vorgesehen sind. Jedem Figürchen hänge ich einen Zettel um den Hals, auf dem der Name steht. Habe ich die Person sterben lassen, schlage ich das Figürchen entzwei."

„Porzellan aber teuer. Billiger in den Schrank stellen", riet der auf Sparsamkeit bedachte König.

Lafontaine wollte davon nichts wissen und erklärte zum allgemeinen, bei jedem seiner Sätze sich steigernden Vergnügen der Tafelrunde:

„Ach, Majestät kennen das doch. Dann räumt das Weib auf, und schon steht die Figur wieder auf dem Tische. Und ich merke es nicht. Und es ist mir unterlaufen, daß ich einen unglücklichen Liebhaber, der im vierten Kapitel am Nervenfieber tot war, im sechsten versehentlich leben und seine im fünften Kapitel ebenfalls aus Kummer dahingeschiedene Baronesse heiraten ließ. Nein, Majestät, mit Verlaub, die Figürchen müssen kurz und klein zu Scherben geschlagen werden!"

Er schrieb fleißig jedes Jahr einige tausend Seiten und mußte auf Ordnung halten. Seine „Clara du Plessis" hatte eine größere Auflage erreicht als alle Bücher der Weimarer Dichter zusammen. Lafontaine konnte sich die kostspielige Gedächtnishilfe leisten.

Friedrich Wilhelm bewies seinen biederen Humor, auch seine Gnade und befahl dem Adjutanten von Jagow:

„Lesen nicht gern geschenkte Bücher wenn Dichter Scherben zahlen müssen. Manufaktur anweisen. Hundert Figuren schicken. Martini und Michaelis. Werden genügen. Zweihundert Scherben. Viele Bücher schreiben jedes Jahr."

Im Irrgarten der Künste

Friedrich Wilhelm war ein amusischer Herr. Wenn seine Gemahlin eifrig französische Journale las, um über Dichter und Maler auch des Auslandes orientiert zu sein, fand Friedrich Wilhelm sich nicht einmal im künstlerischen Leben seiner Hauptstadt zurecht.

Im Haus des ihm befreundeten russischen Gesandten Alopaeus brachte der Zufall den König mit einem Gast ins Gespräch, den Friedrich Wilhelm nicht kannte, von dem ein weiterer Zufall ihn annehmen ließ, er heiße Friedrich Tieck.

Majestät wollte niemals unfreundlich und immer liebenswürdig sein. Das gelang nur nicht durchweg, auch dieses

Mal nicht. Nachdem der König, sichtbar grübelnd, einige Minuten schweigend neben dem durch das Zeremoniell zum Schweigen verpflichteten Gast gestanden hatte, schien ihm Erleuchtung gekommen zu sein. Er nahm ein Champagnerglas vom Tablett des Lakaien und trank dem Nachbarn zu:

„Auf Oranien! Vivat Oranien!"

Er hatte sich im Irrgarten der Künste nicht zurecht gefunden, hatte den in Berlin ansässigen Bildhauer Friedrich Tieck mit dem in Berlin ansässigen Bruder, dem Dichter Ludwig Tieck, diesen wieder mit dem in Berlin lebenden Dichter August Tiedge und dessen berühmtes Epos „Urania" mit dem den Hohenzollern verwandten Hause „Oranien" durcheinander gebracht.

So erzählt es eine Anekdote, und wenn sie nicht wahr ist, ist sie doch gut erfunden.

„König Infinitiv"

Friedrich Wilhelm mochte zuweilen Witz haben, Geist hatte er nicht. Die frühkindlichen Erlebnisse im zerrütteten Elternhause hatten ihn kopfscheu gemacht. Innere Unfreiheit prägte auch seine Sprache, die nach Möglichkeit nicht nur jede Anrede, sondern auch das „ich" vermied.

So redete er in abgerissenen Sätzen, die weder Subjekt noch Objekt aufwiesen, selten aus mehr als unpersönlichen Nennformen der Verben bestanden. Als ein Bittsteller ihm auflauerte, ihm ein dringendes Anliegen vortrug, hieß es dann beispielsweise:

„Können schriftlich einreichen. Dann untersuchen lassen."

Aber der Petent verlangte sofortige Entscheidung.

„In Gottes Namen ganze Geschichte erzählen, aber nicht so heftig sein. Ruhig bleiben."

Und nachdem der Mann seinem Herzen Luft gemacht hatte, hieß es so kurios wie auch fürsorglich:

„Keine Sorge haben. Sache nachgehen. Durstig sein. Hunger haben. Lakaien sagen. Bringen zu trinken und zu essen. Erquickend ausruhen."

Auch in Staatsgeschäften blieb er bei dieser seltsamen, meist rätselvollen Redeweise, die ihm den Beinamen „König Infinitiv" verschaffte.

„Fremde Gesichter nicht mögen, neuer Mann nicht besser sein, in Gnaden abschlagen", antwortete er, als Bischof Eylert bat, den Seelsorger an der Charité Friedrich Schleiermacher zum Nachfolger eines alt und amtsmüde gewordenen Dompredigers zu ernennen.

Friedrich Wilhelms Rede war zuweilen schwer verständlich, weil nicht ohne weiteres klar wurde, ob seine Infinitive sich auf ihn selbst oder den Partner bezogen. Auch wirkte sie komisch und wurde, wenn Majestät es nicht hören konnte, viel belacht.

Nur als von Darmstadt ein Baron Viereck, ein Jugendfreund Luises, zu Besuch kam, konnten die Damen und Herren des Hofes ihre Heiterkeit auch in Gegenwart Friedrich Wilhelms nicht völlig verbergen.

Diesen Baron von Viereck quälten die gleichen Sprechhemmungen, und es entwickelte sich eine seltsame Unterhaltung, die Professor Paul Erman überliefert hat.

König: „Mich freuen. Wohl gereist haben. Königin schon warten. Berlin hoffentlich gefallen."

Baron: „Untertänigsten Dank erlauben. Ihrer Majestät aufwarten."

König: „Nach Potsdam fahren. Stallmeister schon Bescheid wissen."

Baron: „Untertänigst Erlaubnis bitten. Gepäckwagen vor dem Halleschen Tor stehen."

König: „Warum Hallesches Tor stehen, wenn von Darmstadt kommen?"

Baron: „Verirrt haben. Falsche Straße gefahren."

König: „Kutscher oft dumm sein. Aber nicht entschuldigen. Zeit lassen."

Baron: „Gepäckwagen abwarten. Kleider brauchen. Dann Königin aufwarten. Untertänigsten Dank erlauben."

Friedrich Wilhelm entließ den Baron Viereck. Ohne sich der eigenen und nun gedoppelten Komik bewußt zu werden, meinte er kopfschüttelnd zu Graf Haugwitz:

„Einfältiger Herr. Nicht vernünftig reden. Aber Königin gefallen. Nicht verstehen."

Jetzt platzte das Gelächter heraus. Es galt, wie Minister Graf Haugwitz geistesgegenwärtig kommentierte, dem lächerlichen Baron Viereck. Aber Friedrich Wilhelm beschwichtigte:

„Mein Gast sein. Nicht spotten. Königin nicht betrüben."

Trotz seiner seelenlosen Infinitive war er ein guter Ehemann, liebte Luise und wollte sie vor Kummer bewahren.

Frauen sollen dumm bleiben

Für Mädchen gab es in Preußens Hauptstadt nur zwei und nicht gerade gute, dafür sehr teuere Privatschulen. Deren größte, von der Schriftstellerin Ernestine von Krosigk geleitet, zählte vierzehn Schülerinnen. Unterrichtet wurde von adligen Damen, die ebenso wenig wie Ernestine von Krosigk für den Lehrberuf ausgebildet waren.

Luise bestürmte den König. Friedrich Wilhelm bat den Staatsrat Sack um ein Gutachten, und Staatsrat Sack votierte:

„Ich wage es, den großen Nutzen zu bezweifeln, welchen Lesenkönnen dem weiblichen Geschlechte zu bringen vermöchte. Der Vorteil, den es aus einer doch immerhin sehr mangelhaften Geschicklichkeit im Lesen ziehen könnte, lohnt gewiß nicht die darauf verwandte Mühe."

Dieses Mal blieb Friedrich Wilhelm hart. Sack hatte ihm aus dem Herzen gesprochen. So sehr Luise bat, die Schulpflicht für Mädchen wollte der König nicht. Ihm waren „gebildete Weiber" zuwider.

Kein Platz für Jean Paul

Den persönlichen Interessen seiner Frau entgegenzutreten, vermied der König nach wie vor.

Aus dem Fichtelgebirge, wo er im Dörfchen Wunsiedel geboren worden war, kam der vergötterte Jean Paul nach Berlin. Auch ihn hatte Luise eingeladen.

Der ehemalige Privatlehrer schwelgte in Seligkeit, weil die „gekrönte Aphrodite" ihn an ihre Tafel bat, mit einem Zauberfest im Park von Sans Souci ehrte, für seine Zukunft sorgen wollte.

Dem berühmten, aber bitterarmen Poeten ein Amt zu beschaffen, damit Jean Paul für immer an Berlin zu binden, gelang der Königin jedoch nicht. Nur unwillig hatte Friedrich Wilhelm von dem „Brimborium um Jean Paul" Kenntnis genommen. Den „landfremden Civilisten auch noch in preußische Dienste zu nehmen", weigerte er sich entschieden. Der Dichter, der keinerlei Examina abgelegt hatte, blieb eben ein „Civiliste" für den König, mochten Zeitungsschreiber den „Wuz" und den „Hesperus" und die „Unsichtbare Loge" und den „Titan" noch so begeistert loben.

Jean Pauls falsche Locken

Es waren die Frauen, die den Dichter für des Königs mangelnde Huld entschädigten. Alle Berlinerinnen, besonders die jungen, umschwärmten Jean Paul.

„Ich wurde angebetet von den Mädchen, die ich früher gern angebetet hätte", erzählt der schon Vierzigjährige. Die vornehmsten, elegantesten Damen baten um seine Freundschaft, wollten ihn bei sich zu Gaste, zur Erinnerung an so denkwürdige Begegnung auch ein „Souvenir" haben. Man lud ihn ein. Er kam, von seinem Pudel begleitet, und ließ sich mit Vergnügen feiern. Er überreichte beim Abschied auch die Strähne rötlichbraunen Haares, die, von der Hausfrau dann in ein Medaillon gelegt, als kostbares Kleinod über dem Herzen getragen wurde.

Jean Paul war, da der König ihm ein Amt verweigert hatte, schon wieder daheim im Fichtelgebirge, als die Berlinerinnen ihre Medaillons und Locken zu zählen begannen...

„Kann ein Mann so viele Locken haben, beziehungsweise gehabt haben?" fragte Ludmilla Assing, des grüblerischen Varnhagen von Ense grüblerische Nichte und entlieh sich einige der Souvenirs zur Prüfung:

„Das mikroskopische Untersuchungsresultat", mußte Ludmilla ihren Freundinnen mitteilen, „war immer das gleiche. Es waren Haare vom Fell seines ebenfalls rötlich-braunen Pudels."

Vermutlich gab es nur eine Berlinerin, die echtes Gelock des Dichters ihr eigen nennen durfte. Sie hieß Caroline, war des Obertribunalrates Mayer Tochter. Aber diese Locke blieb nicht in Berlin, Caroline nahm sie mit, Caroline hatte Jean Paul geheiratet.

Amt oder Wohlstand hatte der Dichter nicht in Preußens Hauptstadt gefunden, dafür aber eine Frau, die Armut mit ihm zu teilen bereit war. Wenn Jean Paul nach vielen Irrungen des Herzens in künftigen Werken das Glück erfüllter Liebe pries und den Ehestand verklärte, fiel damit ein klein wenig Glanz auch auf Berlin, wo er seiner Caroline begegnet war.

Schleiermachers Vergnügen an schönen Damen

Aufsehen erregte es, als der Prediger Schleiermacher „Vertraute Briefe" drucken ließ, die sich mit dem kurz zuvor in Berlin erschienenen Roman „Lucinde" seines Freundes Schlegel beschäftigten.

Friedrich Schlegel lebte seit einigen Jahren in Berlin. Aus den „Vertrauten Briefen" war leicht zu erschließen, daß Friedrich Schlegel in seinem amourösen Romane persönliche Erlebnisse geschildert und in Lucinde des berühmten Moses Mendelssohns Tochter Dorothea, des Kaufmannes Simon Veit Ehefrau dargestellt hatte. Nicht weniger leicht war zu erkennen, daß Schleiermacher ehebrecherische Liebe nicht unbedingt verdammte, sich für die recht freie Liebesphilosophie der romantischen Dichtung sogar begeisterte.

Schleiermacher war kein schöner Mann. Es hinderte die Berlinerinnen nicht, sich für den Prediger an der Charité, der die „Vertrauten Briefe" verfaßt hatte, sehr zu interessieren. Sein Buckel hinderte wiederum Schleiermacher nicht, Freude zu genießen, die ihm dargeboten wurde.

„Solche Amouren stehen doch einem gescheiten Manne nicht an!" wurde er von des Staatsrates Sack Bruder, dem Konsistorialrat Sack, väterlich verwarnt.

„Da mechten mir aber die Berlinerinnen einiges leid duhn", verteidigte sich Schleiermacher in aller Unbefangenheit und in der Sprache der schlesischen Heimat, „da mechten mir die Berlinerinnen aber wärglich leid duhn, wenn se nur von Dummkäpfen geliebt wärden därfen."

Aber der Skandal war zu groß geworden. Schleiermacher wurde nach Stolp in Pommern versetzt. Es dauerte zehn Jahre, bis Friedrich Wilhelm Schleiermacher nach Berlin zurückrief.

Schlegel ging, Schlegel kam

Friedrich Schlegel verließ, mit Dorothea Veit, fluchtartig Berlin. Es war für das literarische Leben der Stadt zweifellos ein schwerer Verlust.

Luise brachte trotz des Königs „böser humeurs" zuwege, daß Friedrichs Bruder August Wilhelm, der von Goethe wie Schiller geschätzte jenaische Professor eingeladen wurde. Und die Berlinerinnen bewiesen, daß ihnen das künstlerische Schaffen der Romantiker wichtiger war als deren private Liebesaffären. Sie füllten zwei Winter lang den Saal der Sing-Akademie, in dem August Wilhelm Schlegel die groß angelegten „Vorlesungen über schöne Literatur und Kunst" hielt.

Für August Kotzebue waren es zu viele der Berlinerinnen, die Schlegel huldigten. Der in Weimar geborene Verfasser zahlreicher Lust- und Rührspiele hatte die „Klassiker" böse verunglimpft; nun in Berlin ansässig, schmähte er in einem bitterbösen Pamphlet auch den als „Haupt der

Romantischen Schule" anerkannten August Wilhelm Schlegel, auch dessen Hörerinnen:

Die wollen ihn auf dem Katheder sehn,
Ihn preisen und kein Wort verstehn.
Die werden haufenweise zu ihm rennen
Mit Hausfreunden und Ridicülen,
Ein Stündchen sitzen auf den Stühlen.
Damit sie hernach sagen können:
Als das Collegium ward gelesen,
Bin ich auch ein paar Mal dabei gewesen.
Und während ich strickt an meinen Strümpfen
Habe ich lernen auf Wieland schimpfen.
Die ganze Ästhetik in einer Nuß
Kostet nur zwei Friedrichs d'or,
Dafür hab ich auch meinen schönen Fuß
Gezeigt der ganzen Versammlung vor,
Und mein elegantes Negligée
Ist auch nebenher bewundert worden ...

Kotzebues Spott ist nicht gerade geistreich. Als Streiflicht darf man ihn gelten lassen, völlig erfunden ist wohl nicht, daß auch gesellschaftliche Eitelkeit die Berlinerinnen zum Besuche der Vorlesungen veranlaßte. Aber auch der Hohn bestätigt, daß nicht die Männer, sondern die Frauen Berlins geistiges Leben bestimmten. Und sie ließen sich das auch einiges kosten; denn „zwei Friedrichs d'or" waren etwa hundertfünfzig heutige Deutsche Mark, viel Geld für literarphilosophische Vorträge.

Der schlagfertige Iffland

Iffland hatte Mannheim verlassen und die Leitung des National-Theaters, des Schauspielhauses am Gensdarmenmarkt übernommen.

Er stand fast jeden Abend auf der Bühne, war sein eigener Dramaturg und Regisseur. Er war, als Direktor, auch für den Etat verantwortlich und hielt auf Sparsamkeit. Als ein Schauspieler für die Bankett-Szene in Kotzebues

„Kreuzfahrern" richtigen Samoswein verlangte, fand Iffland das übertrieben:

„Wenn Wein vorgeschrieben ist, wollen die Acteurs dann auch wirklich Wein – aber wenn der Text Gift verlangt, soll unbedingt Zuckerwasser im Glase sein!"

Sonst war Iffland, den die Kritiker als den Begründer einer „natürlichen" Darstellungskunst rühmten, unermüdlich im Bestreben, jedes Werk so genau und gut, wie der Autor erwarten konnte, aufzuführen. Weil er immer neue Skrupel und Einfälle hatte, waren Proben kein Vergnügen für seine Künstler.

Auch bei den „Kreuzfahrern" hatte es Schwierigkeiten gegeben. Weil Iffland das Bühnenbild änderte, kam die Probe ins Stocken.

„Da stehen wir nun wie die Ochsen vor dem neuen Tor!" rief der Schauspieler Georg Herdt verärgert ins Parkett.

„Sie, ja – ich aber sitze!" rief Iffland schlagfertig von seinem Regiestuhl zur Bühne hinauf.

Am Hofe noch ohne Beispiel

War Berlin, wo sich berühmteste Schriftsteller für längere oder (leider oft auch) kürzere Zeit niederließen, Mittelpunkt des literarischen Lebens und wichtiger als Weimar geworden, wurde es unter Iffland auch „Vorort der Schauspielkunst". Noch vor der Weimarer Aufführung ging die Wallenstein-Trilogie über die Berliner Bühne. In der Übersetzung des mit Berlin verbundenen August Wilhelm Schlegel, die Unger verlegte, wurde auch Shakespeare endgültig in den deutschen Theatern heimisch. Daß Iffland den „Hamlet" in dieser Übersetzung aufführte, war ein Markstein der Bühnengeschichte.

Frau Iffland schrieb: „Mein Mann wird bewundert, wie er es verdient. Der Beifall, den er als Dichter, Künstler und Gesellschafter erhält, übertrifft an Wärme selbst den zu Weimar. Kein Geld wird gespart, ihn auf dem Theater zu sehen."

Iffland gewann Freunde sogar in des Königs Familie, und wenn Buchdrucker J. D. Sander nach Weimar berichtet, verrät der Brief Erstaunen über das durchaus Ungewöhnliche:

„Iffland ist von der Prinzessin Ferdinand und auch vom Könige zu Tisch gebeten worden. Bis jetzt ist es noch ohne Beispiel, daß ein Schauspieler an unserem Hofe gegessen hat. Man reißt sich ordentlich um Ifflands Gesellschaft und kann seiner nur selten habhaft werden."

Das böse Komödiantenvolk

Ludwig Geiger berichtet: „Auch kam es vor, daß Gegnerschaften zwischen Schauspielern und Publikum auszugleichen waren, wenn ein Schauspieler durch Trunkenheit die Vorstellung gestört oder eine Schauspielerin durch einen heftigen Ausruf die ihrer Meinung nach nicht genügend beifallfreudigen Zuschauer beleidigt hatte. Bisweilen gerieten hinter den Coulissen nebenbuhlerische Actricen aneinander, deren Anhänger lieferten sich dann auch im Parterre förmliche Schlachten. Es kam nicht selten vor, daß die Polizei einschreiten und Verhaftungen vornehmen mußte."

Die Komödianten waren ein ungebärdiges Volk, von Herkunft und meist auch aus Neigung allem Bürgerlichen feind. Auch das Gesetz erkannte sie als Bürger nicht an. Daß Iffland bei Hofe empfangen wurde, war wirklich „sensationell" und erstes Zeichen für die neue Entwicklung, die dem bislang verachteten Schauspielerstande soziales Ansehen verschaffte.

Sind Weiber Menschen?

Staatsrat Sack hatte Ausbildung der Mädchen für überflüssig gehalten. Schriftsteller Opitz wies nach, daß sie unmöglich sei. In der Zeitschrift „Die Brieftasche" ließ sich Opitz, Nachfahre des bekannten schlesischen Dichters, vernehmen:

„Nach dem Wort der Schöpfungsgeschichte hat Gott die Frau aus des Adam Rippe gebildet. Adam ist (Moses 2, 2, 2) ein Mensch gewesen. Der Teyl kann niemalen dem Ganzen gleich seyn, und was aus der Rippe kam, keyn Mensch seyn."

Es war ein uraltes Problem, hatte seit dem Kirchenvater Chrysostomos immer wieder spitzfindige Theologen beschäftigt. Und Julius Opitz war auch nicht der letzte Bibeldeuter, der zu wissen behauptete, daß „Weyber keyne Menschen sind und, da ihnen Ingenium fehlet, zum Denken auch nicht Vermögen haben".

Fichte schwindelt wie der Baron Münchhausen

Trotzdem waren Dichtung, Bildende Künste, Musik bei den Frauen gut aufgehoben. Das geistige Leben konzentrierte sich in den Salons von Marianne Eybenberg, Henriette Herz, Rahel Levin und zahlreicher anderer Damen. Man traf sich an einem bestimmten Wochentage im einen, am anderen im anderen Hause und traf sich infolgedessen fortwährend.

„Die Bewirtung war völlig Nebensache, bestand aus Broten und Bier für die Herren, Streuselkuchen und Thé für die Damen", schildert Ludwig Geiger, „Hauptsache war der Vortrag eines Dichters oder Gelehrten, dem lange Gespräche dann folgten."

In einem dieser Salons begegneten sich Fichte und die von Konsul Napoleon aus Frankreich verbannte Madame de Staël. Die berühmte Madame de Staël war mit ihrem Freunde August Wilhelm Schlegel nach Berlin gekommen. Immer auf der Jagd nach geistigem Erlebnis, hatte sie sich Fichte vorstellen lassen, verwickelte ihn sofort in ein Gespräch über seine Philosophie.

Die beiden parlierten – jeweils in gebrochenem Deutsch und mangelhaftem Französisch – hin und her. Madame de Staël konnte ein philosophisches System, das alles aus dem „Ich" des Denkers erklärte, nicht begreifen. Schließlich erklärte Madame de Staël verzweifelt und auch boshaft:

„Monsieur Fickte philosophieren wie Baron Münckhausen erzählt unmöglicke Geschickten. Immer, Monsieur, Sie sick ziehen an Votre ‚Ick' aus difficulté wie Baron an toupet, an Zopf, aus Wasser."

Johann Gottlieb Fichte war beleidigt und gab es auf, der Dame seine Philosophie zu erklären. Die Kränkung vergaß er nicht. Von französischer Art hielt er fortan wenig, ließ es dann die Landsleute der Madame de Staël, sogar Madame de Staëls Feind Napoleon entgelten.

Der Tollhäusler Fichte

Er war, als er um die Jahrhundertwende von Jena nach Berlin übersiedelte, schon ein bekannter Mann. Luise und sogar der König hatten ihn mit Wohlwollen aufgenommen. Da Fichte aus freien Stücken das Lehramt in Jena aufgegeben hatte, wollte Friedrich Wilhelm ihm die Mitgliedschaft der Akademie verschaffen, auch den damit verbundenen Sold von vierhundert Talern.

Aber Fichte war ein Freund der Romantiker und deshalb allen verdächtig, die Gegner der neuen Kunst waren. In der Akademie der Wissenschaften saßen mehr Gegner als Freunde der Brüder Schlegel, Schleiermachers oder Tiecks.

„Die meisten halten Fichte für einen unschädlichen Grübler", erzählt Wilhelm von Humboldt, „aber manchen Herren in der Akademie gilt er für einen Tollhäusler."

Zu Ehren der Akademiker sei erwähnt, daß die Abstimmung sehr stürmisch verlief, ehe mit einer Stimme Mehrheit beschlossen wurde, dem Professor Fichte die Mitgliedschaft zu verweigern.

Auch Fichte blieb also ohne Amt und Einkommen. Als Privatgelehrter schlug er sich durch, hielt, wie sein Freund August Wilhelm Schlegel, gegen Eintrittsgeld Privatvorlesungen. Privatvorlesungen waren dann auch die „Reden an die deutsche Nation" in dem von Franzosen besetzten Berlin.

„Berlin gefällt mir besser als ich erwartete", berichtet Schiller. „Es ist dort eine große persönliche Freiheit und eine Ungezwungenheit im bürgerlichen Leben."

Der Dichter wurde von Luise begeistert aufgenommen, er speiste bei Hofe, im Theater wurden „Die Braut von Messina" und „Die Jungfrau von Orleans" und „Wallenstein" aufgeführt. Schiller sah sich von den Bürgern gefeiert.

„Aber daß ich bei dieser Reise", hieß es weiter im Briefe an Freund Körner, „nicht nur mein Vermögen beabsichtige, kannst Du Dir leicht denken. Es war um mehr zu thun, und allerdings habe ich es jetzt in meiner Hand, eine wesentliche Verbesserung meiner Existenz vorzunehmen."

Worum es ihm zu tun war, hat Ifflands Sekretär Pauli berichtet:

„Herr von Schiller hat geäußert, daß er gern in Berlin zu bleiben wünsche. Mindestens einige Jahre. Ob es nicht zu bewirken sein möchte, daß er als Mitglied der Akademie der Wissenschaften mit einem Gehalt arbeiten könne, auch für das hiesige Theater?"

Über die Akademie konnte der König nicht verfügen, aber er erwies sich großzügig, versprach dreitausend Reichstaler Ehrensold, auch Dienerschaft, Equipage und Pferde ...

Dieses Mal lag es nicht an König oder Regierung, daß ein Großer des Geistes der Stadt verloren ging. Aber schicksalhaft waltete auch jetzt wieder Unheil. Während noch verhandelt wurde, erkrankte Schiller und verfiel dem Tode.

Geld für Schiller und Goethe

Berlin gedachte Schillers Hinscheiden mit einer Feier im Schauspielhause. Die Einnahmen sollten den Hinterbliebenen zugute kommen.

Leider wurden wenig Billets verkauft. Friedrich Wilhelm mußte zu den dreitausend Talern, die man an Schillers Familie schicken wollte, aus der Privatschatulle an zweitausend zuschießen.

Während der rund zehn Jahre vor und nach 1800 zahlte das Schauspielhaus überhaupt nur 1100 Taler Honorar für Schillers Bühnenwerke. Es war viel, vergleicht man mit Goethe, der nur 200 Taler erhalten hat. Es war auffallend wenig auch: im gleichen Zeitraume waren für Ifflands Stücke 2700 und an Kotzebue sogar 4000 Taler Honorar gezahlt worden.

Lieblingsdichter

Goethe gehörte jedenfalls nicht zu ihnen, der „Egmont" gefiel den Theaterbesuchern nicht, auch an „Iphigenie" fand man kein Gefallen. Schiller wurde höher geschätzt, schon weil Iffland ihn „prächtig" inszenierte. Größter Erfolg die „Jungfrau von Orléans", ein Kritiker amüsierte sich:

„Iffland ließ im Königszuge 160 Menschen über die Bühne defilieren, das wurde angestaunt, wurde heftiger als Schillers Verse bewundert. Niemand hatte 160 Menschen auf der Bühne gesehen, jeder wollte den Krönungszug mit 160 Statisten sehen, wobei nicht auffiel, daß die wichtigen Rollen nur ungenügend besetzt waren."

Die wahren Lieblinge des Theaterpublikums waren und blieben August Kotzebue und August Wilhelm Iffland, von denen der eine mit dem anderen um die Wette Stück um Stück (Iffland 70, Kotzebue an 100) geschrieben hat.

Skandal um Zacharias Werner

Den Offizieren des Regimentes *Gens d'armes*, der nach der *Garde du corps* vornehmsten Truppe Preußens, mißfiel auch das Schauspiel „Weihe der Kraft" von Zacharias Werner.

Zacharias Werner, Kammersekretär des Königs, Freund E. T. A. Hoffmanns, erfolgreicher Bühnendichter, hatte das Stück zu Ehren Martin Luthers geschrieben. Es war der Königin Luise gewidmet, wurde als „deutsches National-spiel" bewundert, schien in Napoleons gefahrvoller Zeit auch sogar dem König „zum Erwecken und Stärken von Glauben, Kraft und Freiheit" bestimmt.

Die junkerlichen, stolzen Geschlechtern entstammenden Offiziere des Regimentes *Gens d' armes* aber fühlten sich durch allzu freisinnige Sätze, die Zacharias Werner den Reformator sprechen ließ, in ihrer Ehre verletzt. Während vier Wochen war das Stück, mit Iffland in der Hauptrolle, bereits fünfzehnmal aufgeführt worden. Vor der sechzehnten Aufführung gab es den größten Theater-Skandal, den Berlin überhaupt wohl erlebt hat. Da er sich nicht im Theater, sondern auf der Straße abspielte, konnte und mußte ganz Berlin daran teilnehmen:

Von dem Markt, der noch heute nach der Kaserne des Regimentes *Gens d' armes* benannt ist, zogen die Offiziere in langer Wagenkolonne durch Charlotten-, Friedrich- und Behrenstraße, erstaunten auch Unter den Linden und am Werderschen Markte das Volk:

Ein Leutnant parodierte den Ifflandschen Luther, ein Fähnrich gab sich als betrunkene Frau Katharina. In jedem Wagen andere Gestalten aus Werners Bühnenstück oder des Reformators Lebenskreis, die sich betranken und prügelten, Werners Verse zu johlendem Spotte mißbrauchten.

Die junkerlichen Herren rächten sich auf ihre Art. Später fällte Theodor Fontane in seiner Novelle „Schach von Wuthenow" ein vernichtendes Urteil über die Schmäher des Dichters. Aber damals siegten die übermütigen Zitzewitz, Bredow, Lehndorff, Goltz, Yorck, Witzleben und Marwitz.

Rahel Levin hatte Zacharias Werners neues Werk begrüßt: „Soviel Glück hat ein deutscher Dichter noch nie gehabt. Einen Punkt zu finden, woraus sich das erste, einzige und das beste deutsche Nationalstück machen ließ. Dieser Punkt ist Luther." Aber es half nichts, die „Weihe der Kraft" wurde nicht zum sechzehnten Male aufgeführt; weil Friedrich Wilhelm auf der Bühne seines National-Theaters kein Stück dulden wollte, das öffentlich zum Gespött geworden war, verschwand Werners Drama aus dem Spielplan.

Unerwartete, auch für den Stabskapitän Schach von Wuthenow überraschende Folge war, daß ein wenig später Friedrich Wilhelm das stolze Regiment *Gens d' armes* auflöste. Friedrich Wilhelm wollte keine Offiziere, wenn er vielleicht auch Sympathie für ihren Protest hatte, die gegen einen Dichter demonstrierten, den sein National-Theater der Aufführung würdig befunden hatte.

Der kleine Affe

Daß die nachstehende Anekdote verbürgbar sei, soll nicht behauptet werden. Sie wird auch anderorts von anderen Bühnenleitern erzählt, wie in Berlin von Iffland.

Als er auf dem Wege zum Theater war, kam ein keineswegs wohlgekleideter Schusterjunge auf Iffland zu und streckte ihm zur Begrüßung die ungewaschene Hand entgegen.

„Wer bist du denn, mein Sohn?" wollte der gefeierte Mann wenigstens wissen.

„Wat, Se kenn' mir nich mehr? Nee, sowat nennt sich In'dant! Ick bin doch det kleene Äffchen aus der Zauberflöte!"

Der fatale Schadow

Dem Könige hatte das Bildwerk von Frau und Schwägerin sogleich mißfallen. Er wollte es nicht vor Augen haben. Drei Jahre lagen Luise und Friederike eingekistet in Schadows Werkstatt, wo sie zum Ärger des Künstlers „viel litten und häßliche Flecke bekamen".

Schadows Versuch, die Arbeit durch Nachbildungen en miniature bekannt zu machen, blieb erfolglos.

„Schadow mir fatal!" erklärte Friedrich Wilhelm. Schadow blieb auf den Püppchen sitzen, obwohl er sie „für nur drei Thaler" angeboten hatte. Und weil Schadow dem König „fatal" war, gab die Porzellan-Manufaktur die Herstellung der Püppchen bald auf.

Auch nach Luises Tod blieb das Werk dem König unheimlich. Friedrich Wilhelm bestellte aber bei dem „fatalen" Schadow eine neue Büste der Königin. Friedrich Wilhelm verlangte eine sittsame Luise. Schadow mußte ihr – allen Stilgesetzen zuwider – ein „griechisches Hemd mit geschlossenem Umlegekragen", geben, damit unkeusche Entblößung vermieden wurde.

Goethe krittelt noch immer

Etwa zu diesen Jahren veröffentlichte Goethe seine „Flüchtige Übersicht über die Kunst in Deutschland" und kam auch auf die preußische Hauptstadt zu sprechen:

„In Berlin scheint außer dem individuellen Verdienste bekannter Meister (nur) der Naturalismus mit seiner Wirklichkeits- und Nützlichkeitsforderung zu Hause zu sein und der prosaische Zeitgeist sich am meisten zu offenbaren."

Aber Goethe hielt für „prosaischen Zeitgeist" alles, was lebendig oder gar neuartig war und sich mit dem Geiste seines alt und museal gewordenen Weimar nicht vertragen hätte.

Berlin Mittelpunkt alles Schönen und Großen

Der Vater des Goethe-Biographen Viktor Hehn war jedenfalls anderer Meinung:

„Berlin ist der Mittelpunkt alles Schönen und Großen, das der Deutsche zu leisten bisher vermochte. Auch die Künstlerhände fremder Meister haben diese Stadt verschönert, und so verdient sie den Ruhm, Wohnort der aufgeklärtesten und denkendsten und gebildetsten Männer der deutschen Nation zu sein."

Wohnungselend

Große Verlage hatten ihren Sitz in Berlin, wichtige Zeitungen und Zeitschriften wurden hier herausgegeben, eine Fülle bedeutender Männer wählte Berlin zum Wohnsitz. Aus allen Ländern kamen Gäste. Berlin war geistige Metropole geworden.

Als Stadt hatte es sich aber kaum verändert. Berlin zählte jetzt, unter Friedrich Wilhelms III. Regierung, schon 170 000 Einwohner, aber der Bürgerhäuser waren kaum mehr als fünfzig oder sechzig Jahre zuvor, da knapp 80 000 Menschen in der Stadt gewohnt hatten. Und Justizrat J. G. Krünitz mahnte den König:

„Große Wohnungen sind im Überflusse zu haben und verhältnismäßig wohlfeil. Kleine hingegen werden immer seltener und teuerer, und der Arme findet kaum ein Obdach für sich und die Seinigen. Er schränkt sich immer mehr ein und behilft sich mit einem einzigen Zimmer, worin er nicht allein sein Handwerk betreibt, sondern auch mit seiner ganzen Hausgenossenschaft wohnt und schläft. Bei dem hohen Preise auch des Brennholzes versperret man dann im Winter der äußeren Luft jeden Zugang auf das Sorgfältigste, und so leben diese Menschen in einer Atmosphäre, die einen jeden Fremden beim Eintritt in ein solches Zimmer zu ersticken droht."

Justizrat Krünitz erwies sich als kluger und weitblickender Kopf, wenn er den König warnte:

„Die elenden Wohnungen, die der gemeine Mann in Berlin hat, tragen wesentlich bei zu den Krankheiten unserer Mitbürger und vermehren auch deren Unzufriedenheit mit jedem Tage."

Aber Friedrich Wilhelm III. tat nichts, um Wohnungen „für den gemeinen Mann" zu schaffen. Es wohnten jetzt in einem Hause durchschnittlich dreißig Menschen, während es zu Beginn des Jahrhunderts nur zwölf gewesen waren.

Auch eine neue „Bauordnung“ erließ der König nicht, so dringend sie sogar vom Rat der Stadt gefordert wurde. Es blieb alles beim alten.

Dreizehn Briefträger

Die Königliche Post diente nur dem Briefverkehr mit anderen Städten; innerhalb Berlins beförderte sie keine Briefe.

Um mit den Mitbürgern korrespondieren zu können, gründeten die Kaufleute eine private Lokalpost. Dreizehn Boten wurden eingestellt, die sich auf ihrem Wege durch die Stadt mit Klingeln ankündigten, die Briefe einsammelten und in ein Kontor in der Klosterstraße brachten, von wo sie, bei der nächsten Runde, dann zugestellt wurden.

Nur dreizehn Briefträger! Immerhin machten sie viermal am Tag ihre Runde, so daß die Berliner sich viermaliger Postzustellung am Tage erfreuten.

Schon nach ein paar Jahren stellte die Stadtpost den Betrieb ein. Wenn die 180 000 Berliner sich etwas mitzuteilen hatten, schickten sie wieder den Hausdiener oder das Küchenmädchen.

Das böse Lottospiel

„Man setzt, gewinnt vielleicht eine Kleinigkeit, setzt wieder – verliert und verliert immerfort.“

Schon Friedrich der Große hatte eine Staatslotterie genehmigt, nun gab es auch das städtische Lotto. Da es, wie Prediger Löhr gescholten hatte, wenig Chancen bot, bestand das Stadt-Lotto nicht länger als die Stadt-Post.

Die erniedrigte Vernunft

Von Dauer jedoch war die Zensur. Friedrich Wilhelm III. lockerte die strengen Vorschriften nicht, die Friedrich Wilhelm II. erlassen hatte. Friedrich Nicolai, der alte Kämpfer für Aufklärung, klagte:

„Allenthalben trachtet man, Publizität und Freimütigkeit zu unterdrücken, allenthalben sucht man Vernunft zu erniedrigen und dunkle Gefühle und blinden Glauben zu erheben. Die Schwärmerei buhlt, nicht ohne Erfolg, um die Gunst der Großen, und selbst Philosophen erniedrigen sich, sie zu entschuldigen."

Das ging nicht nur an die Adresse des Königs; es sollte den bei Hofe geschätzten Fichte, ganz allgemein auch die beliebten Dichter der von Nicolai gehaßten Romantik treffen. Aber auch diese hatten schlechte Erfahrungen mit dem Zensor gemacht. Der damals mit den Romantikern befreundete Friedrich von Gentz wandte sich unmittelbar an den König.

Sein „Sendschreiben" bedient sich bilderreicher Sprache: „Tausend bösartige Insekten, die ein Sonnenstrahl der Wahrheit und des Genies verscheuchen könnte, schleichen sich jetzt, von der Finsternis begünstigt, die man geflissentlich schuf, in die unbewahrten Gemüter und setzen ihr Gift – als eine verbotene Kostbarkeit – bis auf den letzten Tropfen ab."

Der prächtigen Worte einfacher Sinn war, daß Verbote auch ein wirklich schlechtes Buch interessant und begehrenswert machten.

Friedrich von Gentz bewies tiefe Einsicht, wenn er in seinem „Sendschreiben" fortfuhr, daß nichtverbotene Bücher für viele Leute also weniger interessant und begehrenswert seien: „Das einzige Gegengift, die Produkte der besseren Schriftsteller, verliert also seine Kraft. Darum sei Pressfreiheit das unwandelbare Prinzip Ihrer Regierung."

Aber Friedrich Wilhelm III. tat nichts. Es blieb alles beim alten.

Die Zensur verbietet sich selbst

Wo Bücher verboten werden, legt man Verzeichnisse der verbotenen Bücher an. Die Regierung jedes deutschen Landes führte derartige Listen, sie wurden gedruckt oder durch Abschrift vervielfältigt, sie dienten den Polizei- und Zollbehörden zur Kontrolle literarischer Contrebande.

In Wien stellte auch des Kaisers Regierung ein Verzeichnis der verbotenen Bücher zusammen. Es galt, obwohl die Praxis sich danach nicht immer richtete, für das ganze Deutsche Reich. Es wurde gedruckt, halbjährlich verschickt, umfaßte schließlich einige Dutzend Bände. Und, wie erwähnt, immer kamen halbjährlich zu den Buchmessen die Nachträge.

Es waren nicht nur „schlechte" Bücher, die von den Wiener Zensoren verboten wurden. In Wien wollte man grundsätzlich nichts von modernen Philosophen und Dichtern wissen, hatte Goethes „Faust" und Schillers „Räuber" schon auf den Index gesetzt, setzte auch viele Schriften von Schelling, Fichte, Tieck, Zacharias Werner, den Brüdern Schlegel, auch manches von Chamisso und Fouqué und anderen Berlinern auf den „Index der Verbotenen Bücher". Einen besseren Führer durch die moderne Literatur als diesen „Index" konnte man nicht finden! Er diente schließlich als Ratgeber, wurde eifrig studiert.

Man zog auch in Berlin die Konsequenz daraus. Der „Katalog der Verbotenen Literatur" wurde in den „Katalog der Verbotenen Literatur" aufgenommen, auch die Buchhändler bekamen ihn nicht mehr. Buchhändler Dieterici freute sich:

„Demnächst mag Seiner Majestät Regierung auch der übrigen Gesetze Publikation verbieten, und wir dürften in deren Unkenntnis uns nach unserem Verstande zu leben erlauben."

Schulunterricht

Für die Töchter der Bürger tat der Staat gar nichts. Für die Söhne fehlte es an Fortbildung, sah man ab von den für künftige Gelehrte bestimmten und teueren Gymnasien.

Es gab in der Stadt, die 180 000 Einwohner zählte, nur eine einzige „Realschule" für den Mittelstand. Sie hatte sechs Unterrichtsräume und 987 Schüler, konnte infolgedessen nur „schichtweise" besucht werden.

Die Lehrer waren, außer sonntags, von 7 bis 12 und von 14 bis 18 Uhr tätig. Ihr Gehalt belief sich auf höchstens – und nur in einem einzigen Falle – 250 Taler jährlich; es gab an der Realschule Lehrer, die nicht einmal 100 Taler Einkommen im Jahre hatten. Auch wenn man mit zehn oder gar zwanzig multiplizieren wollte, um mit heutiger Währung zu vergleichen, erfreuten sich die meist sehr kinderreichen Lehrer keineswegs guter Bezüge.

Dafür war den Lehrern an der Realschule zu besonderer Pflicht gemacht, und so stand es auch im Statut: „Durch einen wahrhaft gottseligen Wandel den Schülern vorzuleuchten."

Prügel für Soldaten

An den Schulen wurde geprügelt. Obwohl J. E. Plamann am Tiergarten eine „Unterrichtsanstalt" eröffnet hatte, die als erste in Deutschland nach Pestalozzis Grundsätzen geleitet wurde, galt der Rohrstock noch immer als beste pädagogische Weisheit. Weil auch die Eltern ihre Kinder prügelten, gab es über den Stock der Lehrer keine Debatten.

Daß Offiziere die halb oder ganz erwachsenen Soldaten schlugen, wollte nicht einmal der Regierungsrat Fritz Freiherr von Walther und Cronegk hinnehmen. Er hatte die französische Revolution begrüßt, er ließ im Berliner Musenalmanach einen Soldaten klagen:

Warum verfährst du hart mit mir
Und schlägst so auf mich ein?
Ich bin des Vaterlandes Sohn
Ja auch so gut wie du!
Vergiß es nicht, denk immer dran,
Daß Menschen Brüder sind,
Und das, was ich tu,
Dient dem Vaterland,
Wohl auch des Königs Kind.

Graf Schlabrendorff erfand eine Sprechmaschine

Auch andere Adlige sympathisierten mit Frankreich. Graf Gustav von Schlabrendorff, Sohn eines Ministers, hatte sogar auf seine Beamtenkarriere verzichtet, um in Paris den Revolutionären zu dienen. Bald war er, als Freund echter Demokratie, mit Robespierre und dann mit Bonaparte in Konflikt geraten. Er wollte zurück nach Berlin, aber der König fand auch Schlabrendorff „fatal" und verzieh dem „Verräter" nicht:

„Bleiben wo er ist. Der Schlabrendorff unruhig. Nicht dulden."

Graf Schlabrendorff, der in einigen etwas wirren Schriften das preußische Regime kritisiert hatte, blieb in Paris. Da ihm auch während Napoleons Kaiserzeit jede politische Tätigkeit verboten wurde, beschäftigte er sich mit dem Bau einer Sprechmaschine.

Das mit Fußantrieb gesteuerte Werk arbeitete angeblich mit Tonwalzen, und so mangelhaft die Sprechmaschine war, mag sie dennoch in der Geschichte der Technik als frühester Vorläufer des Edisonschen Phonographen gelten. Weil „der Schlabrendorff fatal und unruhig", mußte der Graf seine Sprechmaschine eben in Paris erfinden.

Herrn Lehmanns Luftverkehr

Nach dem berühmten Blanchard hatten andere ausländische Piloten ihre Künste vorgeführt. Schließlich baute auch ein Berliner, von dem wir nur den Namen wissen, einen Luftwagen. Dieser Herr Lehmann wollte sogar einen regelmäßigen Flugverkehr einrichten, um Passagiere und Post zu befördern.

Fortschrittssüchtige Berliner „feierten Herrn Lehmanns Luftreise und wähnten bereits das Ende der Postkutschen gekommen". Andere Berliner schalten ihn einen „Industrieritter, einen *chevalier d'industrie*, der mit seinen Mätzchen gutgläubigen Mitbürgern das Geld aus der Tasche stehlen möchte".

Von „Herrn Lehmann und seinem Luftwagen" hören wir nicht mehr.

Professor Jungius überflügelt alle

Mehr Erfolg war dem Physiker Friedrich Wilhelm Jungius, Professor am Friedrich-Wilhelms-Gymnasium, beschieden. Mit vierhundert Pfund Nutzlast und zwei Passagieren blieb sein „Ball" anderthalb Stunden in der Luft und hatte, nach exakter Messung, 6500 Meter Höhe erreicht, ehe Jungius und sein Begleiter in der Gegend von Müncheberg landeten.

Damit hatte Friedrich Wilhelm Jungius sämtliche bisherigen Höhenrekorde gebrochen, erst viele Jahrzehnte später sollte seine Leistung überboten werden. Die Berliner allerdings haben diesen wackeren Pionier der Luftfahrt bald vergessen, keine der vielen Straßen oder Plätze erinnert an Friedrich Wilhelm Jungius.

Pferde fürchten Drachen

Der Ballonflug wurde als „größte Vergnügung der Bevölkerung" geschätzt, die Berliner kamen zu Tausenden, war der Aufstieg eines „Luftballons" angekündigt.

Anderer Luftverkehr galt als Plage, und Polizeidirektor Zedlitz warnte:

„Die hiesigen Einwohner haben ihren Kindern das sogenannte Drachenspiel, wodurch die Pferde sehr scheu gemacht werden, nachdrücklich zu verbieten, widrigen Falls die Eltern dafür gestraft werden sollen."

Die sündhaften Weiber der Charité

Das Krankenhaus unterstand der Armen-Direktion und wurde mehr schlecht als recht aus deren Almosenfonds erhalten. Wenn man Wilhelm Prahmer, als Prediger an der Charité damals Schleiermachers Kollege, glauben darf, waren die Bräuche der Krankenpflege seltsam:

Das Essen bringen an das Bett
Dem Kranken Weiber, die sehr nett.
Wer sie nur sieht,
Kriegt Appetit ...

Des Prediger Prahmers weitere Knittelverse beschreiben sehr ausführlich, worauf die Kranken Appetit bekamen, und schließen nicht weniger deutlich:

Die netten Weiber sind auch willig,
Machen 's kranken Armen auch gar billig.

Daraufhin bekamen die Wärterinnen außer freier Kost und Wohnung, wie bisher, nun kostenlose Diensttracht, die wenigstens äußeren Anreiz zu ungewünschten Neben=einnahmen beseitigte. Ihr Lohn wurde auf „1 Thaler 6 Groschen im Monate“ erhöht, was wenig, aber doch mehr als zuvor war.

Auch sonstige Mißstände, die Prahmer in seinen Knittel=versen und Journalisten in den Zeitungen angegriffen hat=ten, wurden beseitigt. Die Forderung, daß „jedem Kranken ein eigenes Bett“ nötig sei, wurde vom Armen=Direktorium zwar abgelehnt, aber das Armen=Direktorium hatte bald nicht mehr zu entscheiden: die Verwaltung der Charité wurde dem Staatsministerium übertragen. Jetzt bekam jeder Kranke „sein eigenes Bett“, und „die Betten wurden auch weiter auseinandergerückt, so daß nur 24 in einer Stube standen, und für jede Stube versah eine Wärterin den Dienst.“

Es waren unerhörte, für damalige Zeiten beispiellos kühne Reformen! Das einstige Armenkrankenhaus wurde vorbildliches Zentrum medizinischer Wissenschaft für Europa. Fortan gab es für die Heilkunde eine „Berliner Schule“, die an Glanz mit den älteren „Schulen“ zu Paris und Wien rivalisieren konnte.

Ein Hufeländchen

Die Berliner, es wurde behauptet, waren große Freunde des Branntweines. Christoph Wilhelm Hufeland bekämpfte das Schnapstrinken.

Der König hatte den berühmten Mann zum Direktor der Charité berufen. Wie früher in Jena, schalt Professor Dr. Hufeland nun auch in Berlin den Branntewein.

Ein Destillenbesitzer gab zum Spott einem seiner scharfen Alkoholika den Namen „Doppel-Hufeländchen" und machte gute Geschäfte, da er auch auf des Professors viel gedrucktes Buch hinwies: „Die Kunst, das menschliche Leben zu verlängern".

Ein Gelehrter wird Mitglied der Akademie

Hufeland, der eine naturgemäße Heilkunde lehrte, war bei seinen Kollegen keineswegs beliebt. Die Akademie der Wissenschaften wählte den bei Hofe geschätzten Mann trotzdem zu ihrem Mitglied.

In boshafter Anspielung darauf, daß solche Ehre weder Schiller noch Fichte zuteil geworden war, kommentierte die Zeitung „Beobachter an der Spree", das Ereignis:

„Eine Akademie der Wissenschaften ist ein Institut, worin man vornehme Standespersonen und Geschäftsmänner, und, wie wir erfuhren, zuweilen auch sogar einen Gelehrten aufnimmt."

Bellermann erklärt Dichter

Der Theologe Johann Joachim Bellermann war Direktor des Gymnasiums zum Grauen Kloster geworden. Kurz zuvor war Klopstock gestorben, kurz danach beging Matthias Claudius den fünfundsechzigsten Geburtstag.

Bellermann erklärte, so besagt eine allerdings auch anderen zugeschriebene Anekdote, seinen Gymnasiasten der beiden Dichter Unterschied, über den sich Deutschland einst in feindliche Parteien zerstritten hatte. In angeborenem Sächsisch hieß es:

„Nu, der Globbstogg, der ruft, wenn er häme (nach Hause) gommt: Du, die du sehr anders bist als ich und drotzdäm mir gleich, nahe mir und befreie mich, dich bäuchend (beugend), von der Last des staubatmenden Galbfälls an meenen Fießen! Aber der Glaudius, där sacht äben bloß: Frau, mache, gomm, zieh mir die Stiebeln aus."

Die nicht geborene Frau Rittmeister

Auf einem Hofball beobachtete Königin Luise, daß eine der Damen niemals zum Tanz aufgefordert und auch sonst gemieden wurde. Luise bat die Dame zu sich, erfuhr, daß sie die Frau eines Rittmeisters war und von Goerschen hieß. Um das Gespräch zu beginnen, fragte die Königin: „Und was für eine Geborene sind Sie denn, meine Liebe?"

„Das ist es ja eben, Majestät, ich bin keine Geborene!" kam schluchzend die Antwort.

„Nicht geborene? Da hat der Himmel aber ein besonders hübsches Wunder vollbracht", tröstete die in Standesfragen unbefangene Luise, „das soll gleich doch der König wissen."

Weil Luise darum bat, tanzte Friedrich Wilhelm einige Pas mit der Rittmeisterin, blieb auch nachher an ihrer Seite. Er war schönen Damen gern gefällig, vergaß dann auch die strengen Prinzipien, an denen er als König sonst festhielt.

König und Götz von Berlichingen

Dem in monarchischer Tradition und Adelsprivilegien erstarrten Preußen stand das revolutionierte Frankreich und dessen „Volkskaiser" gegenüber. Friedrich Wilhelm III. hätte – wenn nun nicht aus nationalen Gründen – als Anwalt der Souveränität „von Gottes Gnaden" ein unbeugsamer Gegner des Korsen sein müssen.

So waren in Berlin fortschrittliche Patrioten und reaktionäre Monarchisten gleicherweise über Friedrich Wilhelm empört, der zu Schönbrunn Verbündeter Napoleons geworden war. Auch in der Familie fand Friedrich Wilhelm Kritik, auch die Königin zeigte sich unzufrieden.

Am heftigsten eiferte der junge Louis Ferdinand. Nach Rückkehr von Schönbrunn besichtigte Prinz Louis Ferdinand eine Ausstellung, fand in einem Saale zwei Marmorbüsten, deren eine ihm vertraut war. Wen die andere, links, darstelle, wollte er wissen.

Der aus Schwaben gebürtige Museumsdiener antwortete: „Ha, Königliche Hoheit, das isch doch der Kriegsgott Marsch!"

„Ja, und der rechts", höhnte Louis Ferdinand und wies auf Friedrich Wilhelms III. Büste, unterdrückte das bekannte Reimwort, um schlagfertig eine neue und dazu witzige Pointe zu finden:

„Ja, und der rechts – ist der König Halt!"

Das zerrissene Deutschland

Daß Friedrich Wilhelm zu Schönbrunn preußische Gebiete abgetreten, die Einheit des Heiligen Römischen Reiches deutscher Nation preisgegeben hatte, wurde als „schimpflicher Verrat" betrachtet. Auch im Theater machte sich die Empörung Luft.

In Holbergs „Politischem Kannegießer" hatte der Schauspieler Unzelmann als „Meister Breme" mit einer zerrissenen Landkarte zu tun. Der lang schon tote Holberg hatte der Szene aktuellen Sinn gewiß nicht geben können, Karl Unzelmann tat es, als er extemporierte:

„Das ist ja, sehe ich, eine Karte von Deutschland! Und zerrissen? Pfui dem Schufte, der das getan hat! Hoffen wir, daß sich bald ein braver Mann finden wird, der den Riß wieder zumacht!"

Gewaltiger Beifall des Parketts antwortete. Die Berliner stimmten die Königshymne an, sangen sie mit etwas geändertem Text. „Die Worte ‚Heil Friedrich Wilhelm Dir, sei unsres Landes Zier' klangen weniger wie Huldigung und mehr wie Befehl", vermerkte ein Chronist.

Alexander von Humboldt entdeckte Amerika

Fast fünf Jahre war Alexander von Humboldt in Südamerika gewesen. Als er zurückkehrte, brachte er vierzig große, mit wissenschaftlichem Material gefüllte Kisten, auch die Grammatiken von dreißig Indianersprachen mit. Endlich konnte die Forschung sich mit dem so unbekannten Kontinent beschäftigen.

Simon Bolivar, den die Geschichte den „politischen Befreier" Südamerikas nennt, pries den Berliner Humboldt als den „wissenschaftlichen Entdecker" Südamerikas. Und wirklich begann für Südamerika nun ein neuer Zeitabschnitt.

Auch Herstellung und Wirkung des Pfeilgiftes Curare machte Humboldt bekannt. Aus dem Gift wurde ein Heilmittel, das gerade auch für die moderne Chirurgie sich nützlich erwies.

Der „Geist" des Königs

Friedrich Wilhelms Passivität kam Frankreich zugute, wurde nach Meinung des Volkes das böse Beispiel für andere Monarchen, die sich nun um die deutsche Sache nicht mehr kümmerten. Des Königs Passivität, hieß es, hätte Napoleon zum Siege bei Austerlitz verholfen.

„Im Schauspielhaus wurde eines der beim Publico beliebten Ritterdramen aufgeführt, der Titel des Stückes ist mir entfallen", erzählt ein Herr von Rochow. „Aber in dem Stücke stritten zwei Grafen mit den Schwertern auf Leben oder Tod um den Besitz ihrer Ländereien. Plötzlich erschien ein Geist und rief ‚Frieden' und nochmals ‚Frieden' und nochmals.

Da stand jemand im Parkett auf und drohte zur Bühne empor:

‚Aha, det kennen wir; der jute Freund kommt ja wohl aus Potsdam, det ist der ‚Jeist' von unserem König!'"

Es gab auch an diesem Abend Beifallsstürme, die mit dem dargebotenen Theaterstück nichts zu tun hatten.

Des Knaben Wunderhorn

Das bewunderte Volksbuch erschien, als mit der „Drei-Kaiser-Schlacht" bei Austerlitz Deutschlands Sache schon verloren war. Es erschien nicht in Berlin.

Aber ein Jahr zuvor hatten sich Achim von Arnim und Clemens Brentano in Berlin zusammengefunden. Der gemeinsame Freund Ludwig Tieck erzählt:

„Die Herausgabe einer Volkslieder-Sammlung wurde jetzt beschlossen. Arnim war ein eifriger Patriot, der vor der Unglückszeit nicht den Mut verlor. Bei Arnim war mehr Anteilnahme an den politischen Ereignissen; bei Brentano mehr litterarischer Sinn und allgemeine Schwärmerei für das alte Vorvätertum. Jener gedachte der Zukunft, dieser freute sich minder absichtsreich an vergangener Schönheit."

So verschieden Arnim und Brentano in Gedanken und Zielen waren, fuhren sie doch gemeinsam von Berlin nach Heidelberg, wo das Werk gedruckt wurde, das im Liede die ewige Gemeinschaft der Deutschen bekunden sollte.

Nicht ohne Entsetzen

„Wie unerhört schnell ist, seitdem Eurer Majestät Interesse sich von ihm trennten, das Deutsche Reich fremdem Willen unterworfen worden."

„Nicht ohne Entsetzen vermag man sich vorzustellen, wie weit es gekommen ist."

„Die Augen von ganz Deutschland suchen Eure Majestät. Niemand kann begreifen, daß das schöne, unüberwundene

Heer Friedrichs für die Erhaltung (des Reiches) nicht verwendet wird."

„Aller freche Mißbrauch, welchen Bonaparte von der Friedensliebe Eurer Majestät gemacht hat, wird dem Zaudern und der Untätigkeit zugeschrieben."

„Wenn auch Bonaparte sich verstellt und eben jetzt mit Preußen nicht Krieg, sondern es ermüden und einschläfern will, so ist nichts destoweniger gewiß, daß er Preußen alsdann desto schneller zu vernichten und in eben dieselbe Dienstbarkeit zu bringen trachtet wie andere unter seinem Joche seufzenden Staaten."

Das sind Sätze aus einer sechs Druckseiten ausmachenden „Eingabe an den König", die Johannes von Müller im Hause Louis Ferdinands entworfen hat. Louis Ferdinand überreichte sie dem König. Die Eingabe wurde auch von Louis Ferdinands Freunden, dem Reichsfreiherrn vom und zum Stein und dem Oberst von Scharnhorst unterzeichnet.

Die Herren fielen sämtlich in Ungnade. Friedrich Wilhelm verharrte bei dem Entscheid, nichts zu entscheiden.

Schlimme Nachricht aus Paris

Napoleon hatte, wie die Unterzeichner der „Eingabe" voraussahen, die Entscheidung längst vorweggenommen.

Man probte im Schlosse ein kleines Lustspiel, dessen Hauptrolle die Königin übernommen hatte. Luise kam sehr verspätet, sie spielte ohne Freude.

„Was ist mit Dir? Was ist geschehen?" erkundigte sich die andere Luise am Hofe, die mit einem Fürsten Radziwill verheiratete Tochter des Prinzen Ferdinand von Preußen.

Tränen überströmten das Gesicht der Königin plötzlich: „Es ist furchtbar! Der König hat sehr schlimme Nachrichten aus Paris erhalten. Napoleon erklärt jetzt, daß der Krieg unvermeidlich ist. Napoleon wird binnen kurzer Zeit im Herzen von Deutschland stehen."

Und Fürstin Radziwill weinte mit der Königin. Dachte „voller Schmerz daran, daß wir unsere Streitkräfte gelähmt und alle zu Gebote stehenden Verteidigungsmittel zerstört hatten".

Schwert oder Nachtmütze?

Auch in der Stadt ahnte man, daß der Krieg unvermeidbar sein würde. Man tadelte Friedrich Wilhelms Unentschlossenheit noch mehr als früher.

Der Dichter Matthison berichtet von einer Karikatur, die an die Mauer des Schlosses geklebt worden war; sie zeigte den König und die Minister Hardenberg und Haugwitz.

Hardenberg reichte dem König ein Schwert: „Majestät, höchste Zeit, Majestät müssen sich schlagen!"

Haugwitz reichte eine Nachtmütze: „Euere Majestät, höchste Zeit, Majestät müssen schlafen gehen."

Eine Taschenuhr schlägt nicht

Die Resignation war groß. Niemand glaubte an die Kraft der Armee. Kriegsrat Muechler, als Verfasser des Liedes „Im kühlen Keller sitz ich hier" bekannt, verglich die Armee mit einer Taschenuhr.

„Sie geht, schlägt aber nicht!"

Doch Ruhe ist die erste Bürgerpflicht

Der Krieg war ausgebrochen. In den Kämpfen bei Jena und Auerstedt stand Preußen, das seine Alliierten im Stich gelassen hatte, nun allein dem Feinde gegenüber. Als die Niederlage in Berlin bekannt wurde, flüchteten „der Hof und der größte Teil der Behörden sogleich nach der Oder zu. Manche wohlhabende Familie folgte dem Beispiel. Die Stadt glich einem Bienenkorbe, der im Schwärmen begriffen ist. Auch der Militärgouverneur Graf Schulenburg marschierte in übermäßiger Eile mit den Truppen davon".

Links: *»Ick sage ja keen Wort, Herr Kumsargus.«* – *»Halt sie's Maul! Sie raisonirt inwendig.«* – Rechts: *»Liebeken, können se mich nich sagen, wat det da oben uf de Dohr vor 'ne Puppe is?«* – *»Ja nu, wat wird det sinn! Alte römische Geschichte, Kurfürsten von Brandenburg, Siebenjähriger Krieg, det is et.«* – *»Ah so! Na, ick danke recht sehr.«*

(Zeichnungen von Franz Bernhard Dörbeck, um 1830)

Die Hüte

Diese Zeichnung von Theodor Hosemann erschien 1847 in »Berlin wie es ist — und trinkt« mit folgendem Text von Adolf Glaßbrenner:

Mein Vaterland, das lob ich mir!
Man bringt nicht viele Köpfe hier
In Deutschland unter Einen Hut.
Und das ist für die Hüter gut.

Ehe Friedrich Wilhelm Graf Schulenburg davonmarschierte, ließ er die ob ihrer Seltsamkeit berühmt gewordene Bekanntmachung an die Mauern schlagen:

„Der König hat eine Bataille verloren. Die erste Bürgerpflicht ist Ruhe. Ich fordere hierzu alle Einwohner Berlins auf. Der König und seine Brüder leben."

Graf Schulenburg selbst hatte die Ruhe leider nicht bewahrt. In der Eile des Abmarsches sorgte er nicht einmal dafür, die im Zeughaus lagernden 50 Kanonen und 40 000 Gewehre mitzunehmen.

Ihr müßt jubeln!

Nachdem Marschall Davout mit starker Truppenmacht eingerückt war, erwartete Berlin den Kaiser.

Der achthundert Mann starken Bürgergarde wurde anvertraut, für „würdigen Empfang" zu sorgen. Die achthundert Bürgergardisten nahmen es genau, als Napoleon durch das Brandenburger Tor ritt.

„Ihr Lausebengels, ihr müßt jubeln!" mahnten sie die Unter den Linden stehenden Berliner. In der Absicht, den Kaiser durch freundliche Begrüßung milde zu stimmen, drohten die Bürgergardisten auch: „Kerls, wenn ihr nicht jubelt, gibt 's Prügel!"

Napoleon über Berlin

„Die Charlottenburger Chaussee durch den Tiergarten ist sehr hübsch, das Brandenburger Tor ist prächtig."

Mehr berichtete des Kaiser Bulletin über den Einzug in Berlin nicht. Und mehr war auch nicht zu berichten. Trotz angedrohter Prügel hatten nur wenige Berliner dem Kaiser zugejubelt.

Schweigsame Menge

Auch Henry Beyle weiß nichts von Begeisterungsstürmen, die französische Zeitungsschreiber den Berlinern dann angedichtet haben. Henry Beyle, unter dem Pseudonym

Stendhal weltbekannter Dichter, hatte als Gerichtsoffizier den Kaiser begleitet.

„Napoleon trug beim Einzug die große Generalsuniform. Wenn ich mich recht erinnere, war es das einzige Mal, daß ich ihn so gesehen habe", erzählte Beyle. „Er ritt 20 Schritte vor den Soldaten Die schweigsame Menge der Berliner war kaum mehr als 2 Schritte von ihm entfernt. Aus jedem Fenster hätte man mit großer Leichtigkeit auf den Kaiser schießen können."

Henry Beyle bestätigte die Teilnahmslosigkeit der Berliner. Er wollte sie nicht loben, er fand die „Ruhe" der Berliner vielleicht sogar unbegreiflich, dachte er an den kampfbereiten Haß, den die Spanier dem Kaiser bewiesen.

Aber keine Börsenkurse

„Die Stockung in den Geschäften dauert fort. Wegen das Einrücken der Kaiserlich Französischen Truppen allhier und die gestern erfolgte Ankunft französischen Kaisers und Königs Napoleon und den eingestellten Postanlauf und das dadurch entstandene Dérangement ist beschlossen worden, heute keine Kurse festzusetzen."

Das „Dérangement" schien sich, wie man merkt, auch auf die Sprache ausgewirkt zu haben.

Bauholz für den Galgen

In der besetzten Stadt blühte das Denunziantentum. Wer zu Recht oder Unrecht sich von des Königs Regierung benachteiligt hielt, biederte sich mit den neuen Herren an, verklagte bei ihnen seine patriotischen Mitbürger.

Dem französischen Stadtkommandanten Hulin meldete ein liebedienerischer Berliner, daß sein Nachbar nicht, wie befohlen war, den Vorrat an Bauholz abgeliefert hatte . . .

Hulin antwortete: „Lassen wir ihm das Holz. Euer König wird es noch brauchen, um für Schurken, wie Ihr seid, die Galgen zu bauen!"

Die Menschheit horchte nach Berlin

Vier Wochen residierte der Kaiser im Schloß. Nach der Niederwerfung Preußens war er Herr über nahezu ganz Europa geworden. Nur England trotzte noch seiner Macht.

Im Schlosse zu Berlin unterzeichnete Napoleon das denkwürdige Gesetz, das durch die „Kontinental-Sperre" nun auch England in die Knie zwingen wollte.

„Die Menschheit horchte nach Berlin. Des Kaisers Blockade-Dekret verbot jeden Handelsverkehr zwischen England und dessen Kolonien mit den Völkern des Kontinentes, auch Reisen und sogar Briefe waren verboten. Das ging nicht eben nur Preußen an, das traf Österreich, Rußland, Schweden, die Spanier, die Italiener, Holland und Dänemark. Die Kontinental-Sperre bedrohte mit nicht geringerem Unglücke den indischen Gewürzhandel und dic Schafzüchter in Schottland. In entlegensten Ländern, wo man von Preußen bisher soviel als nichts gewußt hatte, redete jedermann nun über Preußens Hauptstadt, in welcher das Blockade-Dekret erlassen worden war."

Niemals zuvor war aus Berlin ein Gesetz ergangen, das derartige Bedeutung gehabt hätte. Während der vier Wochen, die Napoleon im Schlosse residierte, war Berlin die wichtigste Stadt in Europa und in der ganzen Welt.

2 Groschen für 1 Ei!

Die Kolonialwaren blieben aus, die einheimischen Produkte wurden immer teuerer. „Für 1 Ei, von dem die Mandel (15 Stück) wenige Pfennige gekostet hat, verlangt man zwei Groschen, und das Pfund Butter muß mit einem Thaler bezahlt werden." Es handelte sich nicht um Inflation, es waren echte Notpreise, nach heutigem Geldwert etwa 2,50 beziehungsweise 30,– DM.

Die Kontinental-Sperre brachte auch Gewerbetreibende und Handwerker in Not. Viele von ihnen zogen aufs Land, die Stadt verlor mehr als zehntausend Einwohner. Unter den Zurückgebliebenen war Armut:

„Doch die ein wenig besser Gestellten gründeten eine Suppenanstalt, aus der täglich mehr als sechstausend Personen gespeist wurden. Als der Winter hart wurde, wurde an neun verschiedenen Stellen Suppe ausgegeben, an einigen Tagen kamen beinahe zehntausend Hungrige."

Geburt des Schusterjungen

Am schlimmsten war das Elend der verlassenen Kinder, deren Eltern „davongelaufen oder gestorben" waren.

„Ohne die Fürsorge einer liebenden Hand, sich selber überlassen, waren die Kinder Tag und Nacht auf den Straßen. Mit ihrem *„Musje, cirer la botte"*, boten sie sich als Stiefelputzer an. Mit dem Rufe *‚Cigaros avec du feu'* trieben sie schwunghaften Handel mit eingeschmuggeltem Tabak. Ging es dem Abend zu, dienten sie dem Franzosen als Wegweiser bei seinen galanten Rundgängen. Dafür bekamen sie noch besseren, auch oft doppelten Lohn, wenn die Jungen den Galan zu ihren Schwestern führten, von deren Sündenlohn einen Teil erhielten."

Nach dem Berichte des Schriftstellers Julius von Voß „war die Schamlosigkeit der halbwüchsigen Jungen und Mädchen unerträglich, so streng die Polizei auch einschritt."

Aber die Zeiten wurden auch wieder besser, wie Julius von Voß dann zugab, die Jugend wurde wieder moralischer:

„Nur die herumlungernden, zum Schuheputzen frech sich drängenden Jungen sind geblieben und, weil niemand mehr an die schlimmen Zeiten denken mag, heutigen Tages als ‚Schusterjungen' wegen ihrer armseligen Dreistigkeit auch beliebt geworden. Aber wer sich über sie freut, hat vergessen, was die Schusterjungen auf die Straßen ge=trieben und heute wohl auch noch treibt."

Angst vor dem National=Theater

Das von C. G. Langhans neu erbaute Schauspielhaus am Gensdarmenmarkt diente weiterhin der deutschen Bühnen=kunst. Aber alles „Nationale" war den Franzosen verdäch=tig, das National=Theater sollte jetzt *„La société drama=tique et lyrique Allemande de Sa Majesté le Roi"* heißen.

Für die Berliner war das schwer verständlich, auch zu lang. Sie nannten das von Langhans gebaute Haus kurzweg den „Koffer", wegen der eigenartig niedrigen Architektur.

Leider scheute auch Friedrich Wilhelm III. das Wort „National" so sehr, daß er es nicht dulden wollte. Das Haus bekam seinen Namen nicht zurück, nachdem die Fran=zosen abgezogen waren. Friedrich Wilhelm III. richtete sich im Grunde nach Napoleon, als er den Namen „Königliches Hof=Theater" befahl.

Kriegslasten

Napoleon entführte zahlreiche Kunstwerke als Beute, darunter kostbare Gemälde, Skulpturen, auch Schadows Siegesgöttin auf dem Brandenburger Tor wurde nach Paris geschafft.

Die Berliner mußten 21 Millionen Kriegs= und Beset=zungskosten aufbringen, je Kopf 143 Thaler, also rund 5000 Mark heutiger Währung. Der Kaiser war ein harter Herr.

Napoleon mehr als Fridericus

Trotzdem fehlte es dem Kaiser nicht an Bewunderern. Manchen Berlinern, die sich für die über den Nationen stehenden „Menschenrechte" begeisterten, galt Napoleon noch immer als Kind der Revolution. Denn nicht von Gottes Gnaden, sondern vom Volke hatte er seine Krone ja empfangen. Als „Volkskaiser" war Napoleon im Begriffe, das in dynastische Staaten zerbröckelte, von Fürstenkriegen „aus tausend Wunden blutende" Europa endlich zu einen, schrieb Johannes von Müller.

Auch Johannes von Müller, Mitglied der Akademie, königlich preußischer Hofhistoriograph, Geheimer Kriegsrat, war zu Napoleon übergegangen und schrieb: „Preußen ist untergegangen, und Preußen mußte untergehen wie übrige Staaten, deren Regierungen dem Anbruch der neuen Epoche zu widerstreben versucht haben."

Johannes von Müller, einst Louis Ferdinands Freund, betete an, was er früher verworfen, schmähte, was er zuvor vergöttert hatte. Er machte auch für Friedrich den Großen keine Ausnahme, wenn er ihn mit Napoleon verglich:

„Ich redete einst mit Friedrich dem Großen und war entzückt. Aber bei Friedrich gerieth man wohl auf eine leise Frage, woher der König seine schönen Gedanken haben möge. Bei Napoleon ist jedoch Alles, was er spricht gäntzlich neu, als könne nur er es gedacht haben."

Daß der Hofhistoriograph, der jahrelang für eine schmeichelhafte Lebensbeschreibung Friedrichs II. Honorar bezogen hatte, den Alten Fritz nun als Dummen Fritz verunglimpfte, hat nicht nur „Patrioten" geärgert. Johannes von Müller war schon aus Berlin geflohen und auf dem Wege nach Fontainebleau, wo Napoleon ihn als Staatssekretär in Dienst nahm, da brachte der franzosenfreundliche „Beobachter an der Spree" einen Aufsatz:

„Der Müller von Fontainebleau wird seinen Prozeß verlieren. Es gibt noch Richter in Berlin", hieß es, „welche den Müller von Fontainebleau verurteilen aus eben den Gründen, derenwelchen sie den Müller von Sans Souci freigesprochen haben."

Zu dem Prozeß wegen Hochverrats, den erst recht die „Patrioten" angedroht hatten, kam es nicht. Johannes von

Müller starb wenige Jahre später. Bayerns König setzte ihm die verzeihende, begreifende Grabschrift: „Was Thukydides für Hellas, Tacitus für Rom, das war Müller seinem Vaterlande." Und wenn man es recht bedenkt, war das keine schlechte Grabschrift für einen „preußischen" Beamten, der über Preußen hinausgedacht hat, wie Thukydides über den Stadtstaat Athen oder Tacitus über die *urbs Roma* hinausgedacht hatten.

Der Friede zu Tilsit

Er hatte Preußen zerschlagen, er sollte auf Befehl des französischen Gouverneurs mit Illuminierung der Häuser gefeiert werden. Die Berliner gehorchten. „Die Illumination", wird berichtet, „war fast allgemein, aber sehr einfach."

Zwei Drittel des Staatsgebietes und die Hälfte der Einwohner hatte Preußen verloren. Die gedrückte Stimmung der Berliner kennzeichnete ein Transparent, das ein Kaufmann in der Friedrichstraße vor das Fenster gehängt hatte:

Zwar schätze ich den Frieden nicht,
Doch aus Gehorsam und aus Pflicht
Verbrenn ich hier das letzte Licht.

Berlin ist ein Dorf geworden

Als Wilhelm von Humboldt zurückkehrte, schrieb er an seine Frau Caroline in Rom:

„Wagen sieht man in Berlin jetzt selten auf der Straße, es gibt kaum noch Wagen. Berlin ist zu einem Dorfe geworden. Rom ist eine lebendige Stadt gegen Berlin. Sogar Erfurth kann mit Berlin wetteifern."

Hausarrest für Iffland

König und Königin waren noch in Ostpreußen, als Iffland als Direktor der *„Société dramatique et lyrique"* des zweiunddreißigsten Geburtstages Luises gedachte:

„Nach dem Schlusse der eigentlichen Vorstellung erschien das ganze Balletcorps mit Rosen geschmückt auf der Bühne, um vor der Büste der Königin die Figur eines L zu bilden."

Gouverneur Hulin nahm übel und bestrafte Iffland mit zwei Tagen Hausarrest.

Deutschlands erster Gesangverein

Politische Versammlungen, Vereine, Klubs, wurden nicht geduldet. Maurermeister Zelter suchte und fand einen Ausweg, Goethes bekannter Briefpartner gründete mit tüchtigen Kräften der Singakademie eine Liedertafel. Sie trug ihren Namen zu Recht:

„Wir beschlossen, in jedem Monat einmal, und zwar – mit Rücksicht auf die mangelhafte nächtliche Straßenbeleuchtung – an dem dem Vollmonde nächsten Dienstage gemeinsam zu tafeln und dabei den a capella Gesang zu üben."

Die „Liedertafel" wurde Treffpunkt vaterlandsliebender Sänger. Sie besteht noch heute, ist der erste und älteste der vielen Männergesangvereine, die zusammen rund eine Million Mitglieder zählen.

Fichte an die deutsche Nation

„Die Morgenröte der neuen Welt ist schon angebrochen und vergoldet schon die Spitzen der Berge und bildet vor den Tag, der da kommen soll. Ich will, so ich es kann, die Strahlen dieser Morgenröte fassen und sie verdichten zu einem Spiegel. in welchem die trostlose Zeit sich erblicke, damit sie glaube, daß sie noch da ist, und in ihm sich ihr wahrer Kern darstelle."

In der von Zelter geleiteten Sing-Akademie hatte Johann Gottlieb Fichte seine Vorträge begonnen. Die Reden ermahnten:

„Wir müssen uns einen Geist erschaffen, einen festen und gewissen; unser Leben und Denken muß eine That sein, ein sich durchdringendes und gediegenes Ganze. Dann werden wir werden, was wir ohnedies sein sollten: Deutschen!"

Angst vor der Demokratie

Freiherr vom Stein hatte dem zu Königsberg residierenden Monarchen ein neues Gemeinderecht abgerungen. Nicht mehr die Staatsregierung, die Bürger selbst sollten die Geschäfte der Stadt leiten, durch frei gewählte Vertreter über Magistrat und Bürgermeister entscheiden.

Plötzlich bekamen die Berliner Angst vor der Demokratie:

„Wie können unwissende Handwerker sich Stadtverordnete wählen, denen nun gar die Wahl des Magistrates überlassen bleiben soll. Es werden sich die Ehrgeizigen zu den Ämtern drängen, Männer, welche nur glänzen, nicht aber arbeiten wollen. Der Ruin der Stadt muß die unausbleibliche Folge solchen unvernünftigen Vorgehens sein."

Fürchtet euch nicht, gute Bürger

In einer folgenden Nummer der Vossischen Zeitung meldete sich ein Anhänger von Steins Reformen zum Worte und tröstete:

„Fürchtet euch nicht, gute Bürger, daß die Geschäfte, welche euch übertragen werden, Euere Kraft übersteigen. Eine sehr große Fülle gesunden Menschenverstandes liegt auch in Männern, die keine höhere Ausbildung erfahren haben, und welchen gemeinhin nur die Kunst fehlet, das, was sie sehr richtig denken, auch angenehm vorzutragen. Aber die Kunst, Reden und Aufsätze in vollkommenem Style zu fertigen, ist weit untergeordnet der Kunst, überall das Zweckmäßige zu rathen und zu thun. Die Bürger, welche das öffentliche Verthrauen zu Stadtverordneten beruft, werden sehr wohl thun, sich durch Witzeleien über ihre Unbildung gar nicht irre machen zu lassen und davon höchstens Veranlassung nehmen, ihren Kindern künftig jede Art von Bildung zu verschaffen!"

Wahlpropaganda

Die Stadt wurde in 102 Bezirke gegliedert, für jeden standen mehrere Kandidaten zur Wahl, also gab es bei der ersten Wahl in Berlin auch die erste Wahlpropaganda Die Bürger wurden ermahnt:

Kommt, biedre Bürger von Berlin,
Versammelt Euch und wählet nach Pflicht,
Vernunft, Gewissen
In jedem Viertel Ihn, nur einzig Ihn,
Den wir, mit Euch, den Besten nennen müssen.

Ohne Unterschied des Standes?

„Zur Theilnahme an der Wahl waren ohne Unterschied des Standes, der Geburt und der Religion alle Bürger berechtigt und verpflichtet."

Aber „Bürger" war auch nach dem neuen Gesetz nur, wer „mit einem Hause angesessen war oder ein Jahreinkommen von 200 Thalern nachweisen" konnte.

Von den 180 000 Berlinern waren nur 12 000, rund 7 Prozent also, „Bürger" und wahlberechtigt. Dementsprechend fanden sich unter den 120 Mitgliedern des Stadtparlamentes 28 Handwerksmeister, 31 Großkaufleute, 6 Fabrikbesitzer. Auch 6 Beamte, 1 Arzt, 1 Apotheker, 5 Rentiers gehörten ihm an. Die übrigen waren kleinere Gewerbetreibende, Gastwirte oder Mietshausbesitzer.

Das unanständige Publikum . . .

Kein Wahlrecht und also keinen Sitz im neuen Stadtparlament hatten die rund 40 000 Arbeiter, die Knechte, Handlungsgehilfen, die Staats- und Privatbediensteten ohne

Haus und ohne 200 Taler Einkommen. Sie waren mit der Vertretung durch die „Bürger" unzufrieden.

Der Oberbürgermeister sah sich genötigt, gegen das aufsässige Volk Stellung zu nehmen. Das gefährliche, verdächtige Wort „Volk" vermied er allerdings und sprach lieber vom „Publicum" in seiner merkwürdigen Bekanntmachung:

„Das Publicum wird hiedurch wiederholentlich aufgefordert, sich aller Beleidigungen und alles unanständigen Betragens gegen die gewählten Bezirksvorsteher zu enthalten, und ihnen dies ohnedies lästige Amt auf diese Weise nicht noch zu erschweren, widrigenfalls dies ernstliche und harte Ahndung nach sich ziehen soll. gez. von Gerlach."

Luises Tod

Bald nachdem die Franzosen Berlin geräumt hatten, das Königspaar zurückgekehrt war, starb Luise.

„Der Schmerz malte sich auf allen Gesichtern. Allgemein schrieb man den Tod der unglücklichen Lage des Landes zu. Der Feind habe die Schutzgöttin Preußens getötet, sagte man sich."

Der in Berlin weilende Theodor Körner verhieß in pathetischen Versen:

Doch kommt der Tag der Freiheit und der Rache.
Dann ruft Dein Volk, dann deutsche Frau, erwache,
Ein guter Engel für die gute Sache!

Jahns Ohrfeige

Der Turnvater fragte einen seiner Schüler, was er sich beim Betrachten des Brandenburger Tores denke.

„Nichts!"

Der Schüler bekam eine Ohrfeige und die Vermahnung: „Jetzt wirst du daran denken, daß wir alles tun müssen, damit die Siegesgöttin und ihr Gespann wieder auf ihren Platz kommen!"

Die Ohrfeige hat Jahn bestritten, die Vermahnung gern und stolz zugegeben.

F F F F

Auch „Vater Jahn", damals einunddreißig Jahre, war nach Berlin gekommen. Als Lehrer des Gymnasiums zum Grauen Kloster und der Plamannschen Erziehunganstalt erzog er seine Schüler zu Patrioten.

Vor allem wollte er seine Schüler zu Soldaten erziehen. In der Hasenheide eröffnete er „einen Turnplatz, auf welchem junge Männer die Muskeln stählen und auch Disciplin lernen" sollten.

Es war der erste Turnplatz auf der Erde. „Von der Hasenheide vor Berlin wurde der Keim einer das ganze deutsche Vaterland ergreifenden Bewegung bald nach zahlreichen anderen Orten verpflanzt."

Jahn Wahlspruch „Frisch, fromm, froh, frei" erklang bald überall. In dem vom Kupferstecher Felsing (Vorfahr der Marlene Dietrich) geschaffenen Zeichen „FFFF" fanden sich die Turner zusammen.

Das Turnen wurde sogar endlich, wie Jahn verlangt hatte, Schulfach.

Der erste „Turnverein in der Hasenheide vor Berlin" hatte nicht viel mehr als dreihundert Mitglieder. Heute sind der Turner – und nicht nur in Deutschland – viele Millionen.

Soll eine Universität sein?

Preußen war sehr klein geworden, zählte immerhin noch fünf Millionen Einwohner.

Der Universitäten gab es drei, und die jüngste war zu Königsberg von Herzog Albrecht von Preußen gegründet wor=

den, als das Land kaum mehr als eine halbe Million Menschen gezählt hatte. Die Kurfürsten und Könige hatten viel versäumt.

Jetzt meinte auch Friedrich Wilhelm, daß „der Staat durch geistige Kräfte ersetzen muß, was er an physischen verloren hat". König und Minister erwogen, in Berlin eine Universität zu gründen.

Mit der Schrift: „Soll in Berlin eine Universität sein?" opponierte ein Anonymus:

„Die reitzenden Nymphen werden den jungen Herren besser gefallen als ihre Professores. Die Größe der Stadt machet jede Aufsicht, wie sie in einer kleinen möglich, unmöglich. Die Sitten und die Gesundheit und der Glaube der Studenten werden durch die Verführungen der großen Stadt schwere Einbuße erleiden."

Maßnahme gegen Verführungen

Die Universität wurde gegründet. Aber des anonymen Schreibers Bedenken hatten auf den König doch wohl Eindruck gemacht. Friedrich Wilhelm befahl,

> „daß den in den Häusern von Eltern oder Nahverwandten nicht lebenden Studiosi wie auch Professoren und Docenten in der Dorotheen- oder Friedrichstadt oder im Friedrichswerder zu wohnen geboten ist."

In diesem kleineren Bereiche hoffte Friedrich Wilhelm, das gelehrte Volk kontrollieren und vor den Verführungen der Großstadt bewahren zu können.

Clemens Brentano begrüßt die Universität:

Der König hat gegründet
Ein Haus der Wissenschaft,
Wir Männer stehn verbündet
In seiner Gnade Kraft.
Gott segne unsern Willen,
Laß uns den Schwur erfüllen,

Zu seinem Lob und Ehren
Die Wahrheit treu zu lehren.
Glück auf, Glück auf! Victoria!
Es ist im Vaterlande
Ein Musenberg voll Gloria
Mit Gottes Gunst entstanden.

Achtundfünfzig Professoren und sechs Studenten

Erster gewählter Rektor war Fichte. Unter den Dozenten finden wir berühmte Männer wie Schleiermacher, Hufeland, Savigny, Marheineke, Eichhorn. Insgesamt achtundfünfzig Dozenten hatten Vorlesungen angekündigt ...

Mit Recht konnte Wilhelm von Humboldt, der tätigsten Anteil an der Gründung genommen hatte, darauf verweisen: „Keine Universität ist mit einer solchen Anzahl erfahrener Lehrer aufgetreten." Mit Recht durfte Wilhelm von Humboldt rühmen, daß „in solchem Glanze des Gebäudes, wie das einstige Palais des Prinzen Heinrich bietet, keine Universität vorhanden ist".

Zu der ersten Immatrikulation hatten sich trotzdem nur sechs Studenten eingefunden, und nicht mehr als genau zweihundertsiebenundvierzig waren es auch noch beim nächsten Semester.

Der nibelungensüchtige Hagen

Brentano und Arnim spürten weiterhin im Volksliede dem deutschen Geiste nach, in einem Berliner Verlage veröffentlichte Ludwig Tieck erstmals die Minnelieder aus fränkischer Kaiserzeit.

Das Nationalgefühl flüchtete sich in die Vergangenheit: Erstmals an einer Universität, in Berlin, las der Professor Friedrich Heinrich von der Hagen über die alte Dichtung der Deutschen, auch über das Nibelungenlied, das er wiederentdeckt und herausgegeben hatte.

Für Forscher, die gewöhnt waren, die „Ollen Germanen" als Barbaren und allein Hellas oder Rom als Anfang und Ursprung aller Kultur zu betrachten, waren Hagens Vorlesungen eine Ungeheuerlichkeit. Der würdige Altphilologe Friedrich August Wolf nannte seinen Kollegen von der Hagen nie anders als den „nibe=lungensüchtigen" Professor. Ludwig Tieck war für ihn ein „minne=liederlicher" Privatgelehrter.

Studiosus Schopenhauer

Der Tod des Vaters hatte Schopenhauer von der lästigen Arbeit im Handelskontor befreit; der Danziger Kaufmannssohn konnte endlich die Universität besuchen:

„Ich siedelte nach Berlin über, in der Erwartung, einen echten Philosophen und großen Geist in Fichte kennenzulernen; diese Verehrung a priori verwandelte sich aber bald in Geringschätzung und Spott."

Der Studiosus Schopenhauer muß wohl auch andere Professoren kritisiert haben, der große Savigny berichtete jedenfalls ungnädig: „Was seine Person betrifft, so ist er mir stets sehr anmaßend vorgekommen, und ich habe außerdem auch mehr wider als für ihn gehört."

Arthur Schopenhauer bemängelte dann auch „die Teuerheit" und „Berlins fatale Lage in der Sandwüste", und ging vorläufig nach Jena, um das Studium abzuschließen.

Studentischer Unfug

„Acht bis zehn Studenten, Mediciner, sind in die Dalchow'sche Tabagie (Kaffeehaus) eingedrungen und haben denen Schläge angebothen, jedoch nicht austheilen können, welche ihre (patriotischen) Lieder nicht anhören wollten. Weil sie das Praevenire (Übermacht) nicht hatten, wurden die jungen Herrn aus dem Hause gejagt, daß sie Hut und Stock im Stiche lassen mußten."

So Polizeichef Gruner an den mit Napoleon alliierten König.

Professorenscherz

Martin Heinrich Klaproth, Mitglied der Akademie und Professor nun an der Universität, erhielt zwei Vorladungen, die ihn zufällig für denselben Tag an das königliche Präsidium zu Potsdam und zum Kommandanten in Küstrin beorderten. Gemäß dem üblichen Kurialstile begannen beide Schreiben mit den Worten:

„Wir Friedrich Wilhelm, von Gottes Gnaden König von Preußen, laden Euch ..."

Klaproth schrieb, dem altmodischen Amtsstile entsprechend, an den König:

„Eure Majestät haben mir allergnädigst befohlen, daß ich vor Allerhöchst Derselben zu Potsdam erscheinen soll, aber Eure Königliche Majestät haben auch geruhet, mich zur selben Zeit nach Küstrin vor sich zu bescheiden. Da aber für die Wissenschaft der Satz feststehet, daß ein Objekt, welches von der gleichstarken Kraft in demselben Zeitpunkte nach zwei entgegensetzten Richtungen angezogen wird, im Ruhestande verbleibt, so bin ich im Stande der Ruhe in meiner hiesigen Wohnung verblieben."

Wenige Monate später wurde der „Kurialstil", der bekundete, daß alle Macht im Staate unmittelbar vom Monarchen kam, auch in Preußen abgeschafft. Klaproths witziges Schreiben war nun in der Zeitschrift „Deutscher Herold" zu lesen. Deren Herausgeber erhielt vom Zensor „die ernste Ermahnung, daß Einrichtungen, die noch bis zu kurzer Zeit lang gegolten, der öffentlichen Verspottung entzogen bleiben müssen".

Arnims seltsame Hochzeitsnacht

Achim von Arnim hatte Brentano nach Berlin gebracht, Arnim warb um des Freundes Schwester: „Ich meine, wir heiraten uns, wann und wo es sei, nur bald! An Mobilien

Biedermeiers »High society« auf der berühmten Café-Terrasse Unter den Linden

(Zeichnung von Ludwig Löffler, 1852)

1848. Das Palais des Prinzen Wilhelm wird als »National Eigentum« unter den Schutz des Volkes gestellt

brauchst Du nicht so viel; wenn Du ein Fortepiano hast, ich hab mein Schreibpult!" Und auch Bettina kam nach Berlin, und Clemens amüsierte sich:

„Von allen Streichen des Paares war die Trauung wohl der seltsamste. Bettina hatte kein Brautkleid und keinen Myrtenkranz, Achim hatte das Aufgebot zu bestellen vergessen, auch Bett und Wohnung nicht beschafft."

Ebensowenig war für ein Hochzeitsmahl gesorgt, wie Achim von Arnim selbst berichtet. Er brachte Bettina „eilig" zu Professor von Savigny, der die jungvermählte Frau aufnahm, aß dann „in einer freudigen Einsamkeit" bei einem Restaurateur. Und erst am Abend ging er zu den Savignys, wo auch Clemens sich einfand:

„Als Clemens sich endlich verabschiedete, gingen die Savignys auch zu Bette, ich tat, als wenn ich Abschied nähme, trabte die Treppen hinunter, als ob ich schwer beschlagene Hufeisen trüge. Unten aber schlug ich die Tür nur scheinbar zu, zog die Stiefel schnell aus und war in drei Sprüngen in Bettinens Zimmer. Früh schlich ich mich unbemerkt fort."

Der exzentrische Herr von Kleist

An Buchhändler Bertuch in Weimar schrieb des Theaterkritikers Ludwig Rellstabs Vater:

„Drey Meilen von Berlin auf dem Wege nach Potsdam beim sogenannten Neuen Krug erschoß sich der bekannte exzentrische Schriftsteller von Kleist, Verfasser des zerbrochenen Krugs und des Schauspiels Käthchen von Heilbronn, in Gesellschaft seiner Freundin, der Frau eines Rendanten Vogel allhier, einer geborenen Keber. Das, was der Verstorbene immer gern wollte und weder durch seine Schauspiele noch Gedichte erreichen konnte – Aufsehen!, hat er nunmehr, eine kurze Zeit wenigstens, bezweckt."

Von Kleists sieben Bühnenwerken waren nur zwei, die in Rellstabs Brief erwähnten, in einem Berliner Verlage erschienen. Zwei (Hermannsschlacht und Prinz von Homburg) wurden erst lang nach des Dichters Tod gedruckt. Keines seiner Dramen sah Kleist auf einer Berliner Bühne, selbst Privataufführungen wurden nicht geduldet.

Ein letzter Brief Kleists

„Ich sterbe, weil mir auf Erden nichts mehr zu lernen und zu erwerben übrig bleibt", schrieb Kleist einer Verwandten, „und die Allianz, die der König jetzt mit den Franzosen schließt, ist auch nicht eben gemacht, mich am Leben festzuhalten."

Weil man den Dichter nicht hören wollte, hatte Kleist sich als Journalist versucht. Für die von ihm begründeten „Abendblätter", in denen außer Politikern wie Adam Müller auch Brentano und Arnim schrieben, hatte Kleist auf Unterstützung durch den König gerechnet. Aber Friedrich Wilhelm mißbilligte den Vaterlandsgeist der neuen Zeitung, der Zensor wurde angewiesen,

> „nur solche politischen Nachrichten den Abendblättern zu gestatten, welche in anderen Zeitungen schon mitgeteilt waren."

Damit war Kleists Arbeit sinnlos geworden, der Leserkreis der zensurierten Zeitung wurde kleiner. „Hatten die Abendblätter von Anfang nur wenige Freunde gehabt, sind deren immer weniger geworden, nach sechs Monaten erschienen sie nicht mehr."

Erfolglos hatte Kleist versucht, in Berlin Fuß zu fassen und sich durchzusetzen. Gerade den Landsmann, den „Preußen" Kleist hat Berlin nicht aufgenommen. Heinrich von Kleist ist nur vierunddreißig Jahre alt geworden. Seinen damals größten Dichter hatte, aus welchen Gründen immer, Berlin „vertan", ehe die Stunde der Entscheidung schlug.

Mit Mann und Roß und Wagen . . .

Frankreichs Armee war, auf dem Wege nach Rußland, durch Berlin paradiert. Wenige Monate später kamen die

Soldaten „zerlumpt, abgerissen, elend und hülflos aus dem brennenden Moskau zurück. Wir ahnten, daß jetzt die Befreiung auch für Preußen nahe sein mußte".

Der Primaner Ferdinand August vom Gymnasium zum Grauen Kloster schrieb die Verse, die jeder Berliner sogleich auswendig wußte, die bald überall in Deutschland zu hören waren:

Mit Mann und Roß und Wagen,
So hat sie Gott geschlagen . . .
Jäger ohne Gewehr,
Kaiser ohne Heer . . .
Trommler ohne Trommelstock,
Kürassier' im Weiberrock . . .
Mit Mann und Roß und Wagen,
So hat sie Gott geschlagen.

Abzählreim

1, 2, 3, 18, 19, 20,
Franzosen liefen nach Danzig,
Danzig fing an zu brennen,
Die Franzosen fing'n an zu rennen,
Ohne Strümpf' und ohne Schuh'
Rannten sie nach Frankreich zu.

Deutsche für Deutsche!

Ernst Moritz Arndt war nach Berlin zurückgekehrt, wandte sich mit einem Aufruf an das Volk:

„Deutsche für Deutsche! Nicht Bayern, Nicht Braunschweiger, Nicht Hannoveraner, Nicht Hessen, Nicht Holsteiner, Nicht Mecklenburger, Nicht Österreicher, Nicht Pfälzer, Nicht Preußen, Nicht Sachsen, Nicht Schwaben, Nicht Westfälinger, nicht Ihr, die Ihr sonst freie Reichsstädter hießet und waret. Alles was sich Deutsche nennen darf – nicht gegeneinander, sondern Deutsche für Deutsche!"

Königlicher Pessimismus

Friedrich Wilhelm war immer noch Napoleons Verbündeter. Scharnhorst drängte trotzdem, „Jäger-Detachements aus Freiwilligen zu bilden, weil Napoleon nur sehr begrenzte Dienstpflicht genehmigt hatte". Widerwillig gab der König nach:

„Freiwillige aufrufen, wenn meinen. Nicht schaden. Doch keiner kommen."

Der König rief — und alle kamen!

Er hatte nicht gern gerufen. Er hatte auch sein Volk nicht verstanden. Aus Berlin berichtete Niebuhr:

„Das Gedränge der Freiwilligen ist so groß auf dem Rathause wie bei Teuerung vor einem Bäckerladen. Erst seit drei Tagen ist die Bekanntmachung erschienen, und heute fährt die Post schon mit neun Beiwagen voll Freiwilligen ab, außer denen, die zu Fuß gehen oder mit andern Gelegenheiten reisen. Es gehen junge Leute aus allen Ständen, auch gereifte Männer von Amt und Stand, Familienväter."

Als Bellermann, der Direktor des Gymnasiums zum Grauen Kloster, seine Prima betrat, um Unterricht in Hebräisch zu geben, erklärte ihm der Primus:

„Die ganze Klasse hat sich entschlossen, als Freiwillige sich zu melden."

Von fünfundvierzig Primanern gingen neununddreißig, von fünfundfünfzig Sekundanern zweiunddreißig, aus den übrigen Klassen vierundfünfzig zu den Jägern.

Geld für unvermögende Jünglinge

Ein „Volksheer" war es nicht, was aus den Jäger-Détachements entstand. Die Freiwilligen mußten sich aus eigenen Mitteln mit Uniformen und Waffen versehen,

Söhne armer Eltern konnten sich also nicht melden. Buchhändler Friedrich Braunes gab in den Zeitungen bekannt: „Die Königliche Aufforderung an die gebildeten Jünglinge unseres Vaterlandes tönt in die Herzen wie eine Stimme Gottes. Ich erbiete mich, drei unvermögenden Jünglingen, die sich den edlen Freischützen anschließen wollen, zur vorschriftsmäßigen Ausrüstung und zu den Reisekosten behülflich zu sein."

Unteroffizier Friederike Krüger

Die Köchin Eleonore Prochaska aus Potsdam hatte in der Uniform eines Lützowschen Jägers an den ersten Kämpfen teilgenommen. „Ihr Geschlecht war unentdeckt geblieben, bis ihr in dem Gefecht an der Göhrde von einer Kartätsche der linke Schenkel zertrümmert wurde, wonach sie zwei Wochen darauf im Lazarett Dannenberg gestorben."

Das Schicksal des Jägers Eleonore wurde noch aufgeregt erörtert, als die Berliner aus dem in ein Kriegslazarett verwandelten Schlosse Monbijou von einem zweiten „weiblichen" Soldaten erfuhren.

Noch fast bewußtlos war der Unteroffizier August Lübeck vom Kolberger Regiment Nr. 9 nach der Schlacht von Dennewitz eingeliefert worden. Die „untersuchenden Feldchirurgen entdeckten ein Mädchen, dessen linke Hüfte und linker Schenkel mehrere Male durchstochen gewesen ist. Man brachte es, weil die Wunden nicht böse waren, zur Pflege in das Haus des Wundarztes Nolte in der Grünstraße."

Der oder die Verwundete, wie man dann erfuhr, hatte sich freiwillig als Musketier gemeldet, war in der Schlacht bei Großbeeren wegen „besonderer Tapferkeit" zum Unteroffizier befördert worden, hieß Friederike Krüger nach ihrem Taufschein. „Ihr einziger Schmerz", hieß es, „kam nicht von den Bajonettstichen, die bald ausgeheilt waren, sie war in größter Sorge, daß das Regiment sie nicht mehr dulden wollte, weshalb sie an den König schrieb, ihr doch dies zu bewilligen."

Friedrich Wilhelm bewilligte. Der Unteroffizier Friederike machte den Krieg mit bis zu dessen Ende, nahm in Blüchers Armee an siebzehn Schlachten teil, eroberte ein Dorf, machte mit eigener Hand einmal acht Gefangene.

Der Unteroffizier Friederike kam zurück mit dem Eisernen Kreuz und dem St.-Georgsorden – und mit dem Unteroffizier Carl Köhler, den ebenfalls Eisernes Kreuz und St.-Georgsorden schmückten. In der Garnisonkirche wurden sie getraut. Der König schenkte Hochzeitsmahl und Aussteuer, General von Borstell sammelte im Offizierskorps „viel mehr als tausend Taler. Vor der Garnisonkirche hatten sich die Berliner in großer Menge eingefunden, um das merkwürdigste Hochzeitspaar zu feiern".

Und Herr Ribbentrop fand die Siegesgöttin

„Nach unserem Einrücken in Paris war sogleich nach der herrlichen Zierde des Brandenburger Tores gesucht worden. Allein, die Siegesgöttin war verschwunden und trotz der unermüdlichsten Nachforschungen nicht zu ermitteln Doch gab unser Oberkriegskommissar Ribbentrop die Hoffnung nicht auf."

Als niemand mehr es für möglich hielt, heißt es weiter in den Erinnerungen des Generals von Reiche, hatte Oberkriegskommissar Ribbentrop die kupferne Nike entdeckt:

„Er fand sie in einem Schlupfwinkel an der Seine, in den sechs riesigen Kisten, die noch unausgepackt waren, wie sie aus Berlin gekommen waren."

In den sechs riesigen Kisten kehrten Viktoria und ihr Gespann zurück. Die Berliner feierten den großen Tag, und der fleißige Poet Friedrich August Staegemann, der so vieles schon mit seinen Versen begleitet hatte, dichtete:

. . . dem Wald entsteigt der Duft der Lieder,
Und goldgeschwingte Götterboten neigen
Willkommen Kranz in Tau versilbert nieder,

Und tausendmal ins blaue Reich der Sonnen,
Aus tausend Zungen springt der Brunn der Wonnen.
Victoria kehret heut, umjauchzt von trunknem Reigen
Zur süßgewohnten Heimat wieder.

Blücher über Yorck

Nach dem Siege schieden sich die Geister, dem allgemeinen Enthusiasmus folgte Kritik. Auch in der Armee war nicht jeder zufrieden, und General Ludwig Graf York von Wartenburg nahm seinen Abschied, weil ihm die Gesetze über die Wehrpflicht ungenügend erschienen.

Blücher beschwichtigte den König: „Deshalb braucht Eure Majestät sich nicht zu beklagen. Der York ist ein giftiger Kerl, er tut nichts ja als raisonniren."

Vielleicht waren dem Marschall Vorwärts dann Katzbach und Leipzig, auch Möckern und Montmirail und Laon eingefallen? Er wischte das Ungute wieder fort: „Aber, Majestät, wenn es los geht, so beißt der York an wie keiner!"

Das armselige Berlin

Durch den Frieden war auch der Rhein, von Bingen bis Emmerich, ein preußischer Strom geworden. Preußen war der größte Staat in Deutschland, Friedrich Wilhelm III. der mächtigste König.

Als aus dem neupreußischen Köln der Bankier Schaaffhausen nach Berlin kam, fand er eine keineswegs großartige Stadt, deren Bewohner jammerten, weil Handel und Gewerbe darniederlagen, die Steuern immer drückender geworden waren. Als einer der Vertreter der neuen Rheinprovinz nahm Schaaffhausen an der Huldigung für den König teil, auf dem ihr folgenden Bankett bekannte er dem ihm zur Seite sitzenden Oberbürgermeister Büsching auf die Frage, wie ihm Berlin gefalle:

„Do hierode mer (heiraten wir), Jesses, Maria, Joseph, awer in e arm Famillige!"

Die Armee glaubte Grund zu Klage zu haben. Die Wirtschaft war unzufrieden. Das Volk, das für die äußere Freiheit ungeheuere Opfer gebracht hatte, fühlte sich um die innere Freiheit betrogen. Gustav von Hüser klagte:

„Wer eine deutsche Gesinnung aussprach, wurde für einen Volksverführer gehalten. Das edelste Streben der besten Menschen wird verdächtigt."

Der König wollte das Wort „Freiheit" nicht mehr lesen oder hören. Friedrich Wilhelm fand in Geheimrat Schmalz den willigen Helfer, der die deutsche Sprache um die Worte „Demagogie, demagogisch, Demagoge" bereicherte. Und Gustav von Hüser meinte:

„So genossen auch ich und die meisten meiner Freunde die Ehre, als Demagogen verschrien zu werden und unter der Verfolgung auch eingebildeter revolutionärer Meinungen leiden zu müssen."

Herr Biedermeier

Herrn Biedermeiers Lebenslauf datiert jedes Lexikon mit den Jahren 1815 und 1848. Herr Biedermeier wurde in den Tagen des Fürstenfriedens geboren und starb im Bürgerkriege. Dreiunddreißig Jahre ist er alt geworden.

Der Herr war übrigens schon sieben Jahre tot, als ihm die Ehre der Namenstaufe zuteil wurde. Es geschah solches in den Fliegenden Blättern durch den doctor medicinae Adolf Kußmaul. Erst seither pflegen wir uns Herrn Biedermeier als philiströsen Spießbürger, mit prall gewölbtem Bäuchlein, im Frack, mit Vatermörder, Zylinder und Schnupftabaksdose vorzustellen.

In Wirklichkeit war er ganz anders, ließ die ersten Eisenbahnen und Dampfschiffe fahren, erfand die Dynamomaschine und den Telegraphen, auch die Anilinfarben und vieles sonst, die Kurzschrift, das Morphium und den Fleischextrakt. Wir schätzen alle diese Dinge heute noch.

Auch in den Staatsgeschäften hatte Herr Biedermeier recht fortschrittliche Gedanken. Aber die Obrigkeit verbot ihm, in Taten umzusetzen oder auch nur auszusprechen, was er dachte. Der dritte und der vierte Friedrich Wilhelm mißtrauten den politischen Absichten ihrer berlinischen Landeskinder. Die aber wehrten sich, wehrten sich mit Witz gegen die Zensur und überhaupt gegen jegliche Unterdrückung. Herr Biedermeier war kein Dummkopf. Sonst gäbe es nicht so gescheite Histörchen aus Herrn Biedermeiers Zeiten.

„Die verdammten Censoren"

Die böse Zensur plagte gleich 1815 sogar den Poeten Friedrich Förster. Er hatte in schwungvollen Strophen den Krieg um Preußens äußere Freiheit besungen, war von König Friedrich Wilhelm III. deshalb auch gelobt worden. Während des Wiener Kongresses dichtete Förster schwungvolle Strophen auch zum Ruhme der inneren Freiheit. Der Zensor, Geheimrat Renfner, verbot das, und Förster wandte sich an den ihm befreundeten Feldmarschall Blücher um Hilfe.

„Nee, mit die verdammten Censoren hier will ick mir nich befassen; über die hat der Satan Gewalt, ick nich!"

Förster fühlte sich im Stich gelassen und ging beleidigt zur Tür, als der Feldmarschall ihn am Ärmel packte und tröstete:

„Habe jesagt, ‚hier' will ick mir nich befassen! Packen 'se man Ihre Jedichte ein un nehmen Sie 'se mit nach Paris. Dorten hab' nämlich ick zu befehlen und keen andrer!"

Der als Leutnant dienende Poet befolgte den Rat, und Försters aufrührerische Freiheitslyrik wurde zu Geheimrat Renfners Ärger in Paris gedruckt, in den Feldzeitungen veröffentlicht und von allen jungen Soldaten gelesen.

Feldmarschall und Schusterjunge

Den ehrenden Beinamen „Marschall Vorwärts" verdankte Blücher den Soldaten des Zaren, die mit ihm in der Drei-Kaiser-Schlacht bei Leipzig gekämpft hatten. Friedrich Wilhelm machte den volkstümlichen Feldherrn zum Fürsten von Wahlstatt, schenkte ihm Gutsbesitz und einige hunderttausend Taler. Wenn Marschall Vorwärts jetzt in

Berlin weilte, bewohnte er das prächtige Palais neben dem Brandenburger Tore, das noch bis in unsere Tage „Palais Blücher" hieß. Blücher führte nun das Leben eines großen Herren, genoß die gebotenen Freuden, genoß auch seine Beliebtheit im Volke.

Eines Tages spazierte er Unter den Linden. In Uniform, mit allen seinen vielen Orden, die ihm einige Dutzend Souveräne verliehen hatten. Laut pfeifend kam ihm an der Friedrichstraße ein Schusterjunge entgegen – und wurde still.

„Wat der Junge for mich so vill Respekt hat", sagte Blücher zu seinem Adjutanten, „hört sogar uff mit Feiffen!"

Und Blücher holte einen Silbergroschen aus der Tasche: „Da nimm ihn, det jefällt mich, det Du nicht feiffst, wenn Du Deinen Feldmarschall siehst."

Der Schusterjunge nahm den Groschen: „Danke ooch scheen. Aber, wissense, wenn ick Ihnen mit Ihre so ville Ordens un den mächtigen Säbel sehe, denn muss ick imma lachn. Un wenn ick lache, denn kann ick ja nich mehr pfeifen."

Mehr Respekt!

Friedrich Wilhelm Gubitz schrieb Theaterstücke und Romane, er war ein hervorragender Meister des Holzschnittes, lehrte als Professor an der Kunstakademie. Der vielseitige Mann, von Studium Theologe, gründete nun auch eine Zeitschrift.

„Der Gesellschafter" war kein zahmes Blatt, Gubitz hatte fortwährend mit Zensor Grano Streit. Auch an einer harmlosen Kritik überflüssiger Fremdwörter nahm Grano Anstoß, weil das Berliner Intelligenzblatt als Beispiel erwähnt worden war. Grano witterte Unbotmäßigkeit und tadelte:

„Mehr Respekt! Da das Intelligenzblatt seinen Namen 1727 durch Königliche Verfügung erhalten hat, ist dieser Ausfall unstatthaft."

„Die Würmer"

Einer der Polizeipräsidenten, denen die Kontrolle über die kessen Berliner anvertraut war, trug den Namen von Wurmb.

Volksmund nannte seine Geheimagenten „Die Würmer" und erklärte: „Die jibt et immer die Menge, wenn Jewitter zu erwarten ist."

Der Student Massmann und das Wartburgfest

Das „Jewitter" ließ noch auf sich warten, vorerst gab es nur Wetterleuchten am politischen Horizont. Unzufriedene Jugend feierte 1817 die dreihundertste Wiederkehr des Tages, an dem Luther die Bannbulle ins Feuer geworfen hatte. Auf der Wartburg wurde ein Scheiterhaufen errichtet, in dessen Flammen verbrannte, was dem jungen Deutschland Zeugnis ärgerlicher Knechtschaft schien.

Der Student Massmann aus Berlin war Anführer. Massmann warf einen Korporalstock, einen Schnürleib ins Feuer, auch den symbolischen Zopf der alten Generation, vor allem auch deren reaktionäre Schriften. Er sprach von einer „heiligen Stunde" und begleitete die Verbrennung jedes Buches mit pathetischen Flüchen.

Massmann sollte sich verantworten. Nach monatelanger Untersuchung erging ein erstaunlich mildes Urteil. Massmann wurde des milden Urteils nicht froh: der zwanzigjährige Theologiestudent hatte nämlich kein einziges der von ihm geschmähten Bücher gelesen! Um sich vor Gericht verteidigen zu können, um sich nicht vor aller Welt lächerlich zu machen, mußte er nach dem Wartburgfest diese Bücher lesen. Den ganzen Winter 1817/18 studierte und exzerpierte er des ermordeten Kotzebues zahlreiche Werke, auch den „Codex der Gendarmerie" von Kamptz, die Schriften des Herrn Geheimrates von Schmalz und andere langweilige Publikationen Metternichschen Geistes.

Noch als bejahrter Herr, der nun Professor an der Friedrich-Wilhelms-Universität geworden war, seufzte

Massmann: „Es war fürchterlich! Mich härter zu bestrafen, wäre gar nicht möglich gewesen!"

Ein Professor verteidigt Ludwig Sand

Karl Ludwig Sand, der Kotzebue erdolcht hatte, war zum Tode verurteilt und enthauptet worden. Über Tat und Täter gab es auch in Berlin zweierlei Meinung. Wilhelm de Wette, Professor für Theologie, schilderte in einem privaten Briefe die Tragik des Studenten, der sich gegen die Unfreiheit erhoben hatte:

„Er hielt es für recht, das zu thun, was er gethan hat, und so hat er recht gethan. So, wie die That geschehen ist, durch diesen frommen Jüngling, mit diesem Glauben, mit dieser Zuversicht, ist sie ein schönes Zeichen der Zeit. Ein Jüngling setzte sein Leben hintan, einen Menschen auszurotten, den so viele als Götzen verehren. Sollte dies für Deutschland ohne Wirkung bleiben?"

Auch private Korrespondenz wurde bespitzelt, der Brief fiel der Polizei in die Hände, der König enthob de Wette des Lehramtes, sperrte ihm das Gehalt. Die Aufregung an der Universität war ungeheuer! Die Professoren mißbilligten zwar de Wettes Brief und Meinung, noch viel empörter aber waren sie darüber, daß der König einem Kollegen die politische Gesinnung vorschreiben und in die verbrieften Rechte der Universität eingreifen wollte.

Einen Protest an Friedrich Wilhelm unterzeichneten Hegel, Savigny, Schleiermacher, Marheineke, von Gräfe, Raumer, Böckh und andere. Und ohne Ausnahme beteiligte sich die gesamte Professorenschaft an einer Geldsammlung, um de Wette das Gehalt zu ersetzen. An zweitausend Taler kamen zusammen und ermöglichten de Wette, durch schnelle Flucht ins Ausland der Verhaftung zu entgehen.

Friedrich Wilhelm III. ließ im Schauspielhause Kotzebues letztes Werk „Hermann und Thusnelda" aufführen. Die gesamte Einnahme sollte den Hinterbliebenen Kotzebues zugute kommen. Aber die Berliner kauften keine Billete!

Einschließlich einer Spende Friedrich Wilhelms gingen nur tausend Taler ein, halb soviel, wie die Professoren für de Wette zusammengebracht hatten.

Klaproth kannte seine Berliner

Martin Heinrich Klaproth, der den „Kurial-Stil" verulkte, in Berlin aber auch die Elemente Zirkon, Strontium, Cer, Titanium, Tellur und das heute berühmte Uran entdeckt hatte, war ein alter Mann geworden. Zu seinem siebzigsten Geburtstag schickte der König den einundzwanzigjährigen Grafen Brandenburg mit Glückwünschen.

Graf von Brandenburg, ein Sohn aus Friedrich Wilhelms II. morganatischer Ehe mit Sophie von Dönhoff, war trotz seiner Jugend bereits Oberst und Kommandeur des stolzen Regiments Garde du Corps geworden. Bei dem bürgerlichen, aus armer Familie stammenden Klaproth war es mit der Karriere langsamer gegangen. Der alte Gelehrte und der junge Militär paßten nicht füreinander, und als der Hohenzollernsprößling über das „demagogische" Berlin eine abfällige Bemerkung machte, widersprach Klaproth: „Was wissen Sie, Herr Oberst, von Berlin?"

Er sei hier schließlich geboren und erzogen worden, entgegnete Brandenburg recht hochmütig.

„Geboren – wenn Sie es sagen, das mag ja so sein; erzogen aber gewiß nicht, ich kenne meine Berliner."

Der König im Theater

Friedrich Wilhelm III. liebte keine schwere Kost auf der Bühne: „Trauerspiele mir fatal, im Leben Trauerspiele schon genug, deshalb nicht erst ins Theater gehen müssen."

Als ein Lustspiel ihm sehr gefallen hatte, von den Berlinern aber ausgepfiffen worden war, meinte er: „Mir Stück Vergnügen machen. Begreife Berliner nicht. Zu kluges Publikum."

Der verwitwete König

Vierzehn Jahre nach Luises Tod begegnete Friedrich Wilhelm auf einer Reise der Comtesse Auguste von Harrach. Dem Bischof Eylert vertraute er als erstem an, daß er die Comtesse zu heiraten gedenke:

„Erschrecken wohl? Weiß, Comtesse dreißig Jahre jünger als ich, sehr jung. Trauung zu Linker Hand auch! Leute werden nicht verstehen. Sache hängt so zusammen..."

Der König beklagte seine Einsamkeit, seine Kränklichkeit, daß kein Lakai, kein Arzt, nicht einmal die Tochter Charlotte sich recht um ihn kümmere. Er müsse also, um auf die alten Tage noch ein wenig Freude zu haben, wieder heiraten:

„Eine Königin darf es nicht sein; die habe ich gehabt. Eine Luise bekomme ich nicht wieder, wir waren beide jung, die Zeiten sind hin, auf immer hin! Eine junge Fürstin, die noch bessere Aussichten hat, nimmt mich doch nicht aus wahrer Liebe, und eine alte will ich nicht. Eine Königin muß auch einen Hofstaat haben, der ist kostbar und braucht viel Geld. Und ist sie gar herrschsüchtig und mischt sich in Dinge, die sie nichts angehen, so wird mir vollends mein bißchen Leben verbittert."

Eylert, Friedrich Wilhelms III. Hof-, Garde- und Garnisonprediger, wies auf die öffentliche Meinung hin, die gewiß die Trauung mißbilligen werde.

Der König: „Reden immerfort von Freiheit. Will auch von der menschlichen Freiheit Gebrauch machen."

Der Bischof erinnerte an Komplikationen, die durch Kinder entstehen könnten.

Friedrich Wilhelm: „Keine Sorge, davon kann nicht mehr die Rede sein!"

Tod der Gräfin Lichtenau

Die Lichtenau war nach Friedrich Wilhelms II. Tod schlecht behandelt worden. Aber da kein Gericht Gründe zur

Verurteilung gefunden hatte, mußte Friedrich Wilhelm III. sie aus der jahrelangen Haft entlassen, ihr auch einen Teil ihres Vermögens zurückgeben. Friedrich Wilhelm regierte schon fast fünfundzwanzig Jahre, als seines Vaters Freundin starb.

Aber der Sohn hatte nichts vergessen und frohlockte, daß „die Hure" endlich tot sei. Er hat für „tot" einen anderen, schimpflicheren Ausdruck gebraucht. Er verweigerte auch ein öffentliches Begräbnis. Heimlich und zur Nachtzeit mußte die Lichtenau in einer Gruftkammer der Hedwigskirche beigesetzt werden. Der Sarg durfte keine Inschrift tragen. So kam es während des letzten Krieges, als die Gruftkammern des brennenden Domes geräumt wurden, daß der namenlose Sarg der Lichtenau in ein heute unbekanntes Massengrab geriet.

Bedienung von zarter Hand

Konditoreien, Kaffeehäuser verschiedenster Art hatte Berlin schon zu Zeiten Friedrichs des Großen gekannt. Was Hof-Conditor Kranzler jetzt ankündigte, war jedoch ein – nicht nur der prächtigen Ausstattung wegen – unerhört neuartiges Etablissement:

„Einem hohen Adel und werthem Bürgerpublicum thuen wir kund und zu wissen, daß unter den Linden, wo die große Friedrichstraße solche kreuzet, der Hof-Conditor Kranzler ein Café eröffnet hat. Alle Arten Getränke und diverse Leckereien werden feylgehalten.

Bedienung von zarter Hand. Für Divertissement des verehrten Publicums sorgt eine Musicbande aus dem schönen Italien importirt und bittet um geneigten Zuspruch

Die Direction"

Heinrich Heine

Der Düsseldorfer Kaufmannssohn, wegen eines Duelles von der Göttinger Universität verwiesen, kam als Studiosus. Er hörte Savigny und Hegel; er besuchte die Vorlesungen des Altphilologen Wolf und des Germanisten Zeune, auch des Historikers von Raumer. Dreimal wöchentlich hielt er Vorträge über Literatur in einem „Verein für Kultur und Wissenschaft der Juden", den Jurist Dr. Eduard Gans, Rabbiner Leopold Zunz und Kaufmann Moses Moser soeben gegründet hatten.

Rahel Varnhagen und der damals hochgeschätzte Dramatiker Ludwig Robert, Rahels Bruder, schenkten ihm Freundschaft, auch der Kriminalrat Hitzig, der mit E. T. A. Hoffmann, Chamisso, Ludwig Devrient eng verbunden war. Im Hause des Bankiers Beer, dessen ältester Sohn Jacob als Giacomo Meyerbeer in die Musikgeschichte einging, wurde Heine Freund des jüngsten Sohnes Michael Beer, der sich als Dramatiker Ansehen verschaffte. In der Leipziger Straße öffneten sich ihm die Türen des Mendelssohnschen Salons; Paul Mendelssohn, der Bruder von Felix, war mit Heines Cousine Albertine verlobt. In Berlin traf Heine wieder mit Christian Sethe zusammen, dem Schulfreund, der nun auch als königlicher Regierungsrat ein guter Weggenosse war.

Vieles hatte sich in der Stadt, deren geistiger Schicht jede Intoleranz fremd war, günstig zusammengefunden: In Berlin traf Heine den Redakteur Gubitz, der in seiner angesehenen Zeitschrift „Der Gesellschafter" die ersten Gedichte des Studenten abdruckte, auch den Verleger Maurer, der sie als erstes Buch des jungen Studenten veröffentlichte. Gleich wagte ein anderer Verleger, ein weiteres Buch des jungen Autors herauszubringen.

Heinrich Heine. *Gedichte.* Verlegt bei Maurer. Berlin.

Heinrich Heine. *Tragödien,* nebst einem *lyrischen Intermezzo.* Verlegt bei Dümmler. Berlin.

Für die Geschichte der Weltliteratur blieben das unvergeßliche Anfänge einer neuen, ungewohnt kühnen Dichtung. Als Heine, sechsundzwanzigjährig, Berlin verließ, war er ein weithin bekannter Poet.

Trotzdem hat Heine Berlin nicht geliebt. Auch wenn er, immer für kurze Zeit, noch einige Male wiederkam, hat er nicht gelernt, Berlin zu lieben. Er haßte das Regime, er ließ den Haß auch die Stadt entgelten. Er hat für Berlin nicht ein einziges gutes Wort gefunden; von den sehr vielen bösen Worten über Berlin genügen die anschließend zitierten Verse.

Kritik an Berlin

Denk ich an Berlin, auch vor mir steht
Sogleich die Universität.
Dort reiten vorüber die roten Husaren,
Mit klingendem Spiel, Trompetenfanfaren –
Es dringen die soldatesken Töne
Bis in die Aula der Musensöhne.
Wie geht es dort den Professoren
Mit mehr und minder langen Ohren?

Und apropos: wie sind geraten
In diesem Jahr die Teltower Rüben
Und sauren Gurken in meiner lieben
Borussenstadt? Und die Literaten,
Befinden sie sich noch frisch und munter?
Und ist noch immer kein Genie darunter?

Und wie geht's in Berlin den Leutenants
Der Garde? Haben sie noch ihre Arroganz
Und ihre ungeschnürte Taille?
Schwadronieren sie noch von Kanaille?
Ich rate euch, nehmt euch in acht,
Es bricht noch nicht, jedoch es kracht;
Und es ist das Brandenburger Tor
Noch immer so groß und so weit wie zuvor,
Und man könnt euch auf einmal zum Tor hinaus
schmeißen,
Euch alle, mitsamt dem Prinzen von Preußen.

Kritik an Heine

Fanny, Felix Mendelssohn-Bartholdys Schwester, an ihren Freund Klingmann in London:

„Heine ist hier und gefällt mir garnicht; er ziert sich. Wenn er sich gehn ließe, müßte er der liebenswürdigste ungezogene Mensch sein, der je über die Schnur hieb. Wenn er sich im Ernst zusammennähme, würde ihm der Ernst auch wohl anstehen, denn er hat ihn. Aber er ziert sich sentimental, er ziert sich geziert, spricht ewig von sich und sieht dabei die Menschen an, ob sie ihn ansehn. Aber wenn man ihn auch zehnmal verachten möchte, so zwingt er einen doch zum elften Male zu bekennen, er sei ein Dichter, ein Dichter! Wie klingen ihm die Worte, wie spricht ihn die Natur an ..."

Poeten unter sich

Man saß in Stehelys Konditorei am Gendarmenmarkt und führte jene ästhetische Gespräche, die Heine verdrossen. Man traf sich im „Casino" in der Behrenstraße zu munteren Vergnügungen, die Heine anscheinend ebenso wenig gefielen, wie in einer Erzählung Heinrich Laubes zu lesen ist:

„Da, wenn es recht toll her ging, saß Heine zusammengeklappt im Winkel, schwieg, lächelte, schlürfte aus dem Punschglas, schärfte und vergoldete die Pfeilspitzen seiner Lieder. Der ungebärdige Grabbe sprang auf den Tisch, hielt eine Rede an die Mamsells in der Gesellschaft. Zuweilen kam Ludwig Devrient und trug in trunkenem Mute eine Rolle vor. Eine hübsche Brünette bereitete den Punsch und wurde dafür belohnt mit Gedichten und Küssen."

Christian Dietrich Grabbe

Was Wahrheit und was Phantasie ist in den Lustspielszenen, mit denen Grabbe an die Casino-Abende erinnert, darf unentschieden bleiben. Daß die hübsche Brünette außer dem Punsch auch sonstige Vergnügung bereitet haben mochte, daß die Mamsells nicht nur für Tischreden empfänglich waren, halten auch sehr behutsame Historiker für möglich. Über das „Casino“ in der Behrenstraße, wo das „Junge Deutschland“ die Nächte verbrachte, ist vieles und meist Obskures erzählt worden.

Von Grabbe, dem Sohn des Detmolder Zuchtmeisters und Leihhausverwalters, der in Berlin studierte, wissen wir dafür um so weniger. Er saß, mit Heine, in Savignys Auditorium. Er widmete sich, wie Heine, der Poesie Er war, anders als Heine, ein armer Schlucker, der schlechten Gewissens das kleine Spargeld seines Vaters aufzehrte. Er petitionierte an den Kronprinzen, daß er:

„auf dem Punkte stehe, unterzugehen, wenn Seine Königliche Hoheit sich nicht erbarme und ein Engagement als Schauspieler vermittle; denn er fühle den Drang zur Bühne“.

Grabbe schrieb in dem seltsamen Brief noch manches Seltsame, auch, „daß die Leute sagen, ich sei ein Genie. Ich weiss aber nicht, was daran ist“.

Kronprinz Friedrich Wilhelm hat den Brief nicht beantwortet. Von Grabbe, der auf dem Punkt stand unterzugehen, berichtete nun wieder Heinrich Laube:

„Wir schlendern durch die stillen Berliner Straßen, Grabbe ist aufgeregt, dichtet und raisonirt auf das Lebhafteste. Im Zuge der Rede tritt er mit mir in's Haus eines Bekannten, und schläft bei ihm. Am andern Morgen frühstückte er mit bestem Appetit, aber schweigsam, dann stand er auf, reichte jenem die Hand, und sagt mit tonloser Stimme: ‚Ich danke Ihnen, es war seit drei Tagen das Erste, was ich zu essen und zu trinken hatte.‘ Damit ging er.“

Der Kronprinz hatte Grabbe kein Engagement an das Königliche Theater verschafft; kein Verleger hatte sich um Grabbes Werke gekümmert. Aus der düsteren Berliner Epoche ging Grabbe nach Jahresfrist der noch dunkleren Detmolder Epoche entgegen. An Berlin erinnerten ihn nur die dort entstandenen Arbeiten, und das waren:

Herzog Theodor von Gothland. Eine Tragödie in fünf Akten.
Scherz, Satire, Ironie und tiefere Bedeutung. Ein Lustspiel in drei Aufzügen.
Über die Shakspero=Manie.
Marius und Sulla. Eine Tragödie in fünf Akten. (Unvollendet)

Aus Berlin nahm er die Idee zu dem riesigen Dramenzyklus „Die Hohenstaufen" mit – sie war ihm bei einem Kolleg gekommen, das Professor von Raumer über die alten Kaiser und Könige Deutschlands gelesen hatte.

Lutter und Wegners Stammgast

Die Weinstube Ecke Französische und Charlottenstraße war eine „Attraction" geworden. Zu ihren ständigen Gästen zählten Schauspieler, Dichter, Musiker. Der Schauspieler Ludwig Devrient pokulierte derart oft und lange, daß die Gage nicht ausreichte, Devrients Schulden immer größer wurden.

Lutter wollte nicht mehr kreditieren, und Devrient trank seine Früh=, Mittags=, Dämmer=, Abend= und Nachtschoppen anderswo. Aber auch E. T. A. Hoffmann und die meisten anderen „Serapionsbrüder" blieben nun fern. Fern blieben auch die vielen Berliner, die bisher neugierig dem Treiben berühmter Leute zugeschaut hatten.

Lutter ging also zu Devrient: „Wenn Sie wieder zu mir kommen, streiche ich die Hälfte von Ihrer Rechnung, über die andere Hälfte werden wir reden."

„Gut, ich acceptiere. Aber was viel noch reden? Ich lasse mich von Ihnen doch nicht an Edelmut übertrumpfen, Lutter, ich streiche auch die andere Hälfte!"

Die Weinstube füllte sich wieder, und Lutter hatte den Handel nicht zu beklagen.

Daß ein Bismarck Ministerpräsident Preußens und gar Kanzler eines Deutschen Reiches werden könnte, lag fernab in unbekannter Zukunft. Der Schönhausener besuchte noch das Gymnasium zum Grauen Kloster, er studierte als einer von vielen Kommilitonen an der Universität, als die Berliner sich noch und schon wieder über einen anderen Herrn von Bismarck aufregten.

Er hieß Heinrich Achaz von Bismarck, war ein richtiger Vetter von Ottos Vater, und als Sprößling des angesehenen Geschlechtes war er als Leutnant in das vornehme Regiment *Garde du Corps* eingetreten. Friedrich Wilhelm III. gab ihm nach knapp zwei Jahren den schlichten Abschied, denn der Leutnant von Bismarck war beim Falschspiel erwischt worden.

Achaz widmete seine Dienste Napoleon, er kämpfte dann wieder ebenso munter in Lützows Freischar, nahm als einfacher Freiwilliger am Feldzuge teil, bis er als Spion verhaftet wurde. Man ließ den Bismarck wieder laufen, die Familie finanzierte – in der Hoffnung: für immer! – die übliche Reise nach Amerika.

Eines Tages war Achaz wieder da, und wo er war, gab es Raufereien wegen Falschspiels, Anzeigen wegen Betruges und ähnliches, was auch dem mittlerweile zum Gesandten avancierten Otto von Bismarck wenig Freude machte. Immerhin, wenn schon früher die Familie jede Zeitungsnachricht über den schlimmen Verwandten zu unterdrücken vermocht hatte, konnte das Bismarck vielleicht noch besser. Und von dem schwarzen Schaf der Bismarckschen Familie wüßten wir vielleicht überhaupt nichts, obwohl die Kataloge ein Buch verzeichnen:

„Die merkwürdigsten Begebenheiten und Abenteuer aus dem sehr bewegten Leben des Herrn Heinrich Achaz von Bismarck, weiland Offizier des Königlich Preussischen Gardedukorps, der Republik Venezuela, in Kaiserlich Französischen Diensten, später beim Lützowschen Freikorps. Von ihm selber verfaßt und treu gezeichnet."

Denn auch das Buch scheint „von einer höheren Macht" aufgekauft und vernichtet worden zu sein. In keiner deutschen öffentlichen Bibliothek ist es vorhanden, sonst, auf der ganzen Erde, sind nur drei Exemplare nachweisbar, aus denen erst zu neuester Zeit eine Übersetzung ins Französische hergestellt wurde. Es ist im übrigen ein harmloses Buch, in dem der Autor alles in das für ihn günstige Licht rückt. Und der Achaz von Bismarck würde der Erwähnung nicht wert sein, bestünde nicht die kuriose Tatsache, daß Otto von Bismarck jahrelang „auf die andere Seite schauen" mußte, kreuzte der Vetter seines Vaters ihm den Weg. Denn gestorben ist Achaz erst, als Otto, der ihn mit keinem Wort jemals in seiner Lebensgeschichte erwähnt, schon Ministerpräsident war.

Schindersprache

Fouqué und Chamisso lebten noch, der Kreis der „Serapionsbrüder" war noch nicht auseinandergefallen, als Ludwig Börne Berlin besuchte. Die literarischen Anregungen oder Erlebnisse, die er erhofft hatte, fand er nicht. Die Worte der Dichter tadelte er als zu leise und hatte damit wohl nicht Unrecht. „Kräftig ist dafür das Wort der Herren um den König, nur mag ich diese Schindersprache nicht hören."

Börne fand auch keinen Verleger in Berlin und reiste ab.

Haftbefehl gegen Görres

Zu dem, was Börne die „Schindersprache" genannt hatte, gehörte noch und wieder das Wort „demagogisch" mit all seinen Variationen. Joseph Görres warnte:

„Was den thätigsten, ränkevollsten und verschmitztesten demagogischen Umtrieben niemals gelungen wäre – das friedliche, ruheliebende, nüchterne und gemäßigte Volk in allen seinen Elementen und Tiefen aufzuregen und zu erbittern – das hat die Regierung mit ihrer Schindersprache glücklich zu Stande gebracht."

Friedrich Wilhelms Ministerium erließ einen Verhaftungsbefehl gegen den bösen Görres. Aber Görres war in Koblenz und hatte Zeit, nach Straßburg zu fliehen.

Kennt ihr meine Farben?

Der Gymnasiallehrer Thiersch in Halberstadt hatte ein neues Lied gedichtet und dem König gewidmet. Es gefiel, und Friedrich Wilhelm beauftragte seinen Militärmusikmeister August Heinrich Neithardt in Berlin, das Lied zu vertonen. Friedrich Wilhelm, der während des Krieges „die ausnehmend schönen Stimmen der russischen Soldaten" bewundert hatte, befahl Neithart, auch „Aehnliches für das preußische Heer" zu schaffen.

Militärmusikdirektor Neithardt gründete einen Soldaten-Chor, und wenn diesem auch kein langes Dasein beschieden war, blieb doch das beim ersten Konzert im Lustgarten gesungene, von Neithardt vertonte Lied Thierschs und wurde so etwas wie eine zweite Nationalhymne:

Ich bin ein Preuße, kennt ihr meine Farben?

Der König und die Straßenjungen

Bald nach der Eheschließung erlitt Friedrich Wilhelm einen Unfall und brach ein Bein. Es zeigte sich, daß die Berliner ihm die Heirat nicht übelgenommen hatten. Sie hatten Sorge um den König.

Als Friedrich Wilhelm nach langem Krankenlager wieder ausfuhr, wurde er mit donnernden Lebehochs begrüßt. Diese unterbrach plötzlich der Gesang der Nationalhymne. Einer der Straßenjungen hatte sie angestimmt, ihr aber einen Text eigener Erfindung gegeben:

Heil Dir im Siegerkranz,
Beene sind wieder ganz!

Majestät amüsierte sich über den neuen Reim und ließ Kuchen an die Straßenjungen verteilen.

Um den „Jungfernkranz"

Beliebteste Oper war „Der Freischütz" Webers, der 1821 in Berlin uraufgeführt worden war. „Eine verwünschte Musik", klagte eine Berlinerin. „Meine Tochter jeht die jar nich ausn Koppe; mit dem Jungfernkranz jeht se ins Bett und mit dem Jägerchor steht sie auf."

Auch dem Direktor der Singakademie, Goethes Freund Karl Friedrich Zelter, wurde der „Freischütz" bald zuviel. Zelter hörte einen vor ihm gehenden Schusterjungen unentwegt singen: „Schöner grüner, schöner grüner Jungfernkranz" ... Immer wieder: „Schöner grüner, schöner grüner Jungfernkranz" ...

Zelter sang gegenan mit seiner Baßstimme: „Veilchenblaue Seide! Aus veilchenblauer Seide!"

Der Schusterjunge drehte sich um: „Hörn Se mal, wenn Se den Jumfernkranz singen wolln, fangnse ihn sich selba an!"

Das Roß heißt Zelter

Der Berliner Maurermeister Zelter entriß die Matthäuspassion Bachs der Vergessenheit, vertonte Goethes und Schillers Balladen, er hat als Musikpädagoge große Verdienste erworben. Zelter war ein bekannter Mann.

Mit selbstbewußter Neugier blätterte er also im Jahre 1831 in der siebenten Auflage des Brockhausschen Lexikons. Er las:

„Zelter, Damenreitpferd, edles Roß."

Der kluge Beyme

Von Karl Friedrich von Beyme, der 1819 wegen liberaler Gesinnung als Minister verabschiedet worden war, überliefert man den Ausspruch:

„Wenn Fürst Metternich die Personification der Gerechtigkeit zu sein behauptet, dann darf Königin Kleopatra als Symbol der Keuschheit angesehen werden."

Als bekannt wurde, Talleyrand habe „Memoiren" hinterlassen, äußerte Beyme:

„Es würde der geschichtlichen Wahrheit sehr dienlich sein, wenn große Politiker ihre Tagebücher von Fachleuten schreiben ließen."

E. T. A. Hoffmanns „Amtsschimmel"

Viele Jahre war E. T. A. Hoffmann als Rat am Königlichen Kammergericht in der Lindenstraße tätig. Die Arbeit freute ihn nicht; der in allerlei Skandälchen verwickelte Verfasser der „Phantasiestücke in Callots Manier" war begreiflicherweise den Amtskollegen wenig angenehm.

Hoffmann rächte sich durch Karikaturen und Witze. Eines späten Nachmittags rief er den ihm besonders verhaßten Rat Müchler zu sich ans Fenster. Müchler kam, wollte wissen, was es zu sehen gebe.

„Etwas, das noch kein Mensch gesehen hat", sagte Hoffmann zu dem von der untergehenden Sonne beleuchteten Kollegen: „Ein königlich-preußischer Amtsschimmel in poesievoller Abendsonne verklärt!"

Hoffmann bekam, weil Müchler sich beschwerte, eine Rüge vom Präsidenten und mußte vier Taler Buße zahlen wegen ungeziemenden Verhaltens im Amte.

Nante

Von Nante, dem biedermeierlichen Kneipen-Existentialisten, muß leider gesagt werden, daß er als Mensch nie existiert hat. Er war vom Journalisten Adolf Glassbrenner in eine papierne Welt „geworfen" worden, bewies seine Lebenskunst nur als Bühnenfigur.

Die Berliner sahen trotzdem ihren Nante an jeder Ecke stehen ...

Jemand fragte ihn zur Mittagszeit, was die Glocke wäre. „Nischt!" war die Antwort.

„Wieso?"

„Nu, et ist noch nich mal eens!"

Nante wird als Zeuge vernommen. Der Aktuarius fragt: „Wie nennt Er sich?"

„Du!"

„Was soll das?"

„Na ja, Herr Aktuarius, ick wer' doch nich zu mir Sie sagen!"

Der Aktuarius will wissen, ob Nante Eltern hat. – „Jewiß doch, zwei Stück!"

Nante beobachtete von seiner Ecke, daß scheuende Pferde einen Kremser umwarfen und berichtete dann in der Kneipe: „Ja, et war noch en wahres Jlück, det bei det Unjlück jlücklicherweise keen Maleer passiert ist."

Nante will keinen Achtgroschenjungen

Es gab vornehme und weniger vornehme Stadtteile, auch vornehme und weniger vornehme Kirchen.

Nante wollte sein jüngstes Söhnchen in der vornehmen Georgenkirche taufen lassen.

„Wat, in de Jeorjenkirche", entrüstete sich seine Frau, „det kost' doch bestimmt über nen janzen Dahler! In de Spittelkirche kannste det for acht Jroschen haben!"

„For acht Jroschen taufen? Nee, det wird ooch danach sint! In meene Familie mag ick keenen Achtgroschenjung nich haben."

Nante und der Leutnant

Nante, guter Familienvater, spazierte mit seiner ältesten Tochter am dunklen Winterabend durch die Friedrichstraße.

Ein Leutnant drängte sich heran, suchte des Mädchens Gesicht zu erkennen.

„Soll ick Ihnen vielleicht leuchten?" erkundigte sich Nante und bekam die ebenfalls spöttische Antwort: „Vielen Dank, ich bin mir selber Licht genug."

„Det is denn ja nur schade, det Se nich bei uns im Flur hängen", war Nantes letzte Pointe.

Blühender Unsinn

Glassbrenners Neigung, die Realität zu überlisten, seine Freude an hintergründigem Gequase gibt selbst einigen Nante-Späßen zeitlosen Wert. Es ist auch wohl nicht zufällig, daß gerade 1833 ein Germanist das Schlagwort „Blühender Unsinn" prägt, wonach fortan und eigentlich bis heute eifrig um Wert oder Unwert des „Blühenden Unsinns" gestritten wird.

Wenn Glassbrenner den Zeugen Nante vor Gericht erscheinen und den Tatbestand schildern läßt, heißt es: „Ick saß un lag un schlief, un da sah ick, wie Willem den Aujust 'n Kessel an' Kopp schmeißt, det ihn de Ringe um 'n Hals klappern – aber ob er 'n jetroffen hat, Herr Jerichtshof, det weeß ick nich ..."

Geradezu eine Ich-Spaltung schizophrenen Ursprunges, auch wenn sie sich im Gestammel eines Angetrunkenen offenbart, mag man in den Versen entdecken:

Ick sitze da und esse Klops,
Uff eenmal kloppt 's!
Ick jeh zur Tür und denk: Nanu,
Erst war se uff, jetzt isse zu?
Ick jehe raus und kieke –
Und wer steht draußen? Icke!

Nante und Frau begegneten in der Friedrichstraße einem buckligen Baron. Frau Nante erkundigt sich: „Is det nich 'n Greifenhorst jewesen?"

„Nur 'n sehr krummer Ast von ihrem Stammbaum", sagte Nante.

Glassbrenner ließ seinen Nante frühstücken, was hieß, einen kräftigen Schluck aus der Schnapsflasche tun, und Nante stellte zufrieden fest:

„Wat rejen sich denn vor Jefühle in meine Brust? Welt, jetzt kannste wieder losjehn! Lebenslauf, ick erwarte Dir!"

Der erfundene Eckensteher wurde volkstümlich wie kein Berliner zuvor. Auch als viele seiner Späße längst schal geworden waren, blieb Nante – Eckensteher Ferdinand Schwabbe – ein Begriff.

Glassbrenner

Es gab Berliner, die Nantes Witze albern fanden und ablehnten. Diese anspruchsvolleren Leser entschädigte Glassbrenner durch politische Bonmots besserer Qualität.

Als die Zeitungen über die Hungersnot in China berichteten und Kaiser Tau ku ang rühmten, weil er aus eigenen Mitteln indischen Reis gekauft hatte, kommentierte Glassbrenner: „In der Fürsorge um sein Volk übertrifft unser König den Kaiser Tau ku ang doch sehr. Der preußische König bekümmert sich nicht nur um Reis oder Kartoffeln, er kümmert sich auch um die ‚Grütze' seiner Untertanen."

Der zweiten Ehe Friedrichs Wihelms widmete er das boshafte Aperçu: „Man würde die Heirath für eine Fabel halten, wenn nicht die Moral dran fehlte." Die zur Fürstin Liegnitz erhobene Harrach wurde von Glassbrenner die „Königin der Nacht" genannt. Einen Wachtposten am Brandenburger Tore ließ er, als die morganatische Königsfrau einpassierte, den Leutnant fragen: „Soll ick nu'n bißken mit der Linken trommeln?"

Als aus Madrid Unruhen gemeldet wurden, veröffentlichte Glassbrenner die Frage eines Lesers: „Was ist denn das für eine Regierung, die spanische?" und druckte darunter gleich auch die verfängliche Antwort: „Welche meinen Sie? Es gibt jetzt so viele Regierungen, die mir spanisch vorkommen."

Am 20. Juni 1837 war in Windsor König Wilhelm IV. von England gestorben. Ganz Berlin wußte es. Nur in den Zeitungen war nichts darüber zu lesen. Der letzte König aus dem den Hohenzollern verwandten Hause Hannover war alles andere als ein Beispiel sittenstrenger Lebensführung gewesen; am Hofe fürchtete man, die Presse möchte in den Nachrufen die Londoner Maitressenwirtschaft und anderes der Monarchie Abträgliches erwähnen. Der Zensor verhängte, wie man heute sagen würde, Nachrichtensperre.

Glassbrenner meldete jetzt – den Tod Napoleons 1821 auf St. Helena und vermerkte: „Mangels amtlicher Bestätigung kann die Wahrheit jedoch noch nicht verbürgt werden."

Glassbrenner gedachte eines bei Leipzig gefallenen Berliners mit den Worten: „Der wackere Mann ist im Kampfe für Preußens Freiheit untergegangen – aber das geschieht jetzt alle Tage."

Die Regierung war dem Schriftsteller begreiflicherweise nicht wohlgesonnen; Glassbrenner hatte sich fortwährend bei Zensoren zu verantworten, 1841 mußte er schließlich Berlin verlassen. Erstaunlich ist, daß er bis dahin mehr als sechzig Buch- und Zeitschriftenbände herausgeben konnte! Man hatte ihm ein bißchen Narrenfreiheit gewährt, das war alles.

Glassbrenner war sich darüber nicht im unklaren, wenn er ein Stammtischgespräch über die politischen Verhältnisse wiedergab:

„Wenn wir, det Volk, selber sagen können, wat uns fehlt und wat wir brauchen und wo uns Unrecht jedahn wird, denn find ick det verninftig!"

„Det können wir doch sagen, ick duh 's ooch! Un ick schreib 's ja ooch!"

„Ja, sagen kannste Allens, aber et nützt nischt, die da oben lachen heeschtenst."

Es war ein grämliches Schicksal, Glassbrenner litt darunter. Es war das Schicksal des Herrn Biedermeier.

Moritz Gottlieb Saphir, der schon einige Jahre vor Glassbrenner eine besondere Form berlinischen Witzes geschaffen hatte, machte sich das Leben leichter. Als die Zensur ihm lästig wurde, ging Saphir nach Paris.

Vier Jahre hat Saphir es an der Spree ausgehalten, vier Jahre entzückten sich die Berliner an den Wortspielen, die wöchentlich in Saphirs „Berliner Schnellpost" und „Berliner Courier" zu lesen waren:

„Kann ich die rothe Couleur nicht in grün haben?"

„Es gibt kein schlechtes Wetter, es gibt nur schlechte Kleidung."

„So nimm sie Du sie Dir sie denn sie doch!"

Von Saphir stammt auch die Redensart: „Schnaps is' immer gut!"

Alles andere aus Saphirs Witzfabrik ist vergessen. Es lohnt nicht, noch mehr zu erzählen. Auch die politischen Witze waren harmlos:

„In der Königstraße müssen lauter Adlige wohnen – weil dort kein Bürgersteig ist!"

Einen Scherz solcher Art hielt der Zensor für verwerflich. Saphir war gebürtiger Ungar und Untertan des Wiener Kaisers und Königs Franz, man bedrohte ihn mit Landesverweisung.

Saphir hatte noch andere Feinde in Berlin als den Zensor. Es waren Kollegen des literarischen Handwerks. Wenn ihr Brotneid schäbig war, fanden die Kollegen doch witzige Formulierungen für die Abneigung gegen den Konkurrenten. Am witzigsten der schon erwähnte Friedrich Förster:

„Das ist ein Edelstein, den nur die Polizei fassen könnte!"

Und ein anderer Zeitungsmann, der sich durch Saphirs Arbeiten bedroht fühlte, dichtete Schillers Kapuzinerpredigt um:

Denn die Sünd ist der Magnetenstein,
der den Saphir zog ins Land herein.
Auf das Unrecht folgt das Übel,
wie auf den Juden die Knoblauchzwiebel . . .

Das war weniger fein, denn Moritz Gottlieb Saphir war Jude. Es wurde noch schlimmer, als sich Schauspieler, Lyriker, Bühnenautoren, die über die Kritik in „Schnellpost“ und „Courier“ zu klagen hatten, in einer Gruppe vereinigten. Man kolportierte Witze, die Saphir nie gemacht hatte, man schickte Spione in seine Redaktion und denunzierte dem Polizeiminister von Brenn, was diese Spione gehört hatten oder gehört haben wollten.

Im Auftrage von Brenns wurde Saphir verwarnt, daß „der Frechheit jüdischen Witzes, da sie sowohl den Staat als auch dessen Bürger zu verunehren drohe, künftig auf das Strengste entgegen getreten wird“.

Wie schon erwähnt, Saphir wartete das „Strengste“ nicht ab und ging nach Paris. Wie Börne vor ihm und Heine nach ihm.

Die Judenfrage

Nachdem Frankreich 1790 die Bürger jüdischen Glaubens von allen benachteiligenden Gesetzen befreit hatte, waren sie 1812 auch in Preußen gleichberechtigte Untertanen geworden. Gesetze wurden in Preußen respektiert; auch wer in einer Synagoge zu Gott betete, durfte fortan Handel treiben, Haus- oder Grundbesitz erwerben, auch studieren wie christliche Bürger.

Doch wen der König von Gottes Gnaden zum Offizier, Beamten, Minister ernennen, wen er mit Orden oder Titel auszeichnen dürfe oder müsse, bestimmte kein Gesetz ...

So hatte die Gleichberechtigung Grenzen, an denen manche Karriere scheitern mußte. Dem hochbegabten Heinrich Oppenheim, der bei den Geheimräten Schmalz und Gans studiert und ein glänzendes Doktorexamen abgelegt hatte, verweigerte die Friedrich-Wilhelms-Universität die Habilitation als Privatdozent. Auch der berühmte Savigny war dagegen.

Oppenheim, Frankfurter Kind, wandte sich an die Frankfurterin Bettina Brentano, die als Witwe Achim von Arnims in Berlin lebte, durch ihre Schwester mit Savigny verschwägert war. Bettina kannte keine Unterschiede zwischen Christen und Juden, bestürmte den Schwager, dem Oppenheim zu helfen.

Savigny fand solche Zumutung unerhört: „Ein Jude kann und darf nie Privatdozent an einer preußischen Universität werden!"

„Ach, ihr seid ä böss Volk", entgegnete Bettina, „nit emol Privatdozent solle die Jude werde, nit emol verhungere därfe se in Preußen."

Doktor beider Rechte

Nach alter akademischer Formel verlieh die Fakultät der Rechtswissenschaften dem Promovierten die Würde eines *juris utriusque doctor*, was einstmals besagte, der Examinierte habe beide Rechte, das Recht des Staates und das der katholischen Kirche, studiert. Der *doctor juris utriusque* war in Preußen, seitdem kein Kirchenrecht mehr gelehrt wurde, nichts als eine Formel.

Unter dem Dekan Eichhorn kam es, als 1815 erstmals ein jüdischer Kandidat den Doktor der Rechtswissenschaften erwerben wollte, trotzdem zu hitzigen Fakultätsdebatten. Die Professoren fanden es unlogisch und also auch unmöglich, dem Kandidaten die Würde eines *doctor juris utriusque* zu verleihen, da „ein Jude eben nicht Doktor des Kirchenrechtes werden kann".

Karl Friedrich Eichhorn hatte große Mühe, die gelehrten Herren umzustimmen. Erst als er darauf hinwies, daß er selbst, daß kein Kollege katholisches Kirchenrecht studiert hätte, wurde die Promotion genehmigt.

Gelehrte Welt

Professor Eduard Gans, der Oppenheim promoviert hatte, war ein liberal gesonnener Mann. Die Regierung verbot ihm die Lehrtätigkeit, als er in einem Kolleg über das Staatsrecht Ludwigs XIV. das absolutistische Prinzip verurteilt hatte. Gans durfte sich zahlreicher Freunde rühmen, Alexander von Humboldt war unter ihnen nicht der geringste. Das Ministerium zog das Verbot zurück.

Gans' Diener erklärte nachfragenden Studenten: „Aber jetzt erst recht! Im nächsten Semester wird er die Französische Revolution lesen, daß es nur so kracht!"

Berühmtester Lehrer war nach Fichtes frühem Tode Georg Wilhelm Hegel. Sein philosophisches System war für Leute, die Kant gelesen hatten, nicht einmal schwer zugänglich. Die Schwierigkeiten lagen in der eigenwilligen und oft eigenmächtigen Ausdrucksweise Hegels. So wird sein melancholischer Ausspruch erklärbar: „Von allen meinen Schülern hat mich nur einer verstanden – und der hat mich nicht begriffen!"

Um möglichem Mißverständnis vorzubeugen: Karl Marx kam erst nach Hegels Tod nach Berlin.

Beliebtester Professor war zweifellos Friedrich Schleiermacher. Er amtierte auch als Pastor an der Dreifaltigkeitskirche. Zu den Gottesdiensten des protestantischen Theologen, der über des Freundes Friedrich Schlegel sehr freimütigen Liebesroman „Lucinde" die noch viel freimütigeren „Vertrauten Briefe über Lucinde" geschrieben hatte, dem man eine geheime Neigung zu Henriette Herz, der jungen Frau des alten jüdischen Arztes Dr. Marcus Herz nachsagte, kam ganz Berlin.

Schleiermacher quittierte in „romantischer Ironie" solche Beliebtheit:

„Zu mir kommen hauptsächlich Studenten, Frauen und Offiziere. Die Studenten müssen mich predigen hören, die Frauen wollen meine Studenten sehen, und die Offiziere kommen eben der Frauen wegen."

Schleiermacher bildete sich auf seine Beliebtheit nichts ein. Er war ein kleines Männchen, verwachsen, auch einen Buckel hatte er. Er empfand die Mißgestalt seines Leibes und meinte gelegentlich, daß sie auch auf den Geist zurückwirke: „Ich kann bei vielem, was ich geschrieben habe, ja fast in jeder Periode eine schiefe Richtung, einen mangelhaften Fleck, eine Spur von Gebrechen nachweisen."

In der medizinischen Fakultät der Friedrich-Wilhelms-Universität lehrten die Professores Dieffenbach, Eck und Wolff. Mit Generalarzt Kothe bildeten sie die Prüfungskommission, vor der die jungen Mediziner das ärztliche Staatsexamen ablegen mußten. Sie waren strenge Herren, in der Charité hörte man gereimte Angst:

Wer sich nicht stößet an dem Ecken,
Und nicht bleibt im Kothe stecken,
Auch nicht ersäuft im Dieffen-Bach,
Den frißt der Wolff doch hintennach.

Wolff hörte diese Verse und erläuterte dazu: „Durchaus richtig beobachtet, ein Wolf frißt gern Schafe."

Glänzendster Stern am Berliner Gelehrtenhimmel war zweifellos Alexander von Humboldt. Als er öffentliche Vorträge in Zelters Sing-Akademie hielt, strömten die Berliner herbei, den gelehrten Baron, Kammerherren, Ritter hoher und höchster Orden aus seinem „Kosmos" vorlesen zu hören. Saphir berichtete:

„Der Saal faßte nicht die Zuhörer, und die Zuhörer faßten nicht den Vortrag."

Privatdozent Dr. Schopenhauer

In einem Schreiben an den Zoologieprofessor Lichtenstein erkundigte sich Schopenhauer, ob die Universität, von der er in Unfrieden geschieden war, ihm die Habilitation erlauben würde, und ob auch „auf eine mäßige Anzahl Hörer (und entsprechende Kolleggelder) zu rechnen wäre".

Obwohl er die „Sandwüste" nicht liebte, lobte er dieses Mal Berlin, weil

> „die höhere Geisteskultur, welche Deutschland heutzutage vor anderen Ländern auszeichnet, nirgends so sehr und allgemein zu Hause ist als gerade in Berlin,

weshalb ich in dieser großen Stadt bei Vorträgen der Art, wie ich sie zu halten gedenke, und bei der Gabe eines sehr eindringlichen und lebendigen mündlichen Vortrags, die ich zu haben vermeine, wohl auch auf manche Zuhörer, die nicht Studenten sind, mir Hoffnung machen dürfte".

Der selbstbewußte Herr wurde enttäuscht. Schopenhauers Ärger, daß seine Vorlesungen von den Berlinern gemieden wurden, war groß. Der Groll auf die Berliner wurde auch später nicht kleiner, als überhaupt alle Deutschen den Philosophen verkannten und Brockhaus das Werk „Die Welt als Wille und Vorstellung" mangels Käufern einstampfen ließ.

Arthur Schopenhauer verließ abermals und endgültig die Stadt, die keine seiner stolzen Hoffnungen erfüllt hatte. Mit sich nahm er im Koffer das dicke Manuskript von der „Welt als Wille und Vorstellung" und das noch dickere Aktenbündel eines Prozesses: Weil der Privatdozent Dr. Schopenhauer die seine Ruhe störende Näherin Marquet anscheinend etwas unsanft aus seiner Wohnung verwiesen hatte, war er vom Hausvogteigericht zur Zahlung einer lebenslangen Rente an das Fräulein verurteilt worden.

Daß Schopenhauer nun deshalb „Weiberfeind" geworden wäre, stimmt wohl nicht. Obwohl er den Prozeß gegen die Marquet über drei Instanzen und sechs Jahre führte, gab es auch angenehmere Erinnerungen an Berlins Weiblichkeit. Noch in seinen letzten Lebensjahren übersandte Schopenhauer „der Choristin Caroline Richter bei der Königlichen Oper" ein Bild seiner Frankfurter Wohnung. Des gefälligen Mädchens, das trotz zweier unehelicher Kinder in Briefen „Prinzeßchen" genannt wurde, gedachte Schopenhauer auch in seinem Testament.

Frankreichs Bürgerkönig

Die Pariser waren des Lilienbanners, das seit dem Sturze Napoleons wieder auf den Tuilerien geweht hatte, überdrüssig geworden. Karl X. wurde vertrieben. Louis Philippe, der Bürgerkönig, akzeptierte die Trikolore und vieles Weitere, das an die Republik erinnerte.

In Berlin wurde die neue Revolution aufmerksam verfolgt. Auch Staatsrat Savigny mußte feststellen:

> „Die Kaufleute und Bürger sind ganz stolz darauf, daß ihresgleichen in Paris jetzt mit den höchsten Ämtern im Staate bekleidet werden, daß das Staatswesen in Frankreich jetzt allgemein Angelegenheit des Bürgertumes zu werden scheint."

Auch Hauptmann von Moltke, den die Laufbahn zum ersten Male nach Berlin führte, notierte:

> „Hier ist ein neues Leben in die Menschen gefahren, die Cafés sind überfüllt mit Neugierigen, und kaum, daß man die Zeitungen erhaschen kann, besonders die französischen. Politik wird in allen Salons, in den Theatern, wie in den Bierstuben verhandelt."

Börse und Gesinnung

Auch im Hause des Bankiers Mendelssohn sprach man über die Juli-Revolution. Abraham Mendelssohn hatte den Lessingfreund Moses Mendelssohn zum Vater, mit seinem Bruder Joseph leitete er eines der größten Bankgeschäfte Berlins. Ein Teil des Familienreichtumes beruhte auf den französischen Staatspapieren, deren Kurse nun beträchtlich sanken.

Des Bankiers Sympathien für die Demokratie waren bekannt; ein Gast unterdrückte die Bemerkung nicht, daß Mendelssohn, der die Juli-Revolution begrüßte, doch durch diese Revolution sehr viel Geld verlieren müsse. Mendelssohn antwortete stolz:

> „Das würde mir sehr leid tun, aber meine Gesinnung kann ich deshalb doch nicht von den Börsencoursen abhängig machen."

Zelters Nachfolger

Nicht sehr viel später starb Karl Friedrich Zelter. Felix Mendelssohn-Bartholdy, der Sohn Abrahams, bewarb sich um die Dirigentenstelle der Sing-Akademie. Dem schon bekannten Komponisten wurde der unbekannte Karl Friedrich Rungenhagen vorgezogen. Felix schied von Berlin, wo er als Siebzehnjähriger die Ouvertüre zum „Sommernachtstraum" komponiert hatte.

Schinkels große Sünde

Karl Friedrich Schinkel aus Neuruppin war Geheimer Oberbaurat, auch Oberlandbaudirektor geworden. Friedrich Wilhelm III. hatte als Kronprinz Schinkel geschätzt, als König beauftragte er ihn mit der Ausführung immer neuer Pläne.

Den Berlinern gefielen das Schauspielhaus, die Neue Wache, das Museum, auch das Denkmal auf dem Kreuzberg, die Singakademie und die Friedrich-Werdersche Kirche. Bewundert wurden das Palais des Grafen Redern, die Schlösser Klein-Glienicke und Charlottenhof.

„An den Häusern der Bürger practiciret er sein Ingenium wenig", tadelte eine Zeitschrift, „daß Schinkel an nichts sonst als die Façaden achtet, versündigt schwer gegen jene Unglücklichen, welche in solchen Häusern dann Wohnung nehmen."

Es waren eigentlich weniger die „Façaden" als die „Grundrisse" Schinkels gemeint. Der Raumnutzung zuliebe begünstigte der große Baumeister jene Eckzimmer zwischen Vorderhaus und Seitenflügel, die „Berliner Zimmer" heißen und auch heute um so mehr Kummer schaffen, je häufiger sie – unter Berufung auf Schinkel – dann gebaut wurden.

Ehrenbergs Infusorien

Alexander von Humboldts Freund Ehrenberg befaßte sich als erster Zoologe mit der Erforschung jener Kleinstlebewesen, die nur das Mikroskop sichtbar machte. Gottfried

Ehrenberg hatte entdeckt, daß solche „Infusorien" in Berlin vorkommen, daß „ein großer Teil des Grund und Bodens, auf dem Berlin steht, aus diesen winzigen hartschaligen Tierchen besteht".

Die Berliner regten sich auf. Man kannte genug Häuser, deren Fundamente sich gesenkt oder verschoben hatten – die kleinen Tierchen waren also schuld! Die Berliner verlangten von Ehrenberg Auskunft, ob die verdammten kleinen Tierchen eines Tages gar mit den Häusern davonkriechen würden.

Ehrenberg tröstete: „Das tun die so vorsichtig, meine Herren, daß Sie nicht begreifen, warum Ihr Haus eines Morgens an der Elbe steht."

Gas und Gass

Es gab einen Theologen Gass. Er war mit Schleiermacher gut befreundet und hatte auch sonst einige Meriten. Aber die Berliner mochten ihn nicht, irgendwelcher liturgischer Händel wegen war Gass beim Volke unbeliebt. Als der Professor sich 1828 dagegen aussprach, die neue Gasbeleuchtung auch in den Kirchen zu verwenden, ging der spöttische Zweizeiler um:

Gas brennt man in der Kirche nicht,
Drum ist der Gass kein Kirchenlicht.

Goethes Sekretär

Eine seltsame Laufbahn darf man Goethes Privatsekretär John nachsagen, der, von Weimar nach Berlin gekommen, sich in Preußens Residenz als Schriftsteller und Redakteur betätigte und – als er in beiden Berufen versagt hatte – zum Zensor ernannt wurde.

Er wurde von allen Zensoren der schlimmste. Als Friedrich Wilhelm III. ihn gar mit dem Roten Adlerorden ausgezeichnet hatte, gab es für Johns „raffinierte Lust, die Geistesprodukte der Schriftsteller zu verstümmeln", keine Grenze mehr. Aus den Erinnerungen des Weimarer Gymnasialdirektors Böttiger strich er sämtliche adeligen Namen, auch den der Charlotte von Stein:

„Man kann doch nicht wissen, ob den Familien nicht schon die bloße Nennung mißfällig sei!"

John prüfte eine Novelle des zu Biedermeiers Zeit geschätzten Erzählers Karl Ludwig Seidel. Es war von einem jungen Paar die Rede, das sich im Postwagen kennen und, als der Wagen umstürzte, in solcher Fährnis auch lieben gelernt hatte.

Schlankweg verbot John die Veröffentlichung mit der Begründung: „Ein preußischer Postwagen darf nicht umwerfen, eine solche Darstellung ist Verhöhnung der Königlichen Post."

Die abgesagte Revolution

Druck erzeugt Gegendruck. Je straffer die Regierung die Zügel anzog, desto störrischer wurden die Berliner. Zu Friedrich Wilhelms Geburtstag am 3. August 1835 fürchtete die Polizei offenen Tumult. Dem König wurde empfohlen, in Potsdam zu bleiben; den Berlinern wurde eine Erkrankung des Herrschers mitgeteilt.

Die Polizei hatte recht. Es gab Unter den Linden Demonstrationen, eingeschlagene Fensterscheiben, eine aufgeregte Menge drängte zum Schloß. Beim Kupfergraben stockte sie vor einem riesengroßen Plakat:

„Wegen Unpäßlichkeit Seiner Majestät kann heute die große Berliner Revolution nicht stattfinden. – Der Bürgerausschuß."

Bis das Lachen ein Ende nahm, waren Soldaten zum Schutze des Schlosses herbeigeeilt. Für dieses Mal hatte ein Witzbold die Monarchie gerettet.

Beschränkter Untertanenverstand

Der Unwille der Berliner blieb. Überall im Lande war Kritik an der Regierung mehr oder weniger deutlich vernehmbar, und der Minister des Inneren, Gustav von Rochow, schrieb aus Anlaß des Protestes der „Göttinger Sieben" die berühmte Warnung:

„Es ziemt dem Untertanen, seinem Könige und Landesherren schuldigen Gehorsam zu leisten und sich bei Befolgung der an ihn gerichteten Befehle mit der Verantwortlichkeit zu beruhigen, welche die von Gott eingesetzte Obrigkeit dafür übernimmt. Aber es ziemt dem Untertanen nicht, die Handlungen des Staatsoberhauptes an den Maßstab seiner beschränkten Einsicht zu legen und sich in dünkelhaftem Übermut ein öffentliches Urteil über die Rechtmäßigkeit derselben anzumaßen."

Madame Dutitre

Nante war aus Papier geboren und mit Druckerschwärze getauft, ihn sahen die Berliner nur auf den Brettern des Theaters.

Madame Dutitre hingegen hatte in dem Bierbrauer George und dessen Ehefrau, geborene Robert, leibliche Eltern. Sie war überhaupt und in allem von dokumentarischer Leibhaftigkeit, wozu auch ihr echt berlinisches Mundwerk gehörte.

Marie Anne Dutitre war durch ihre Heirat reich genug geworden, um sich eine Gesellschafterin leisten zu können. Dieses armselige Jüngferchen, das einst bessere Tage gesehen haben mochte, versuchte, ihrer emporgestiegenen Madame den Dialekt abzugewöhnen. Es heiße auch nicht, mäkelte sie, „jeloofen", man sage „gegangen".

„So? Gegangen? Ge-gan-gen? Ick wer' Ihn' mal wat sagn, Mamselleken! Ick bin jeloofen immazu und habe den reichen Dutitre jekricht! Un wat mit Sie? Sie is' vornehm gegangen, ge=gan=gen un hat keen jekricht! Is doch so!"

Madame Dutitre hatte sich vorgenommen, erzählte sie, doch „ooch mal Joethen" zu besuchen. Dem Parkwächter im Garten an der Ilm hatte sie großzügig „eenen janzen harten Daler" in die Hand gedrückt, damit er sie rechtzeitig auf die Ankunft des Dichters hinweise. Und dann kam Goethe, schildert die Dutitre:

„Ick trat herbei und sagte: ‚Anjebeteter Mann!' Da blieb er stehen, legte die Hände auf 'n Rücken und kiekte mir jroß an und hat jefragt: ‚Kennen Sie mir?' Un ick sagte denn: ‚Jroßer Mann, wer sollte Ihnen nich kenn', und ick fing an zu deklamieren: ‚Fest jemauert in der Erden steht die Form aus Lehm jebrannt.' Un denn machte er 'n Pückling un jing weiter."

Der Buchhändler Parthey belehrte, das Zitat stamme aus der „Glocke" von Friedrich Schiller ...

„Det macht nischt, Schillern oder Joethen, is doch janz egal."

Sie hatte auch Ludwig Devrient kennengelernt, sie be=grüßte den gebürtigen Berliner, der zum Kummer seiner Eltern einst Schauspieler geworden war:

„Nu sajen Se mir bloß, Devrientchen, Sie sind aus 'ner so juten Familie, nun sajen Se bloß, warum sinse Ihrem Vater eijentlich durchjebrannt und unter die Lumpenkomö=dianten jegang?"

Sie hatte vor niemandem Respekt, nicht vor Goethe, nicht vor Ludwig Devrient, der schon lang auf den Höhen des Ruhmes wandelte, auch nicht vor Carl Maria von We=ber, dessen „Freischütz" ganz Berlin bewunderte. Als Weber, auf einer Gastspielreise nach London, in Berlin Station machte und in dem Konzertstück F=moll für Klavier und Orchester selber den pianistischen Solopart übernom=men hatte, ließ Madame Dutitre sich vernehmen: „Über Ihre Fingerchens, bester Herr von Weber, hab ick mir sehr amisiert, aber wenn bloß die eklige Musik nich jewesen wäre."

Musischen Gemütes ist Madame Dutitre nicht gewesen, wie man sieht. Mit dem, was man Bildung nennt, war es nicht weit her. Aber Madame Dutitres Herz schlug auf dem rechten Fleck.

Als sie – lang vor der Ehe des Königs mit Auguste Harrach – von Einsamkeit und Heiratsplänen Friedrich Wilhelms hörte, schüttelte sie mitleidig den Kopf und meinte: „Kennte ick jutest verstehn, aber eenfach is det nich! Wer nimmt heute schon 'n ollen Witwer mit siebn jieprige Kinnerkens?" Sie hatte den Nagel auf den Kopf getroffen, den König plagten Sorgen ähnlicher Art.

Madame Dutitre hatte auch vor des Königs Majestät keinen Respekt. Beim Spaziergange Unter den Linden hatte Friedrich Wilhelm III. den Hofknicks der Dutitre übersehen – sie trat ihm in den Weg und grollte: „Ja, Majestät, Steuern nehm', det könn' Se, aber 'ne olle Berlinerin jrießen, det is nich, wat?"

Die bösen „Räuber"

Friedrich Wilhelm III. regierte noch immer, und weil er zweifelsohne einigen Humor sein eigen nannte, schätzten und liebten ihn auch Berliner, die sonst am System der Monarchie von Gottes Gnaden kein gutes Haar ließen, als guten König.

Als Schillers „Räuber" im Königlichen Schauspielhause aufgeführt wurden, erstmals in der Originalfassung, verging jedoch dem guten König jeglicher Humor. Friedrich Wilhelm war entsetzt über „das Gesindel, das sich auf seiner Hofbühne eingenistet" hatte und verbot weitere Aufführungen und dekretierte:

„Daß, wenn die Intendanz durch die Nicht-Aufführung in ihren Einnahmen verkürzt werden könnte, Ich dann lieber noch dem Theater für jede beabsichtigte Vorstellung 1000 Thlr. extraordinair bewillige, als solch unmoralisches Stück zur Aufführung kommen zu lassen."

Ludwig Devrient, „faszinierend häßlich", wie sein Biograph erklärt, war ein Freund des Alkohols.

Er hatte wieder einmal bei Lutter und Wegner des Weines zuviel genossen. Als bei der oben erwähnten Premiere der „Räuber" der Vorhang in die Höhe ging, lag Devrient als Franz Moor betrunken zu Füßen seines Vaters. Es schien eine Ewigkeit zu dauern, bis Devrient sich faßte, aufstand, bis er mit genialem Einfall die Situation rettete, auf den seiner Hand entglittenen Brief hinwies: „Nicht wahr, mein Vater, eine so schändliche Nachricht mußte mich, den Bruder, doch zu Boden schmettern und mir die Sprache rauben!"

Sogar Friedrich Wilhelm applaudierte dem schlagfertigen Komödianten. Trotzdem mag auch dieser Zwischenfall Friedrich Wilhelms Abscheu vor dem „Gesindel" des Räuberdramas bestärkt haben.

Ludwig Devrient ist nur achtundvierzig Jahre alt geworden. Nicht lang vor seinem Hinscheiden schrieb einer seiner besten Freunde: „Wenn man ihn in der Garderobe sitzen sah, matt, kaum imstande, den zusammensinkenden Körper zu regieren, wenn man sah, wie er dem Garderobegehilfen mechanisch Arme und Beine hinstreckte, um sich ankleiden zu lassen, so begriff man kaum, wie diese herabgekommene Natur imstande sein sollte, eine künstlerische Tätigkeit noch auszuüben."

„Sontagsfieber" – mit einem N

Dem Theater galt die ganze Leidenschaft des Berliners. Vor den „Brettern, die die Welt bedeuteten", vergaß er die wirkliche Welt, an welcher teilzunehmen ihm versagt war. Man kümmerte sich um jeden Kulissentratsch, ergriff leidenschaftlich Partei, feierte oder verdammte den Bühnenkünstler und – noch stürmischer – die Bühnenkünstlerin.

Der Sängerin Henriette Sontag brachten die jungen Herren Fackelzüge dar, die jungen Damen kleideten sich nach ihr, Studenten spannten ihrer Kutsche die Pferde aus und schirrten sich selber an die Deichsel. Berlin hatte das „Sontagsfieber", wie man sagte.

Einer der Studenten wurde wirklich krank, beim Ziehen von Henriettes Wagen hatte er sich ein Bein gebrochen und kam zu Dieffenbach in die Charité. Dieffenbach verkniff sich die ironische Bemerkung nicht: „Eigentlich dürfte ich Sie nicht behandeln, eigentlich hätte man Sie in die Veterinärklinik, zu den anderen Rössern schaffen sollen."

Auch dem Theologen Tholuck mißfiel der Sontagsrummel; er erhob seine Stimme „wider die Theaterlust" und klagte in holprigen Versen, die allerdings mit hübscher Pointe schlossen:

Berlin preist sie als seiner Oper Zierde,
Und es vergöttert sie manch guter Christ.
Oh, daß der Sonntag so gefeiert würde,
Wie es die Sontag ist.

Friedrich Beckmanns Brief

Es ist nicht verwunderlich, daß der Ruhm einigen Künstlern zu Kopfe stieg. Madame Stich, gefeiertes Mitglied des Königlichen Theaters, verlangte, vierspännig fahren zu dürfen wie eine Prinzessin. Wilhelmine Schroeder, Sängerin, bestand darauf, als Mitglied der Königlichen Oper von der Wache am Brandenburger Tor gegrüßt zu werden.

Als sich Friedrich Beckmann, der den Nante als Bühnenfigur creiert und mehr als hundert Male gespielt hatte, mit dem hochgeachteten Eigentümer des Königstädtischen Theaters am Alexanderplatz verzankte, schrieb er Cerf einen Brief: „Sie sind Ritter des Roten Adlerordens vierter Klasse, Direktor eines Theaters dritter Klasse, sonst ein ganz zweitrangiger Mensch – dafür aber ein Rindvieh erster Klasse."

Der unbekannte Sohn

Dabei war das Privatleben der Damen und Herren Thalias oder Melpomenes alles andere als vorbildlich. Man heiratete, ließ sich scheiden, heiratete zum zweiten und dritten Male, hatte Kinder aus den Ehen, auch Kinder, die davor, dazwischen und danach und jedenfalls ohne Ehe vorhanden waren. Der Sänger Hillebrand, der bei der Uraufführung des „Freischütz" mitgewirkt hatte, wurde nach der Vorstellung in der Garderobe von einem jungen Manne erwartet und sogleich umarmt.

Hillebrand wehrte den Begeisterten ab, der junge Mann wurde noch zärtlicher: „Vater, erkennst Du mich denn nicht? Du erkennst nicht Deinen Sohn?"

Hillebrand: „Ach jeh, Du bist einer davon? Denn muß ick mir ja woll freuen solln."

Wer ist der nackte Apoll?

Der Gensdarmenmarkt beim Schauspielhause war früher wirklich ein Marktplatz gewesen. Zwei Hökerinnen unterhielten sich über die Figur des Apollon, die Schinkels Bauwerk krönte:

„Wer is 'n det?"

„Det is der olle Iffland, wo frieher Direkter von 's Theater jewesen is, 'n beriehmter Herr."

„Aber so in 't bloße Hemde?"

„Ach, Kulleken, da missten Se die Kummedianten kennen; det schämt sich nich un det jrämt sich nich."

Wen fährt die Siegesgöttin?

Vielleicht waren es dieselben Marktfrauen, die sich über Schadows Siegesgöttin auf dem Brandenburger Tore den Kopf zerbrachen.

„Wat fährt 'n da in die Kutsche?"

„Je, nu, wer soll 't schon sint! Der olle Fritz!"

»Anton, steck den Dejen in!«

(Zeichnung von Gustav Brandt nach der bekannten Gruppe auf der Berliner Schloßbrücke: »Nike krönt den Sieger«. — Nike, die Siegesgöttin, erscheint hier nach dem Berliner Volkswitz als Kellnerin mit warmen Würstchen, weil Niquet ein damals beliebter Berliner Wurstfabrikant war)

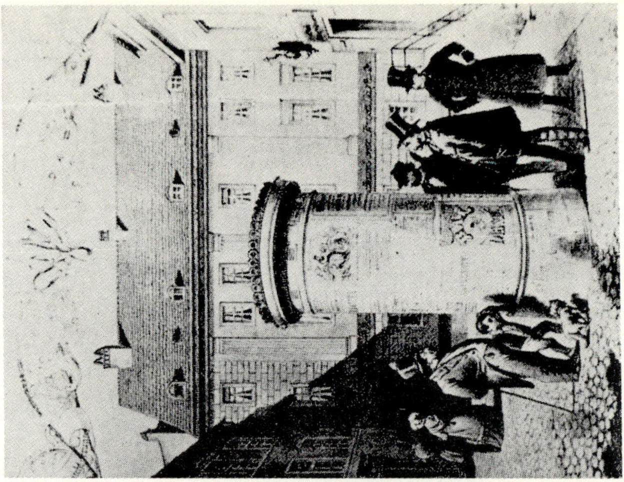

Die Bürger vor der neuen Litfaßsäule,
die Herren Leutnants an der alten Krantzler-Ecke

(Zeichnungen von Wilhelm Camphausen)

Brandenburger Tor

Die den Siegeswagen lenkende Göttin Nike hatte Schadow – griechischem Vorbilde gemäß – als sehr unbekleidete Dame modelliert. Des Volkes Stimme verlangte, er solle dem „weiblichen Kutscher“ etwas zum Anziehen geben. Auch die Akademie der Künste schloß sich diesem Wunsche an.

Nike fuhr bekanntlich, wie auch heute, nach Osten, zeigte der Stadt ihr Antlitz und ihre wohlgeformten Brüste, die durch den Siegesstab und die Pferde allerdings etwas verdeckt waren.

Wer vom Tiergarten kam, sah logischerweise einen anderen, ebenso wohlgeformten Körperteil, den nichts verdeckte, den eine sinkende Sonne jeden Abend oder Nachmittag in glitzernden Strahlen aufleuchten ließ.

Die Herren der Akademie der Künste verfaßten einen Bericht, in dem gewarnt wurde, der „Jugend schändliche Gelegenheit zu geben, auf öffentlicher Straße zu sehen, was ehrbare Eltern ihren Söhnen nach der Kirche und des Staates Gesetzen verbieten“.

Es blieb Schadow nichts anderes übrig, als seiner Nike einen wallenden Mantel umzuhängen. Es war die zweite Änderung, die Göttin Nike als Berliner Denkmalsfigur erlebte: 1815 hatte man in ihren griechischen Siegeskranz das Eiserne Kreuz Preußens eingesetzt. Die dritte Änderung erfolgte erst in heutigen Tagen, als die für das Brandenburger Tor zuständige Verwaltung von Ostberlin aus dem griechischen Siegeskranz das preußische Kreuz der Freiheitskriege wieder entfernen ließ.

Der alte Heim

Über seine Laufbahn, die ihn ziemlich schnell zum bekanntesten Arzte Berlins gemacht hatte, ließ Heim sich vernehmen: „In meinem Zimmer sehen Sie fünf Schreibtische. Den da, den ersten, habe ich mir in Spandau gekauft, als ich anfing, 18 Groschen hat er gekostet. Neben dem Fenster, dort, steht der zweite, ich habe 3 Taler bezahlt dafür, als ich nach Berlin übersiedelte. Für den dritten und den vierten, rechts und links von der Türe, habe ich 12 und 64 Taler bezahlt. Sehen Sie, und der, an dem ich jetzt arbeite, hat 200 Taler gekostet."

Ernst Ludwig Heim, aus dem Meiningenschen, war ein wohlhabender Mann, dessen monatliche Einkünfte die für damalige Verhältnisse sehr bedeutende Summe von 1000 Talern (etwa 8000 DM) meist überstiegen. Er arbeitete dafür entsprechend: morgens von sechs bis acht Uhr und abends von acht bis zehn Uhr Praxis in der Wohnung, dazwischen war er unterwegs, um oft siebzig und achtzig bettlägerige Patienten aufzusuchen.

Selbstverständlich hatte er es eilig. Als der „Feldmarschall der Ärzte", wie Blücher ihn nannte, die Behandlung einer Prinzessin übernehmen sollte, war Heim einverstanden, falls Königliche Hoheit sich seinen Bedingungen füge.

„Oh, Bedingungen? Niemand hat mir gegenüber bisher so etwas gewagt!"

„Ich stelle sie aber!" Erstens dürfe die Prinzessin ihn nicht mit du oder er anreden, wie sie es getan hatte, und weiterhin: „Daß Sie mich nicht im Vorzimmer warten lassen, denn ich habe keine Zeit. Daß Sie mich nicht an Ihren Hof verlangen, ehe ich meine Kranken besucht habe, denn ich richte mich nicht nach der Höhe des Ranges, sondern nach der Schwere der Krankheit meiner Patienten. Endlich, daß Sie mich pünktlich und in einer Höhe bezahlen, die mir erlaubt, noch mehr arme Kranke umsonst zu behandeln."

Es geschah. Die Freibesuche bei Armen wurden ebenfalls vermehrt. Diese Freibesuche wurden nicht mit mehr, aber auch nicht mit weniger Eile erledigt als andere Visiten. Heim, der mit Wagen und Kutscher durch Berlin eilte, bediente sich dabei eines Hilfsmittels, das unerwartet eines Tages ganz Berlin in Aufregung stürzte. Die Stadt litt unter zahlreichen Brandstiftungen, erfolglos suchte man den Täter, entdeckte aber nur an vielen Häusern ein geheimnisvolles Zeichen, das wie eine liegende 69 aussah. Wer eine in die Wand geritzte 69 sah, zitterte um sein Haus, und die Polizei suchte – wie immer – „fieberhaft" nach dem Unhold, der die Stadt bedrohte. Als Heim davon in der Zeitung las, mußte er zum Polizeipräsidenten Justus Gruner fahren und gestehen: „Die liegende 69 ist das mathematische Zeichen ~ für ‚unendlich'; wenn mir nicht gleich aufgemacht wird, kritzle ich das mit dem Stock hin, ich kann nicht unendlich warten, und sehe nur, wenn ich wieder durch die Straße zurückfahre, nach dem Zeichen, damit ich nicht vergesse, nochmals zu läuten."

Präsident Gruner rückte die Erklärung in die Zeitungen ein, zur Beruhigung. Ob der Brandstifter später gefaßt wurde, ist nicht überliefert.

Auch wenn Heim untersuchte, hieß Eile ihn unnötigen Zeitverlust vermeiden. Vor allem fürchtete er Patienten, die ihn wegen nichtiger Belanglosigkeit rufen ließen. Die Gräfin Soden hatte ihn inmitten der Nacht an ihr Bett zitiert, zeigte ihm ihre „schrecklich kalte" Nase. Heim wurde grob: „Bei einem Hunde bedeutet die kalte Nase Gesundheit, wie sich das bei der Gans verhält, weiß ich leider nicht."

Es kam auch vor, daß Heim sich in der Diagnose irrte. Das war bei seinem Freunde Alexander von Humboldt der Fall, dem Heim ein langwieriges und, vor allem, sehr schmerzreiches Krankenlager angekündigt hatte. Aber kaum eine Woche später begegneten sich die beiden auf einem Ball, und Heim bekannte: „Freilich, als Freund freue ich mich, daß ich mich geirrt habe. Aber als Arzt ärgert es mich infam!"

Er irrte sich, trotz der Eile, sehr selten, auch wenn seine Diagnose zuweilen wie stenographiert schien. Er untersuchte, zum letzten Male, den alten Blücher, der über einen bösen Husten klagte. Der „Alte Heim" kannte des „Ollen Blücher" Lebensführung allzu gut:

„Ja, sehen Sie, lieber Feldmarschallfreund, mit dem Husten verhält sich das so: entweder kömmt er aus der

Lunge, oder er kömmt vom Saufen. Aus der Lunge kömmt Ihr Husten nicht!"

Wegen seiner Wohltätigkeit war der Arzt Heim bei den Patienten äußerst beliebt. Das schloß nicht aus, daß er wegen seiner Praxis bei reichen Leuten Gegner im Kreise der Kollegen hatte. Auch Wilhelm Hufeland, einst Arzt Wielands, Herders, Goethes und Schillers, hatte zu kritisieren. Hufeland stellte Heim wegen eines zu häufigen Gebrauchs von Arsenkuren zur Rede:

„Ein böses Gift, Kollega Heim, wie wollen Sie sich einmal bei Gott verantworten, wenn er Rechenschaft von Ihnen abfordert?"

„Was ich sagen werde? He, ich werde ihm sagen: Alter Junge, davon verstehst du nichts."

Der Geschichtchen von Heim sind noch mehr als der von Madame Dutitre, und wie bei ihr weiß man auch bei Heim nicht, ob stets gesagt wurde, was man diesen prächtigsten Originalen des Biedermeiers in den Mund legte. Aus zuverlässiger Quelle ist uns aber noch die folgende Anekdote überliefert, die Heim als einen Mann von wirklichem Humor erweist.

Er saß bei einem Diner neben einer Dame, die immer wieder versuchte, des berühmten Arztes Aufmerksamkeit zu gewinnen. „Nicht wahr, lieber Doktor, es gibt doch, sagen die Mediziner, überhaupt keinen absolut gesunden Menschen?" Heim brummte so etwas wie Zustimmung. Die Dame drängte weiter in seine Gedanken: „Deshalb braucht man auch einen Arzt, wenn man sich scheinbar für gesund hält, nicht wahr?" Heim nickte, und er wurde in die Lebensverhältnisse der Dame eingeweiht, daß sie ständig einen Arzt konsultiere, daß ihr verordnet worden sei, nach dem Aufstehen morgens zuerst ein Glas Wasser, eine Viertelstunde später eine Tasse Kaffee und dann wieder ein Glas Wasser zu trinken.

„Aber, weiß der Himmel, in der Zerstreutheit habe ich heute morgen zuerst den Kaffee getrunken, dann ein Glas Wasser – aber das Wasser vor dem Kaffee habe ich vergessen! Wird mir das schaden können, liebster Doktor?"

Es war das keine Unterhaltung für Heim. Er machte ein zorniges, auch besorgtes Gesicht und beschwor die Tisch=nachbarin, sofort nach Hause zu fahren: „Und lassen Sie sich ein Klistier von kaltem Wasser geben, damit der Kaffee ja wieder in die Mitte kommt!"

Und auch die folgende Geschichte ist so wahr, wie in mehr als einer Hinsicht charakteristisch.

Heim hatte des Königs Schwiegertochter Marie, die Frau des Prinzen Karl, untersucht und festgestellt, daß sehr bald ein Hohenzoller mehr auf der Erde sein werde. Heim mußte ins Schloß, dem König zu berichten.

„Wann wird die Prinzessin entbinden?"

„Vermute in vier Wochen, Majestät, aber vielleicht auch erst in fünf Wochen oder später."

Majestät wollte es genau wissen und bekam eine Ant=wort, die den unruhigen oder sogar aufsässigen Geist der Zeit ahnen läßt:

„Was fragen Euere Majestät einen Untertanen? Majestät brauchen doch nur zu befehlen!"

Schadow

Seiner Meisterwerke sind viele. In Berlin geboren und als Fünfundachtzigjähriger gestorben, hat Johann Gottfried Schadow wie kein anderer das künstlerische Leben der Zeit bestimmt. Er war Direktor der Akademie der Künste. Täglich erschien er im Hause Unter den Linden, um die Arbeit seiner Schüler zu begutachten.

„Det is jut", lobte er des einen exakte Zeichnung. „Det is nischt", wurde ein anderer getadelt, weil das Bild nicht Schadows Forderung nach treuer Abbildung der Natur genügte. „Nu paß uff! Ick mach det so!" hieß es dann, und „der Alte" nahm des Schülers Stift, tupfte Punkte auf das Papier, verband die Punkte mit Linien. Was Schadow skizzierte, sah aus wie der geometrische Wirrwarr eines Schnittmusters ...

„Iss et ooch beinahe, aber nu weeßte doch, wo allens richtig hinjehört. Ick hab det von meinem Vater jelernt, der war 'n Schneider."

Als junger Mann ist Schadow in Italien gewesen. Preußen gefiel ihm besser, er fand das „ewige Italienmalen" vieler seiner Kollegen langweilig: „Ick bin nich so sehr vor Italien, un die Bööme da jefalln mir nu schon jarnich. Immer die Pinien, immer die Pappeln! Und wat is denn am Ende damit? Die eenen sehn aus wie uffjeklappte Rejenschirme und die andern wie zujeklappte."

Schadow hatte eine genaue Vorstellung von dem, was er schaffen wollte, er hatte beim Skizzieren eine sichere Hand. „Wozu brauchste denn eenen Jummi?" mahnte er einen Schüler. „Ick brauch doch ooch keenen Jummi nich. Det is doch einfach, du machst keenen falschen Strich, denn haste ooch keenen Jummi nich nötig!"

Über Wilhelm Kolbe, dessen Bilder romantischen Stiles sehr beliebt geworden waren, räsonierte der Klassizist Schadow: „Naja, Kollege Kolbe, der hat sich det Malen ooch so anjewehnt."

Mit den Romantikern vertrug Schadow sich nicht, nur für einen von ihnen, der gern in Berlins Umgebung seine Motive zu suchen pflegte, hatte Schadow so etwas wie widerwilligen Respekt: „Nee, det is doch keen Blech nich, det is Blechen." Er meinte Karl Blechen.

Mit dem Alter ist Schadow dann ein wenig grämlich geworden. Da seinem Schüler Christian Rauch große Aufträge zuteil wurden, da Rauch sogar das Denkmal Friedrichs des Großen (Unter den Linden, jetzt in Potsdam) schaffen durfte, beklagte sich Schadow: „So is det nu, mein janzer Ruhm is in Rauch uffjegangen!"

Aus feierlichen Ehrungen machte er sich nichts mehr. Kurz nach dem fünfundsiebzigsten Geburtstage brachte ihm der König (es war schon Friedrich Wilhelm IV.) persönlich den Orden Pour le Mérite. „Ach, Majestät, was soll ich alter Mann mit 'n Orden!" Der König beharrte, und Schadow gab nach: „Jut, jut, ick nehme ihn. Aber wenn ick dood bin, muß ihn mein Sohn kriejen dürfen!"

Zum achtzigsten Geburtstage überreichte ein Adjutant einen neuen Orden. „Ach nee, wat soll ick denn nu noch mit 'n anderen? Nehmen Sie ihn man ruhig wieder mit!" Majestät kam wieder persönlich, wurde ins Wohnzimmer geführt, aus der Schlafkammer ließ Schadow sich vernehmen: „Ick bin schon in die Unterhosen, Majestät, beim Zubettjehn!"

„Wollen Sie sich nicht wieder ankleiden, ich werde warten!"

„Na schön, Majestät! Ick beeile mir!" Und dann ging es ähnlich wie beim fünfundsiebzigsten Geburtstage: „Was soll ich mit 'n Orden, ich bin ein alter Mann. Aber wenn Sie ihn partout loswerden wollen, mein Sohn kriegt ja schon den Pour le Mérite, wissen Sie was, Majestät, geben Sie den neuen meinem Schwiejersohn, der freut sich noch drüber."

So kam auch Eduard Bendemann, Historienmaler und später Direktor der Düsseldorfer Kunstakademie, zu einem hohen Orden.

Des Kronprinzen Rosse

Leben und Regierung Friedrich Wilhelms III. gingen dem Ende entgegen. Der König, fast siebzig Jahre, sprach in noch kürzeren Infinitiven als früher. Verwundert sah er seinen Sohn mit drei merkwürdigen Pferden im Lustgarten herumspazieren:

„Sinn haben?" erkundigte er sich, als der Kronprinz herankam.

Der spätere Friedrich Wilhelm IV. erklärte: „Ich führe ein mageres, ein lahmes und ein blindes Pferd. Das magere, Majestät, ist das Volk, das von schlechten Beamten ausgesogen wird; das lahme das Ministerium, das nicht zu handeln versteht; das blinde stellt Euer Majestät selbst vor, wie man mit Allerhöchstderselben Blindekuh spielt."

Auch der alt gewordene König verstand, daß das kein Kompliment war. Er verurteilte den Kronprinzen zu Hausarrest. Sich selbst und die Regierung ändern wollte und konnte er nicht mehr.

Schinkels Pickelhaube

Auch als König hätte Friedrich Wilhelm IV. dem großen Baumeister Schinkel seine Gunst geschenkt. Von Schinkel erhoffte er – wie Friedrich I. von Schlüter – die völlige Neugestaltung der Residenzstadt. Es kam nicht mehr dazu, Schinkel starb kurz nach des vierten Friedrich Wilhelm Thronbesteigung.

Aber eine „neue Kopfbedeckung, die der König wünschte, damit den Soldaten gewisse Ähnlichkeit mit den Rittern des Mittelalters zuteil würde", hat Schinkel noch skizzieren können:

Es war der Helm, den die sonst in keinem Heere übliche Spitze krönte, der gleich spöttisch die „Pickelhaube" genannt wurde, der erst im Weltkrieg des nächsten Jahrhunderts dem „Stahlhelm" wich.

Kanonier Friedrich Engels

Mit einundzwanzig Jahren meldete sich Friedrich Engels als Freiwilliger. Den Sohn eines wohlhabenden Fabrikanten nahm das vornehme Garde-Fuß-Artillerie-Regiment an. Seine Uniform fand Engels sehr schön:

„Blau mit schwarzem Kragen, an dem zwei gelbe Streifen sind, und mit schwarzen, gelbstreifigen Aufschlägen nebst rot ausgeschlagenen Schößen. Dazu die roten Achselklappen mit weißen Rändern. Ich sage Dir", steht in einem Briefe an die Schwester, „das macht einen pompösen Effekt, und ich könnte mich auf der Ausstellung sehen lassen."

Kanonier Engels besuchte in der prächtigen Uniform auch Vorlesungen, fand Anschluß an Schüler des verstorbenen Hegel, veröffentlichte drei kühne Schriften, die schon den künftigen Politiker ankündigten. Aber die drei

Schriften waren anonym erschienen, so sehr man den Autor zu ermitteln suchte, blieb er unbehelligt.

So wurde Engels nach einjähriger Dienstzeit zum „Bombardier" befördert, und das Entlassungszeugnis bestätigte ihm von Amts wegen, sich „sowohl in moralischer wie in dienstlicher Beziehung sehr gut geführt" zu haben. Engels verließ Berlin und traf sehr bald in Köln mit dem anderen „Hegelianer" Karl Marx zusammen.

Der unberechenbare König

Nach vielen Reisen war Wilhelm von Humboldt wieder seßhaft geworden. Vom König sagte er:

„Es gehörte zu den unberechenbarsten Eigentümlichkeiten, daß Friedrich Wilhelm je nach Laune in die Klagen der Liberalen einstimmte und der Bureaucratie einen Esel bohren wollte. Ahnungslos, daß er doch damit den Ast absägte, auf dem er saß."

In solcher Laune empfing Friedrich Wilhelm IV. sogar Georg Herwegh, gestand dem anderwärts als Aufrührer verfolgten Dichter:

„Ich freue mich, Sie in meiner Residenzstadt zu sehen; ich liebe eine gesinnungsvolle Opposition!"

In anderer Laune war Friedrich Wilhelm, als immer mehr Stimmen eine Verfassung für Preußen forderten:

„Es drängt mich zu der feierlichen Erklärung, daß ich es nun und nimmermehr zugeben werde, daß sich zwischen Mich und Mein Volk ein Blatt Papier, gleichsam als eine zweite Vorsehung, dränge."

19 Bogen sind gefährlich . . .

Ein klein wenig war die Zensur gemildert worden. Schriften, die dreihundertundzwanzig Seiten, also 20 Bogen und mehr umfaßten, galten als ungefährlich. Nur kleinere und deshalb billigere und gängigere Bücher mußten noch die Zensur passieren.

Georg Herwegh, nun doch wieder als Aufwiegler auch aus Preußen verwiesen, druckte seine neuen politischen Gedichte mit viel Papieraufwand und gab ihnen den Titel „Einundzwanzig Bogen".

Robert Prutz, der andere bekannte Revolutionär, gerade in Berlin, spottete:

Neunzehn Bogen sind gefährlich
Aber zwanzig machen ehrlich.

Der Philosoph als Milchhändler

Zu den Hegelianern, die Friedrich Engels' Freunde gewesen waren, gehörte der an einer Töchterschule tätige Lehrer Kaspar Schmidt. Er veröffentlichte unter dem Pseudonym Max Stirner das Buch, das „mit einer unfaßbaren und verwegenen Rücksichtslosigkeit den seit Jahrtausenden geschlossenen Kompromiß zwischen Einzelwesen und Welt zerriß und auf diesem Scherbenberg das überweltliche Denkmal des Ichs aufzurichten wagte".

Diesem „Der Einzige und sein Eigentum" betitelten Buch half auch der Umfang von „mehr als 20 Bogen" nicht. Es wurde sofort verboten, der als „Demagoge" geächtete Stirner mußte den Lehrerberuf aufgeben. Max Stirner gründete einen Milchvertrieb, der – lang vor Bolle – den Frauen die Molkereiprodukte ins Haus lieferte! Er hatte auch in diesem Berufe kein Glück:

„Stirners sauergewordene Milch fließt in den Rinnstein, wohin auch seine verbrecherische Schrift gehört", notierte Savigny. Max Stirner starb in drückendster Armut und in Vergessenheit, der ihn erst Nietzsche entriß.

Die Stadtvogtei

Sie war das Gefängnis, in das auch die bösen „Demagogen" geschafft wurden. „Wer nicht wenigstens einmal in der Stadtvogtei gewesen ist", spottete Bettina von Arnim,

„konnte kaum als ein braver Mann angesehen werden." In der Stadtvogtei saß später auch Fritz Reuter, ehe er in die „Festungstid" ging. Wie es in Berlins Stadtgefängnis aussah, schildert der Häftling Ernst Dronke:

„Die engen finsteren Löcher der Stadtvogtei dienen sämtlichen Gefangenen, gleichviel ob Verbrechen oder Armut oder Meinung die Ursache der Verhaftung ist. Einzig in der Stadtvogtei herrscht Gleichheit im Gesetz! Völlige Gleichheit in der scheußlichsten, ekelhaftesten Unsauberkeit. Oft liegen mehr als zehn Personen auf dem Fußboden beisammen. Das Elend und die Verzweiflung ertragen die meisten nicht lang, sehr häufig kommt es vor, daß sie selbst dem Leben ein Ende machen; diejenigen, welche so ‚glücklich' sind, entlassen zu werden, kommen mit Schwindsucht und Lungenhusten daraus hervor. Dieser Art ist die Rache des Staates an Menschen, welche durch des Staates Unordnung nur schuldig geworden sind."

Fritz Reuters Klage

„Ach du leiwer Gott! Wi stunnen tausammen in en düster Loch, inslaten, nicks up und nicks in den Leib, un wullten uns gegen de Welt wehren! Wi jungen Lüd, in den jede Atentog (Atemzug) von Tun un Wirken red'te, wi sülln uns von so 'n Kriminaldirekter Dambach (Leiter der Stadtvogtei) tau Water riden (einfach zu nichts machen) laten? Aber ik will den Herrn Kriminaldirekter Dambach dat nich anreken, aber up Jensid (im Jenseits) sall hei sik verantwurten."

Dies Buch gehört dem König!

„Den Hungrigen helfen wollen, das heißt jetzt Aufruhr predigen!" schrieb Bettina von Arnim einem ihrer Freunde.

Die Frau, die in dem viel gelesenen Buch „Goethes Briefwechsel mit einem Kinde" so neckisch posiert, auch sonst gern geschauspielert hatte, erwies sich als klüger und jedenfalls mutiger als sämtliche Männer der Zeit. Es mag ein „Trick" gewesen sein, daß Bettina ihrer Anklageschrift den Titel gab: „Dies Buch gehört dem König!" und sie somit des Zensors Gewalt entrückte. Bettina mochte sich als Witwe des Aristokraten Achim von Arnim und überhaupt als „grande Dame" vor Verfolgung sicher fühlen. Der Ruhm, frei und offen auf die soziale Not Berlins hingewiesen zu haben, bleibt doch. In ihrem Buche standen Sätze, die Berlin niemals mehr vergaß:

„Die Armenverwaltung hat taube Ohren. Sie läßt sich lang vergeblich anschreien vom Armen, und was er ihr abringt, das läßt ihn nur langsamer sterben."

„Abgaben, Steuern fordert der Staat von dem ärmsten Manne. Aber die Miete muß er bezahlen, sonst wirft ihn der Mietherr hinaus und die Polizei steckt ihn (als Obdachlosen) ein. Die Kinder verhungern, und die Mutter verzweifelt."

„An Feiertagen hält ein Wohltätigkeitsverein eindringliche Reden. Aber 5 Dreier müßten genügen, um für 5 Menschen ein Mahl zu bereiten. Ist Euer (der Reichen) Magen zu schlaff, daß Ihr den Verein nicht hinausbellen könnt?"

„Sie sagen, es geht nicht zu helfen! Ich sage, es geht doch! Ihr widersprecht mit den hohlen Gründen der Philisterei!"

„Anstatt den rechten Augenblick der Not kennenzulernen und zu benutzen, verwendet man die Gelder auf Almosen, die keinem Armen noch (zu selbständiger Arbeit) aufgeholfen haben."

„Der Weber Naumann ist schon seit sieben Wochen für 3 Thlr, 15 gr. in Schuldarrest. Der Executor ging mit mir zum Armendirektor und stellte diesem vor, daß der Armenverwaltung, wenn sie die Schuld nicht tilge, eine Frau mit sechs Kindern auf den Hals falle. Doch umsonst! Man ließ den Mann im Schuldgefängnis sitzen und reicht der Familie jeden Monat 4 Thaler zur Unterstützung. Es zeigt sich an diesem Beispiele, wie ungeschickt das alles ist."

Jeden andern würde dieses Buch ins Zuchthaus gebracht haben. Geheimrat Bitter vom Innenministerium verlangte auch entsprechende Maßnahmen, drang aber nicht durch. Bettina hatte ihre Schrift tatsächlich dem Könige vorgelegt, Friedrich Wilhelm hatte in einem Schreiben „Dies Buch gehört dem König" akzeptiert und ihm „weiteste Verbreitung" gewünscht. Daß er es nicht oder nur überaus flüchtig gelesen hatte, stand nicht zur Debatte; an einem „Königswort durfte eben nicht gerüttelt" werden.

Tschechs Attentat

Auf Friedrich Wilhelm IV. war ein Anschlag verübt worden. Wer hätte, bei aller Unruhe, je an „solches Verbrechen, welches bisher unerhört in der Preußischen Geschichte war, gedacht!" Als Täter wurde der „vormalige Bürgermeister Tschech aus Storkow in der Kurmark" ermittelt und festgenommen. In dem Poem eines Gelegenheitsdichters hieß es:

Wer war wohl je so frech
Als der Bürgermeister Tschech?
Denn er schoß ein ganz klein wenig
Vorbei an unserm guten König . . .
Und er schoß in blinder Wut
Unsrer Königin durch den Hut,
Der verfluchte Attentäter,
Königsmörder, Hochverräter . . .
Hieraus nun jedermann ersicht:
Trau keinem Bürgermeister nicht!

Das langweilige Stück

Friedrich Wilhelm IV. liebte so wenig wie sein Vater schwere Kost auf der Bühne. Trotzdem war er zur Premiere eines Columbus-Dramas erschienen.

Nach dem vierten Akt hatte er keine Lust mehr, den fünften abzuwarten und erhob sich. Generalintendant von

Hülsen stürzte in die Hofloge, wies auf die „schönen Ideen" des Stückes hin. Friedrich Wilhelm fand die schönen Ideen nur langweilig und ging.

Von dem jammernden Generalintendanten begleitet, kam er in den Wandelgang, sah einen schlafenden Logendiener:

„Hülsen, ich glaube, der hat gehorcht!"

Der unmögliche Reim auf Pankow

Emanuel Geibel fand, was viele Poeten vergebens gesucht hatten. Er hatte den König besucht, sich für eine ihm zugesicherte Ehrenpension bedankt und dichtete:

Berlin hat manches, dem ein Lob gebührt.
Schön ist's unstreitig abends in den Zelten,
Wenn man sein Liebchen dort spazieren führt,
Schön ist's im fischberühmten Stralau, Dank, oh
Neptun, Dir, und in Pankow!

Ein Zoo

Professor Lichtenstein, mit dem Schopenhauer korrespondiert hatte, gründete ein Zoologisches Museum. Es wurde sehr bald das größte des Kontinents.

Martin Heinrich Karl Lichtenstein wollte den Berlinern auch lebende Tiere zeigen. Der König mußte nachgeben, Land zur Verfügung stellen, auch das exotische Getier, das auf der Pfaueninsel untergebracht war. Wegen des baren Geldes appellierte Lichtenstein, der dann auch Direktor dieses neuen Unternehmens wurde, an die Bürger. Und endlich war es so weit:

„Infolge unserer neulichen vorläufigen Mitteilung haben wir jetzt anzuzeigen, daß der Zoologische Garten bei Berlin vom Ersten künftigen Monates September ab dem Publico geöffnet sein wird. Es werden Eintrittskarten für Erwachsene zu fünf und für Kinder zu zweieinhalb Groschen an dem rechts stehenden Thorhause gelöst."

Das „rechts stehende Thorhaus" war vom großen Stern erreichbar; auf der anderen Seite waren die Gemüse- und Spargelfelder der Charlottenburger Bauern.

Prunkstücke des neuen Zoo waren „zwei Rüsselbären, drei nordische Füchse und einige Vögel."

Des Königs Schweigen

Aus Stuttgart war Theodor Döring nach Berlin gekommen. An schwäbischen Freimut gewöhnt, fand der Schauspieler die preußische Residenzstadt nicht gerade amüsant. Döring scheute sich nicht, dem ihm wohlgewogenen König seinen Unmut zu bekennen: „Hier schnüffelt die Polizei hinter ja jedem harmlosen Scherze ein gräßliches Staatsverbrechen, Majestät!"

Friedrich Wilhelms Antwort klang sehr melancholisch: „Ja, lieber Döring, mein Witz paßt Minister Eichhorn auch nicht immer, ich muß es auch aushalten und stille sein."

Bismarcks Meinung

Der kgl. preußische Referendar a. D. war in die Ständevertretung berufen worden, in den Vereinigten Landtag, der sich zu Berlin versammelte. Als der Abgeordnete von Saucken-Tarputschen darauf hingewiesen hatte, die Begeisterung von 1813 sei „nicht bloß die Folge des Hasses gegen Napoleon, sondern die Frucht der befreienden Gesetzgebung Steins" gewesen, stieg Herr von Bismarck auf das Rednerpult:

> „Ich fühle mich nur noch gedrungen, dem zu widersprechen, was auf der Tribüne sowohl als außerhalb des Saales so oft laut geworden ist, als von Ansprüchen auf Verfassung die Rede war. Als ob die Bewegung des Volkes von 1813 anderen Gründen zugeschrieben werden müßte, und es einen anderen Mo-

tives bedurft hätte, als der Schmach, daß Fremde in unserem Lande geboten."

Das Protokoll vermerkte: „Murren und lautes Rufen. Bismarck zieht die Spenersche Zeitung aus der Tasche und liest darin, bis die Ruhe wiederhergestellt ist."

Das ungemütliche Geld

Dem Vereinigten Landtage gehörte als Vertreter der Rheinischen Provinz auch der bekannte David Hansemann an. Er war liberal gesonnen, setzte sich für einen großzügigen Eisenbahn- und Handelsverkehr und viele andere Fortschritte ein. Als ein anderer liberaler Ständevertreter eine Reform der Zollgesetzgebung forderte, an Hansemanns sonst so liberale Gesinnung appellierte, sah der Wirtschaftsführer den heimischen Handel bedroht. Hansemann weigerte sich, einem Antrage zuzustimmen, der Aachens Tuchfabrikanten Schaden bringen würde, und sprach das geflügelte Wort: „Meine Herren, bei Geldfragen hört die Gemütlichkeit auf."

Adelsstand und Kassenstand

Auf den ererbten, durch Privilegien geschützten Grundbesitz hatten sich Reichtum und Macht des Adels gegründet. Die fortschreitende Industrialisierung schuf neuen Reichtum und neue Macht für den Bürger.

Verarmender Adel und reicher werdendes Bürgertum rivalisierten, schlossen auch Bündnisse. König Friedrich Wilhelm IV. nahm ungern zur Kenntnis, daß „nicht dem angeborenen Stande gemäße Heiraten jetzt immer mehr in Mode" kamen. Als auch Graf Karl von Hagen, einer der stolzesten Aristokraten, die Tochter eines reichen Fabrikanten heiratete, meinte er melancholisch:

„Die einen suchen die Mittel, die anderen die Titel. Ich kann nicht recht unterscheiden, ob die Von's sich mehr zu den Fonds hingezogen fühlen oder die Fonds zu den Von's."

Doppeltes Sonntagsvergnügen: Hin und zurück im Spreekahn, wen es nach geruhsamen Auen Moabits gelüstete. Rauf und runter auf der Achterbahn, wer Spaß an modernerem Tempo hatte (Staatsbibliothek Berlin, Bildarchiv Handke)

»Papa Wrangel« vor dem Brandenburger Tor

(Zeichnung von H. Lüders)

Des Königs und des Volkes Wohl

Die vierhunderttausend Berliner waren in der weiten Mehrheit weder Aristokraten noch Kapitalisten, sahen sich von den einen wie den anderen benachteiligt, bedrückt, betrogen. Das Volk hatte nach mehr als der Befreiung von Napoleons Fremdherrschaft verlangt; die Rechnung war nicht aufgegangen und nicht beglichen worden.

Oberbürgermeister Krausnick vertröstete eine wiederum und nochmals auf demokratische Reformen drängende Abordnung:

„Ihr wißt doch, der König will doch nur Euer Bestes!"

„Un jrade det wolln wir für uns behalten!" ließ sich ironisch ein Mann des von den „Bürgerrechten" ausgeschlossenen Volkes vernehmen.

Sie raisoniert inwendig!

Die dumpfgärende Unruhe der Masse verriet eine Karikatur von Dörbeck aus den Vormärztagen. Ein Marktweib verteidigte sich gegen den herumschnüffelnden Polizeisoldaten (=kommissar):

„Ick sage ja keen Wort, Herr Kumsargus!"

„Halt Sie's Maul! Sie raisoniert inwendig!"

Wir brauchen keenen König nich!

Nur die Schusterjungen nahmen kein Blatt vor den Mund. Schon rief ein Schusterjunge lauthals in die Friedrichstraße:

„Wir brauchen keenen König nich!"

Er wurde von einem „Kumsargus" gestellt. Der Schusterjunge aber ließ sich nicht einschüchtern:

„Wir brauchen doch wirklich keenen König nich, wir ham ja noch eenen!"

Friedrich Wilhelm lachte, als man es ihm erzählt hatte. Auch die Bürger lachten.

Große Massen zerlumpten Gesindels

Herr Biedermeier lachte zum letzten Male. Denn bald las er in der Zeitung, daß „Arbeiter und andere Proletarier sich zusammengerottet und wegen des hohen Kartoffelpreises die Marktstände geplündert" hatten. „Aus den Vorstädten zogen singend und jubelnd große Massen zerlumpten Gesindels nach dem Alexanderplatz . . ."

Es ging nur um Kartoffeln! Aber die Massen schrien: „Wir wollen nach der Revolution! Wir wollen nach der Revolution!"

Biedermeiers Leben und Zeit waren zu Ende gegangen.

Das tolle Jahr

Der König, der das Volk einst zum Freiheitskampf aufgefordert hatte, war 1840 gestorben. Die Berliner hatten auch seinen Sohn daran erinnert, daß die große Rechnung von 1813 noch immer nicht beglichen sei. Die Bürger wollten eine Verfassung, das Wahlrecht und überhaupt und allgemein eine demokratische Reform des Staates.

Wer Auge und Ohr nicht verschloß, konnte wohl auch erfahren, daß außer den Bürgern noch andere Untertanen des Königs unzufrieden waren. Die Leinwandweber hatten 1844 aufbegehrt; wie in Schlesien war es in fast allen Provinzen zu Unruhen gekommen. Sogar Friedrich Wilhelms Residenzstadt mußte ihren „Schneiderkrieg" und einen „Kartoffelkrieg" und ähnliche Tumulte erleben, wenn Hunger die arbeitslosen Männer, die verzweifelten Frauen auf die Straße trieb.

Gegenüber den Bürgern beharrte Friedrich Wilhelm unnachgiebig auf dem Recht einer Krone, die für ihn göttlichen Ursprungs war. Die demokratischen Gedanken erkannte er als Gefahr. An der Krone rütteln, hieß für Friedrich Wilhelm IV. genau wie für seine Vorgänger, den Staat zerstören. Er bekämpfte, was er als Gefahr erkannt hatte. Und wenn er dabei unablässig darauf verwies, daß König und Vaterland eins seien, daß jede Bedrohung des Königs immer auch eine Bedrohung Preußens, daß Treue zum König immer auch Treue zum Vaterlande wäre, bekämpfte er damit nicht einmal ungeschickt die Widersacher aus dem Bürgerstande.

Was die „unteren Klassen" betraf, so erinnerte Friedrich Wilhelm die Fabrikherren an die Christenpflicht. Er mahnte auch die anderen wohlhabenden Bürger, auch seine weltlichen und geistlichen Diener, sich der armen Leute anzunehmen. Der König beschwor die „unteren Klassen", im wirtschaftlichen Streite gegen die „oberen Klassen" nicht das gemeinsame Vaterland zu vergessen.

Daß ein Appell, den auch das demokratische Bürgertum in großer Mehrheit, sogar in der Stunde des Kampfes noch beherzigte, keine Wirkung auf die „unteren Klassen" hatte, daß das Arbeiterproletariat dem „Vaterlande" schon entfremdet war, erkannte Friedrich Wilhelm allerdings nicht. Fünfundzwanzig Jahre Metternichscher Geistesknebelung wirkten sich aus. Selbst den fortschrittlichsten Köpfen waren die gewaltigen sozialen Veränderungen nicht bewußt, das demokratische Bürgertum war bei den Gedanken von 1813 geblieben.

Aber das Berlin des Jahres 1813 hatte noch keine Fabriken gekannt. Es gab 1846 bereits 350 Fabriken, von denen einige achthundert und tausend und mehr Arbeiter beschäftigten. Berlin hatte 1813 nur etwa 175 000 Einwohner gezählt; es waren 1846 ihrer fast 400 000 geworden! Allein nach Berlin hatte die Dampfmaschine mehr als zweihunderttausend Menschen gelockt, deren Vorfahren auf dem Lande seßhaft gewesen waren und trotz manchen Leides das Land, dem sie ihr Brot verdankten, auch geliebt hatten.

Die gewaltigen Scharen, die nun als Arbeiter in die Städte strömten, hatten kein Vater-Land mehr, sie kannten bald auch kein Vaterland mehr. Sie verdankten ihr Brot einer Fabrik, die da oder dort aufgebaut worden war. Für diese Hunderttausende und (alsbald) Millionen gab es statt der Heimat nur einen Staat, eine Verwaltung und Gesetzgebung, eine höchst geheimnisvolle Organisation, in der für den Vierten Stand kein Platz vorgesehen war.

Wenn einst, nach 1813, der König seine Sternstunde nicht wahrgenommen hatte, versäumte 1848 nun der Bürger die Sternstunde. Er protestierte gegen die eigene politische Rechtlosigkeit, der politischen Rechtlosigkeit des Proletariers nahm er sich nicht an. Die wirtschaftlichen Forderungen des Arbeiters betrachtete er als geradezu verbrecherischen Anschlag auf sein Eigentum.

Bürger und Arbeiter gingen getrennt auf die Barrikaden. Sie gingen getrennt, jeder für sich, als Besiegte aus den Kämpfen hervor. Der König konnte die Revolution für nicht geschehen erklären. Daß dem nicht so war, daß auch der Arbeiter, damit er ein Vaterland anerkenne, sein Recht am und im Staate haben muß, sollten die Berliner erst siebzig Jahre später erkennen. Die Revolution, die Friedrich Wilhelm IV. für erledigt hielt, wurde bis 1918 vertagt.

Klassenkampf ist politischer Kampf?

Die Berliner horchten nach London. Mit einem Male war da, sehr überraschend, zum Jahresanfang von einer neuen politischen Lehre zu hören, auch von zwei Deutschen, die in London ein höchst gefährliches Buch geschrieben hätten. Der Zensur wegen blieb es bei Vermutungen oder Gerüchten, die man als irrsinnig verlachen oder als unmöglich ablehnen konnte.

Einige Wochen später, in den ersten Februartagen, kam das „Manifest der communistischen Partei" trotz der Zensur nach Berlin. Wer eines der wenigen Exemplare, die der Kontrolle der Zollwächter entgangen waren, in den Händen hielt, las also die Sätze:

> „Die Geschichte aller bisherigen Gesellschaft ist die Geschichte von Klassenkämpfen ..."
>
> „Jeder Klassenkampf ist aber ein politischer Kampf. Und die Vereinigung, zu der die Bürger des Mittelalters mit ihren Vizinalwegen Jahrhunderte bedurften, bringen die modernen Proletarier mit den Eisenbahnen in wenigen Jahren zustande ..."
>
> „Die Kommunisten verschmähen es, ihre Ansichten und Absichten zu verheimlichen. Sie erklären es offen, daß ihre Zwecke nur erreicht werden können durch den gewaltsamen Umsturz aller bisherigen Gesellschaftsordnung ..."
>
> „Auf Deutschland richten die Kommunisten ihre Hauptaufmerksamkeit, weil Deutschland am Vorabend einer bürgerlichen Umwälzung steht, und weil es diese Umwälzung ... mit einem entwickelten Proletariat vollbringt, die deutsche bürgerliche Revolution also nur das Vorspiel einer proletarischen Revolution sein kann ..."

Es waren wirklich nur sehr wenig Exemplare nach Berlin gekommen. Daß das „Manifest der communistischen Partei" Eindruck gemacht oder gar Bestürzung erregt hätte, läßt sich nicht feststellen. Allenfalls war man über die Herren Verfasser erstaunt und amüsierte sich:

Der eine hieß Friedrich Engels und war vor ein paar Jahren doch so stolz gewesen, Seiner Majestät Gardekanonier zu sein.

Der andere, Karl Marx, der so blutrünstigen Sinnes wider den Adel und König stritt, lebte mit seiner Frau Jenny in glücklichster und harmonischster Ehe. Und daß Jenny die Schwester des Herrn Wilhelm von Westphalen, und daß Herr von Westphalen stockkonservativ und König Friedrich Wilhelms guter Freund war, wußten alle Berliner.

Doch der Tante Voss schwant Böses

Die Berliner horchten dann nach Paris. Wird Frankreichs König wirklich dem Ratschlage von Thiers, Barrot und anderen bürgerlichen Politikern folgen und den Arbeitern das Wahlrecht geben, das selbst die Republik dem Proletariat verweigert hatte?

Wird Louis Philippe den widerstrebenden Ministerpräsidenten Guizot entlassen müssen?

Während an den Stammtischen noch diskutiert wurde, war das Unglaubliche bereits geschehen. Die Pariser hatten am 24. Februar 1848 zur Revolution aufgerufen, mit Hilfe der Arbeiter nicht nur Guizot, sondern auch den König verjagt.

Von „schlimmen Nachrichten aus Paris", sprach die Vossische Zeitung. Ihr Leitartikler sah Gefahren auch für Preußen voraus:

> „Was noch geschehen wird, wer kennt Ziel und Mass davon? Ein Ausbruch des Vulkans hat stattgefunden; wie viele nachfolgen, wie weit die Ströme der glühenden Lava sich ergießen werden, das verhüllt uns die Hand der Schickung noch mit dunklen Schleiern."

Die „glühende Lava" ergoß sich weithin. Aus Wien, Budapest, Prag wurden Straßenkämpfe gemeldet. Münchens Bürger hatten die Tänzerin Lola Montez verjagt, die Pressfreiheit, ein Parlament, sogar die Abdankung Ludwigs I. gefordert.

Paris meldete noch sehr viel Aufregenderes. Eine Provisorische Regierung war gebildet worden, der gefeierte Dichter Lamartine gehörte ihr an, auch bekannte Demokraten wie Crémieux und Arago. Und zum ersten Male in Europas Geschichte hatte man auch Sozialisten – den Redakteur Louis Blanc, den Advokaten Ledru-Rollin und sogar einen einfachen Arbeiter namens Albert – zu Ministern ernannt.

Würden auch Berliner Arbeiter nach der Regierung streben? Das Gespenst des Kommunismus tauchte auf, es schien sofort wieder gebannt. Nicht nur in der „Zeitungs-Halle", Ecke Wall- und Jägerstraße, erörterten die Demokraten, daß jetzt für sie die Stunde gekommen sei. In jedem Hause sprach man über die Revolution, in jeder Konditorei und Weinstube sammelten sich die Verschworenen.

Nur dem König blieb unbekannt, was die ganze Stadt erregte. Es war am Rosenmontag, am 7. März, als er die Vertreter der Stände beurlaubte·

> „Sie aber, meine Herren, gehen Sie mit Gott in Ihre Provinzen und Städte als Boten des Friedens, der Einigkeit und Kraft. Die Vorsehung hat Ereignisse eintreten lassen, welche die gesellschaftliche Ordnung in ihren Grundfesten zu erschüttern drohen. Deutsche Herzen, preußische Männer, Männer der Vaterlandsliebe, der Ehre, wissen, welche heilige Pflicht solche Zustände bedingen ... Lasset alle Parteien ruhen. Schaart Euch, wie eine eherne Mauer, im lebendigen Vertrauen um Euren besten Freund, um der Welt zu zeigen, daß in Preußen der König, das Volk und das Heer dieselben sind von Geschlecht zu Geschlecht."

Am Fastnachtsdienstag

Daß die schönen Worte nicht verstanden, nicht befolgt wurden, zeigte sich vierundzwanzig Stunden darauf. Die Bürger hatten sich in einem Saale der Zelten versammelt und eine Eingabe an den König beschlossen. Die Bürger verlangten:

Unbedingte Pressfreiheit. Vollständige Redefreiheit. Amnestie für alle politischen Verurteilten. Freies Versammlungs- und Vereinsrecht. Gleiche Berechtigung Aller ohne Rücksicht auf Besitz und religiöses Bekenntnis. Geschworenen-Gerichte und Unabhängigkeit des Richterstandes. Verminderung des Heeres, dafür Volksbewaffnung mit freier Wahl der Vorgesetzten. Allgemeine deutsche Volksvertretung. Einberufung beziehungsweise Konstituierung eines preußischen Landtags.

An der Versammlung in den Zelten hatten Kaufleute, Hausbesitzer, Gelehrte und sogar Beamte teilgenommen. Die neun Punkte waren das Programm der Kaufleute, Hausbesitzer, Gelehrten, Beamten und der übrigen Demokraten.

Beförderungsschwierigkeiten

Zehn Herren wurden beauftragt, die Petition mit den neun Punkten in die Hände des Königs gelangen zu lassen. Die Herren baten den Polizeipräsidenten von Minutoli, die Petition dem König zu übermitteln.

Polizeipräsident von Minutoli war aber durchaus nicht einverstanden und wehrte ab:

„Aber wir haben doch eine Stadtpost in Berlin, stecken Sie Ihre Bittschrift in den Briefkasten. Post an den König wird übrigens gratis befördert!"

Die zehn Herren wollten das nicht, nahmen die Petition an den „Allerdurchlauchtigsten Großmächtigsten Allergnädigsten König und Herrn" wieder mit nach Hause.

Angst vor der eigenen Courage

Eine neue Versammlung in den Zelten debattierte über die Eingabe. An ihr nahmen auch Arbeiter teil, die am Morgen für einen freien Sonntag demonstriert hatten. Drei Redner wollten, daß die ganze Versammlung zum Schlosse ziehen und nach dem König rufen solle, um die Adresse zu überreichen.

Es gab begeisterten Applaus. Aber der vierte Redner, Herr Dr. Oppenheim, warnte:

> „Wissen Sie, welches die Folgen der beantragten Massenüberreichung sein werden? Eine Reibung zwischen dem Volk und dem Militaire, ein Crawall und, aus dem Crawall entstehend, eine Emeute. Wissen Sie, was eine Emeute ist? – das ist eine verunglückte Revolution!"

Die Versammlung zog nicht zum Schlosse. Der König hat die Petition, die mittlerweile von sechstausend Berlinern unterschrieben worden war, nicht bekommen und also auch nicht gelesen.

Reim auf Codex

Das Wartburgfest war nicht vergessen. Auch der Polizeiminister von Kamptz war nicht vergessen.

Karl von Kamptz war längst in Pension, aber sein „Codex der Gensdarmerie" mit all den bösartigen Bestimmungen, die den freien Austausch der Meinung unterdrückten, war immer noch in Kraft. Die Studenten zogen vor des Herrn von Kamptz Haus, brachten dem fast achtzigjährigen Polizeiminister a. D. eine Katzenmusik und sangen:

In dieser ernsten Zeit gibt's keinen Scherz,
Und jeder wahre sich das eigne Herz.
Drum, tapfrer Kamptz, nimm deinen Codex
Und bind ihn dir als Panzer vor den Podex.

Verwegenes Schachspiel

Gottfried Taubert, Kapellmeister an der Königlichen Oper, wollte von Politik nichts wissen, erst recht nichts von Kritik an seinem Monarchen. Er spielte, während in den

Zelten schon wieder eine Versammlung stattfand, mit dem Bassisten Zschieche Schach und war dabei, die Partie zu gewinnen.

„Schach dem König!" triumphierte Taubert, erschrak sogleich über solche Kühnheit und setzte schnell hinzu: „Wenn ich so sagen darf."

Der Blaue Montag

Der Fastnachtswoche folgte wieder ein Montag. Die Handwerker, erzählt die Chronik, hatten „deshalb schon früh blau gemacht, um den Nachmittag in den Zelten zuzubringen". Dort ging es lebhaft zu. Wie schon beinahe üblich, wurden Reden gehalten, Flugblätter verteilt. Gegen Abend zogen die Handwerker gruppenweise durch das Brandenburger Tor in die Stadt, wo Militär sich ihnen entgegenstellte.

„Bläut die Kerle nur tüchtig", rief ein Leutnant, „die Kerle sollen ihren Blauen Montag haben!"

Am 18. März

Die Zelten=Petition hatte Friedrich Wilhelm nicht zur Kenntnis genommen; dafür hatte er die Garnison verstärkt, auf Brücken und anderen wichtigen Plätzen Wachen postiert. Um so erstaunter waren die Berliner, als ihnen Oberbürgermeister Krausnick am Morgen bekanntgab:

> „Der Magistrat ist amtlich davon unterrichtet, daß ein auf die freisinnigsten Grundlagen sich stützendes Pressfreiheitsgesetz bereits unwiderruflich vollzogen ist, und bürgt der Magistrat mit seiner ganzen Wirksamkeit für die Bewahrheitung dieser Regierungsmaßregel.
> Gleichzeitig ist Se. Majestät der König gegenwärtig mit der Vollziehung von Entschließungen beschäftigt, wel-

che das Wohl des Vaterlandes auf dauernde Weise sichern werden.
Der Landtag wird zum 2. April einberufen."

Am 18. März mittags

Gegen zwei Uhr kamen an zehntausend Berliner zum Schlosse, um dem König für das Versprechen, die Zensur aufzuheben, einen Landtag einzuberufen, ihren Dank auszusprechen.

Friedrich Wilhelm sprach zu den Untertanen und bestätigte Krausnicks Mitteilung. Der König war schon wieder in seinem Arbeitszimmer, die Berliner standen noch immer vor dem Schlosse, riefen ihr dankbares „Heil dem König!" und riefen schließlich nach dem König selbst.

Statt des Königs kamen Soldaten. Ein Rittmeister namens v. Borstell, wird erzählt, zog den Degen. Es gab Verletzte. Ein Schuß löste sich, zerbeulte die Trompete eines Musikanten. Es gab neue Verletzte.

Zehntausend Berliner und mehrere hundert, zum Teil aus Potsdam herangezogener Soldaten standen sich gegenüber. Was auf dem Platz vor dem Schlosse im einzelnen geschah, konnte niemand genau beobachten oder ergründen. Aber die Berliner riefen nicht mehr „Heil dem König!" Die aufgeregten, entsetzten Berliner schrien:

„Verrat! Verrat! Man schießt auf uns!"

Zuständigkeit

Auch was innerhalb des Schlosses vorging und vorgegangen war, konnte niemand genau beobachten oder ergründen. Von Verrat, von irgendeiner bösen Absicht, einem klaren Plane des Königs darf wohl nicht die Rede sein:

> „Als ein Offizier, welcher die Friedrichsbrücke unbesetzt gefunden hatte, gegenüber der sich zahlreiche Volksmassen, zum Theil unbewaffnet, versammelten,

von wo her das Schloß vom Lustgarten aus beschossen werden konnte, die Nothwendigkeit erkannte, die Friedrichsbrücke in rein defensiver Hinsicht mit einer Compagnie Infanterie zu besetzen, den General v. Prittwitz mit seiner Meldung nicht auffinden konnte, vom Kriegsminister aber mit den Worten ‚Ich habe hier nichts anzuordnen' abgewiesen wurde, den Prinzen von Preussen im Schlosse aufsuchte und ihn bat, eine Compagnie schleunigst nach jenem wichtigen Punkte zu commandiren, wurde er von dem Prinzen mit den Worten ‚Sie haben Recht, aber ich habe nichts zu befehlen' schroff abgewiesen."

Man muß den Satz wohl dreimal lesen, versteht ihn auch dann nur mit Mühe. Daß dem Kommandeur des Gardekorps Karl v. Prittwitz und sogar dem Thronfolger Prinz Wilhelm die „Zuständigkeiten" fehlten, läßt jedoch darauf schließen, daß es diese überhaupt nicht gab, daß der König keinerlei Befehle erlassen oder vorgesehen hatte.

Ein Spruchband

Zwischen drei und vier Uhr wurde am Schloß eine weiße Leinwand angebracht. Mächtige schwarze Buchstaben verkündeten:

EIN MISSVERSTÄNDNIS
DER KÖNIG WILL EUER BESTES!

Die Berliner räsonierten trotzig wie einst: „Und jrade det wolln wir für uns behalten, Herr Keenig!"

Apothekergehilfe Fontane

Er war Provisor in der Jungschen Apotheke, Ecke Neue König- und Georgenkirchstraße. Er hörte das Geschrei der vom Schloßplatz fliehenden Bürger, auch das Sturmgeläut von den Kirchen:

„Alles Große, so stand mir mit einem Male fest, war durch Sturmläuten eingeleitet worden. Ich lief also, ohne mich lang zu besinnen, auf die Georgenkirche zu, um da mit Sturmläuten zu beginnen. Die Kirche war zu, aber das steigerte nur meinen Eifer und ließ mich Umschau halten nach einem Etwas, womit ich die stark mit Eisen beschlagene Tür einrennen könnte. Richtig, da stand ein Holzpfahl, einer von der Art, wie man sie auf abgelegenen Kirchplätzen fand, um eine Leine darum zu ziehen und Wäsche zu trocknen. Ich machte mich an den Pfahl, der schief stand und schon stark wackelte. Trotzdem, wie manchmal ein Backenzahn, den man, weil er wackelt, auch leicht unterschätzt – der Pfahl wollte nicht heraus. Nachdem ich mich ein paar Minuten lang wie wahnsinnig mit ihm abgequält und sozusagen mein bestes Pulver (denn ich kam nachher nicht mehr zu rechter Kraft) an ihm verschossen hatte, mußt' ich es aufgeben. Mit meinem Debut als Sturmläuter war ich gescheitert, soviel stand fest, und dennoch bin ich froh, daß aus dem Sturmläuten nichts geworden ist, und daß ich nur ein verhinderter Achtundvierziger bin."

Königlicher Gruß

Barrikaden in der Werder- und Oberwallstraße, am Oranienburger Tor, vor dem Köllnischen Rathaus, auf dem Alexanderplatz. Vierzehntausend gut ausgerüstete Soldaten auf der einen, einige tausend sehr schlecht bewaffnete Bürger auf der anderen Seite. Mit einem Siege der Bürger hätte der Kampf nicht enden können.

Aber Friedrich Wilhelm war es, der die Hand zur Versöhnung reichte, sich mit einer feierlichen Proklamation an die Bürger wendete:

„Hört die väterliche Stimme Eures Königs, vergesset das Geschehene, wie Ich es vergessen will und werde, um der großen Zukunft willen, die unter dem Segen Gottes für Preußen und durch Preußen für Deutschland anbrechen wird."

Die Proklamation begann mit den Worten: „An meine lieben Berliner" und endete mit der Unterschrift „Friedrich Wilhelm". Sie wurde noch in der Nacht überall verteilt, um fünf Uhr des kommenden Morgens war der Barrikadenkrieg beendet. Geblieben war jedoch das Mißtrauen gegenüber des Königs pathetischen Worten.

In der Mauer eines Hauses in der Breiten Straße steckte noch eine Kanonenkugel aus des Königs Geschütz. Der Hausbesitzer zerschnitt die Proklamation und verwendete die Teile auf seine Weise. Die Berliner hielten es für einen trefflichen Witz, daß der Hausbesitzer die Worte „An meine lieben Berliner" und „Friedrich Wilhelm" über beziehungsweise unter die Kanonenkugel geklebt hatte.

Besänftigung durch Musik

Die Truppen wurden zurückgezogen. Ein abmarschierendes Füsilier-Bataillon sah sich auf dem Schloßplatz vielen tausend Berlinern gegenüber, die den Weg nicht freigaben. Major v. Lüttichau bat erfolglos um Passage:

„Weil Musik die wildesten Thiere bändigt, dachte ich, sie auch hier in Anwendung bringen zu müssen, und ließ die Hörner lustig schallen."

Aber die heiteren Klänge verdrossen die Berliner, die der blutigen Opfer des Kampfes gedachten. Die Hornisten bliesen einen Choral, um das Volk zu beruhigen. Auch der Choral, erzählte Lüttichau, war nicht das Rechte:

„Dagegen aber die ‚Heimathsklänge' und andere ‚wehmüthige' Melodien erwiesen sich als geeignet, die ungeheuer aufgeregte Masse zu beruhigen."

Beim Klang der wehmütigen Melodien traten die Berliner gerührt zur Seite, und Lüttichau konnte unbelästigt mit den Füsilieren abmarschieren.

Und deshalb die Gedächtniskirche

Friedrich Wilhelm hatte nachgegeben. Der Groll der Berliner wendete sich jetzt gegen den Bruder, der beschuldigt wurde, der böse Geist am Hofe zu sein. Er war der „Kartätschenprinz", der sture Reaktionär, der das Blutvergießen fortsetzen wollte.

„Kann ich Dir mit meinem Hierbleiben und mit meinem Verzicht auf die Thronfolge helfen, so sage es mir; kann ich Dir aber nicht damit helfen, so gehe ich fort", fragte Wilhelm den königlichen Bruder.

Der König hielt „für aussichtslos, Wilhelm vor dem Volkshaß zu schützen", und befahl die Abreise.

Im frühen Abenddunkel setzte sich Prinz Wilhelm auf den Kutschersitz eines Mietwagens. Er trug Mantel und Mütze eines Lakaien, den Bart hatte er sich abrasieren lassen. Er fürchtete, trotzdem auf der Fahrt nach Spandau entdeckt zu werden. Erst als der Wagen den Schafgraben hinter sich, bei etwa dem heutigen Wittenbergplatz das Stadtgebiet Charlottenburgs erreicht hatte, fühlte sich Prinz Wilhelm in Sicherheit. In Charlottenburg hatte es keinen Aufruhr gegeben.

Jetzt bekannte Wilhelm zugleich mit dem Zorn auf die Berliner, die ihn zu der erniedrigenden Flucht gezwungen hatten, auch Dankbarkeit für die Rettung. Einmal König, werde er an dieser Stelle zur Erinnerung an Berlins Schande und Gottes Hilfe eine Gedächtnis-Kapelle errichten.

Aus dem Prinzen Wilhelm wurde ein König Wilhelm und ein Kaiser Wilhelm. Er fand in siebenundzwanzigjähriger Regierungszeit nicht gut, vernarbte Wunden aufzureißen. Es blieb dem Enkel überlassen, mit einer Gedächtniskirche für Wilhelm I. an die nie gebaute Gedächtniskapelle Wilhelms I. und damit an den Streit zwischen Bürgertum und Monarchie zu erinnern.

Bürger, schützt eure Anlagen

Noch in derselben Nacht zogen die Berliner zum Palais des Prinzen, um es zu stürmen und niederzureißen.

Vor dem Palais waren Studenten als Wache aufgezogen, Die Studenten hatten auch Farbtopf und Pinsel mitgebracht.

„Volkseigenthum! Nationaleigenthum!" malten sie auf die Fassade des Palais.

Die Berliner respektierten ein Palais, das des Volkes oder der Nation, aber anscheinend nicht ihr Eigentum war, und zogen ab.

Extrablatt der Freude!

Die Berliner hatten eine Feierabend-Revolution gehabt, am 18. gegen etwa zwei Uhr hatte der Kampf begonnen, am Sonntag, dem 19. März, war er beendet. Am Montag stand dann in der Zeitung, was sich ereignet hatte.

Musikschriftsteller Ludwig Rellstab, Redakteur der Vossischen Zeitung, von den Kollegen auch als freisinniger Politiker geschätzt, gab der Montagsnummer den Sondertitel „Extrablatt der Freude" und jubelte:

> „Die Presse ist frei! In der nämlichen Stunde, da uns dieses herrliche Recht erfüllt wurde, wollten wir die Stimme des Frohlockens darüber erheben — da dröhnte der entsetzende Donnerschlag, der unsere Stadt traf, und der Kampf begann. Jetzt theilt der Friedens- und Freudenruf wie ein goldenes Licht die schwarzen Wolken, so schnell fast, wie der zündende Strahl sie gesammelt. Der Himmel ist wieder heiter!"
>
> „Unter allen Rechten, deren Erfüllung uns geworden und die wir noch erwarten, ist der befreite Gedanke das edelste, denn in ihm liegt das Unterpfand für alles Künftige. Er ist die Sonne für die Früchte, die uns reifen sollen!"

Schlagzeile mit Schlagseite

Schriftsteller, Drucker, Verleger machten sich die Pressefreiheit sogleich zu Nutze. Nicht durchweg im Sinne Rellstabs und seiner Freunde. Es erschienen mit einem Male Dutzende von Zeitungen und Zeitschriften, die auf nichts anderes als die Sensationsgier spekulierten. Eines dieser spektakulösen Blättchen lockte mit der fettgedruckten Titelzeile:

„Der Kaiser von Rußland abgesetzt! Der Papst verheiratet!"

Erst im kleingedruckten Texte darunter erfuhr der Käufer die Wahrheit. Man hatte russische Verschwörer angeklagt, weil sie einen Aufstand gegen den Zaren Nikolaus vorbereitet hatten. In Rom kursierte der Witz, daß Papst Pius IX. vielleicht auch noch das Eheverbot der Kleriker aufheben würde, wenn er dem Kirchenstaate sogar eine weltliche Regierung und eine Verfassung zugestehen und überhaupt vieles noch reformieren wolle.

Blauer Dunst

Pressefreiheit, Versammlungsfreiheit und andere Freiheit waren bewilligt worden.

Die Berliner trugen dem neuen Polizeipräsidenten v. Bardeleben noch viele andere Wünsche vor.

„Der König wird alles Notwendige bewilligen!"

„Ooch det Roochen?"

„Wozu? Es wird ja bereits überall auf den Straßen geraucht!"

Seit dem 18. März qualmten Tabakspfeifen und Zigarren auf den Straßen, obwohl das „bei fünf Thaler Geld- oder verhältnismäßiger Leibesstrafe" streng verboten und das Verbot noch nicht aufgehoben war. Das Recht „zu roochen" hatten sich die Berliner selber genommen, und wenn dann andere Rechte bald in blauen Dunst aufgingen, blieb der Qualm des Tabaks den Berlinern wenigstens erhalten. Wegen Rauchens auf der Straße kam kein Berliner mehr ins Polizeigefängnis.

Keine schmerzlichen Rückblicke

„Gestern habe Ich bereits ausgesprochen, daß Ich in meinem Herzen vergeben und vergessen habe.

Damit aber kein Zweifel darüber bleibe, daß Ich mein ganzes Volk mit diesem Vergeben umfaßt, und weil Ich die neu anbrechende große Zukunft Unseres Vaterlandes nicht durch schmerzliche Rückblicke getrübt wissen will, verkünde Ich hiermit:

Vergebung allen denen, die wegen politischer oder durch die Presse verübten Vergehen und Verbrechen angeklagt oder verurtheilt worden sind.

Mein Justiz-Minister Uhden ist beauftragt, diese Meine Amnestie sofort in Ausführung zu bringen.

Friedrich Wilhelm."

Amtliche Volksbewaffnung

Bürger versahen, da das Militär abgerückt und die Polizei zum größten Teile dienstunfähig war, den Wachtdienst. Die Männer der Bürgerwehr beklagten sich, der König habe ihnen zwar Gewehre, aber keine Munition erlaubt.

Friedrich Wilhelm ließ sogleich Zündhütchen an die Bürgerwehr seiner Residenzstadt verteilen.

Zeittheater

Am 18. März blieben die Bühnen geschlossen. Am 19. wartete das Schauspielhaus mit einer Überraschung auf. Statt „Romeo und Julia" mit der Erinnerung an Veroneser Bürgerzwist verkündete das Programm:

„Mit Allerhöchster Genehmigung ‚Die Unglücklichen' in 1 Act, als Gelegenheitsstück nach Kotzebue neu bearbeitet, zum Besten der Nothleidenden in Oberschlesien. Hierauf d. 2. Act der Oper ‚Ferdinand Cortez der Eroberer' v. Spontini."

Die Königliche Oper brachte die knapp zwei Wochen zuvor aufgeführte „Martha“ von Flotow, um dann am 21. von den Ereignissen Kenntnis zu nehmen. Das Mozartsche „Requiem“ wurde aufgeführt „zum Besten der Verwundeten und Wittwen und Waisen der im Kampfe Gefallenen. Ohne der Wohltätigkeit Schranken zu setzen, sind Billets für folgende Preise zu haben . . .“

Das Königstädtische Theater hatte sich eigens ein Stück schreiben lassen und „zum Besten der Hinterbliebenen der im Kampfe gefallenen Bürger“ spielte es „Marie Anna, ein Weib aus dem Volke, Schauspiel in fünf Acten“.

Die gestohlene Reichsfahne

Friedrich Wilhelm hatte mitteilen lassen, daß Deutschlands Einigung auch ihm Herzenssache sei, und daß er sich den Berlinern mit der schwarzrotgoldenen Flagge zeigen werde. Er kam, mit Uniform und Helm des Ersten Garderegimentes bekleidet, auch pünktlich auf den Schloßplatz, wo Bürger und Studenten ihn jubelnd begrüßten. Er trug auch eine Schärpe in den Farben Deutschlands.

Nur das Banner fehlte; im Königsschlosse gab es keine schwarzrotgoldene Fahne, und weder die Bürger noch die Studenten hatten für eine Fahne gesorgt. Es war merkwürdige Ironie, daß der als Demagogenverfolger berüchtigte Polizeirat Dr. Stieber in der Breiten Straße eine mächtige schwarzrotgoldene Flagge entdeckte, sie mit Hilfe einer Leiter herunterholte.

Mit der widerrechtlich requirierten Reichsfahne an der Spitze, setzte sich der Zug endlich in Bewegung. Dem König folgten Prinzen, Barrikadenhelden, Generale, Demokraten, Höflinge in brüderlicher Eintracht. Vor der Universität warteten die Studenten, die sich mit schallendem „Es lebe der Kaiser von Deutschland“ dem Zuge anschlossen.

Die Opfer

Die Toten hatte man vor der Neuen Kirche, dem Deutschen Dome auf dem Gensdarmenmarkt, aufgebahrt. Vorbei am Schlosse, von dessen Balkon Friedrich Wilhelm durch Abnehmen des Helmes die gefallenen Revolutionäre ehrte, trugen die Berliner hundertdreiundachtzig Särge zum Friedrichshain.

Dreiunddreißig Gräber trugen kein Namensschild. An diese unbekannten Opfer des 18. März erinnerten Tafeln mit schlichten, zuweilen sehr unbeholfenen Versen der Freunde:

Die Freiheit war's, wofür er sollte enden,
Die Freiheit, die dereinstens wir vollenden.

Der heilgen Freiheit galt sein schnell Erblassen,
Er hat sie uns als Erbteil hinterlassen.

Sein letzter Will war auch sein letztes Handeln.
Er ruft uns zu, den gleichen Weg zu wandeln.

Einem unbekannten Toten galt die Strophe, die Anastasius Grün verfaßt hatte:

Eins doch weiß ich, und dies eine gibt mir Kraft und Zuversicht;
Keine Nacht war noch so dunkel, der nicht obgesiegt das Licht,
Keines Winters Eis so feste, daß der Lenz es nicht durchhieb,
Keines Kerkers Wand so ewig, daß die Zeit sie nicht zerrieb.

Friedrich Wilhelm an die Fürsten

Der König hatte den Berlinern erklärt, daß Deutschlands Einigung ihm Herzenssache sei; er war mit dem schwarzrotgoldenen Panier durch die Stadt gezogen.

Zwei Tage darauf empfing er im Schloß die Abgesandten der deutschen Fürsten und erklärte:

„Ich war verlassen von meinen Truppen, höchstens eine und eine halbe Compagnie blieb mir im Innern des Schlosses zum Schutze meiner Person und der königlichen Familie. Die Zeit drängte, da wurde jenes Patent aufgesetzt, das zu Mißdeutung hat Anlaß geben können. Aber, wenn ich gesagt habe, daß ich mich an die Spitze Deutschlands stellen wolle, so, ich schwöre es, mir ist nie in den Sinn gekommen, einen meiner Mitfürsten berauben zu wollen."

Er hob dabei die Hände zum Himmel, um Gott als Zeugen anzurufen, daß brutale Gewalt ihm die Zugeständnisse an die Revolution abgerungen hätte. Die pathetische Rede weckte dann einige Heiterkeit, als Friedrich Wilhelm zum Schlusse die Abgesandten der Fürsten beruhigte, alles bliebe beim alten, und wenn „Deutschlands Krone wiedererstehen würde, so soll sie Österreichs Herrscher zieren – obwohl er persönlich für mich eine Null ist".

Das ging auf Ferdinand. Es wurde aber auch von Franz Joseph, der ihm wenige Monate später in der Regierung folgte, gehört und nicht vergessen. Und weil Franz Joseph bis 1916 regiert hat, ist die Erinnerung an Friedrich Wilhelms „Null" auf dem österreichischen Throne der Freundschaft Habsburg – Hohenzollern nicht gerade förderlich gewesen.

Eilftes Bild

Auch die beliebten Bilderbogen illustrierten die Revolution. Gustav Kühn in Neuruppin brachte eine ganze Serie dieser Art. Deren elftes oder eilftes Blatt zeigte Barrikaden, einen rotbemützten Freiheitskämpfer, den schwungvolle Verse preisen:

So hast Du denn die Schlacht geschlagen,
Zu der Dich's lange schon gedrängt,
Und hast mit männlich kühnem Wagen
Die Kette, die Dich hielt, gesprengt!

Und allen Fürsten sollst Du's sagen,
Ein Volk, das kühn sein Blut vergießt,
Der Freiheit Krone zu erjagen,
Ein Volk von Gottes Gnaden ist.

Kinderspiel

Auch in den Abzählreimen der Kinder spiegelte sich die Zeit. Beim Drittenabschlagen sangen die kleinen Berliner jetzt:

Der König will auf seinen Thron,
Holla, holla, hopp –
Da sitzt er schon!

Und wer nun noch in der Reihe bleiben durfte, den zählte der nächste Reim hinaus:

Der König muß von seinem Thron,
Holla, holla, hopp –
Da fliegt er schon!

Die revolutionäre Fratze

Friedrich Wilhelm nahm in Potsdam Aufenthalt. Er kam, wenn Kabinettssitzungen es nötig machten, allenfalls in das außerhalb des Berliner Stadtgebietes liegende Schloß Bellevue. Er schrieb an Ministerpräsident Ludolf Camphausen:

„In Berlin blickt mir immer die scheußliche Fratze des illegalen Zustandes der Stadt über die Schulter."

Der Student Schlöffel

Der König war nicht im Unrecht, wenn er nun viele Wochen nach den Barrikadenkämpfen von der „Fratze des illegalen Zustandes" sprach. Während das Bürgertum gläubig seinen vermeintlichen Sieg feierte, fanden die Arbeiter, daß sie nicht nur um den Sieg, sondern überhaupt um den Kampf betrogen worden seien.

Es begann in den Rehbergen, wo der Magistrat Arbeitslose mit Erdaushebungen beschäftigte. Die „Rehberger" wollten nicht für vierzehn Groschen zwölf Stunden arbeiten. Die Bürgerwehr verprügelte die Aufsässigen, nahm deren Rädelsführer in Haft.

Es setzte sich fort in den Spalten einer Zeitung. Der Student Gustav Adolf Schlöffel hatte eine neue Zeitung gegründet, deren Titel nicht zufällig die Übersetzung des Marat'schen *„Ami du peuple"* war. Der neue „Volksfreund" wurde das Blatt der sozialistischen Opposition, die Monarchie und Bürgertum gleicherweise bekämpfte. Im „Volksfreund" wurden die Arbeiter zu neuem Kampf aufgerufen:

> „Trauet nicht den Schriftgelehrten der bürgerlichen Clubs, nicht den königlichen Kriegsknechten in der Bürgerwehr. Wir wollen auch nicht dem Könige geben, was des Königs, und dem königlich-preußischen Vaterlande, was des königlich preußischen Vaterlandes ist!"
>
> „Nein! Nein! Nein, wir bleiben bei unserem Vorhaben: an das Kreuz mit ihnen! Auf den grünen Donnerstag wollen wir mit dem Ministerium Camphausen das Abendmahl feiern, auf daß es dann gekreuzigt werde!"
>
> „Seht, wenn wir, um auf der Straße rauchen zu können, schon große Opfer gebracht haben – was muß uns das übrige erst werth sein, das wir brauchen, aber mit bitten, protestiren, demonstriren nie erlangen werden!"

Hatte der Student Schlöffel, neunzehn Jahre alt, die Arbeiter für Gründonnerstag auf den Alexanderplatz gerufen, um die sozialistische Revolution zu beginnen? So unklar und schwülstig sich Schlöffel ausgedrückt hatte, schreckte seine Demagogie sogar seine besten Freunde. Mitglieder des Arbeitervereines und des sozialistischen Volkswahl-Comités stellten sich jedenfalls den zum Alexanderplatz marschierenden Männern entgegen: Die Demonstration sei verlegt worden, fände vor dem Schönhauser Tor statt.

Auf dem Alexanderplatz fand Schlöffel, außer dem „radikal“ gesonnenen Physikprofessor Georg Erman und zweihundert ebenso „radikalen“ Studenten, nur einige Dutzend mehr neugierige als tatenlustige Arbeiter. Im „Volksfreund“ hatte Schlöffel geschrieben: „Mit 60 000 Mann will ich mich erkundigen, ob das für den Minister Camphausen nicht doch genug Macht sei, um eine Wahlreform zu erzwingen!“

Als Schlöffel zurück zur Universität ging, begleiteten ihn genau drei Männer, ein Professor und zwei Studenten. In seiner Wohnung am Molkenmarkte erwartete ihn ein Haftbefehl. Trotz Preßfreiheit wurde Schlöffel wegen des Aufrufes im „Volksfreund“ unter Anklage gestellt.

In der Verhandlung, auch das charakterisiert die Zeit, wurde das Preßdelikt sofort fallen gelassen. Ankläger v. Kirchmann, auch die Richter, bauten dem jungen Studiosus goldene Brücken, sie kämpften verbissen um die Rettung eines verlorenen Sohnes. Schlöffel machte davon keinen Gebrauch. Er gab zu, was niemand hören wollte, daß er Berlins Arbeiter in den Kampf hatte führen wollen. Er wollte verurteilt werden, der Sohn eines Rechtsanwaltes wollte den Ausschluß aus der bürgerlichen Klasse erzwingen, um künftig als Proletarier mit den Proletariern leben zu können.

Das Gericht war hellhörig. Es verurteilte den Angeklagten zu sechs Monaten Festung, zu einer Kavaliersstrafe, die nicht einmal das Studium hätte stören können. Schlöffel verbüßte die sechs Monate in Magdeburg. Er wurde rechtzeitig genug entlassen, um an den Kämpfen in Süddeutschland teilnehmen zu können, und ist, zwanzig Jahre alt, bei Waghäusel gefallen.

Katzenmusik

Wie dem Herrn v. Kamptz wurde auch anderen Leuten eine Katzenmusik gebracht. An sechs, sieben und acht

Plätzen zugleich waren nächtens solche mißklingenden Konzerte zu hören. Meist bedachte Opfer waren die Minister Camphausen und Schwerin.

Der Polizeipräsident erließ ein Verbot gegen die „seit einiger Zeit überhand nehmenden Katzenmusiken, welche bis tief in die Nacht dauern" und auch „in argen Unfug ausgeartet sind, indem dadurch Schlägereien, Verwundungen und Eigenthumsverletzungen herbeigeführt werden".

Stimme der Reaktion

> „Landwehrmänner, Cameraden, wem haben wir denn die Revolution zu verdanken? Doch niemandem anderen als den fremden Emissairen und den verdorbenen Literaten, die werth wären, daß sie alle aufgehängt würden. Ich weiß wahrlich nicht, wie ich diese Schurken passend bezeichnen soll? – Aber es sind Scheißkerls, und nochmals Scheißkerls und zum dritten Male Scheißkerls!"
> Generalmajor v. Webern an die Berliner Landwehr

Kehr zu Deinen Truppen wieder!

Die Rede des Herrn v. Webern wurde übel vermerkt Das Mißtrauen, Friedrich Wilhelm begünstige undemokratische Gesinnung der Armee, wurde noch stärker, als die Soldaten jetzt immer häufiger ein neues Lied sangen, das den geflohenen „Kartätschenprinzen" pries, die Rückkehr des Thronfolgers verlangte und mit der Strophe begann:

Prinz von Preußen, ritterlich und bieder,
Kehr' zu Deinen Truppen wieder,
Heißgeliebter General!
Weilst Du gleich am fernen Strande,
Schlagen doch im Vaterlande
Herzen für Dich sonder Zahl.

Der Berliner Poet Franz v. Gaudy, Freund Chamissos, hatte das gedichtet. Zu singen war es nach der Melodie „Prinz Eugen, der edle Ritter", was der Verbreitung, zum Ärger der Demokraten, sehr förderlich war.

Geburt des Schutzmanns

> „Nach einer Revolution und nachdem die ausübende Polizei längere Zeit fast ganz gelähmt gewesen, tritt die Schutzmannschaft in's Leben."

Im Sommer, zwei Tage nach dieser Ankündigung, sahen die Berliner den ersten Schutzmann auf der Straße spazieren. Er trug einen blauen Gehrock mit schwarzen Knöpfen, den Hals zierte ein durchaus ziviler weißer Stehkragen, zivil war auch der schwarze Hut. Von anderen Bürgersleuten unterschied er sich allerdings dadurch, daß er auch einen Säbel trug.

Damit jedermann ohne Mühe feststellen konnte, welcher Schutzmann ihn verwarnt oder sonstwie geärgert hatte, trug jeder Schutzmann (damals) am Hute eine Nummer.

Major Helmuth von Moltkes Meinung

Im Sommer des stürmischen Jahres war Major v. Moltke von Koblenz nach Berlin versetzt worden.

In Berlin tagte die Preußische Nationalversammlung, deren Mitglieder auf Grund des neuen Wahlrechts gewählt worden waren, um die lang ersehnte Verfassung zu beraten. Moltke hatte keine gute Meinung von den Parlamentariern:

> „Gestern wohnte ich zum erstenmal der Sitzung der Nationalversammlung in der Singakademie bei. Das ist eine traurige Gesellschaft! Die Herren stehen auf, sehen sich um, setzen sich wieder, kurz, es ist klar, daß sie gar nicht wissen, worum es sich handelt. Und das sind unsere Gesetzgeber!"

Von Amts wegen keine Flagge!

Die Preußische Nationalversammlung verstrickte sich in endlose Debatten auch über Fragen der Einigung, die Sache der Deutschen Nationalversammlung in Frankfurt waren und dort ebenso endlose Debatten hervorriefen. Die Abgeordneten wurden über nichts einig, auch nicht über die Flagge, ob schwarzweiß oder schwarzrotgold.

> „Da in neuerer Zeit das Aufstellen von Fahnen mit den deutschen oder preußischen Farben vielfach als Demonstration im Sinne gewisser politischer Partheiansichten benutzt worden ist, so hat das Polizeipräsidium für angemessen erachtet, Anordnung zu treffen, daß auf öffentlichen Gebäuden überhaupt keine Fahnen aufgesteckt würden."

Polizeipräsident v. Bardeleben, der den Erlaß unterzeichnete, wies jedoch darauf hin, daß er sich „nicht für ermächtigt halte, den Handlungen von Privat-Personen, soweit dieselben sich innerhalb der Schranken der Gesetze bewegen, in irgend einer Weise hindernd entgegenzutreten".

Flagge und Flaggen waren Privatsache geworden, der Staat zeigte seine Symbole nicht mehr. Lediglich das Schloß trug eine Flagge, es war wie immer die purpurfarbene Standarte des Königs.

Galgenhumor

Im Hochsommer wurde das Volk von Männern, denen alles zu langsam ging, wieder in die Zelten gerufen. An zehntausend Berliner hörten Reden, in denen Bewaffnung des Volkes, eine neue Revolution gefordert wurde. Schon am übernächsten, nein, schon am nächsten Tage sollte es losgehen!

Es ging nicht los. Die Berliner sahen an den Hauswänden Pappschilder mit der Nachricht:

„Wegen Unpäßlichkeit des Schusterjungen Herrn Friedrich Schulze kann heut die große Berliner Revolution nicht stattfinden."

Die Berliner dachten daran, daß ihnen Revolutionen bisher nicht geglückt waren, weil jedes Mal irgendeine Gruppe nicht mitgemacht hatte, aus irgendwelchen Gründen. Die „Unpäßlichkeit" des Schusterjungen, das war echt berlinischer Galgenhumor.

Die Toten an die Lebendigen!

Ferdinand Freiligrath, einst des Königs Freund, nun lang schon als Revolutionär verstoßen, beschwor die Berliner mit Versen, die er die Toten im Friedrichshaine sprechen ließ. Es verhallten auch des Dichters Worte:

Euch muß der Grimm geblieben sein.
Er blieb euch! Ja, und er erwacht und muß erwachen!
Die halbe Revolution zur ganzen wird er machen!
Daß fürder der Gedanke uns nicht stören kann im Schlafen:
Sie waren frei, doch wieder jetzt und ewig sind sie Sklaven!

Der Herr Abgeordnete von Bismarck

Der Gutsherr von Schönhausen hatte dem bisherigen Landtag der Stände angehört, er war auch Mitglied der neuen Preußischen Nationalversammlung. Von den Bürgerrechten und deren Befürwortern wollte Bismarck nichts wissen, auch den demokratenfreundlichen Grafen Maximilian von Schwerin, der Schleiermachers Tochter Hildegard geheiratet hatte, konnte er nicht leiden. Als der Graf wissen wollte, was Bismarck ihm so sehr verüble, bekam er eine Antwort, die auf den Schlachtentod des Grafen Kurt von Schwerin anspielte: „Daß nicht Sie, statt Ihres großen Ahnherrn, bei Prag gefallen sind!"

Bismarck war mit dem Minister Camphausen in Sans Souci. Er warf dem König vor, durch schwächliches Nachgeben dem Ansehen der Krone geschadet zu haben. Bismarck ließ seinem Groll freien Lauf, vor allem tadelte er die Entfernung der Truppen aus Berlin.

„Die hab ich nicht gewollt!" hieß es, und die Königin stand ihrem Manne bei und erläuterte: „Daran ist der König ganz unschuldig, er hatte seit drei Tagen nicht geschlafen."

„Ein König muß schlafen können", war Bismarcks Antwort.

Otto v. Bismarck kannte keine Furcht vor der Revolution, keine Konzessionen an die Revolutionäre. Als der sächsische Minister Graf Beust Berlin besuchte und die Hinrichtung Robert Blums für einen „politischen Fehler" hielt und bedauerte, fiel Bismarck ihm in die Rede:

„Ganz falsch! Wenn ich einen Feind in der Gewalt habe, muß ich ihn vernichten."

Maschinenstürmer

Auf dem Köpenicker Felde, wo an einem Kanal gebaut wurde, wurde eine Dampfmaschine aufgestellt. Dafür kündigte man zahlreichen Arbeitern. Es war Oktober, der Lohn fehlte, um Brennholz zu kaufen. Die entlassenen Arbeiter zerstörten die ihnen feindliche Maschine.

Es wurde daraufhin sämtlichen Arbeitern auf dem Köpenicker Felde gekündigt. Die Arbeiter zogen durch die Stadt, Schutzmänner stellten sich ihnen in den Weg, es gab Verletzte, es gab Tote. Als Vergeltung kündigte Baurat Helfft im Namen des Magistrates an, daß „für die begangenen Exzesse eine weitere große Zahl von Arbeitern entlassen" werde.

Auf dem Gensdarmenmarkte, vor dem Schauspielhaus, in das die Preußische Nationalversammlung übergesiedelt war, fanden sich zwei- bis dreitausend Arbeiter ein. Ihre Anführer trugen rote Fahnen; sie pflanzten die roten Fahnen vor dem Hauptportale auf. Die Anführer sprachen zu den Arbeitern:

„Der Tag ist da, an welchem das Volk seine Macht zeigen muß. Hängt die volksfeindlichen Minister, die Abgeordneten der Rechten an den Galgen!"

Eine Stunde später rückten Soldaten heran. Während einige Abgeordneten aufgeregt mit den Soldaten verhandelten, ein wohl folgenschweres Blutvergießen zu vermeiden, suchten andere Abgeordneten, die Arbeiter zu beruhigen. Es war beides erfolglos, die Soldaten rückten vor, die Arbeiter drängten sich um so dichter um die roten Fahnen.

Der Ausgang auch dieses Aufstandes war mehr als seltsam. Genau in dem Augenblicke, da die Soldaten ihre Gewehrkolben oder Säbel hoben, um sie auf die Revolutionäre niedersausen zu lassen, erschienen die Arbeiter aus den Maschinenfabriken Eggels' und Borsigs – unbewaffnet und mit weißen Fahnen! Sie schoben sich zwischen die Streitenden.

Der Kampf ging zu Ende, ehe er begonnen hatte. Auch die Abgeordneten konnten endlich – es war lang nach Mitternacht – das Haus verlassen. Auch die Arbeiter zogen ab. Vom Oktober-Aufstand der Maschinenstürmer blieb den Berlinern nur die unheimliche Erinnerung, daß sie zum ersten Male die rote Fahne der Kommunisten gesehen hatten.

Belagerungszustand

> „Die Vorgänge des gestrigen Tages während der beiden Sitzungen der Nationalversammlung legen der Regierung die unabweisbare Pflicht auf, zur Aufrechterhaltung der gesetzlichen Ordnung und zur Verhütung und Unterdrückung ähnlicher Exzesse, alle ihr zu Gebote stehenden Mittel in Anwendung zu bringen."

Es folgte der Hinweis, daß künftig „die bewaffnete Militairmacht" ohne weiteres eingesetzt wird. Es unterzeichnete „Der Minister des Innern. Eichmann".

Das Unglück der Könige

Friedrich Wilhelm hatte den liberalen Ministerpräsidenten Camphausen entlassen und den Grafen v. Brandenburg, Sohn Friedrich Wilhelms II. aus der Ehe mit Gräfin Dönhoff, zum Nachfolger ernannt.

Die Nationalversammlung beschloß gegen eine kleine Minderheit härtester Konservativer, daß eine Deputation den König unterrichten soll, welche „Gefahr für Thron und Land" ein Minister Brandenburg bedeute. Friedrich Wilhelm empfing die Deputation, von einer Erörterung seiner Maßnahmen wollte er nichts wissen. Als der Abgeordnete Johann Jacoby um Gehör bat, kam ein kurzes „Nein". Friedrich Wilhelm wendete sich zur Türe. Aber er hörte noch Jacobys dann berühmt gewordenes Wort:

> „Das eben ist das Unglück der Könige, daß sie die Wahrheit nicht hören wollen!"

Wrangel und seine Frau

General Wrangel zog mit seinen Regimentern ein. In Stettin, wo er bisher als Kommandierender General des zweiten Armeekorps gelebt hatte, hatten die Bürger geschworen, seine Frau aufzuknüpfen, falls er wagen sollte, mit einem Heere in Berlin einzuziehen.

Wrangel ritt durch das Brandenburger Tor. Unter den Linden fragte er seinen Adjutanten:

„Ob sie ihr jetzt wohl hängen?"

Wrangel und Rimpler

Wrangel war der General, den der König gerufen hatte. Rimpler war Befehlshaber der Bürgerwehr und gehorchte dem Volke. Vor dem Schauspielhause, in dem immer noch die Nationalversammlung tagte, trafen die beiden Herren zusammen.

Rimpler: „Welchen Zweck hat die Aufstellung der Truppen?"

Wrangel: „Am liebsten würde ich sie nicht aufstellen und in Quartier schicken."

Rimpler: „Dem steht nichts im Wege."

Wrangel: „Nur Sie und Ihre Leute."

Rimpler: „Wir schützen die Nationalversammlung."

Wrangel: „Det will ick ja ooch."

Rimpler: „Und wie lang, Exzellenz, gedenken Sie zu solchem Zwecke mit Ihren Truppen hier zu verweilen?"

Wrangel: „Bis Sie und Ihre Leute gehen, un wenn det acht Tage dauern müßte."

Rimpler: „Schön, dann werden wir vierzehn Tage bleiben."

Passiver Widerstand

Die Bürgerwehr zog früher ab. Das Parlament fühlte sich belagert. Große Gegenmaßnahmen wurden erwogen, einige Herren wollten das Parlament bewaffnen.

Abgeordneter v. Unruh warnte vor „tapferen Taten, die aber überlegener roher Gewalt nicht zu widerstehen im Stande sind".

Abgeordneter v. Unruh fand ein neues Mittel der Abwehr und empfahl, „den Gewaltschritten der Krone passiven Widerstand entgegenzusetzen".

Das heimatlose Parlament

Nachdem man sich auf „passiven Widerstand" als das geringste Übel geeinigt hatte, verließen die Abgeordneten das Haus ohne großes Nachdenken darüber, daß zwischen „passivem Widerstande" drinnen oder draußen ein gewaltiger Unterschied sein könnte.

Denn am nächsten Tage fanden die Abgeordneten sich ausgesperrt, und jetzt bedeutete „passiver Widerstand", daß man auf dem novemberlich kalten Gensdarmenmarkt verweilen sollte. Die Abgeordneten suchten Zuflucht im Hotel de Russie, sie tagten im Saal eines Schützenvereins, sie traten in einem Ballokal, im Köllnischen Rathause, in Mielentz' Tanzsaal zusammen. Dort ereilte sie das Schicksal:

> „Der Präsident war eben im Begriff, über den Schluß der Debatte abstimmen zu lassen, als Major v. Herwarth, begleitet von vier Offizieren und bewaffneten Soldaten, in den Saal trat. Eine ungeheure Aufregung bemächtigte sich der Versammlung. Der Präsident fragte, ob in der Abstimmung fortgefahren werden soll. Donnernder Beifall aus dem Saale und von den Tribünen. Die Mitglieder beschließen, dem Ministerium Brandenburg die Verfügung über die Staatsgelder zu verweigern. Sämtliche Mitglieder erheben sich. Die Abgeordneten umarmen sich einander. Die auf den Tribünen anwesenden Zuhörer schwenken die Hüte und wehen mit Tüchern."

Mit diesem Beschluß, um den sich das Ministerium Brandenburg nicht kümmerte, endete die letzte Sitzung der Preußischen Nationalversammlung in Berlin.

Aufgehobene Pressefreiheit

> „Bekanntmachung. Nachbenannte Blätter:
>
> 1) die Reform
> 2) die Zeitungshalle
> 3) die Locomotive
> 4) die Republik
> 5) die Volksblätter
> 6) die ewige Lampe
> 7) der Krakehler
> 8) der Kladderadatsch
>
> sind während der Dauer des Belagerungszustandes suspendirt. Der Oberbefehlshaber der Truppen in den Marken. General der Kavallerie von Wrangel."

Bassermannsche Gestalten

Wrangel hatte die aufsässigsten Blätter verboten, der Belagerungszustand beendete auch die Versammlungsfreiheit. Trotzdem rumorte es in der Stadt, die jetzt der Mannheimer Politiker Friedrich Bassermann besuchte:

„Spät kam ich in Berlin an, durchwanderte aber noch die Straßen und muß gestehen, daß mich die Bevölkerung, welche ich auf denselben erblickte, erschreckte. Ich sah hier Gestalten die Straßen bevölkern, die ich nicht schildern will."

Es waren die heimlichen „Revoluzzer" der unteren Klassen, die Bassermann erschreckten. Ein Berliner Verleger gab dann einem Band von Räubergeschichten den Titel „Bassermannsche Gestalten".

Nachruf

Der „rote Demokrat" Willibald Alexis schalt in der Vossischen Zeitung die Berliner Bürger:

„Ihr habt den Augenblick versäumt, Ihr habt die zum Tode Erschreckten, die Sterbenden wieder zu Athem und Leben kommen lassen. Damit habt Ihr unsre Theilnahme an Eurem Werk verscherzt. Was Ihr jetzt flicken wollt, ist uns gleichgültig."

Die deutsche Frage

Bismarck schrieb seiner geliebten Johanna aus Berlin:

„Die deutsche Frage wird überhaupt nicht in unseren Kammern, sondern in der Diplomatie und im Felde entschieden."

Heil Dir im Siegerkranz

Erst der 31. Januar 1850, an dem Friedrich Wilhelm mit einer „revidierten" Verfassung die Mehrzahl der von den Bürgern erstrittenen Freiheiten annulliert hatte, bedeutet den sinngemäßen Abschluß des Jahres, das kalendarisch am 31. Dezember 1848 geendet hatte. Der kurzen, kläglich gescheiterten Revolution folgten nun die vielen Jahre, während denen die alte Ordnung wiederhergestellt wurde.

Es gab wieder eine Zensur, aber keine Bürgerwehr mehr. Die Befugnisse der Volksvertretung wurden eingeschränkt, die Soldaten nicht mehr auf die Verfassung, sondern wieder auf den König vereidigt. Die Regierung gewann das Recht zurück, Steuern nach eigenem Gutdünken zu erheben. Friedrich Wilhelm und sein Ministerpräsident Otto von Manteuffel überraschten aber auch mit neuen Schöpfungen:

Bislang hatte das Drei-Klassen-Wahlrecht nur für gemeindliche Wahlen gegolten. Jetzt wurde es Vorschrift auch für die Wahlen des Landtages. Damit kein Zweifel wäre, welche Rolle dem Landtage zugedacht war, wurde er 1854 „Zweite Kammer" genannt. Denn im selben Jahre hatte Friedrich Wilhelm IV. endlich einen seiner Lieblingsträume verwirklicht und als „Erste Kammer" Preußens das „Herrenhaus" geschaffen, in das er die Adligen und die hohen Würdenträger seines Landes berief.

Die „Ära Manteuffel" ging 1857 zu Ende, ihr Erbe blieb. Sehr schnell wuchs der Einfluß zweier Männer, denen sogar Friedrich Wilhelm IV. zu nachgiebig, zu weich, zu tolerant erschien. Mehr und mehr sollten der „Kartätschenprinz" Wilhelm und der „Junker" Bismarck die Entwicklung bestimmen. Jener 1858 als Regent, 1861 als König von Preußen, 1871 als deutscher Kaiser. Dieser 1862 als Ministerpräsident, 1871 als Reichskanzler.

Kaiser und Kanzler hatten ihre Freunde und ihre Gegner immer gemeinsam, ob man „crucifige" oder „hosianna" rief, die Epoche, die ebenso oft nach Wilhelm I. wie nach Bismarck genannt wird, bewunderte oder verdammte. Auch für die Berliner gehörten Kaiser und Kanzler zusammen, und so weltweit die Ereignisse der Jahre 1850 bis 1890 im Guten und im Bösen spürbar wurden, kann hier nur von Berlin die Rede sein.

Die Stadt hatte 1850 schon mehr als 400 000 Einwohner gezählt, es wurden 1860 fast 550 000 und 1870 beinahe 800 000 registriert. Nach jeweils weiteren zehn Jahren gab es 1 100 000 und 1 400 000 Berliner. Von 1850 bis 1890, in vierzig Jahren, war Berlin um eine Million Einwohner größer geworden. Nach Berlin, das die Hauptstadt eines mächtigen Preußen, des Deutschen Reiches, das eine der größten Städte Europas geworden war, nach Berlin, dessen wirtschaftlicher Aufschwung den aller anderen Städte in den Schatten stellte, dessen Reichtum faszinierte, strömten Menschen aus allen Ländern.

Es ist das Schicksal der Millionenstadt, daß es, wie der Berliner sagt, „nichts gibt, was es nicht gibt". Die überquellende Fülle der wirklichen oder vermeintlichen Leistung, das permanente Angebot von Irrtum und Wahrheit ist für die Weltstadt charakteristisch. Nach Berlin, wo Extreme die Vergleichung und Prüfung des Gegensätzlichsten ermöglichten, wanderte die Jugend, die in eigener Entscheidung und nach eigener Wahl ihren Weg in die Zukunft suchte.

In diesen vier Jahrzehnten bahnte sich an, was Berlin den Glanz der Weltmetropole geben sollte. Der Titel dieses Kapitels, „Heil Dir im Siegerkranz", ist keineswegs ironisch gemeint. Die Rechnung der Jahre 1850 bis 1890 mag nicht aufgegangen sein; keinerlei Bedenken oder Betrübnis ändern etwas daran, daß wir Bismarck und dem Hohenzollern das geeinigte Deutschland verdanken, dessen Spaltung unser größtes Unglück geworden ist.

Der lederne Kartätschenprinz

Wilhelms Flucht hatte nicht lang gedauert; schon im Sommer des Revolutionsjahres war er zurückgekommen, sogar Mitglied der Nationalversammlung geworden. Daß er seine Meinung nicht geändert hatte, bezeugte der Brief, den er im folgenden Frühling an seinen Jugendfreund Anton von Natzmer schickte:

> „Obgleich wir furchtbare Erfahrungen gemacht haben, kehrt die Vernunft teilweis von selbst, teilweis durch die Bajonette zurück. Nach der sogenannten Freiheit befinden wir uns in der Lage, durch Ausnahmemaßregeln jenen ‚unglücklichen' Zustand wiederherzustellen, unter dem wir angeblich sonst geschmachtet haben sollen. Und dabei findet sich dann jeder wohl! So muß der alte Zustand also doch nicht so übel gewesen sein!"

Vielleicht gab es Berliner, die anderer Meinung waren? Der Kartätschenprinz entschuldigte sich:

> „Daß ich bei meiner ledernen Natur viel Anstoß in dieser phantastischen Zeit gebe, können Sie denken. Wir wollen abwarten, wer zuletzt recht behält."

Der Butt

Auch für Friedrich Wilhelm schien die böse Revolution erledigt zu sein. Die Zuversicht, daß dem neuen Ministerpräsidenten Graf Brandenburg die völlige Wiederherstellung der königlichen Rechte gelingen werde, gab dem „Butt" seine gute Laune zurück. Er residierte auch wieder im Schloß, sah gern beim abendlichen Teepunsche die bejahrten oder jungen Freunde seiner Familie.

Irgendein Anlaß führte zur Erörterung eines der Landwirtschaft höchst unentbehrlichen Hilfsmittels. Es ging um die Frage, was besser sei: Der altgewohnte heimische Stallmist? Der von Südamerikas Küstenvögeln produzierte Guano? Die von Professor Liebig empfohlenen Mineralsalze?

Justus von Liebigs Wissenschaft war noch zu neu. Auch Alexander von Humboldt, an diesem Abend im Schloß, konnte mit der mineralischen Düngung nicht viel anfangen, um so eifriger verteidigte der Freund Südamerikas den Guano. Des Königs Bruder Karl, Herr auf Glienicke und vielen großen Gütern, pries nicht minder begeistert den Mist seiner Pferde und Kühe. Worauf der „Butt" in die Debatte eingriff:

> „Na, Karl, der von meinen Soldaten in den Kasernen ist aber auch nicht zu verachten!"

Bismarck duelliert sich

Der Anlaß war recht harmlos. Der Abgeordnete Freiherr Friedrich von Vincke hatte während einer Debatte gegen ein angebliches Memorandum des „namhaften Diplomaten von Bismarck" polemisiert. Bismarck bestritt, das Memorandum verfaßt zu haben, er verlangte ein ausdrückliches Dementi des Abgeordneten.

Worauf Herr von Vincke im Landtage erklärte, für diese Bitte durchaus Verständnis zu haben, er dementiere mit Vergnügen, daß Herr von Bismarck ein „namhafter Diplomat" sei.

Den Hintergrund bildeten selbstverständlich die politischen Vorgänge. Auf Verlangen des mißtrauischen Wiener Hofes hatte Preußen offiziell auf die Vorherrschaft in der deutschen Einigungsfrage verzichten müssen, obwohl es diese Vorherrschaft offiziell niemals beansprucht hatte. Das darüber getroffene Abkommen von Olmütz galt den Patrioten als Schmach, wie man die Dresdener Verträge, die Schleswig-Holstein preisgaben, als Schande betrachtete.

Vincke und Bismarck waren in Sachen Olmütz und Dresden einander spinnefeind geworden; Bismarck nahm Vinckes ironisches Dementi zum Anlaß, dem Gegner die „Forderung auf Pistolen" zu schicken. Und Hofprediger Büchsel reichte Bismarck am Tage vor dem Duell das heilige Abendmahl, und anderen Tages, da die Gegner die Pistolen bereits in der Hand hatten, hat Bismarck ein Gebet gesprochen.

„Als der Geforderte", erzählt Leopold von Gerlach weiter, „hatte Vincke den ersten Schuß. Bismarcks Gebet muß wohl Eindruck auf ihn gemacht haben, er schoß in die Luft."

Solches machte wiederum auf Bismarck Eindruck. „Auch er hob die Pistole weit hoch und schoß desgleichen in die Luft."

Der Zweikampf hatte nur eine Folge. Der parlamentarischen Streitereien nun überdrüssig, nahm Bismarck an den Sitzungen des Abgeordnetenhauses nicht mehr teil. Er betrat es erst wieder nach elf Jahren, als er Preußens Ministerpräsident geworden war.

Der beförderte Rückschritt

Vor dem Schloß standen damals noch die von Bildhauer Peter Clodt geschaffenen Rossebändiger. Der Oberlehrer Dr. Julius Bartsch gab dem beliebten Denkmal neue Bedeutung, als er in einem Vortrage erklärte. „Seine Majestät Zar Nikolaus I. hat es Seiner Majetät Friedrich Wilhelm IV. geschenkt. Sie sehen zwei Pferde, und der Künstler gestaltete sie zu Symbolen unserer Zeit. Das eine ist der gehemmte Fortschritt, das andere ist der beförderte Rückschritt."

Der Scherz wurde geflügeltes Wort und als solches auch von Büchmann in seine Sammlung übernommen.

Das Drei=Klassen=Wahlrecht

Seit dem Regierungsantritt Friedrich Wilhelms waren nun genau zehn Jahre vergangen. Die Berliner verglichen:

„Damals waren wir guter Hoffnung, und jetzt sind wir niedergekommen."

Die Berliner fühlten sich mit Recht erniedrigt. Das neue Wahlgesetz, das Graf Brandenburg beschert hatte, war schlechter als das alte der Steinschen Reformen. Der Anteil der wahlberechtigten Bürger hatte einst sechseinhalb Prozent der Einwohnerschaft ausgemacht, er war jetzt auf fünf Prozent gesunken. Von 415 000 Berlinern durften nur 21 000 zur Urne gehen, und ihren Stimmen kam sehr verschiedenes Gewicht zu. Auf jede Klasse entfielen 34 von 112 Abgeordneten im Stadtparlament:

In der ersten, obersten Klasse repräsentierten 34 Abgeordnete den Willen von 1600 Wählern ...

In der zweiten Klasse verteilten die 34 Abgeordneten sich auf 5400 Wähler ...

In der dritten, untersten Klasse sprachen die 34 Abgeordneten für 14 000 Bürger ...

Je nach Wahlklasse oder Reichtum entsandten also 44, 158, 411 Bürger einen Vertreter ins Stadtparlament. Und die Nicht=Bürger, und das waren 394 000 gegen 21 000, bildeten die Vierte Klasse, der überhaupt kein Wahlrecht zukam

Herr von Hinckeldey

Sehr viel zufriedener waren die Berliner mit dem Polizeichef, den das stürmische Jahr ihnen gebracht hatte. Er wurde mit einem großartigen Bankett geehrt, der Chronist zählte in Krolls Sälen 33 Tafeln mit 1300 Couverts, fast 2000 weitere Besucher füllten den Krollschen Garten. Bei der Feier, die man als erstes der traditionellen Berliner Polizeifeste bezeichnen kann, erklang ein Lied, das der Schöneberger Prediger Ludwig Frege gedichtet hatte:

Telegraph und Feuerwehre
Sind den Gründern Ruhm und Ehre,
Werden trefflich dirigiert;
Wunder fast tun alle Spritzen,
Unser Hab und Gut zu schützen,
Kein Haus wird jetzt mehr demoliert.

Als drauf kam des Winters Schrecken,
Sah man Eis und Schnee bedecken
Ganz Berlin, es war ein Graus!
Doch Präsident schuf Kehrbrigaden,
Ließ das Eis en gros verladen,
Mit dem Wintergraus war 's aus!

Friedrich von Hinckeldey hatte die erste Berufsfeuerwehr Deutschlands geschaffen, ihm verdankte die Stadt zahlreiche andere Neuerungen. Gegen den Willen des Königs und des Magistrates begann Hinckeldey mit dem Bau des ersten Wasserwerkes in Berlin. Er sorgte für verbesserte Armenfürsorge, für eine moderne oder jedenfalls modernere Gesindeordnung. Er nahm dem Stadtvogtei-Gefängnis durch einen Umbau die düsteren Schrecken, errichtete in Rummelsburg eine für damalige Verhältnisse mustergültige Strafanstalt.

Den Tag, da das Wasser in Rohren den Häusern zugeleitet wurde und nicht mehr aus der unsauberen Spree geschöpft zu werden brauchte, erlebte Friedrich von Hinkeldey nicht mehr. Seine sozialpolitischen Gedanken und Taten hatten ihm Feinde verschafft. Als Hinckeldey einen adligen Spielerklub aushob, geriet er mit dessen Vorsitzendem von Rochow-Plessow in einen scharfen Wortwechsel. Nur ein Duell konnte, gemäß Kavalierssitte, die Beleidigungen sühnen. In der Jungfernheide trat man gegeneinander an, dort erinnert noch heute ein Denkstein an den Tod des General-Polizei-Direktors von Hinckeldey.

Die Litfaßsäule

Sie wurde in Berlin erfunden. Der Buchdruckereibesitzer Ernst Litfaß hatte sie erdacht, und Polizeipräsident von

Hinckeldey war noch am Leben und konnte sich für die neuartige Werbetechnik einsetzen. Wer ein Gegner Hinckeldeys war, war allerdings auch ein Gegner des Herrn Litfaß. Eine Zeitschrift empörte sich:

> „Wir sind im Begriff, Berlin durch Säulen für Anschlagzettel auf eigentümliche Weise verunstaltet zu sehen. Bei der großen Menge dieser plumpen Mißschöpfungen auf allen Straßen und Plätzen werden sie einen bedauerlichen Einfluß auf die architektonische Erscheinung der Stadt zu üben nicht verfehlen. Den gebildeten Einwohnern zum Ärger, dem Fremden zur Verwunderung, unserer künstlerischen Entwicklung zum Spott werden sie stets die Frage wachrufen, wie es möglich ist, daß Behörden eine solche Verunzierung dulden oder gar autorisieren."

Die Säulen gefielen auch anderen Berlinern wenig, aber sie erwiesen sich als ungemein nützlich. Litfaß hatte zunächst 150 aufgestellt, dann sind es 200 geworden, dann 350. Um die Jahrhundertwende gab es schon mehr als 1000 Litfaßsäulen, und die Antwort auf die Scherzfrage „Welchem Manne sind die meisten Denkmäler in Berlin gewidmet?" ist leicht zu finden.

Heines spöttische Verse

Heinrich Heine war im Unmut von Berlin geschieden, grollend hatte er Deutschland verlassen. Auch von Paris aus beobachtete er die Heimat mit spottlustigen Augen. Heine schonte auch den einstigen Freund Giacomo Meyerbeer nicht, den Friedrich Wilhelm IV. zum Generalmusikmeister an der Oper ernannt hatte.

Meyerbeer, Berliner Kind wie Mendelssohn-Bartholdy, hatte seine neue Oper „Der Prophet" in Paris dirigiert, er eilte nach Berlin, um auch dort die Aufführung zu leiten. Heinrich Heine verfolgte den erfolgreichen Komponisten mit einem vielstrophigen Festgedicht, in dem er spottete:

Bismarck und die Staatsmänner Europas beim »Berliner Kongreß« 1878

(Wandgemälde von Anton von Werner im Berliner Rathaus)

Der Lotse verläßt das Schiff

(Karikatur auf Bismarcks Rücktritt, aus »Punch«)

Heil dem Meister, der uns teuer,
Heil dem großen Beeren=Meyer,
Heil dem großen Meyer=Beer!
Der nach Nöten, lang und schwer,
Der nach langen, schweren Nöten
Uns geboren den Propheten!

Meyerbeer liebte Berlin mehr als Paris. Als er dort während der Proben zur „Afrikanerin" vom Tode ereilt wurde, war sein letzter Wunsch, in der Vaterstadt beigesetzt zu werden. Auf dem jüdischen Friedhof in der Schönhauser Allee wurde er begraben.

Gevatter Grimm

Das berühmte Brüderpaar lebte in gemeinsamer Wohnung. Jacob Grimm war vierundsiebzig Jahre alt geworden, als ihn Professor Lepsius, der Ägyptologe, für seinen Sohn zum Gevatter bat. Der Märchenerzähler begann seine Rede:

„Ich bin gern Pate, ich bin gern auf einer Kindtaufe, ich freue mich recht, den kleinen Helden, dessentwegen wir hier versammelt sind, betrachten zu dürfen. Das gefällt mir viel besser als die Hochzeiten und Leichenschmäuse, bei denen man gewöhnlich von den Hauptpersonen nichts zu sehen bekommt."

Rückerts Kritik

Friedrich Rückert, wie Grimm und Lepsius Professor, hatte sein Lehramt für orientalische Sprachen aufgegeben, um sich im Dörfchen Neuses bei Coburg ausschließlich der Poesie zu widmen. Berlin hatte ihm nicht gefallen, auch die Spree schien ihm nicht gefallen zu haben. Er bedichtete sie:

Der Spree
ist weh,
sie kann sich nicht entschließen,

in Berlin hineinzufließen,
wo die Gossen sich ergießen.
Wer mag es ihr verdenken?
Sie möchte lieber, wenn sie dürft, umlenken.
Hindurch doch muß sie schwerbeklommen;
sie kommt beim Oberbaum herein
rein wie ein Schwan, um wie ein Schwein
beim Unterbaum herauszukommen.

Der Grüne Heinrich

Friedrich Rückert war fortgegangen, einige Monate danach kam der Zürcher Staatsstipendiat Gottfried Keller. Er war dreißig Jahre alt; in seinem Koffer befanden sich mehr oder minder ausgearbeitete Entwürfe für einen Roman, der Geldbeutel war leer, der Kopf voller kühner Pläne: Keller wollte Dramatiker werden, zu solchem Zwecke in Berlin die Praxis des Theaters kennenlernen.

Keller blieb fünf Jahre; es waren, wie er einmal gestand, die qualvollsten seines Lebens, recht „unglückselige und trübe Zeiten" für diesen Feuergeist, der in seiner Heimat die aufsässigen Gedichte Heines, Herweghs und Freiligraths gelesen und bewundert hatte. Jetzt in Berlin stieß ihn alles ab, die Wiederherstellung der Königsmacht durch das Ministerium Manteuffel, auch die Bürger, die sich mit ihrer Machtlosigkeit wieder abzufinden schienen. Grimmig prophezeite er den Berlinern, daß nach der inneren Niederlage und nach dem außenpolitischen Versagen bei „der Olmützer Punktation und den Dresdener Konferenzen auch für die Literatur eine traurige Zeit aufblühen" werde.

In dem Gedicht „Mühlenromantik" verulkte Keller auch Berlins zeitwidrigen, zeitfremden Baustil:

Doch zu Berlin, im ästhetisch erweckten,
da sah ich nagelneu und auf das beste
ausgeführet vom Staatsarchitekten
eine gewaltge normannische Feste.

Und es war eine Mehlfabrike,
hoch und herrlich mit Zinnen und Türmen;
schäumend und brausend unter der Brücke
sehn die Berliner die Spree herstürmen!

Daß er auch die von August Stüler gebaute Matthäikirche nur komisch fand, besagen die Verse:

Wie nach dem Rezept geschaffen,
fein und niedlich ist der Tempel,
angemessnen jungen Leuten
ein erbaulich Bauexempel!

Byzantinisch jede Fuge,
Bogen, Bögelchen und Kehlen,
nur die phantasiegebornen
alten Fratzenbilder fehlen.

Ganz allein stand Keller nicht mit seiner Kritik an der Verspieltheit eines „gotisch-klassisch-byzantinischen" Baustils, wie er Friedrich Wilhelms Geschmack gewesen ist. Noch einige Jahre vor Keller hatte sich Bismarck über das „zinnengekrönte Arsenal" am Mühlendamme amüsiert, und dem Stülerschen Gotteshaus im vornehmen Geheimratsviertel gaben die Berliner sogleich den Namen „Polkakirche".

Die „Fratzenbilder" übrigens, die er draußen vermißt hat, fand Keller drinnen: ergraute Paladine, Kammerherrn mit Betermiene und eben die satten, selbstzufriedenen Bürger mit ebenso satten und selbstzufriedenen Weibern und Kindern. Er mochte sie nicht.

Der Verleger Wilhelm Duncker hatte ihn zu einer Soirée gebeten. Er fragte Keller: „Was halten denn nun Sie von unserer jungen Berliner Literatur?"

Friedrich Spielhagen, Paul Heyse, Paul Lindau und wer sonst von Schriftstellern hier versammelt war, warteten vergebens auf Antwort . . .

„Waisch, was iich gemacht han?" gestand Keller später in Zürich dem dort Medizin studierenden Carl Ludwig Schleich: „Iich bin use gange und han im Flur alli die feine Zylinderhüt von selle Poete iitriebe wie hohle Köpf. Dann bin iich furt auf Nümme=Wiederluge, un iich ha denkt, daß mer miine Antwort verstande hat."

In Berlin hatte Gottfried Keller unablässig an seinem Roman gearbeitet. Aus den stolzen Theaterplänen war nichts geworden, aber jetzt, nach den „fünf bösen Jahren", kam der „Grüne Heinrich" bei Vieweg in Braunschweig her= aus. Jetzt, da Keller Berlin verließ, war er auch an der Spree ein berühmter Mann geworden.

Als ihn, wieder in Dunckers Salon, eine Dame mit Kom= plimenten überschüttete, hörte er es ungern. „Meister, ach, Ihr Buch ist himmlisch! Ach, Meister, es ist hinreißend! Die= ses Buch ist, ich fühle das, mit Ihrem Herzblut geschrieben!"

„Oi was!" entgegnete Keller kurz und abweisend. „Numme mit Tinte!"

Des Königs Ärzte

Friedrich Wilhelms Erkrankung, die heute als Paralyse gedeutet wird, hatte sich verschlimmert. Königin Elisabeth, bayerische Prinzessin von Geburt, wollte aus München den ihr gut bekannten Hofrat Dr. Nix nach Berlin bitten. Sie fragte Schönlein und Weiß, die den König behandelten.

Professor Schönlein war dagegen. Es wäre doch unmög= lich, erklärte er Elisabeth, daß die täglichen Bulletins über des Königs Befinden die Unterschrift trügen: „Schönlein Weiß Nix."

Als die Hoffnungslosigkeit des Leidens erkannt war, überließ man dem Feldarzt Dr. Gottfried Grimm die Obhut über den Monarchen. Nun erschienen von Zeit zu Zeit die beruhigenden, aber nichtssagenden Krankheitsberichte, un= ter denen Grimms Name stand. Der Berliner Witz nannte sie bald „Grimms Märchen".

Ein pensionierter Thronfolger

Der König hatte keine Kinder, nach seinem Tode mußte der Bruder die Krone erben. Wilhelm war nur anderthalb Jahre später zur Welt gekommen als der Monarch und hatte bereits seinen sechzigsten Geburtstag, auch das Jubiläum fünfzigjähriger Zugehörigkeit zur Armee gefeiert. Wie er nach dem Hohenzollernschen Hausgesetz mit zehn Jahren zum Leutnant ernannt worden war, wurde er gemäß Armeeordnung nach dem fünfzigjährigen Dienste von den Pflichten des aktiven Offiziers entbunden. An einen seiner Freunde schrieb er ironisch:

> „Für die Teilnahme bei dem Feste meiner ‚Invaliditätserklärung' sage ich Ihnen meinen besten Dank. Freilich kann ich diese Feier hinsichtlich der Invalidität noch etwas ruhiger ansehen als mancher andere – aber sechzig Jahre bleiben immer sechzig Jahre. Und das scheint man auch in Berlin zu finden, denn sonst würde man wohl mich statt Groeben in die Schweiz senden. Man muß sich in vieles in der Welt finden – oder auch nicht!"

Friedrich Wilhelm I. war mit fünfundzwanzig, Friedrich II mit achtundzwanzig Jahren zur Regierung gekommen. Bisher war kein preußischer König bei der Thronbesteigung älter als vierundzwanzig Jahre gewesen. Er, Wilhelm, war als Sechzigjähriger noch immer der „Prinz von Preußen" und Thronanwärter.

Hochmütige Bescheidenheit

An der Universität lehrte Johannes Müller. Sein „Handbuch der Physiologie des Menschen" dokumentierte den vielleicht voreiligen Triumph einer Wissenschaft, die glaubte, das Geheimnis des Lebens entschleiern zu können. Johannes Müller begann seine Vorlesung über Physiologie mit den Sätzen:

„Meine Herren! Woher sind wir? Was sind wir? Was wird aus uns? Die Beantwortung der ersten und dritten Frage wollen Sie vorläufig bei den Kollegen der theologischen Fakultät zu erfahren suchen. Mit der zweiten Frage können wir uns heute schon zuverlässig befassen."

Ein Leben für die Kunst

Albert Lortzing an seine Frau: „Mein liebstes Weib! Einliegend sende ich Dir zwanzig Thaler von meiner Gage, fünf habe ich zurückbehalten. Meinetwegen mache Dir keinen Kummer, ich schlage mich durch."

Der Komponist von „Zar und Zimmermann" und „Waffenschmied" und „Wildschütz" war in Berlin geboren worden, er ist im Alter von fünfzig Jahren auch in Berlin gestorben. Seine Opern wurden in der Königlichen Oper aufgeführt, Lortzing selbst fand an der Oper kein ihm gemäßes Arbeitsfeld. Als Gastdirigent reiste er umher und mußte zufrieden sein, wenn ein Theater seine Dienste verlangte.

Wenige Wochen vor dem Tode schrieb Lortzing an einen seiner Freunde:

> „Der deutsche Komponist Albert Lortzing muß alle acht bis zehn Tage (um der gelegentlichen Dirigentenhonorare willen) seine Familie verlassen. Deren geringe Barschaft reicht kaum so weit, bis er wieder etwas verdient hat. Er selbst hat kaum so viel, um den Dampfwagen bezahlen zu können. Wie oft werde ich wohl noch fort müsen? Welchen Weg soll ich eigentlich für die Zukunft einschlagen?"

Der Tod machte eine Antwort unnötig. Wenige Tage später wurde Lortzing auf dem Friedhof der Sophiengemeinde begraben.

Stereotype Phrasen

> „Vor allem warne ich vor der stereotypen Phrase, daß die Regierung sich fort und fort treiben lassen müsse, liberale Ideen zu entwickeln, weil diese sich sonst von allein Bahn brechen würden."

So hieß es in des Prinzen Wilhelm von Preußen erster Rede an das Staatsministerium, nachdem er nun amtlich die Regentschaft für den geschäftsunfähigen Bruder übernommen hatte.

Mit den Worten „zum Wohle des Vaterlandes und des Königstums von Gottes Gnaden" endete die Rede. Dazwischen fand sich der berühmte Ausspruch Wilhelms: „In Deutschland muß Preußen moralische Eroberungen machen."

Die grüne Neune

In dem Hause Blumenstraße 9, wo schon Rudolf Cerff eine Bühne für heitere Kunst geleitet hatte, eröffnete jetzt Franz Wallner ein Theater. Kalischs Possen „Der gebildete Hausknecht" und „Berlin, wie es weint und lacht" bewiesen – wie später die Posse „Mein Leopold" von L'Arronge – große Zugkraft. Die Berliner kamen in großen Scharen. Sie sagen noch heute „Ach, du grüne Neune", wenn sie über etwas erstaunt und auch zugleich belustigt sind. Denn das Haus Blumenstraße 9, in dem sich zuletzt das Vergnügungsetablissement „Resi" befand, war durch ein riesiges, grüngestrichenes Nummernschild gekennzeichnet.

Das europäische Konzert

Von den „moralischen Eroberungen" war zunächst nichts zu merken, dafür entschädigte, daß andere Staaten wenigstens keine politischen Eroberungen machen konnten. Österreich und sogar Rußland hatten an Einfluß verloren, man begann in Berlin Olmütz zu vergessen, nahm die „Olmützer Punktation" mitsamt dem Verzicht auf Schleswig-Holsteins Herzogtümer nicht mehr so wichtig.

Bürger Müller erklärte in einem Witzblatt dem Bürger Schultze die veränderte Situation im Konzert der europäischen Mächte: „Jetzt tauschen sie die Instrumente; jetzt wird Frankreich die erste Violine spielen, laß auch England an die Pauke kommen. Aber Deutschland wird sie was blasen, Rußland pausieren und der Türke flöten jehen."

Det is'n Prinz!

Unter den Linden, vor dem Hause, das sie im Stürmischen Jahre am liebsten angezündet und niedergerissen hätten, warteten die Berliner jetzt respektvoll und bescheiden, ob die „Engländerin" Victoria einem Knaben oder einem Mädchen das Leben schenken werde.

Endlich öffnete sich ein Fenster, Papa Wrangels Gesicht war zu sehen, seine kreischende Stimme zu hören: „Kinder, det is'n Prinz! Und ooch 'n janz strammer Rekrute dazu!"

Der Prinz, der in der vierten Folge das Erbe der Krone sicherte, erhielt die Vornamen Friedrich Wilhelm Victor Albert. Die Berliner erfuhren nicht, daß der Prinz kein „strammer Rekrute" werden würde, weil der linke Arm verkrüppelt war. Sie begrüßten den Sohn Victorias und Friedrichs:

Wie Preußens stolzer Aar sich schwingt,
Wie allenorts des Landes Ruhm erklingt,
So wirst auch du zur Höhe streben,
Und Heil sei Dir Dein ganzes Leben ...

In der Erinnerung daran, daß doch gerade drei Tage zuvor eines anderen Hohenzollern Geburtstag festlich begangen worden war, stellte einer der Zeitungspoeten die neckische Frage:

Warum kamst Du, mein kleiner Held,
Nicht drei Tage früher zur Welt?
Das könnte uns schier erboßen,
Das ist falsch für den Erben Friedrichs des Großen.

Im Volkstheater

Stark besucht war auch die Singspielbühne des Direktors Callenbach, wo die Couplets auch politische Anspielungen nicht scheuten:

Gebaut wird viel in unsern Straßen,
Denn stets verschönert sich Berlin.
Den Dom sie haben liegen lassen,
Der Börsenbau erhebt sich kühn.
Die Kaufmannschaft ist gegenwärtig
Die Macht, die obenauf stets schwimmt —
Wie lange wär der Dom schon fertig,
Wenn er zur Börse wär bestimmt!
Weil wir den großen Schiller schätzen,
Hat man gesammelt fern und nah,
Um ihm ein Denkmal in Berlin zu setzen —
Doch steht bis jetzt nur 's Gitter da.
Ein großer Dichter, ja, das ist er,
Doch damit dringt man nie so durch,
Wäre gewesen er Minister,
Ständ' er schon neben Brandenburg.

Denn ein Denkmal für den verhaßten Grafen von Brandenburg war bereits geschaffen worden, und wenn man den von Friedrich Wilhelm IV. begonnenen Umbau des Domes nicht weiterführte, konnte Friedrich Hitzig doch mit dem Neubau der Börse anfangen.

Telegramme

Es war so weit, endlich konnte, wer es eilig hatte, Nachrichten „per Draht" in die Welt schicken. Gegenüber vom Rathaus, Königstraße 60, Hof links, eine Treppe hoch, war ein Telegraphen=Bureau eingerichtet worden.

„Wer eine telegraphische Depesche befördern lassen möchte, muß sich durch Paßkarte, durch eine Bescheinigung der Polizei und durch zwei Zeugen legitimiren."

Das rief viel Verdruß hervor, und die Bestimmungen wurden einige Jahre später dahin gemildert, daß künftig zwei Zeugen nur notwendig waren, wenn Paßkarte und Polizeibescheinigung fehlten.

Mommsens Ärger

Daß die Universität den demokratischen Theodor Mommsen berufen hatte, paßte der Regierung nicht. Mommsen hatte in Italien die alten römischen Inschriften zu sammeln begonnen, er plante die Erweiterung der Arbeit, ihre Drucklegung. Aber die Regierung bewilligte kein Geld, sogar die Akademie der Wissenschaften machte nur Schwierigkeiten.

Mommsens Ärger bekundet sich in einem Brief an seinen Fachkollegen Henzen in Rom: „Ich halte es für ebenso leicht, die Taufscheine der heiligen drei Könige aus dem Morgenland herbeizuschaffen, als in dieser Sache auch nur ein Ende abzusehen."

Er hatte recht. Das *„Corpus inscriptonum Latinarum"* wird heute in der ganzen Welt als „eine Gipfelleistung wissenschaftlicher Arbeit" bewundert. Aber Mommsen brauchte allein für den ersten Band vier Jahre, und abgeschlossen hat er das Werk nicht, er hinterließ es als Stückwerk, das spätere Generationen zu vollenden suchten.

Auch die Brüder Grimm hatten genau wie Mommsen zu leiden; mangels ausreichender Unterstützung kamen auch sie mit ihrem „Deutschen Wörterbuch" nicht voran. Das „Deutsche Wörterbuch" der Brüder Grimm hat dann der Staat in seine Obhut genommen – nach mehr als hundert Jahren wurde es abgeschlossen.

Augenheilkunde

Albrecht von Graefe, gebürtiger Berliner, entwickelte Methoden für die operative Heilung des Grünen und des Grauen Stars. Auf einem Hofball plauderte Prinzessin Alexandrine mit Graefe:

„Man erzählt sich in den höchsten Kreisen von Ihren schrecklichen Operationen. Stimmt es, daß Sie die Augäpfel einfach herausnehmen, hübsch sauberwaschen und dann wieder einsetzen?"

„Wenn sie noch einigermaßen brauchbar sind, gewiß. Sonst setze ich ein neues Katzenauge ein."

Die Wundertaten der modernen Chirurgie waren den Berlinern unbegreiflich, auch unheimlich. Und der orthodoxe Theologe Professor Hengstenberg betrachtete Operationen als sündhafte Eingriffe in Gottes Vorsehung.

Problematische Naturen

Es waren die Jahre, da Naturwissenschaft, Technik, Sozialismus eine neue Zeit ankündigten, deren Zeichen auch jene erschrecken konnten, die mit den bisherigen Ordnungen unzufrieden waren. Die junge Generation wünschte den Fortschritt, zugleich fürchtete sie ihn.

Des Schriftstellers Friedrich Spielhagen Roman „Problematische Naturen" war das Spiegelbild dieser Auseinandersetzungen. Die Berliner Jugend las ihre eigene Lebensgeschichte, und die „Problematischen Naturen" wurden trotz ihrer vier Bände das meistgelesene Buch. Spielhagen nutzte den Erfolg, schrieb weitere vier Bände, denen er nun den optimistischeren Titel „Durch Nacht zum Licht" gab.

Beide Romane sind heute vergessen, als geläufiges Schlagwort jedoch sind die „Problematischen Naturen" geblieben.

Aus dem Fernen Osten

Friedrich Wilhelm IV. war gestorben, der vierundsechzigjährige Wilhelm wurde endlich König. Bald nach der Thronbesteigung empfing er einen Gesandten des Kaiserreiches Japan. Er war der erste Diplomat Japans am Berliner Hof, er kam mit vierzig Landsleuten.

Die Berliner hatten recht unklare Vorstellungen von Japanern. Eine Zeitung schrieb: „Es ist kaum zu glauben, mit welch reizendem Anstande diese Herren sich europäischen Sitten anschmiegen, Benehmen und Haltung sind die der besten Gesellschaft."

Dem Konzertliebhaber bot die Stadt wenig. Um ernsthafte Programme kümmerte sich allein die Königliche Kapelle. Alljährlich, so gut es der Dienst für die Oper erlaubte, wurden einige „Sinfonie-Soiréen" veranstaltet. Es dirigierte Wilhelm Taubert, als Spielhagen seine Romane schrieb. Wilhem Taubert hatte schon dirigiert, als Madame Dutitre Herrn Goethe besuchte...

> „In dreißig abonnierten Jahren lernte ich circa sechs Sinfonien von Haydn, Mozart und Beethoven nebst einigen Ouvertüren von Herrn Taubert gründlich kennen. Dabei belehrten mich meine ehrwürdigen Nachbarn im Concertsaale wiederholt, daß es weiter keine classische Musik gäbe und alle andere formlos und unverständlich sei. Daß Sebastian Bach unrein schriebe, Beethovens letzte Werke nur für Tauber genießbar, Schumann, Wagner, Liszt und alle noch lebenden Componisten aber keinen Schuß Pulver wert seien."

Der Verfasser, der seine ironische Kritik so selbstbewußt auf die „in dreißig abonnierten Jahren" gesammelte Erfahrung stützte, hatte Grund, die Anonymität zu wahren. Er war nämlich gerade dreiunddreißig Jahre alt geworden. Er hieß Hans von Bülow.

Bülow, Klavierlehrer am Sternschen Konservatorium, ging nach München, als er sich entdeckt sah. Ein Kritiker schrieb schadenfroh: „Den sehen wir nicht wieder!"

Das war falsch prophezeit.

Die Berliner holten den Freund Wagners, den Vorkämpfer der neuen Musik, später zurück.

Zum fünfzigsten Male jährte sich der Tag, an dem Vater Jahn die Jugend in die Hasenheide gerufen hatte, damit sie sich für den Freiheitskampf stähle. General Ernst von Pfuel, der damals dabeigewesen war, rief „alle deut=schen Turner, sowohl in der Heimat wie in der Fremde" nach Berlin.

Sie kamen. Sie kamen zu Tausenden aus vielen hundert Städten. Und die Berliner „stellten freie Quartiere in so großer Zahl zur Verfügung, daß nicht alle benutzt werden konnten. Sie schmückten in den Straßen, die der Festzug durchzog, ihre Häuser in solcher Weise, wie man es noch nie in Berlin gekannt hat". Die Berliner gaben den Turnern auch Verpflegung, für „die Jüngeren, denen die Kosten der Reise Sorge gemacht hatten, gingen namhafte Geldbeträge ein".

Lothar Bucher triumphierte in der liberalen National=zeitung: „Wir haben in den Hauptstädten Europas viele Feste gesehen, nie ein ähnliches; nie haben wir von einem ähnlichen in diesen Zeiten auch nur gehört oder gelesen; nie ist ein ähnliches Fest gefeiert worden, seitdem Grie=chenland unterging."

General von Pfuel hatte in den Aufrufen mitgeteilt, daß auf der Hasenheide ein Denkmal für Vater Jahn errichtet werden soll: „Aus seiner Heimat möge jeder Turner einen Stein, ein Stück Fels mitbringen, damit des Denkmals Fun=dament zu bauen."

Die Regierung hatte die Bedeutung des Turnerfestes nicht rechtzeitig erkannt, sie war von der gewaltigen Demonstra=tion überrascht worden. Jetzt, als mit einem Denkmal für den „Demagogen" Jahn die ihr so verhaßte Freiheitsliebe geehrt werden sollte, griff die Regierung ein. Die Hasen=heide gehörte ja schließlich dem König ...

So dauerte es weitere zwanzig Jahre, bis der Turnvater in Berlin sein Denkmal bekam. Bildhauer Erdmann Encke schuf es aus Bronze. Es steht auf den Steinen und Fels=stücken, welche die Turner mitgebracht hatten.

Auch die Regierung jubiliert

Um die Berliner das unbotmäßige Turnerfest vergessen zu lassen, rief König Wilhelm die Veteranen zu einer Feier. Dem Kalender gemäß war es bald fünfzig Jahre her, daß sein Vater Friedrich Wilhelm III. den Krieg gegen Napoleon geführt hatte.

Dieses Mal zahlte der Staat die Reisekosten, lieferte auch Quartier und Verpflegung. Und viertausend „greise Krieger kamen, viele waren in bäuerlicher Tracht, manche trugen ihre alte Uniform. Auch Marketenderinnen aus jener Zeit, jetzt meist auf Stöcke und Krücken gestützt, hatten sich angeschlossen". Der Chronist vermerkt, der Zug „habe großen Eindruck gemacht und wurde auf das herzlichste begrüßt". Der Chronist vermerkte weiterhin: „Sonst war von der Teilnahme des Publikums nicht viel zu bemerken. Die Gewerke hatten es abgelehnt, auf dem Festplatz zu erscheinen, die Tribünen waren schwach besetzt, nur wenige Privathäuser waren geschmückt und beteiligten sich an der für den Abend gewünschten Illumination."

Der Chronist notierte auch: „Es sind nicht so viel Veteranen gekommen wie vor zwei Jahren Turner. Die schweren Mißverständnisse zwischen Regierung und Volk warfen einen Schatten auf das Fest und hatten einen Teil der Veteranen veranlaßt, ihm fernzubleiben."

Wer kommt? Wer?

In den Zeitungen war zu lesen, daß der neue Herr Ministerpräsident die deutsche Frage „mit Blut und Eisen" lösen werde. Alle guten Demokraten fürchteten einen Krieg.

Dann war der Krieg da, wegen der Schleswig-Holsteinschen Herzogtümer und deren monarchischer Erbfolge. Und der Krieg gegen Dänemark wurde gewonnen! Und als die siegreiche Armee durchs Brandenburger Tor heimkehrte, schmiedete sogar der Demokrat Fontane begeisterte Verse:

Wer kommt? Wer?
Fünf Regimenter von Düppel her.
Fünf Regimenter vom dritten Korps
rücken durchs Brandenburger Tor;
Prinz Friedrich Carl, Wrangel, Manstein,
General Roeder, General Canstein ...
Hurra, das wirbelt und schreitet geschwinder.
Hurra! Das sind Berliner Kinder!
Jeder, als ob er ein Gärtner wäre,
trägt drei Sträußer an seinem Gewehre ...

Kribbeliges

Die Diplomaten Österreichs und Preußens begaben sich nach Gastein, um über Schleswig-Holstein zu verhandeln. Es kamen die Verträge zustande, durch die die Rivalität zwischen Wien und Berlin beigelegt zu sein schien.

An der Spree blieb man jedoch skeptisch: „Det kenn ick von meinen Vater; Jastein is jut for die Nerven, aber 't hält nich lang vor, un wie Vatern wieder daheim is, wird er ooch schon jleich wieder kribbelig."

Das Witzblatt „Der Kladderadatsch" spottete:

Erwach, Berlin, aus Deinem Traum,
Vom Ober- bis zum Unterbaum!
Ihr Bürger, schließt die Silbertruh,
Ihr Wechsler Euren Arnheim zu!
Bring, Rieke, schnell die Löffel weg —
Es naht schon Feldherr Benedek!

Schlechte Revolver

Die Berliner fürchteten einen neuen Krieg. Bismarck hatte die parlamentarische Opposition mundtot gemacht, war dabei, den Landtag aufzulösen. Die Opposition war damit nicht aus der Welt geschafft. Der Student Ferdinand Cohen-Blind versuchte ein Attentat auf den Ministerpräsidenten, die Schüsse verfehlten jedoch ihr Ziel.

Unmittelbar nach dem Anschlage stürzte der damalige Privatdozent Dr. Du Bois-Reymond in Stilkes Bücherladen Unter den Linden, in dem sich demokratische Oppositionelle zu treffen pflegten, berichtete aufgeregt und klagte:

„Was habt Ihr in Deutschland doch für schlechte Revolver!"

Die Berliner, durch das Attentat erschreckt, brachten dem Ministerpräsidenten einen Fackelzug dar, obwohl ein Chronist vermerkte, daß „die Mehrzahl der Bevölkerung das Mißlingen des Attentats bedauert".

Material für neue Kugeln

Österreichs General Ludwig August Ritter von Benedek „nahte" nicht. Der Krieg wurde weitab von Berlin in Böhmen geführt. Der „Kladderadatsch" konnte seine Leser trösten:

Berlin, kannst wieder ruhig sein
Von Kroll bis an den Friedrichshain!
Die Stadt wird nicht sobald verbrannt,
Das Geld ist sicher vorderhand.
Bring, Rieke, nur die Löffel her –
Der Benedek kommt nun nicht mehr!

Statt des Benedek kam Siegesbeute, im Anhalter Bahnhof wurden 8000 Zentner Blei und 200 Zentner Silber ausgeladen, die man in Böhmen beschlagnahmt hatte. Eine Zeitung schilderte „die jubelnde Freude, denn wegen des so gewonnenen Materials für neue Kugeln ist diese Beute eine der wertvollsten, die bisher im Laufe des Krieges gemacht worden ist".

Rapport

Wieder kehrten siegreiche Soldaten zurück. Auf dem Molkenmarkt zeigte ein riesiges Bild, wie König Wilhelm dem Alten Fritz eine Landkarte überreicht:

Noch ist man bester Laune. Georg V., König von England, im Gespräch mit dem deutschen Kaiser (Berlin 1912)

Die Alten im Himmel

Bismarck: »Es ist eine großartige Zeit da unten – Weltpolitik, Polenüberwindung, Hererokrieg, Deutschland in der Welt voran!« – Moltke: »Nur nicht neidisch werden, Otto! Als Vorläufer von Bülow, Einem, Leutwein behalten wir noch immer unsere Meriten!«

(»Lustige Blätter«, Berlin 1904)

Vom siebentäg'gen Kriege
Rapport bring ich Dir her
Und Preussens neue Karte
Vom Maine bis zum Meer.

Das Königreich Hannover war preußisch geworden, auch das Kurfürstentum Hessen, das Herzogtum Nassau. Frankfurt hatte aufgehört, eine Freie Reichsstadt zu sein, Schleswig-Holstein war endgültig einverleibt worden Berlin war jetzt Hauptstadt eines Landes, das in sich geschlossen war, 350 000 Quadratkilometer und fast 30 000 000 Preußen zählte. Preußen hatte sein Gebiet um ein Viertel, seine Einwohnerschaft um fast die Hälfte vermehrt. Preußen war jetzt der weitaus mächtigste Staat Deutschlands.

Ringbahnverkehr

Aus etwa 400 000 Einwohnern im Tollen Jahre waren jetzt beinahe 650 000 geworden. Wenn Berlin deshalb über eine unvorstellbare Wohnungsnot klagte, hatte es sonst Grund, zufrieden zu sein. Handel und Gewerbe blühten, Fabriken wurden vergrößert oder neu errichtet. Man baute eifrig in der Königstraße an einem Rathause, dessen Pracht den Wohlstand der Stadt bekunden sollte.

Auch ein neues Verkehrsmittel hatten die Berliner bekommen, kleine eiserne Wagen, die auf Schienen liefen, von zwei Pferden gezogen wurden. Mit Linie 1, die längs der einstigen Stadtmauer die Stadt umkreiste, konnten die Berliner erstmals „einmal rundum" fahren. Eine andere Linie verband Berlin mit Charlottenburg. Die Berliner spotteten:

Denn fahrn wa janz jemütlich uff de Pferdebahn.
Det eene Pferd, det zieht nich,
det andre, det is lahm.
Der Kutscher kann nich fahren,
der Kondukteur nicht sehn,
un alle fünf Minuten,
da bleibt die Karre stehn.

Saubere Straßen?

„Am Mittwoch Abend wurde in der Lindenstraße der erste Versuch mit Kehrmaschinen gemacht, dem eine zahlreiche Menschenmenge beiwohnte. Vier solcher Maschinen, jede von einem Pferde gezogen, fuhren in starkem Schritt die Straße entlang und ließen den zusammengekehrten Staub in dickem Streifen zurück. Das Publikum war für diese neue Einrichtung nicht eingenommen, denn die Maschinen hüllten die ganze Straße in eine dichte Staubwolke ein, was sich aber vielleicht würde verhindern lassen, wenn dem Fegen eine Sprengung der Straßen voranginge."

ABOAG

Schon wurde auch eine „Allgemeine Berliner Omnibus-Actien-Gesellschaft" gegründet. Das Bankhaus Feig & Pinkuss ermunterte zur Zeichnung von 10 000 Aktien für je 100 Taler: „Die dargethane Rentabilität des Omnibus-Fuhrgeschäftes in anderen großen Städten sichern dem Unternehmen eine günstige Zukunft und lassen das darin angelegte Capital als nutzbringend verwendet erscheinen."

Der Betrieb wurde mit 257 Omnibussen und 1089 Pferden eröffnet. Mit dem pferdebespannten „Sechserbus" der ABOAG fuhren die Berliner noch lange nach dem ersten Weltkrieg. Erst noch ein paar Jahre später wurde die ABOAG, die sich mittlerweile motorisiert hatte, in die BVG eingegliedert. Ihre Autobusse „mit Schnauze" fahren noch heute in Ostberlin.

Preußische Sparsamkeit

Die Goethestadt am Main war ohne eigene Absicht in die Kriegshändel zwischen ihren Nachbarn Hessen und Nassau einerseits, Preußen andererseits hineingeraten. Aber sie war von Wilhelms Soldaten besetzt worden, und die Soldaten gingen nicht mehr weg. Die Frankfurter wollten wenigstens materiellen Ersatz für die verlorene Selbständigkeit. Sie verlangten drei Millionen Gulden von den Preußen.

König Wilhelm an einen Unbekannten: „Setzen Sie sich auf einen Stuhl und nehmen Sie Eau de Cologne zur Hand, um einer Ohnmacht bei Lesung dieser Zeilen zu entgehen. Der Friede mit Frankfurt ist nur durch die Bewilligung von drei Millionen Gulden zu erlangen... Mehr als zwei Millionen wollte man von uns nicht zur Verfügung stellen. Da habe ich mich entschlossen, die eine Million auf mein Privatvermögen zu übernehmen, und es ist das (oh, das geizige Ministerium!) angenommen worden!"

Verdächtiger Nationalcharakter?

Es gab nun einen Norddeutschen Bund, dem alle Staaten nördlich des Mains angehörten. Berlin war Hauptstadt dieses Bundes, in Berlin tagte auch das jetzt schon „Reichstag" genannte Parlament des Norddeutschen Bundes, vor dessen Abgeordneten Bismarck erklärte:

> „Es liegt ohne Zweifel, meine Herren, etwas in unserem Nationalcharakter, was der Vereinigung Deutschlands widerstrebt. Wir hätten sonst die Einheit nicht verloren oder hätten sie bald wiedergewonnen."

Die bösartigen Reptilien

Frankfurt hatte zwei und eine Million Gulden gekostet. Bei der Einverleibung anderer Länder war jedoch Geld in die Staatskasse geflossen, und Bismarck wollte dem Parlament darüber nicht Rechnung legen. Die Opposition behauptete, der Ministerpräsident verwende die Beträge zur Bespitzelung oder auch Bestechung ihm gefährlicher Journalisten.

Darauf antwortete Bismarck: „... ich glaube, wir verdienen Ihren Dank, wenn wir uns dazu hergeben, bösartige Reptilien zu verfolgen bis in ihre Höhle hinein, um zu beobachten, was sie treiben."

Die Berliner nannten fortan „Reptil" jeden Journalisten, der im Verdacht enger Beziehung mit der Regierung stand. „Reptilienfonds" heißen noch heute die Gelder, die einer Regierung zur Verfügung stehen, um einen mehr oder weniger starken Einfluß auf die Presse auszuüben.

Premiere der Meistersinger

Wagners „Tannhäuser" und „Lohengrin" waren schon aufgeführt worden, als Klavierlehrer Bülow an Sterns Konservatorium unterrichtete. An den „Tristan" hatte man sich nicht gewagt, für die „Meistersinger" reichlich Zeit gelassen. Das Urteil Berlins war unfreundlich.

> „Wenn Musik stinken könnte, so würde man sich bei dieser Musik die Nase zuhalten müssen ..."
> „Das tollste Attentat auf Kunst, Geschmack, Musik und Poesie, welches je dagewesen ist ..."
> „Ein Berg von Albernheiten und Plattheiten in Wort, Gebärde und Musik ..."
> „Eine grauenvollere Katzenmusik könnte nicht erzielt werden, und wenn sämtliche Leiermänner Berlins in den Renzschen Zirkus gesperrt würden, und jeder eine andere Walze drehte ..."
> „Jedenfalls zu lang! Es würden sich wesentliche Kürzungen empfehlen, und schlagen wir zu diesem Behufe vor, den ersten, zweiten und dritten Akt zu streichen ..."

Das sind nicht Sätze etwa nur eines Kritikers. Das ist eine Auswahl aus fünf Besprechungen verschiedener Zeitungen, denen sich viele gleicher Art hinzufügen ließen. Nur einer der strengen Rezensenten war vorsichtiger, indem er Wagners Musik eine „Krankheit" nannte und fortfuhr: „So etwas steckt an wie eine Epidemie, und wir werden erdulden müssen, daß auch diese ‚Meistersinger' allmählich von Bühne zu Bühne die Runde machen."

Prima Erbswurst!

Man gab sich nicht mehr so bescheiden wie zu Biedermeiers Tagen: „Zum guten Ton gehört, die Gäste mit einem Diner zu bewirten, das von Heinrich Grünebergs Stadtküche geliefert worden war. Die Speisen wurden auch dem verwöhntesten Gaumen gerecht, waren allerdings nicht billig."

Heinrich Grüneberg sorgte nicht nur für vornehme Herrschaften, seine Stadtküche Oranienburger Straße lieferte auch zu sehr niedrigem Preise „Wochensüppchen" frei Haus, die den Arbeiterfrauen, mußten sie einem Erwerbe nachgehen, die Mühe des Kochens abnahmen. Auf preiswerte und zugleich kräftige Nahrung für den kleinen Mann bedacht, erfand Grüneberg etwas, das noch besser, das vor allem haltbarer als des Grafen Rumford bekannte Suppe war: ein Mehl aus feinst pulverisierten Erbsen, Zwiebeln und anderen Gewürzen wie Pfeffer und Paprika und Salz und zerriebenem Dörrfleisch.

In Därme abgefüllt und leicht geräuchert, wurde Grünebergs „Erbswurst" ein Lieblingsessen nicht nur der Berliner. Grüneberg exportierte sie in viele Länder, und die „Erbswurst" wird auch heute, trotz zahlreicher anderer Methoden der Konservierung, recht geschätzt.

Spanische Thronfolge

Der König an Bismarck: „Wieder ein Hohenzollernscher Kandidat? Ich spaßte neulich mit dem Erbprinzen über die Nennung seines Namens, und beide verwarfen wir die Idee unter gleichem Spaß!"

Inzwischen aber war wohl doch in Madrid ernsthaft darüber gesprochen worden, daß Spaniens Krone dem Erbprinzen Leopold von Hohenzollern (aus der fürstlichen Linie Sigmaringen) angeboten werden sollte. In dem Briefe an Bismarck schrieb der König ganz ärgerlich: „Das fällt mir wie ein Blitz aus heiterer Luft auf den Leib! Wir müssen konferieren, obgleich ich von Haus aus gegen die Sache bin."

Da Frankreich in Spanien keinen Hohenzollern auf dem Throne sehen wollte, weil es sich dadurch bedroht fühlte, hatte Wilhelm gewiß Ursache zu Verdrießlichkeit.

Was machen wir nun?

„Was machen wir nun mit Frankreich?" soll König Wilhelm sehr besorgt seinen Ministerpräsidenten gefragt haben.

„Wir spielen mit ihm Sechsundsechzig!" läßt eine Anekdote den Ministerpräsidenten antworten.

Herrn Schlohbohms Meinung:

> „Ja, ja, der Krieg ist auch ganz ohne Vorbereitung gekommen, und der Franzose, der fackelt nicht. Aber wir auch nicht, wir auch nicht! Die Reserven sind einberufen worden, was die Flinte tragen kann, den Säbel schwingen kann, muß mit. Gestern Abend ist der König in Berlin angekommen – ach, so was werd' ich in meinem Leben nicht wiedersehen, Fahnen und Kränze, und wenigstens hunderttausend Menschen, und alle jubelten und jauchzten. Und ‚Hurra, drauf!' klang's die Linden hinauf und hinunter, und wir fingen zu singen an: ‚Heil Dir im Siegerkranz' und ‚Ich bin ein Preuße, kennt ihr meine Farben!' so lang, bis die Schutzmänner sagten, Majestät lasse um Ruhe bitten, der König halte Kriegsrat."

Aus einem Roman von Julius Rodenberg, dem Begründer der „Deutschen Rundschau".

Der Kinder Stimme

Warte
Bonaparte,
Warte, Kujon,
Wir kriegen dich schon.

Es war ein Verslein, das die kleinen Berliner schon während des Befreiungskrieges gesungen hatten.

Der gepfändete Bismarck

Neun Tage nach der Schlacht bei Sedan betrat Exekutor Schmidt vom Städtischen Finanzamt Bismarcks Haus in der Wilhelmstraße. Es war vergessen worden, die Mietsteuer zu entrichten. Schmidt kam mit einem Zahlungsbefehl, mußte der Behörde jedoch mitteilen: „Das Geld ist nicht zu erhalten gewesen, weil der Herr Graf mit ins Feld gerückt ist und die Frau Gräfin zur Pflege ihres verwundeten Sohnes nach Nauheim abgereist ist. Laut Aussage des Portiers ist niemand beauftragt, die Mietssteuer zu entrichten."

Anscheinend ist Bismarck auch während der nächsten Monate mit dem Kriegsverlauf, der Gründung des Reiches, den Waffenstillstandsverhandlungen und Friedenspräliminarien sehr beschäftigt gewesen, denn der Steuerexekutor Schmidt erscheint nochmals. Jetzt ist er böse, hinterläßt die drakonische Mahnung des Magistrates von Berlin:

> „Der Reichskanzler Ministerpräsident Fürst von Bismarck-Schönhausen, welcher für den 4. Erhebungstermin d. J. von der Wohnung Wilhelmstraße 76 an Mietssteuer 10 Thaler, für die Mahnung 4 Silbergroschen, überhaupt 10 Thlr. 4 Sgr. verschuldet, wird aufgefordert, den Rückstand binnen 8 Tagen in den

Vormittagsstunden von 9–11½ Uhr an die Restbuchhalterei oder gegen Behändigung der Steuerquittung an den Executor / bei Vermeidung der Pfändung und der sonst zulässigen Zwangsmittel / zu zahlen."

Gezeichnet: Schmidt. Steuerexecutor. Scharrenstraße.

Mahnung an den Enkel

Die Truppen kehrten heim. Aus Potsdam war der zwölfjährige Prinz Wilhelm zur Begrüßung der Sieger nach Berlin gekommen. Einige Tage später mußte er in einem Schulaufsatz seinem Lehrer Dr. Hinzpeter über das Erlebte berichten:

„... jetzt kam der Kaiser vorbei; gleich darauf kam Papa vorbei und winkte mir mit dem eben erhaltenen Feldmarschallstab; ich galoppierte vor und ritt hinter ihm her. Nachdem wir durch das schön geschmückte Brandenburger Tor geritten waren, wurde der Kaiser von einer der 60 weißen Jungfrauen angeredet; und von da aus ritten wir bis an den Anfang der Linden, wo ein sehr großer roter, mit Gold geschmückter Baldachin ausgespannt war... Unter diesem Baldachin stand der Bürgermeister mit den Stadträten und Ratsherren. Der ganze Pariser Platz war an beiden Seiten mit Tribünen verbaut, die bis auf die obersten Sitze mit Menschen angefüllt waren. Dann ging es weiter im Schritt... Als wir so weiter ritten, rief plötzlich ein Mann aus dem Gedränge, welches laut brüllte und jubelte, mir zu: Wilhelmken, Wilhelmken, leben Sie man hoch! So ging es die ganzen Linden herunter... Nachdem ritt der Kaiser und wir alle nach dem Schloßplatz... Als gebetet wurde, nahm der Kaiser in der brennenden Sonne seinen Helm ab! Da bekam ich große Angst für ihn. Nach dem Gebete, als der Kaiser an mir vorbeiritt, legte er seine Hand auf meine Schulter und sagte: Diesen Tag wird Er auch nicht vergessen!"

Nun ist es genug!

Auch Theodor Fontane, vierzig Jahre älter als des Kaisers Enkel, ist Zeuge des Einmarsches gewesen. Der letzte Vers seiner vielen, die den Einzug der Soldaten schildern, mag vermuten lassen, daß sich in die Freude ein wenig Sorge drängte:

Halt
vor des großen Königs ernster Gestalt!
Bei dem Fritzen-Denkmal stehen sie wieder,
sie blicken hinauf, der Alte blickt nieder;
er neigt sich leise über den Bug:
Bon soir, Messieurs, nun ist es genug!

Gründerjahre

„Wer weder Geld noch Talente hat, gründet eine Gesellschaft und engagiert mit anderer Leute Geld anderer Leute Talente, die ihm selber Vermögen einbringen sollen. Eine Gesellschaft gründen, bedeutet, von den Aktionären zu bekommen, was man vom Staate nicht bekam: ein schönes, gut geheiztes und hell beleuchtetes Bureau, mit guten Club-Sesseln und fetten Gehältern."

Während der ersten Jahre nach Kriegsende wurden 174 Aktiengesellschaften gegründet, die zusammen mit 17 (!) älteren dem Kurswerte gemäß ein Kapital von 1 600 000 000 Mark repräsentierten und mehr als 100 000 000 Mark Dividende verteilten.

Im fünften Jahre nach Kriegsende war der Kurswert der Berliner Aktiengesellschaften auf 600 Millionen Mark gefallen, es wurden nur noch 25 Millionen Mark Dividenden ausgeschüttet. Im „Kladderadatsch" hieß es:

„Was gemacht werden kann, wird gemacht, sagte der Gründer und machte Konkurs."
„Welche Papiere finden jetzt noch Zeichner? – Nur die illustrirten Witzblätter."

Das Sparkapital, das der kleine Mann hoffnungsfroh in den neuen Aktien angelegt hatte, war um eine Milliarde Mark kleiner geworden. Dem Zusammenbruch der Aktiengesellschaften folgten die Konkurse der Gewerbetreibenden, die Not der Rentner und Pensionäre und allgemeine Arbeitslosigkeit. Völlig ins Stocken kam der Wohnungsbau. Die Einwohnerzahl war während der „Gründerjahre" von 760 000 auf mehr als 950 000 gestiegen – die Zahl der Wohnungen hatte sich nicht einmal um zehn Prozent erhöht!

Kanalisation und Kanäle

Das Geld war knapp geworden. Während London und Paris riesige Summen für den Bau des Suez-Kanales mobilisieren konnten, fehlten in der Hauptstadt des Deutschen Reiches einige tausend Taler zum Bau der Kanalisation. Bisher war der Unrat in Wagen abgefahren worden; Oberbürgermeister Hobrecht suchte vergebens Kapital für eine Aktiengesellschaft, die eine modernere Reinigung durchführen sollte.

Kanalisation und Kanal verquickte ein Stadtpoet in den melancholischen Versen:

Der Streit, der unter Hobrechts Führung
Begonnen hat an unserm Ort:
Ob Abfuhr, ob Kanalisierung,
Tobt international noch fort.
Doch jetzt hat Ruh die liebe Seele,
John Bull greift in sein Portemonnaie:
Für ihn den ersten der Kanäle,
Für uns die Abfuhr in die Spree.

Frauenarbeit

Mit den jungen Männern waren auch die „Mädchen vom Lande" in die Stadt gekommen; sie dienten als Mägde wie früher, in großer Zahl gingen sie auch in die Fabrik. Die Arbeitszeit dauerte von morgens acht bis abends sieben Uhr, ohne längere Pause. Als Lohn bekam eine Maschinennäherin je Tag etwa zwanzig Groschen, erzählt die Maschinennäherin Ottilie Baader, von denen aber zwei Groschen für „vernähtes Garn und zerbrochene Nadeln" abgezogen wurden.

Die den Gründerjahren folgende Katastrophe wirkte sich auch in der Textilwirtschaft aus. „Arbeiterinnen wurden entlassen und standen mittellos da", heißt es weiter in Ottilie Baaders „Lebenserinnerungen". „Unsere Firma wollte das ‚Risiko' eingehen, uns auch bei dem eingeschränkten Absatz voll zu beschäftigen, wenn wir für den halben Lohn arbeiten wollten. Wir waren in einer Notlage, denn die meisten Arbeiterinnen waren auf sich selbst angewiesen; sie lebten, wie man sagt, von der Hand in den Mund. So sagten wir zu ... Nun wurde drauflos geschuftet. Das Resultat aber war kläglich; von dem um die Hälfte gekürzten Lohn wurden uns die vollen Kosten für Garn und Nadeln in Abzug gebracht. Das brutale Vorgehen des Unternehmers brachte uns zur Besinnung. Wir beschlossen einmütig, lieber zu feiern, als für einen solchen Schundlohn zu arbeiten, von dem zu existieren nicht möglich war ..."

Die Kathedersozialisten

Während es für die Regierung noch immer keine Arbeiterfrage gab, befaßten sich die Gelehrten schon gründlich mit den ihnen immer wichtiger scheinenden Problemen. An der Universität lehrten Professor Adolf Wagner und Privatdozent Lujo Brentano, die den „Verein für Sozialpolitik" gegründet hatten. Bald kam auch Gustav Schmoller nach Berlin.

Im Gegensatz auch zu den Liberalen forderten sie das Eingreifen des Staates, um die „Klassengegensätze" zu mildern, den sozialen Aufstieg des industriellen Proletariates zu fördern ...

Professor von Treitschke schrieb über „Der Sozialismus und seine Gönner" eine entrüstete Broschüre. Professor H. B. Oppenheim schrieb genauso entrüstet über den „Kathedersozialismus" seiner Kollegen. Es folgten zahlreiche weitere Aufsätze und Broschüren gegen die „Kathedersozialisten" an des Königs Universität, und eine Zeitschrift, die „den Haß des Berliners gegen Manchestermänner und Sozialdemokraten" konstatierte, gab der Hoffnung Ausdruck, daß die Regierung „dem ganzen Schwindel ein Ende machen" möge.

Kulturkampf

Preußen war größer geworden, zählte beinahe zwanzig Millionen Einwohner mehr als früher. Aber Preußen war auch anders geworden. Innerhalb der Grenzen des bislang überwiegend evangelischen Landes gab es nun eine stattliche Minorität katholischer Bürger. An den Vorschriften für Geburtsregister, Eheschließung und ähnlichem entzündete sich der Streit.

Professor Virchow sprach im Wahlmanifest seiner Fortschrittspartei von einem „Kulturkampf" Preußens. Professor Lagarde fragte: „Was soll das eigentlich bedeuten? Einen Kampf, der Kultur ist? Einen Kampf, durch welchen Kultur erworben wird? Einen Kampf für die Kultur? Jedenfalls ist Kultur in den Augen derer, welche vom Kulturkampf reden, das Höchste, was sie überhaupt kennen. So sehr das Höchste, daß sie alles Mögliche, sogar den Patriotismus, jetzt in Kultur nehmen."

Paul Anton de Lagarde wünschte ein Staatswesen, in welchem eine Kultur oder eine Religion als selbständige Macht keine Rolle spielen konnte. Für Lagarde gab es nur Deutschland und, was deutschen Geistes und Ursprunges war. Das Christentum, ob katholisch oder evangelisch, verwarf er als nicht deutschen Geistes und Ursprunges.

Der Historiker Theodor Mommsen warnte: „Neben den konfessionellen Krieg, den sogenannten Kulturkampf, und den neuerdings entfachten Bürgerkrieg des Geldbeutels tritt nun, als dritte Mißgeburt, der Feldzug der Antisemiten."

Königliche Regieanweisung

Wilhelm I. an den Generalintendanten Botho von Hülsen:

> „Außer dem zu modifizierenden Cancan bemerke ich, daß es mir passender erscheint, daß nicht der Offizier den Revolverschuß tut, sondern daß ein Soldat auftritt, dem der Offizier angibt, auf wen er schießen soll, worauf der Schuß aus einem Gewehre erfolgt ..."
> „Wenn der Statist Braun einen Geistlichen darstellen soll, so wäre es besser, einen Ortsrichter daraus zu machen ..."

Es handelte sich um ein in Paris spielendes Ballett, das Hülsen aufführen wollte. Der Cancan wurde gestrichen: den Offizier ließ Leidenschaft nicht mehr zur Pistole greifen; wie Majestät verlangte, wurde ein Gemeiner zum Schießen befohlen – denn der Schuß sollte ja danebengehen.

Ein Denkmal hehr und groß

Schon nach dem Dänenkriege hatte man ein Denkmal gewünscht, endlich, nach Einigung des Reiches, war es vom Architekten Strack errichtet worden, und Bildhauer Drake hatte die vergoldete Viktoria geschaffen.

„Ein Denkmal hehr und groß, wie kein zweites im Lande ist und kein anderes Volk ein solches besitzt", hatte der Feldprobst der Armee Dr. Thielen bei der Einweihung gesagt. Und (frei nach Freiligrath) dichtete ein unbekannter Poet:

Hurra du schönes, stolzes Weib,
Hurra, Victoria!
Wie stehst mit vorgebeugtem Leib
Dort droben kühn du da!

Sie stand damals noch auf dem Königsplatz, der anderen, nicht vergoldeten Viktoria Schadows nah gegenüber. Sie gefiel den Berlinern nicht, sie fanden die Proportionen des Denkmals unschön. Man hat von dem „Siegesspargel" gesprochen, und längst bevor die Zeiten sich änderten, kursierte im kaiserlich-königlichen Berlin der Witz: „Der Siegesengel ist das einzige weibliche Wesen in Berlin, das kein rechtes Verhältnis hat."

Ein Bois de Boulogne für Berlin

Noch dehnten sich zwischen Zoologischem Garten und Halensee Spargelfelder, noch lag der Grunewald weitab, als Bismarck mit dem Königlich Geheimen Kabinettsrat von Wilmowski korrespondierte:

> „... daß mir die Erhaltung der ganzen Breite des Kurfürstendammes als fiskalischer Besitz zugunsten der öffentlichen Interessen späterer Zeit geboten scheint ..."
> „Erfahrungsgemäß sind alle Hauptverkehrsstraßen in so massenhaft wachsenden Städten wie Berlin zu eng ... Denkt man sich Berlin so wie bisher fortwachsend, wird es die doppelte Volkszahl noch schneller erreichen als Paris von 800 000 Einwohnern auf 2 Millionen gestiegen ist ..."
> „Dann würde der Grunewald für Berlin das *„bois de Boulogne"* und der Kurfürstendamm als Hauptader des Verkehres dorthin mit einer Breite wie die der Elyseeischen Felder durchaus nicht zu groß bemessen sein ..."

Er war der Zeit sehr weit voraus, er hat sich auch nicht durchgesetzt. Immerhin hat Bismarck verhindert, daß das der Krone gehörige Gebiet des alten „Churfürstlichen Sandweges" an die Terrainspekulanten kam, und erreicht, daß wenigstens 53 Meter Breite für den Kurfürstendamm befohlen wurden, als später die Erschließung des „Westens" begann.

Ein Fräulein d'Artoit

Keinen hatten die Gründerjahre ärmer gemacht als den Mann, der einst den gewaltigen „Boom" ausgelöst hatte. Der Bankier Strousberg mußte sein prächtiges Palais in der Wilhelmstraße, das dann Sitz des britischen Botschafters geworden ist, verlassen. Er kam ins Gefängnis. Er starb, arm und verachtet, in einer Dachkammer einer Berliner Mietskaserne.

Heute steht fest, daß der Bankier, dem Preußen den Bau wichtigster und auch rentabelster Bahnlinien verdankt, keineswegs ein Betrüger gewesen ist. Bethel Henry Strousberg, wie sich der als Sohn eines ostpreußischen Handelsjuden geborene Barthel Heinrich Straußberg nannte, war das Opfer anderer und auch hochgestellter, hochadliger Spekulanten geworden. Man ließ ihn fallen, um andere zu retten. Man verschwieg, daß die Regierung selbst seinen Ruin verursacht hatte, als sie die „Verstaatlichung" seiner Eisenbahnlinien erwog, weil Generalstabschef von Moltke die ihm „militärisch für Kriegszwecke unentbehrlich gewordenen Eisenbahnen" nicht mehr in Händen von Privatleuten sehen wollte.

Der Vater des „Fräulein d'Artoit", das mit knapp fünfzehn Jahren in der „Privat-Theater-Gesellschaft Urania" am Leipziger Platz zum ersten Male sich als Schauspielerin präsentierte, fühlte sich ebenfalls als „Opfer" des Herrn Strousberg, dessen Angestellter er gewesen war. Man hatte ihn entlassen, und weil Hunger die Familie bedrohte, willigte er ein, daß seine Tochter zur Bühne ging, um einige Taler zu verdienen...

Der Programmzettel wurde aufbewahrt. Er nennt das Lustspiel „Der Störenfried" von Roderich Bendix. Er nennt als die Künstlerin, die die Rolle der Thekla spielte, ein „Fräulein d'Artoit".

Es war das Debut von Adele Sandrock.

„Die Berlin–Hamburger Immobilien=Gesellschaft schuf innerhalb des Bogens, den die Spree südlich von Moabit bildet, das Hansa=Viertel in einer Gegend, die bis dahin ein feuchtes Wiesengelände darstellte, im Winter meist mit Eis bedeckt und ein Tummelplatz der Schlittschuhläufer gewesen war. Jetzt wurden am rechten Havelufer, Schildhorn gegenüber, die Sandberge abgetragen und der Sand in zahlreichen großen Spreekähnen hierher gebracht, um das niedrige Gelände aufzufüllen und trocken zu legen. Den ganzen Sommer konnte man täglich ganze Reihen solcher Kähne sehen, die durch Dampfboote von Gatow nach Moabit geschleppt wurden."

Papa Wrangel

Er war bei Kronprinz Friedrich gewesen, um zur Geburt des dritten Sohnes zu gratulieren. Man hatte den Säugling herbeigeholt und in Wrangels Arme gelegt. Friedrich erkundigte sich nach üblicher Väterart: „Na, was meinen Sie, Wrangel, was soll nun mein dritter Sohn werden? Wieder Soldat? Denke, ich könnte einen auch mal Kaufmann werden lassen?" Darauf der alte Wrangel: „Det scheint mir richtig, mir hat er schon beschissen."

Bei einem Besuche des türkischen Sultans wollte Papa Wrangel unbedingt auch das Serail besuchen. Des Sultans Würdenträger wiesen auf die strengen Vorschriften hin, zitierten alle möglichen Bestimmungen der Hofordnung, auch des Korans. Wrangel unterbrach: „Na, denn nich, aber ich jlobe, meine Herrn, Sie überschätzen mir!"

Wrangel bewunderte bei einer Hoftafel die überaus zarten Hände einer Prinzessin. Erfreut über dieses Kompliment, verriet die Dame, daß sie seit mehr als zehn Jahren wildlederne Handschuhe trage und diesen die zarte Haut zuschreibe. Darauf Wrangel: „Und ick trage doch nu schon jewiß siebzich Jahre wildlederne Hosen, aber mein Hintern is doch rauh wie 'n Reibeisen."

Draußen in Steglitz besaß er einen Landsitz. Als er wieder einmal in dem Schlößchen in Steglitz weilte, kam in Berlin das Gerücht auf, der alte Papa Wrangel sei gestorben. Seine Frau schickte einen reitenden Boten, und Wrangel gab ihm die Antwort mit:

Liebe Frau, ich bin nich dot,
mach mich 'n jutes Abendbrot.

Generalfeldmarschall Friedrich Heinrich Ernst Graf von Wrangel war damals zweiundneunzig Jahre alt, im dreiundneunzigsten ist er gestorben.

Die Elegante Welt

„Was Rang und Namen hatte, oder beides durch Reichtum ersetzte, fuhr an bestimmten Nachmittagen die Tiergartenstraße entlang. An schönen Tagen gewann der Korso lebhaftes Interesse. In den Fonds der Equipagen junge und alte von Evas Töchtern, vor und hinter sich kleine Blumensträuße, die galante Herren beim Vorbeifahren ihnen zugeworfen haben. Die Wagen der Herren haben ganze Körbe mit Bouquets, mit denen die vorbeifahrenden Schanzen der Schönheit bombardiert werden. Offiziere zu Pferde und andere Reiter haben auf ihrem Sattelknopf gleichfalls Sträußchen, mit denen sie den Schoß der Damen zu treffen suchen. Es grüßen sich die Bekannten, und manche Dame der Demi-monde, mit oder ohne Camelie, entfaltet das Billet, das ihr ein leidenschaftlicher Kavalier in roter Husarentracht als Enterhaken zugeworfen hat. Kann man eleganter gekleidet sein als diese Damen? Unmöglich! Und doch zieht die einfach gekleidete Frau in der wappengeschmückten Equipage noch mehr an. Ist ihr Geschmack edler? Oder imponiert auch dem grundklaren Demokraten das Aristokratische, weil er den Respekt vor dem Aristokratischen mit der Muttermilch eingesogen hat und mit feiner Nase wittert, was nur den Schein des Aristokratischen verbreitet und damit imponieren will?"

Die Herberge am Wilhelmsplatz

Der Korso vereinte vornehme Aristokraten und reiche Bürger, auch wirkliche Damen und solche, die es nicht waren. Sonst jedoch waren Herrschaften vornehmen Standes auf die gehörige „Distanz" bedacht.

Von dem neueröffneten Hotel „Der Kaiserhof" hatte Wilhelm I. gesagt: „So schön und elegant habe ich es bei mir zu Hause nicht!" Das Hotel wurde Mittelpunkt des gesellschaftlichen Berlin, in seinen Sälen feierte man glänzende Feste ...

Als eine Prinzessin Radziwill zum Ball in dem Hotel „Der Kaiserhof" eingeladen wurde, lehnte die Mutter, Fürstin Marie von Radziwill, geborene Gräfin de Castellane, standesbewußt ab: „*Ma fille ne danse pas dans une auberge,* meine Tochter tanzt nicht in einer Herberge."

Deutsches Wesen

Nirgendwo sonst war das Wort „deutsch" so häufig zu hören wie in Berlin. Zum Teil war es zu durchaus sachlicher Unterscheidung notwendig: es gab ja nun eine preußische und eine deutsche Volksvertretung, einen preußischen Justizminister und ein deutsches Reichsjustizamt, Bismarck war preußischer Ministerpräsident und deutscher Reichskanzler, eine Fülle preußischer und deutscher oberster Behörden in Berlin widmete sich, jeweils für Staat oder Reich, den gleichen Aufgaben.

Zum Teil war es ganz einfach Begeisterung für die überraschend geschaffene Einheit, die nun das „Deutsche" immerfort auch dann betonte, wenn es unnötig war. Es begann, ließ sich ein Kritiker vernehmen,

„... im Gegensatze zu den humanitären Ansichten des achtzehnten Jahrhunderts und unserer klassischen Literaturperiode das Gerede von den ‚deutschen Tugenden' selbst im Munde bedeutender Männer. Die übertriebene Bescheidenheit der früheren Tage machte einem etwas anmaßlichen Selbstgefühle Platz. Deutschen Fleiß und deutsche Treue, deutsche Redlichkeit und deutsche Frömmigkeit, deutsche Offenheit und deutsche Gewissenhaftigkeit, deutschen Willen und deutschen Familiensinn, deutsche Tiefe und deutsches Gemüt namentlich hörte man gar vielfach preisen, als wären sie Monopole deutscher Nation."

Komponist und Kanzler

Als man seinen „Tristan" aufführte, kam der einst als „Revoluzzer" steckbrieflich verfolgte Richard Wagner nach Berlin. Jetzt öffneten sich dem „Meister" die Salons der vornehmen Damen, die protegieren wollten, was ihrer Protektion nicht mehr bedurfte. Der „Meister" genoß es.

Mit ganz besonderer Freude sah sich Wagner dann in einem dieser Salons dem Kanzler gegenüber. Vielleicht war es wirklich der Ehrgeiz, auch in der Reichshauptstadt heimisch zu werden, der ihn schmeicheln ließ: „Ich bedauere es unendlich, Durchlaucht, mit dem größten Staatsmann Europas nicht in einer Stadt wohnen zu dürfen."

Bismarck war wenig entzückt. „Da kann ich leider nichts machen", wich er dem Kompliment aus, „ich glaube kaum, daß ich noch Aussicht habe, nach Bayreuth versetzt zu werden."

Der publizistische Pfeffer

Das europäische Gleichgewicht, das seit dem Wiener Kongreß gut fünfzig Jahre lang selbstverständlich gewesen, nun nach den preußischen und auch anderen Kriegen nicht mehr vorhanden war, sollte durch einen Berliner Kongreß wiederhergestellt werden. In der Reichskanzlei versammelten sich die Minister der Großmächte.

Es kursierte in der an so reiches Aufgebot von Würdenträgern nicht gewöhnten Stadt der etwas sentimentale Scherz: „Frieher konn'ste, aber wollt'ste nich in de Wilemstraße, weil da nischt passiert (geschehen) ist; jetzt isse abjesperrt un du darfst nich in de Willemstraße, weil da allet passiert (ankommt), aus de janze Welt ebent."

Täglich sahen die Berliner den Fürsten Gortschakow, Graf Andrassy, Lord Disraeli, französische, türkische, italienische, bulgarische, griechische Diplomaten. Mehr als diese Herren in ordengeschmückten Fräcken bestaunten sie Monsieur Blovice:

Daß der Korrespondent der *„Times"* im Hotel Kaiserhof ein luxuriöses Appartement bewohnte, Minister zum Diner lud, mit ihnen wie ein durchaus Gleichberechtigter verkehrte, war befremdlich. Einen Journalisten, der mit sehr persönlichen Berichten und Urteilen den Ablauf politischer Verhandlungen schilderte und sogar oft beeinflußte, kannte Berlin nicht, dessen Zeitungen sich damals brav mit dem Abdruck offizieller Bulletins begnügten.

Henri Blovice, der sich nach seiner mährischen Vaterstadt auch Blowitz nannte und eigentlich Oppert hieß, war nach Disraelis Meinung der „publizistische Pfeffer" des Kongresses. Er hatte seine Ohren und Augen überall, hatte in jeder Delegation Freunde, die ihn über geheimste Gedanken und Pläne informierten.

Nur mit den Russen war es anders. Wenn Fürst Gortschakow dem russenfeindlichen Monsieur keinen Einblick in seine Pläne gewährte, half Blowitz sich selber. So las Gortschakow in der *„Times"* dann, was er, in geheimster Beratung, seinen Mitarbeitern gesagt haben sollte. Er stellte den Korrespondenten zur Rede und bekam die Antwort:

> „Euere Durchlaucht haben eigentlich keinen Grund zu klagen. Euere Durchlaucht hätten es gesagt haben können, nur nicht so gut! Euere Durchlaucht sollten

mir dankbar sein, daß ich Euerer Durchlaucht falsche Meinungen wenigstens mit trefflichen Argumenten versehen habe."

Mit dem Reichskanzler verstand der Times=Korrespondent sich wesentlich besser: „Bismarck lenkt den Kongreß, wie ein sehr erfahrener Kutscher seinen Viererzug. Er versteht glänzend, die Peitsche zu handhaben, wenn er häufig mit ihr auch nur knallt."

Auch Bismarck hatte für den Times=Korrespondenten, der bei den Engländern Sympathie für die Deutschen weckte, einiges übrig gehabt. Er berichtet: „Ich hatte ihm die dritte Klasse des preußischen Kronenordens verschafft. Er war über diese nach preußischen Begriffen ungewöhnlich hochgegriffene Auszeichnung entrüstet, lehnte sie ab und verlangte die zweite Klasse."

Monsieur bekam die „zweite Klasse" nicht, es machte ihm wenig Kummer. Die Berliner, die einen Zeitungsmann dieser Art eben nicht kannten, hatten ihn den „König der Journalisten" genannt. Diesen Titel nahm er mit, und als „König der Journalisten" ist Henri Blovice (Blowitz) Oppert nach dem Tode durch ein Denkmal geehrt worden und in die ja noch kurze Geschichte der modernen Zeitung eingegangen.

In Zukunft nur elektrisch

Werner von Siemens hatte sich in der Gegend des heutigen Ernst=Reuter=Platzes (vormals: Am Knie) ein prächtiges Haus gebaut. Der Erfinder der Dynamo=Maschine versah es, als erster Berliner, mit elektrischem Licht aus eigener Produktion:

„Es waren vier Kerzen in großen Milchglocken in den vier Saalecken aufgestellt. Das Licht war durchaus nicht blendend und ganz angenehm. Die Damen sahen prächtig aus in ihren Toiletten und Brillanten! Das Wichtigste aber war, daß die Temperatur angenehm blieb bis zum Ende (2 1/2 Uhr), während bei Gaslicht trotz Ventilation alle halbe Stunde gelüftet werden mußte. Das Urteil war, daß große Bälle ohne elektrische Beleuchtung künftig undenkbar seien."

Die bösen Hausnummern

Mark Twain fand, daß „hier eine Stadtverwaltung am Ruder ist, die vor keinen Kosten zurückscheut, wenn die öffentliche Bequemlichkeit und Gesundheit in Betracht kommt". Berlin hatte dem Besucher aus Amerika gefallen: „Nur eine Ausnahme muß ich erwähnen; das ist die Benennung der Straßen und die Numerierung der Häuser. Zuweilen ändert sich der Straßenname mitten in der Häuserreihe ... und in betreff der Hausnummern herrscht ein Chaos wie vor Erschaffung der Welt, ein Haus wird zum Beispiel mit Nr. 4 bezeichnet und die folgenden mit 4a, 4b, 4c, so daß man alt und schwach geworden ist, bis man bei Nr. 5 anlangt. Folge dieses systemlosen Systems ist, daß man bei Nr. 1 keine Ahnung hat, ob Nr. 50 ein paar Meilen oder hundert Schritte weit sein mag. Es ist, um den Verstand zu verlieren."

Was damals im argen lag, ist heute kaum besser. Als die Nachbargemeinden näher und näher heranrückten, gab es bald noch viel mehr Häuserreihen, deren Namen an irgendeiner Ecke wechselten. Mit der Numerierung (4a, b, c und ob fortlaufend oder auf dieser Seite gerade und auf jener ungerade Zahlen) hat ein Berliner noch immer seinen Kummer.

Wissensdurst

Ein Kandidat legte der Philosophischen Fakultät mit der Dissertation den üblichen Lebenslauf vor, in dem es hieß, nachdem Eltern, Schulzeit, Studiengang geschildert waren:

> „Während seiner sechsjährigen Studienzeit hat der Verfasser ca. 6 (genau 5,930) cbm Bier getrunken."

Also waren je Jahr 1000 Liter Gerstensaft konsumiert worden. Die Fakultät fand es viel, die ganze Vermerkung überhaupt ungehörig. Anderseits imponierte den Herren Professoren die Exaktheit der Angabe. Der Kandidat wurde promoviert. Er hieß Heinrich Hertz und wurde als Physiker, dessen Entdeckungen die drahtlose Telegraphie ermöglichten, nachmals weltberühmt.

Wortgewalt

Aus dem Privatdozenten Du Bois-Reymond war ein Professor geworden, den die Jahre gemäßigt hatten. Er hatte das *„Ignoramus Ignorabimus"* eingestanden und in einem Vortrag „Die sieben Welträtsel" respektiert, wenn er deren Zahl auch um sechs vermindern zu können glaubte. Das „Substanz-Problem", das letzte, vermochte er als Naturforscher nicht zu lösen. Unverändert temperamentvoll, kühn und ekstatisch war jedoch seine Sprache geblieben:

> „Wenn das Eisen, welches im Blute des Menschen kreist, Form gewinnen würde, so müßte es etwa einer Stricknadel gleichen ..."
> „Hätte der Mensch die proportionale Muskelkraft eines Flohs, so würde er seinen federnden Leib mit einem Satz auf die Spitze des Kölner Doms, ja auf den Montblanc zu schleudern vermögen ..."

Solche und andere schwungvolle Sätze sind in Kollegheften überliefert. Auch etwa folgender, den ein Student mitgeschrieben hat:

> „Wenn die roten Blutkörperchen die Größe eines Markstückes hätten, so würde der dazugehörige Mensch des Chimborassos Scheitel küssen können."

Hermann Helmholtz

Bei Johannes Müller in Berlin hatte Helmholtz Medizin studiert, einige Jahre war er als Militärarzt tätig gewesen, bis den Mediziner, der schon den Augenspiegel konstruiert hatte, physikalische Probleme mehr und mehr zu fesseln begannen. Der Dr. med. Helmholtz wurde Professor der Physik, Direktor des Physikalischen Institutes, Präsident der neugegründeten Physikalisch-Technischen Reichsanstalt. Als Organisator war er großartig, als Forscher durfte er sich wichtigster Entdeckungen rühmen. Als Lehrer ließ er wohl einiges zu wünschen übrig. Der spätere Internist Friedrich Martius berichtete:

> „Ich habe es erlebt, daß er zu Beginn der Vorlesung von einem komplizierten Apparat, der uns nichts erklärte, etwas anscheinend Wichtiges ablas und dann an der Tafel zu rechnen begann, bis sie mit verwickelten Formeln ganz bedeckt war. Schließlich erklärte er: ‚Sie sehen, meine Herren, daß das Resultat mit den Voraussetzungen genügend übereinstimmt.' Aber die wenigsten Zuhörer hatten eine Ahnung, um was es sich überhaupt handelte."

Die vielgesichtige Hauptstadt

Ludwig Löwe, der Begründer der Maschinenfabriken Ludwig Löwe AG., Bruder des Begründers der Elektrowerke J. Löwe AG., nannte Berlin „die bestverleumdete Stadt der Welt" und machte dafür die Parteien verantwortlich. Gern zitierte er aus einem heute verschollenen Büchlein des Redakteurs Ernst Dronke:

> „Berlin ist das moderne Babel, sagt der Klerikale, sich bekreuzigend, der Brandkessel, wo den Leuten nichts heilig ist, nicht Gott, nicht Kirche, nicht einmal die heiligsten Familienbande ..."
> „Das ist der Herd der Reaktion, sagen die Freisinnigen, wo die Regierung die Kirche hätschelt, die freie Wissenschaft unterdrückt ..."
> „In Berlin ist leider, sagen die Konservativen, nichts mehr von Wert, was preußisch ist; ob gottlos oder

fromm, ob ein braver Familienvater oder ein Eiferer für den Fortschritt, spielt schon keine Rolle mehr. Allein nur um Geld sorgen sich jetzt auch die meisten des Adels ..."

„Berlin ist die Stadt der preußischen Könige, der preußischen Soldaten, des preußischen Drills, des preußischen Beamtenhochmutes, sagen die Sozialdemokraten ..."

Berlin am Montag

Es war gerade diese Verschiedenartigkeit, die andere Menschen bewunderten. Man schätzte die Montagabende bei Ernst und Hedwig Dohm, in deren Haus sich Gäste jeder politischen, wissenschaftlichen, künstlerischen Richtung trafen. Für Jahrzehnte galt des Theaterkritikers Karl Frenzel Wort, daß „ohne Dohmschen Montag die berlinsche Woche für vernünftige Leute verloren" wäre.

Ein anderer Theaterkritiker erzählte von diesen Abenden, die der Begründer und Redakteur des „Kladderadatsch" und Frau Hedwig zu einer geradezu weltberühmten Institution gemacht hatten: „Diese Montage verbanden zwischen dem alten und dem neuen Berlin, dem des Tollen Jahres und dem der modernen weltstädtischen Epoche. Alt und jung betraten das Haus in der Potsdamer Straße, es verschwanden die Unterschiede der Jahre, des Standes und Besitzes. Man bewegte sich in völliger Freiheit und Unabhängigkeit, niemanden störte Widerspruch, weil man gekommen war, um fremde Meinungen kennenzulernen. So konversierten kluge ordensgeschmückte Obersten mit als revolutionär verschrienen Redakteuren, Fabrikbesitzer lauschten aufmerksam dem, was ein Geistlicher ihnen über die Lage der Arbeiter zu erzählen hatte. Der Professor erklärte dem Legationsrat das Energiegesetz, der Legationsrat wiederum dem Professor, warum er den Rückversicherungsvertrag mit Rußland für wichtiger halte als die Ausgrabungen in Olympia. Niemand wurde bekehrt, jeder lernte aber, den Gegner zu verstehen und zu achten."

Berlin am Montag blieb noch lange bis in das nächste Jahrhundert, was französische Gäste *„le lundi à Berlin"* nannten. Zu den Gästen Hedwig Dohms, die nach dem Tode ihres Mannes nun allein Gastgeberin war, gehörte auch Theodor Wolff, der dann seinen eigenen *„lundi"* berühmt machte, den Leitartikel in der dem Sonntag folgenden Abendausgabe des Berliner Tageblatts.

Ohne Pferd und ohne Dampf!

Weitab der Stadt lagen Schöneberg, Steglitz und alle Vororte. Wer nach Charlottenburg wollte, mußte die Pferdebahn, wer nach Zehlendorf wollte, die Züge der Magdeburgischen Dampfbahn benützen. Für die Berliner war wirklich aufregend, erzählt ein Redakteur der Börsen-Zeitung, daß es eine andere Art des Reisens geben könnte:

> „Der Einladung meines guten Bekannten Dr. Werner Siemens folgend, war ich nach dem Dorfe Lichterfelde hinausgefahren, wo die Anhaltische Bahn wegen der Hauptcadettenanstalt eine Haltestelle eingerichtet hatte. Die Entfernung zwischen Bahnhof und Cadettenhaus betrug 2,5 Kilometer; man hatte also etwa eine halbe Stunde zu gehen. Jetzt aber waren Schienen gelegt, auf ihnen stand ein Pferdbahnwagen mit 12 Sitzplätzen, auf dem Vorderperron stand der Herr Dr. Siemens an einer Kurbel und winkte mit dem Ruf: ‚Einsteigen! Gleich geht's los, und ohne Pferd und ohne Dampf!' Der Wagen raste los, und nach schon sechs Minuten hielt er vor der Cadettenanstalt. ‚Wir sind also eben', erklärte Herr Dr. Siemens, ‚in der von mir erfundenen elektrischen Bahn gefahren, der ersten auf der ganzen Welt.' Alle Mitfahrer waren in heller Begeisterung. Der Erfinder hielt eine kleine Ansprache: ‚Das Kind, das hier geboren wurde, ist ein ganz kräftiger Junge, und ich denke, daß sich derselbe durchs Leben bringen wird. Aber er steht noch vor den Kinderkrankheiten und hat noch nicht einmal das Zahnen durchgemacht.

Man darf sich dieses Jungen freuen, weil er überhaupt auf der Welt ist, und das Weitere, das muß man eben abwarten.' Danach saß Herr Dr. Siemens mit den Anwesenden bei einem Glase Bier zusammen. Temperamentvolle Herren sahen, wie Eisenbahnen, Droschken, Omnibusse elektrisch fahren und Pferde nur noch in einem Circus zu finden sein würden."

Der Wähler

Die Verkehrsmöglichkeiten wurden besser, die Technik machte gewaltige Fortschritte. Gewählt aber wurde, was den preußischen Landtag betraf, immer noch nach dem Drei-Klassen-Wahlrecht. Ein Holzschnitt zeigte den Kleinbürger beim Betreten des Wahllokales:

Piefke: „Morjen, meine Herren!"

Wahlkommissar: „Dritte Klasse?"

Piefke: „So reich bin ick nich, is mich zu teuer, immer nur Vierte!"

Wahlkommissarius: „Bedaure! Die wird erst nächstens eingerichtet."

Bier, das nicht getrunken wird

Der Reichstag beriet eine Steuer auf den Verkauf alkoholhaltiger Getränke. Der Abgeordnete Alexander Meyer, Berliner, Generalsekretär des deutschen Handelstages, begründete sein Votum, daß zumindest Bier von der Steuer befreit bleiben müsse:

„Bier wird nur zu dem Zwecke gebraut, um getrunken zu werden, und, meine Herren, dasjenige Bier, was nicht getrunken wird, hat seinen Beruf verfehlt."

Mittels des Fernsprechers

„Um festzustellen, ob für Berlin ein Bedürfnis vorhanden ist, Geschäftslokale, Fabrikanlagen pp. solcher Personen, welche sich des Fernsprechers bedienen wollen, in entsprechende Verbindung zu bringen und jedem Theilnehmer die Möglichkeit zu gewähren, sich zu jeder Zeit mit jedem anderen Theilnehmer mittels des Fernsprechers in Vernehmen zu setzen, werden diejenigen Personen, welche eine Einrichtung vorstehender Art wünschen sollten, hierdurch aufgefordert, sich dieserhalb schriftlich oder während der Dienststunden von 9 Uhr Vormittags bis 3 Uhr Nachmittags persönlich an das Telegraphenbetriebs-Bureau des Reichspostamtes, Französische Straße 33 c, Zimmer 149, zu wenden, welches die nähere Auskunft über die bezüglichen Einrichtungen sowohl als auch über die Bedingungen der Theilnahme ertheilen wird. – Stephan. Staatssekretair des Reichspostamtes."

Es meldeten sich im Laufe eines halben Jahres vierundneunzig Berliner. Im Laufe des nächsten halben Jahres wurden weitere vierzig Berliner an Deutschlands erstes Fernsprechnetz angeschlossen. Vielleicht waren die Gebühren zu hoch; für zwei Kilometer Leitung waren zweihundert Mark, für jeden weiteren Kilometer noch fünfzig Mark im Jahre zu zahlen, und jeder Anschluß war mit einem eigenen Drahte mit dem Fernsprechamte verbunden.

Der alte Kaiser

„Ich weiß gar nicht", hatte er als Fünfundsiebzigjähriger gesagt, „was die Menschen immer mit ihrem ‚Heldengreis' wollen! Das ist auch so eine Phrase geworden ... mache ich denn den Eindruck des Greisenhaften? Ich dächte nicht!"

Er war achtzig Jahre geworden, sein Kammerdiener Engel mußte immer noch Wilhelms I. von jung an gewöhnte Sparsamkeit bekritteln: „Da habe ich ihm nun alles fein gerichtet – na, aber er will doch nicht mit der guten Hose ins Theater gehen, so was macht der alte Herr eben nicht."

Er wurde fünfundachtzig. Graf Waldersee bemerkte des Kaisers Schwerhörigkeit, fügte aber hinzu: „Sonst ist der alte Herr immer derselbe, liebenswürdig, heiter, an allen

Konversationen teilnehmend und von einer entzückenden Zwangslosigkeit."

Wilhelm I. muß sich wohl auch sonst einige Munterkeit bewahrt haben. Mit der Kaiserin zusammen besuchte er überraschend das Atelier des Direktors der Kunstakademie, um dessen neue Arbeiten zu sehen. Anton von Werner hatte noch so viel Zeit, einen spärlich bekleideten Mann, der ihm gerade Modell stand, hinter der Staffelei des neuen Bildes zu verstecken. Die Kaiserin bewunderte und lobte einen Mohrenknaben, den Werners Bild im Kreise wohlgeformter Tänzerinnen zeigte. Der Kaiser lobte nicht, und warum er „in seinen grauen Mantel gehüllt, unbeweglich vor dem Bilde stand und es aufmerksam betrachtete", blieb unerfindlich.

Die Kaiserin wandte sich endlich zum Gehen. Wilhelm meinte nur: „Ich komme nach." Anton von Werner erzählt, daß er die Kaiserin zu ihrem Wagen brachte, im Atelier Wilhelm immer noch vor dem Bilde fand.

„Da steckt aber doch jemand hinter der Staffelei?" hieß es jetzt.

„Ein Modell, Majestät!"

„Schön, dann lassen Sie 's mal ansehen!"

Es erschien der Mann, in Unterhose, barfuß, mit nacktem Oberkörper.

„Ach so!" sagte der alte Herr und folgte jetzt sichtlich enttäuscht seiner Gemahlin im Wagen nach.

Wilhelm I. ging schon an die Neunzig, als farbige Postkarten ihn im Kaiserornate Karls des Großen zeigten. Er protestierte:

„Da sehe ich ja aus wie ein Indianerhäuptling beim Brauttanz."

Permanente Parade

Französische Journalisten besuchten Berlin und schrieben dann

im *Figaro:* „Berlin ist die Soldatenstadt par excellence",
im *Matin:* „Zur Physiognomie Berlins gehört nun einmal

die Uniform. Die Herren Offiziere geben den Ton an auf den eleganten Bällen, auf den Rennplätzen, im Theater. Die Soirée im Hause des bekannten Gelehrten oder Fabrikbesitzers gilt nur dann als gelungen, wenn einige Leutnants sie der Ehre ihres Besuches würdigten. Ist einer der Herren von der Garde oder von Adel, wird das als besondere Auszeichnung gehalten",

im *Gaulois:* „Soldaten, Soldaten. Berlin steht permanent im Zeichen der Parade!"

Des Deutschen Nationale Pflicht?

Der heute unbekannte, damals als Herausgeber eines poetischen Almanachs geschätzte Hunold Müller gründete den „Allgemeinen Deutschen Reimverein" und leitete ihn viele Jahre auch als Vorsitzender. Johannes Trojan, nach Dohms Tod Chefredakteur des „Kladderadatsch", war eifriges Mitglied. Auch Heinrich Seidel, des „Leberecht Hühnchen" Chronist, und viele andere würdige, angesehene Poeten. Sogar Theodor Fontane ließ sich des öfteren in dieser Runde sehen, die den Unsinn sinnvoll treiben wollte.

Denn der „Allgemeine Deutsche Reimverein" hatte wie jeder Verein eine Satzung, und § 1 dieser Satzung lautete:

„Reimen muß die Nationalbeschäftigung des deutschen Volkes werden!"

Also wurde zu eigener Erquickung und zum Wohle des prosaischen Volkes allabendlich tapfer gereimt:

Auf einem Omnibus
saß ein Mechanikus,
der hatte Lackstiebeln an.
Da kam ein andrer Mann,
der hatte Stiebeln an,
die rochen nach Tran.
Da sagt der eine Mann:
Sie haben ja Stiebeln an,
die riechen nach Tran!
Da sagt der andre Mann:
Wat jeht denn Sie det an?
Ein jeder stinkt, so jut er kann!

Die Salonschlange

„Auch die Damen der wohlhabenden Kreise“, tadelte Otto von Leixner, „waren nicht gewohnt, von ernsten Lebensfragen zu reden. Als Töchter waren sie von Herrn Sonnenburg in der Behrenstraße im Tanzen unterrichtet worden, hatten ein wenig Malerei und Gesang studiert, einige Brocken Französisch gelernt. Dann wurden sie verheiratet und hatten nur die Aufgabe, so viel oder so wenig Geist und Erotik zu entwickeln, um die Gäste ihres Salons glauben zu machen, sich hier weniger als anderen Orts zu langweilen. Über Politik durfte nicht gesprochen werden, von Bismarcks bedenklichem Sozialistengesetz, vom Dreibund und den mit ihm zusammenhängenden russischen Problemen hörte man niemals. So bald derartiges nur angedeutet wurde, krauste die Dame ihre winterbleiche Stirn und entglitt dem unhöflichen Redner, unter einem Vorwande sich anderen Gästen widmend, mit welchen sie fortfuhr, über den letzten Abend bei Geheimrat X. oder das gelbseidene Kleid der Prinzessin Y. zu plaudern.“

Der Schriftsteller Paul Lindau, Verfasser zahlreicher Gesellschaftsstücke, prägte den Ausdruck „Salonschlange“ für diese Damen, deren kühle Glätte sich lästigem Denken entwand wie die Ringelnatter einer zupackenden Hand.

Ein alter Brauch?

Der Staat hatte die Abgabe von alkoholischen Getränken mit Steuer belegt. Die Stadt besteuerte, auf der Suche nach neuen Einnahmen, den Ausschank von Kaffee. Es war besonders schmerzlich für die vielen kinderreichen Berliner, deren einziges Vergnügen, der sonntägliche Familienausflug ins Grüne, noch teurer wurde.

Ein findiger Gastwirt schlug dem Magistrat ein Schnippchen: Statt des steuerpflichtigen Kaffeegetränkes bot er kochend heißes Wasser an, mit dem die Familienmütter selbst den mitgebrachten Kaffee aufbrühen konnten.

Der Preis für den Liter heißes Wasser war sehr niedrig, die Leihgebühren für Kanne, Tassen und so weiter waren genauso niedrig. Bald wurde in allen Ausflugslokalen üblich, was der Inhaber eines Treptower Gasthauses sich ausgedacht hatte. Die Wirte wie die Gäste kamen auf ihre Rechnung, nur nicht das Steueramt. Weil die Einnahmen kleiner als die Verwaltungskosten geworden waren, wurde die Steuer auf den Ausschank von Kaffee aufgehoben.

Aber Väter und Mütter hatten sich an den „Mitjebrungnen" gewöhnt, der schließlich auch billiger war, auf jeden Fall ganz und gar dem eigenen Geschmack entsprach. Noch heute findet man das muntere Sprüchlein:

Der alte Brauch wird nicht gebrochen,
Hier können Familien Kaffee kochen.

Der Frühschoppen

Bier war das Getränk, dem alle männlichen Berliner zusprachen. Der Reichtagsabgeordnete Windthorst war der Ansicht, daß zu viel Bier getrunken würde. Er appellierte im Reichstage an die Regierung, geeignete Maßnahmen gegen den Bierkonsum zu treffen, vor allem aber gegen die täglichen langen Frühschoppen der Studenten einzuschreiten.

Auch Bismarck lud jedoch zum Frühschoppen und versammelte seit Jahren wichtige Politiker und Journalisten bei einem Glase Bier in der Wilhelmstraße. Es kam ein Telegramm: „An Exzellenz Windthorst, Berlin, Reichskanzlei. Aber! Frühschoppen und Biertrinken, Exzellenz? Der Frühschoppen bei Kortwich."

Vor Bismarcks Augen wurde die Antwort geschrieben, die wiederum telegraphisch bestellt wurde:

„An die Studenten in Kortwichs Weißbierstube, Berlin, Karlstraße 32. Sorge überflüssig. Frühschoppen hier ganz unbedenklich. Durchlaucht Reichskanzler bemüht, sehr viel Wasser in mein Bier zu gießen. Gruß Windthorst."

Der Oppositionsführer war wieder einmal böse, weil seine neueste Gesetzesvorlage von Bismarck derart „verwässert" worden war, daß sie ihren Zweck, die polnischen Minderheiten zu schützen, unmöglich erfüllen konnte.

Berlintoll geworden?

Hermann Bang hatte den Roman „Haablose Slaegter" veröffentlicht. Die Dänen fanden einen Mann, der an der Menschheit verzweifelte und ihr jede Zukunft absprach, des Irrenhauses reif. Der Verfasser des Romanes „Hoffnungslose Geschlechter" verließ seine Heimat. Daß er das nahe Berlin zum Zufluchtsorte wählte, war nichts Außergewöhnliches.

Aber dieser pessimistische Hermann Bang, den Ekel vor der trägen Gegenwart und Angst vor der Zukunft gleicherweise plagten, schrieb seinem Freunde Peter Nansen in Kopenhagen:

> „Hier ist die Luft, welche den Willen stählt. Du wirst mich fragen, ob ich vielleicht ‚berlintoll' geworden bin? – – Ja! Berlin ist Deutschland! Berlin ist die Hauptstadt der Welt, und hierher muß man seine Arbeit verlegen!"

Der Ethische Club

„Mit Ethik hatte er auch nicht das geringste zu tun", schilderte der Assistenzarzt Carl Ludwig Schleich einen Kreis junger Berliner, in den er durch den Studenten Richard Dehmel eingeführt worden war:

> „Es war eine Gemeinschaft von Jünglingen, die alle das bestimmte Gefühl einer unausbleiblichen bedeutenden Zukunft in sich trugen, ein Genieschwarm, von dem man nicht wußte, wer und was ihn zusammengetrieben, und wenn ich die Namen seiner Mitglieder nenne, so wird man mir recht geben. Es war eine Treffstelle von lauter werdenden Größen, die alle den Feldmarschallstab ganz bewußt in ihrem Tornister trugen. Da

waren Gerhart Hauptmann, die Brüder Heinrich und Julius Hart, Wilhelm von Polenz, Max Halbe, Hans von Wolzogen, Otto Erich Hartleben, Heinz Tovote, Bruno Wille, Arno Holz, Felix Holländer ... Man muß gestehen, diese damals noch sehr wenig bekannten Leute haben es alle zu was gebracht. Treffpunkt war im Keller des Münchner Hofbräu in der Behren=straße ... Der Abend begann immer erst gegen 11 Uhr, Ende gegen 5 Uhr morgens ... Hei! was flammten da für Genieblitze, wie glühte, wie sprudelte, kochte die ganze Geysirglut der jungen werdenden deutschen Literatur hier schäumend empor!"

Geniesucht und Dünkel

Neben seinem Landsmann Fontane war der in der Natio=nal=Zeitung schreibende Karl Frenzel der wichtigste Kriti=ker Berlins. Der alte Frenzel nahm, wie auch der alte Fontane, die jungen Literaten, die bisher kaum ein Buch veröffentlicht hatten, aber in allen neuen Zeitschriften zu lesen und in Vortragssälen häufig zu hören waren, durch=aus ernst. Frenzel fand die jungen Herren keineswegs talentlos, doch warf er ihnen vor:

„Man meint alles zu verstehen und alles zu können. Dünkel und Geniesucht machen sie eigensinnig, recht=haberisch, und ihre Streitsucht ist eine unerträgliche."

Ähnlichen Eindruck von den neuen Dichterkollegen hatte der alte Friedrich Spielhagen:

Naht sich ein Idealist, er sei mir bestens willkommen.
Oder ein Naturalist – Salve! verkünde die Tür.
Nur eines bitt ich mir aus, ihr Herren, zu welcher
Fahne der Kommende schwört: daß er ein Gentleman sei!

Fanny Lewald jedoch fand die modernen Dichter nichts anderes als durchweg abscheulich. Auch als fortschrittliche Autorin fühlte sie sich den gutbürgerlichen Lebenskonven=

tionen verbunden. Sie lehnte eine Literatur ab, in der von schweißriechenden Arbeitern und gefallenen Mädchen die Rede war.

Als Frenzel ihr Conradis neues Buch „Brutalitäten" und den eben erschienenen Roman „Frau Sorge" des in Berlin wohnenden Sudermann zur Lektüre empfahl, meinte Fanny Lewald:

> „Ach, ich weiß schon, das ist genau wie dieser gräßliche Zola. Warum soll ich es lesen? Warum soll ich in Büchern von Leuten lesen, die ich niemals in meiner Wohnung empfangen würde?"

Im Grunewald

Kluge Unternehmer hatten ihre Chance erkannt, und während am und um den Kurfürstendamm noch gebaut wurde, entwarf man Pläne für eine Villenkolonie jenseits der Ringbahn. Holzfäller zogen in den Forst, und in der Stadt freuten sich die Bürger über das riesige Angebot billigen Heizmateriales. Der sonsthin unbekannte Komponist Otto Teich vertonte Verse, die seine noch unbekanntere Hauswirtin Adelheid Nolde gedichtet haben soll. Ganz Berlin sang den Gassenhauer:

Im Jrunewald, im Jrunewald
is Holz=Auktion, is Holz=Auktion!
Da kost' die janze Fuhre
nur nen Taler,
eenen Taler kost se nur.
Links um die Ecke rum,
rechts um die Ecke rum,
überall ist Holz=Auktion!

Friedrichs Heiserkeit

Graf Waldersee: „Die Heiserkeit des Kronprinzen nimmt mehr zu als ab."

Professor Mackenzie aus London: „Keines der Symptome rechtfertigt die Annahme, die Heiserkeit habe Krebs zur Ursache. Ein längerer Aufenthalt in dem milden Klima Südenglands oder der Riviera wird ohne weiteres Heilung bringen."

Professor von Virchow: „Es handelt sich um einen Fall von pachydermia laryngis, um eine Hautwucherung im Kehlkopfinnern, die chirurgischer Behandlung bedarf."

Professor von Bergmann: „Bei der Operation wäre ein tödlicher Ausgang immerhin möglich, im besten Falle würde die Stimme verloren sein."

Amtliche Mitteilung: „Nachdem eine entschiedene Besserung eingetreten ist, sind völlige Schonung der Stimme und Vermeidung kalter und feuchter Luft die wichtigsten Maßregeln, welche zu nehmen sind. Seine Kaiserliche Hoheit werden den empfohlenen Aufenthalt in San Remo nehmen."

Der Kaiser: „Die Nachrichten aus San Remo treffen mich hart. Mein Sohn, mein armer Fritz! Wieviel hoffte ich von meinem Sohne. Und nun?"

100 Mark für die Todesbotschaft

Jeden Mittag zog die Wachkompanie mit klingendem Spiele von der Friedrichstraße in die Linden ein. Jeden Mittag, die Berliner wußten es nicht anders, hatte der Kaiser die Soldaten der Wachkompanie begrüßt.

Jetzt zeigte er sich nicht mehr im „Historischen Eckfenster" des kleinen Palais am Franz-Josephs-Platz. Wilhelm I. war erkrankt. Tage oder vielleicht nur Stunden würden bestimmen, wen der Tod als ersten holte, den einundneunzigjährigen Vater oder den sechsundfünfzigjährigen Sohn, und ob etwa unvermittelt der neunundzwanzigjährige Enkel den Thron besteigen sollte.

Der Zeitungsverleger August Scherl hatte demjenigen, der ihm zuerst zuverlässige Nachricht vom Tode Wilhelms I. bringen würde, 100 Mark Belohnung verheißen.

Er hatte den Triumph, noch vor der amtlichen Nachricht als erster mit einem Extrablatt bekanntgeben zu können:

„Unser Kaiser ist todt! Soeben hat der geliebte Monarch seine Augen zum letzten, ewigen Schlummer geschlossen."

In winzigen, kaum noch lesbaren Buchstaben stand am Fuße des Extrablattes:

„San Remo. Der Kronprinz reist mittels Extrazuges nach Deutschland. Mackenzie wird den Kronprinzen begleiten."

Nach 99 Tagen

„Was nun kommen wird, bleibt ungewiß. Man fürchtet Reformen, Veränderungen, wie sie sich bereits bei Hofe zeigen ... Wie bei Hofe fürchtet man auch in Beamtenkreisen den neuen Kurs, den vielleicht drohenden Blauen Brief. Schon darum trauert man ehrlich und trägt die schwarze Kleidung unverhältnismäßig lang", schildert Wilhelms II. Biograph Joachim von Kürenberg die Stimmung.

Die Redakteure des „Kladderadatsch" erlaubten sich den Dialog zweier Börsenkaufleute:

A.: „Warum wollen Sie denn plötzlich alle Ihre Staatsanleihen en bloc abstoßen?"

B.: „Aber es sagen jetzt so viele Herren in der Wilhelmstraße, daß ein ‚neuer Kurs' kommen soll, wer weiß, da möcht' ich doch lieber noch zum alten verkaufen."

Es wird fortgebuddelt

„Die uns erschüttert habenden Ereignisse konnten die Arbeit in unserer Stadt nicht beeinträchtigen", las man in der Börsen-Zeitung. Da es Silvester war, trug der Rückblick auf das Drei=Kaiser=Jahr der heiteren Stimmung Rechnung. „Es wird fortgebuddelt, und das mit einer Energie, die auf die Intensität der aufwühlerischen Nei=gung unserer Stadtbehörden ein wirklich elektrisches Licht wirft. Vom Nordosten bis Südwesten ist Berlin ein einzi=ges Loch. Man scheint nach dem System bewährter Finanz=politiker extra nur das eine Loch zuzustopfen, um an einer anderen Stelle ein neues zu öffnen."

Auch im Grunewald arbeitete man emsig. Das erste Haus wurde fertiggestellt und bezogen. Das neue Adreßbuch nannte die erste Grunewäldlerin:

„Frau Kammersängerin Lilli Lehmann, Herbertstraße 20."

Aber die Madams im ersten Rang?

Gerhart Hauptmann, sechsundzwanzig, schickte Theodor Fontane die Abschrift seines ersten Bühnenstückes. Theo=dor Fontane empfahl es der wenige Monate zuvor gegrün=deten „Freien Bühne" zur Aufführung. Er bezeichnete das Werk des Gastwirtssohnes aus Salzbrunn als „die Erfüllung Ibsens" und mahnte Maximilian Harden, Theodor Wolff, Fritz Mauthner, Samuel Fischer und alle, die zum Vorstand der Freien Bühne gehörten, an die Pflicht, das Schauspiel „Vor Sonnenaufgang" aufzuführen.

Den Brief schloß er freilich mit der zweiflerischen Frage: „Was wohl die Madams im ersten Rang dazu sagen wer=den?"

Fontanes Skrupel wurde bestätigt. „Schon vor der Auf=führung wurden die Schauspieler in anonymen Briefen ge=warnt. Und tatsächlich schien es mehrmals unmöglich wei=terzuspielen, so tobte es im Parterre. Man glaubte auf einem Schlachtfeld zu stehen", berichtet Heinrich Spiero.

Allen fauligen Äpfeln zum Trotze wurde die Aufführung beendet. Der Streit ging anderen Tages in den Feuilletons weiter, einer der Rezensenten verglich den jungen Haupt=mann mit dem jungen Byron:

„Er erwachte an diesem Morgen und fand sich berühmt."

Der kritische Tag

Auf der Titelseite der Zeitungen war zu lesen, daß die alte Zeit nun endgültig vorüber sei. Zwischen Wilhelm II. und Bismarck, der Wilhelm I. gedient hatte, war die Kluft größer und größer geworden.

„Einer kann nur Herr im Lande sein! Und das bin ich! Wer sich mir entgegenstellt, den zerschmettere ich!" hatte der nun einunddreißigjährige Hohenzoller gedroht, und der fünfundsiebzigjährige Kanzler hatte endlich verstanden und sein Rücktrittsgesuch angekündigt. Ganz Berlin wartete, daß es einginge, am 18. März 1890.

Auch der Kaiser wurde in diesen dramatischen Stunden unruhig und nervös. Für diesen kritischen Tag hatte er sich des Beistandes von Philipp Eulenburg versichert. Um ihn zu zerstreuen, spielte ihm Eulenburg auf dem Flügel seine Kompositionen vor. Während er eine Ballade sang und sich auf dem Flügel begleitete, betrat der Generaladjutant von Hahnke den Saal. Auf einen Wink des Kaisers trat er heran. Flüsternd überbrachte er die erhoffte Botschaft: „Majestät, jetzt ist das Abschiedsgesuch da!"

Ein Seufzer der Erleichterung aus dem Munde des Kaisers. Wilhelm II. lachte wieder. Eulenburg wechselte die Melodien, begann frei eines seiner Lieder zu paraphrasieren. Unter den rauschenden Akkorden seines „Sanges an Ägir" begann im Musiksalon des Berliner Schlosses eine neue Zeit.

Volldampf voraus!

Am 15. April 1888 war Prinz Wilhelm, neunundzwanzig Jahre alt, Kaiser und König geworden. Als Neunundfünfzigjähriger verlor er am 9. November 1918 seinen Thron. Dreißig Jahre und fünf Monate hat Wilhelms II. Regierung gedauert.

Als er 1888 im Schlosse seiner Residenzstadt Berlin den noch unter seinem Großvater gewählten Reichstag empfing, fehlten die elf Abgeordneten der durch Ausnahmegesetze behinderten Sozialdemokratischen Partei Deutschlands. Als Wilhelm II. sich 1918 in Spa von den Offizieren seines Großen Hauptquartieres verabschiedete, war die Fraktion der SPD mit einhundertzehn Mitgliedern die bei weitem stärkste des noch vor dem Kriege gewählten Reichstages.

Der junge Herr hatte den Ehrgeiz, selbständig zu regieren. Am 18. März 1890 erzwang er den Rücktritt seines ersten Kanzlers. Wir wissen, Bismarck hat sich bis zum äußersten gegen die Entlassung gewehrt. Es begann die „wilhelminische" Epoche, in der Caprivi, und Hohenlohe und Bülow in das Haus Wilhelmstraße 77 einzogen. Mit bitteren Vorwürfen, im Zorn, wurde am 14. Juli 1909 auch Bülow entlassen. Aber Bernhard von Bülow wehrte sich nicht. Er sah das Unheil voraus, und dafür, daß er jetzt nicht mehr die „wilhelminische" Politik zu verantworten brauchte, pries Bülow sich glücklich. Als das Unheil da war, als im November 1918 auch Prinz Max die „wilhelminische" Epoche nicht länger verantworten konnte oder wollte – entließ der Kanzler den Kaiser.

In dreißig Jahren und fünf Monaten sah Berlin acht Reichskanzler, dreizehn Staatssekretäre des Auswärtigen Amtes und einundfünfzig andere Reichsminister kommen und gehen. In diesen dreißig Jahren und fünf

Monaten haben die Berliner viel erlebt. Wenn man zunächst noch mit dem Pferde-Omnibus durch die Straßen gezuckelt war, wurde man später elektrisch und blitzschnell in unterirdischen Bahnen befördert. Als Wilhelm II. den Thron bestieg, gab es kein Automobil in der Stadt; dreißig Jahre später war man gewohnt, daß Luftschiffe und Flugzeuge über Berlin kreisten.

Gerührten Herzens hatten die Berliner 1888 Seidels „Leberecht Hühnchen" und der Marlitt letzten Roman „Das Eulenhaus" gelesen, Spielhagen, Geibel, Scheffel, auch ihren Landsmann Heyse bewundert. Dreißig Jahre später war schon der Naturalismus nicht mehr neu; wer modern sein wollte, schwärmte für Stefan George und Rilke. Wer modern sein wollte, besuchte schon 1900 nicht mehr die Große Kunst-Ausstellung im Glas-Palast in Moabit, sondern ging in die Räume der „Sezession" am Kurfürstendamm. Schon 1912 stritten Berliner, die *au fait* waren, über Arnold Schönberg und Igor Strawinsky.

Helmholtz, Virchow, Werner von Siemens hatten 1888 noch gelebt. Emil Rathenau hatte ein Jahr zuvor die Allgemeine Elektrizitäts-Gesellschaft (AEG) gegründet; 1915 sprach man von dem Sohne Walther Rathenau, dem die Organisation der Kriegsrüstung und die Leitung eines Waffen- und Munitions-Beschaffungs-Amtes (WUMBA) zugefallen war.

In der Leipziger Straße gab es keine Villen und Gärten mehr, dafür waren moderne Geschäftshäuser gebaut worden; am Dönhoffplatz stand das Warenhaus Tietz, am Leipziger Platz das Warenhaus Wertheim, diesem schräg gegenüber waren mächtige Gebäude für den preußischen Landtag und preußische Ministerialbehörden errichtet worden. Auch in der Friedrichstraße hatten Wohnungen sich in Läden und Büros verwandelt, die Erdgeschosse wurden Schaufensterfronten. In nächster Umgebung die wachsenden Bauten der Verleger Rudolf Mosse, August Scherl, Leopold Ullstein, die jeden Tag Hunderttausende und bald Millionen=Auflagen von Zeitungen und Zeitschriften druckten.

Sogar die Straße Unter den Linden sah nicht mehr aus wie früher, seitdem Lorenz Adlon sein großes Hotel und Ernst von Ihne die riesige Bibliothek gebaut hatten. Zwischen 1888 und 1918 sahen die Berliner das Kaiser=Friedrich=Museum, das Pergamon=Museum, das Märkische Museum entstehen. Der Admiralspalast, das Städtische Opernhaus, das Schiller=Theater und das Theater des Westens wurden eröffnet, die letzten drei in Charlottenburg.

Berlin hatte 1888 etwa eineinviertel Millionen Einwohner, es waren 1914 bei Kriegsausbruch fast zweieinviertel Millionen geworden! Denn Schöneberg, Charlottenburg, Neukölln und mehrere Dutzend andere große oder kleine Gemeinden bildeten, auch wenn die Landkarte noch die alten Stadtgrenzen zeigte, längst ein einziges Groß=Berlin.

Künste und Wissenschaften nahmen am Aufblühen Berlins zur international bedeutenden Metropole teil. Der Nobel=Preis wurde an acht mit Berlin eng verbundene Männer verliehen: Jacobus van t'Hoff, Theodor Mommsen, Emil Fischer, Robert Koch, Eduard Buchner, Gerhart Hauptmann, Fritz Haber, Max Planck.

Die Universität zog eine Fülle oft weltbekannter Gelehrten an. Adolf von Harnack konnte 1910 die „Kaiser=Wihlhelm=Gesellschaft zur Förderung der Wissenschaften" ins Leben rufen, und in Dahlem entstanden deren erste Institute. Große Verlage siedelten sich an, deren Bücher und Zeitschriften die wissenschaftliche, literarische, künstlerische Entwicklung wesentlich mitbestimmten. Für das Theater begann die Ära Max Reinhardts; in der Halle einer zum Atelier umgebauten Kunstblumenfabrik zu Babelsberg wurde 1913 mit Paul Wegener „Der Student von Prag" gedreht.

Die Fülle auch des Wichtigsten nur, das dieser Jahre Glanz und Bedeutung ausmachte, war groß. Auf vieles mußte hier verzichtet werden. Es fiel dem Heraus=

geber schwer. Leichter war für ihn, auf anderes zu verzichten, das nur amüsant oder sehr privat oder oft genug schon gedruckt war (so zum Beispiel die Geschichte des Hauptmanns von Köpenick). Der Herausgeber bevorzugte, was weniger bekannt wurde, ihm für die Zeit und für die Stadt Berlin jedoch aufschlußreich erschien.

Wachablösung

Mit einem „Genehmigt. W." hatte der Kaiser Bismarcks Rücktritt zur Kenntnis genommen.

Die Zeitungen durften Wilhelms Botschaft veröffentlichen: „Das Amt des wachthabenden Offiziers auf dem Staatsschiff ist Mir zugefallen. Der Kurs bleibt der alte. Volldampf voraus!"

Dicht drängten sich dann in den Straßen zwischen Reichskanzlerpalais und Lehrter Bahnhof die Berliner, die „ehrfurchtsvoll grüßend von Bismarck Abschied nahmen, sorgenschwer der Zukunft entgegenblickend, die trotz des Monarchen Wort, daß der Kurs der alte bliebe, die einschneidendsten Änderungen auf allen Gebieten bringen muß".

Auch der alte Moltke öffnete noch einmal die schmalen Lippen zur Kritik: „Wenig schöne Geschichte! Der junge Herr wird uns noch manches Rätsel aufgeben!"

Griff in die Rumpelkammer

Würde der junge Herr den Rückversicherungsvertrag mit Rußland aufgeben und seine neue auswärtige Politik auf Englands Freundschaft stützen, oder würde er zuerst für eine neue, dringend notwendige Sozialgesetzgebung sorgen?

Wilhelm II. überraschte mit einer Kabinetts-Ordre, die mit den Worten begann: „Es ist Mein Wunsch, daß an Meinem Hofe die schönen Sitten und Gebräuche früherer Zeit wiederum zur Geltung gelangen."

Ein Herr L. von Nordegg kommentierte recht enttäuscht: „Es wurden die braven Schloßgardisten in fridericianische Tracht gesteckt, ihr Kommandant bekam den geheimnisvollen Titel ‚General=Capitain' und mußte wie seine Sol=daten auf der weißgepuderten Zopf=Perücke den Drei=master tragen. Auch für die Civilisten wurde eine beson=dere Hofuniform Vorschrift, schwarzer Frack mit Kragen und Klappen von Atlas, lange Atlasweste, Kniehosen von schwarzem Kaschmir, dazu lange seidene Strümpfe und Schnallenschuhe, Dreispitz und Degen. Das alles war ein leidiger Schritt nach rückwärts, ein ärgerlicher Griff in die historische Rumpelkammer, Abteilung Kostüme, und nichts sonst."

Wilhelminische Ordnung

Wilhelm II. hatte eine „Hof=Rang=Ordnung" dekretiert; sie erboste die Berliner wahrscheinlich mehr als andere Preußen.

„Für das Individuum, das zum vollen und tiefen Be=wußtsein seines Ichs, seines Selbst gelangt ist, das seines Rechts, seiner Würde bewußt ist, bedeutet gewiß unbe=greifbare Zumutung, nach einem derartigen Schema klassi=fiziert und dadurch bewertet zu werden. Ich spreche nicht aus kleinlichem Haß oder Unwillen gegen die Träger der heutigen Zustände, aber nur die Achtung vor der Persön=lichkeit darf nicht zerstört werden. In diesem Sinne halte ich es für meine Pflicht, meine Volksgenossen aufzuklären und eine Strecke Weges mit mir zu führen im Kampfe für die Sozialisierung der Menschheit."

Der untersetzte Herr mit dem „von einem militärischen Schnurrbart beschatteten Mund" und den „gütigen" Augen, der im alten Konzerthaus in der Leipziger Straße zu den Berlinern sprach, hatte wirklich zu „kleinlichem Haß oder Unwillen" keine Ursache. Er war von Adel, er war Oberst=leutnant, hatte deshalb angemessenen Platz in der wilhel=minischen Ordnung. Wenigstens bisher. Denn unmittelbar nach dieser Rede, die mehr als tausend Berliner mit „wil=dem Jubeln und frenetischem Beifallstosen" aufgenommen hatten, bekam der Oberstleutnant Moritz von Egidy, durch

Die Berliner Range

»Liese, setz dir man den Hut nich zu weit nach hinten!«
»Na, Vata! Wie soll'n mir'n die Jungs ins Jesicht kieken?«

(Zeichnung von Heinrich Zille)

Wurstmaxe

»Reißt die Neesenlöcher nich so weit uff! Ihr zieht mir den janzen Duft von die Wurscht weg!«

(Zeichnung von Heinrich Zille)

ein demokratisches Christentum schon mehrfach mißliebig aufgefallen, den schlichten Abschied.

Der Kaiser hatte das Volk in genau zweiundsechzig Gruppen gegliedert, von denen jede folgende der vorangegangenen an Würde nach- und seinem Throne fernerstand. Die Berliner, unter dem Regime sogar sehr reaktionärer Könige als Gäste bei Hofe wohlgelitten, lasen mit Erstaunen:

Nummer eins und stolzester Mann des Hofes war nun der Oberstkämmerer der Majestät. Nummer zwei: die Herren Generalfeldmarschälle. An dritter Stelle folgte — der deutsche Reichskanzler und preußische Ministerpräsident. Dann kamen in feiner Graduierung des Kaisers Oberstmarschall, Obersttruchseß, auch des Kaisers Oberstschenk, die Ritter des Hohen Ordens vom Schwarzen Adler, danach die dem Kaiser durch Abkunft ebenbürtigen „Häupter ehemals regierender Familien" Preußens. An vierzehnter Stelle endlich war der Präsident der Zweiten Kammer, des gewählten preußischen Abgeordnetenhauses zu finden! Als Nummer neununddreißig, weit hinter königlichen Hofmarschällen, königlichen Obersten und königlichen Geheimräten, hatte der vom Volke gewählte Oberbürgermeister Berlins seinen Platz.

Nochmals acht Stufen abwärts, nach Flügeladjutanten und Kammerherren der Majestät, an siebenundvierzigster Stelle, fanden sich die Rektoren der Universitäten des Landes der Dichter und Denker, auch die Präsidenten der Akademien der Wissenschaft und der Künste. Nochmals neun Stufen abwärts, auf den achtundfünfzigsten Platz am Hofe, waren die Abgeordneten des Landtages verwiesen. Hinter ihnen kamen nur noch die Hauptleute und Kammerjunker. Und mit den Herren Leutnants (Nr. 62) war es zu Ende.

Diese „Hof-Rang-Ordnung" gilt mit gutem Grund als interessantes Dokument der Sozialgeschichte. Wenn beispielsweise Adolf von Menzel bei Hofe an achter Stelle eingestuft war, noch vor der höchsten Geburtsaristokratie, wurde er als Ritter des Ordens vom Schwarzen Adler geehrt. Wenn aber der Historiker Theodor Mommsen durch die Verleihung des Nobel=Preises internationalen Rang erhalten hatte, blieb seine nationale Einstufung auf dem sechzigsten Platz, auf welchen, neben den Hofjagd=junkern, die Universitätsprofessoren verwiesen waren.

Immer langsam voran

Auch die Gesichter der übrigen Berliner wurden länger. Auf den Rückversicherungsvertrag und die alte Freund=schaft mit Rußland hatte Wilhelm II. verzichtet, aber von neuer außenpolitischer Konstruktion war nicht die Rede. Ebenso wenig merkte man von den in Aussicht gestellten Reformen sozialer Art. Statt dessen wurden die Säle des Schlosses umgebaut, der Schloßplatz mit einem kostspieli=gen Brunnen geschmückt, am Eingang zum Kurfürsten=damm begann Franz Heinrich Schwechten den Bau der Kaiser=Wilhelm=Gedächtniskirche.

So hatten sich die Berliner das nicht gedacht, sie ver=höhnten das „Volldampf voraus" des Kaisers:

Immer langsam voran,
immer langsam voran,
halb so viel Dampf!
Halb so viel Krampf!
Immer langsam voran,
Steuermann,
daß die Steuer nachkommen kann.

Die janze Richtung ...

Trotz fortdauernden Streites um die naturalistische Dich=tung wagte der Direktor des Lessing=Theaters die Ein=studierung der Tragödie „Sodoms Ende" von Sudermann. Kurz vor der Premiere wurde das Stück verboten.

Direktor Oskar Blumenthal beschwerte sich bei Polizei=präsident von Richthofen: „Aber warum denn? Warum das überraschende Verbot?" Er bekam den Bescheid: „Weil es uns so paßt!"

Oskar Blumenthal hatte Joseph Kainz für die Hauptrolle verpflichtet, die ersten Vorstellungen waren bereits ausverkauft. Blumenthal bezwang den Ärger über Richthofens hochnäsige Antwort; um die Aufführung zu retten, bot er an, einzelne Stellen und sogar ganze Szenen zu streichen, sofern sie Bedenken erregt hätten. Richthofen schüttelte nur den Kopf.

Blumenthal: „Aber mir nichts, dir nichts kann die Polizei doch kein Theaterstück verbieten! Herr Polizeipräsident, irgendein Grund muß doch vorhanden sein!"

Richthofen wischte mit einer Handbewegung sämtliche erdenkbaren Gründe weg: „Herr Blumenthal, die janze Richtung paßt uns nicht!"

Jugendfreie Kunst?

Richthofens Ausspruch ist in den Zitatenschatz eingegangen. Was oder wer hinter den vielbelachten Worten steckte, berichtete Ernst Ludwig Herrfurth, der als preußischer Minister des Innern die letzte Beschwerdeinstanz für Zensurfragen war. Herrfurth hatte die Aufführung von „Sodoms Ende" genehmigt und war von Majestät deswegen getadelt worden.

Der Minister verteidigte sich: „Ich habe das Werk mit Sorgfalt gelesen und mich bei jeder Szene gefragt, ob ich sie auch in Begleitung meiner Frau würde anhören können."

Wilhelm II. ließ das nicht gelten: „Wenn Sie ein derartiges Stück erlauben, hätten Sie sich fragen sollen, ob Sie auch in Begleitung Ihrer Tochter das Theater besuchen können!"

Öffentliches Dichtwesen

Der Zusammenprall künstlerischen Schaffens mit staatlicher Autorität erregte die Gemüter. Er spiegelte sich in einem „Gesetz betreffend das Öffentliche Dichtwesen", das sich ein munterer Redakteur der *Berliner Zeitung* ausgedacht hatte.

Zahlreiche Paragraphen schrieben vor, was einem Poeten zu schildern erlaubt oder verboten war. Jedes seiner Werke hatte er einer Prüfungskommission vorzulegen, der selbstverständlich auch die von Majestät zitierte „Höhere Tochter" angehörte. Vor allem aber hatte, wer am „Öffentlichen Dichtwesen" teilnehmen wollte, einen „Dichtschein" nötig, den der Polizeipräsident „nach Anhörung des Chefs der Kadettenanstalt, des Oberhofpredigers und des Vorlesers Seiner Majestät" ausfertigte.

Das war Ulk, gut gelaunte Parodie. Daß es wirklich einmal so etwas wie ein „Gesetz betreffend das Öffentliche Dichtwesen" und so etwas wie einen „Dichtschein" geben könnte, vermochte auch verwegenste Phantasie sich nicht auszudenken.

Bismarcks Hering

Der Gründer der Gesellschaft der Bibliophilen bedauerte, daß eigentlich alles „durch die politische Brille" gesehen wurde. Je nach der politischen Meinung, schrieb Fedor von Zobeltitz, war der Berliner für oder gegen die moderne Kunst, für oder gegen wissenschaftliche Neuerungen. Daß Politik sogar die Wertschätzung von Speisen bestimmte, amüsierte den Herrn jedoch:

„Der gemeine Hering (clupea harenga) ist zu vor wenigen Jahren noch unvorstellbarer Ehre gekommen. Wurde er früher als Nahrungsmittel armer Leute verachtet, so findet man ihn jetzt auf der Karte der elegantesten Restaurationen Berlins. Weil der Alte im Sachsenwalde den Hering schätzt, ißt ihn jeder, der dem Alten im Sachsenwalde Sympathie bekunden will. Die Frage, ob man als Vorspeise auch ein Stückchen Hering wünsche, ist die Frage eines Inquisitors nach unserem politischen Bekenntnis, ob wir für den ‚alten' oder den ‚neuen' Kurs sind."

Zobeltitz gab auch das Rezept bekannt:

„Wie Bismarck ihn liebt, ist es ein frischer Hering, der in Weißwein, Gemüsesaft und Essig gelegt wurde. Die verschiedensten Gewürze, Kümmel, Senfkörner, Koriander kommen in ausreichender Quantität hinzu. Beim Anrichten wird er dann mit dicken Mohrrübenscheiben und vielen Zwiebelringen reich garniert."

Bei reichen Leuten

„Eine Familie, deren Vorsteher über monatlich 2000 Mark Einnahmen verfügt, kann vom Berliner Standpunkt als eine reiche bezeichnet werden", schrieb Otto von Leixner. Er schilderte ausführlich und, wie er versicherte, auf Grund genauer Ermittlungen, einen Haushalt, der ihm als durchschnittliches Beispiel für die meisten reichen Familien galt.

Wir erfahren, daß außer den Eltern zwei heranwachsende Töchter und ein außerhalb studierender Sohn zur Familie gehören. Man lebt in einer Mietwohnung, die aus einem Gesellschafts-, Eß-, Herrenzimmer, Damensalon und fünf weiteren Räumen besteht. Man beschäftigt eine Köchin und ein Stubenmädchen. Der Hausherr ist nicht berufstätig, seine Einnahmen verdankt er festverzinsten Staatspapieren.

Leixners ausführliche, seitenlange Statistik erwähnte dann unter anderen die folgenden Ausgaben, die hier in der Reihenfolge des prozentualen Anteiles am Einkommen geordnet sind.

Ernährung, Getränke, einschließlich eines monatlichen Diners für zwanzig Personen 400 Mark (20 %), – Miete und Heizung: 240 Mark (12 %), – für die Unterstützung verarmter Verwandten und Freunde und für allgemeine Wohltätigkeit 160 Mark (8 %), – der studierende Sohn erhält zwar 200 Mark im Monatswechsel, aber nur neun Monate je Jahr, so daß er mit durchschnittlich 150 Mark (7,5 %) im Etat nach den caritativen Ausgaben erscheint, – die Töchter erhalten Musik- und Malstunden. Es werden Bücher, Noten, Zeitschriften gekauft. Man besucht Konzerte und Theater. Die kulturellen Ausgaben belaufen sich auf 120 Mark (6 %), – an Steuern werden 100 Mark (5 %) entrichtet, – Neuanschaffungen, Ergänzungen und Instandhaltung des Hausrates: 80 Mark (4%), – Kleidung und Schuhe für die fünfköpfige Familie: 80 Mark (4 %), – für Köchin und Stubenmädchen, einschließlich üblicher Geschenke, insgesamt: 45 Mark (2 %), – die Familie leistet sich für 1200 Mark eine vierwöchige Sommerreise. Hohe Beträge werden für die Ausstattung der Töchter gespart. Am 31. Dezember sind trotzdem 3000 Mark übrig geblieben, die in Papieren angelegt werden und somit das Einkommen des nächsten Jahres vergrößern.

Bei Professors

In gleicher Ausführlichkeit schilderte Leixner die wirtschaftlichen Verhältnisse höherer Staatsbeamten, zu denen auch die Universitätsprofessoren gehörten. Das „im Durchschnitt 600 Mark betragende Einkommen verlangt von Mann und Frau nicht geringe sittliche Kraft", meinte Leixner, „um allen Anforderungen zu genügen und trotzdem die Verhältnisse nicht in heillose Verwirrung geraten zu lassen".

So bescheidet die fünfköpfige Familie sich denn mit auch nur fünf Räumen, und um „allen Anforderungen" zu genügen, hat man selbstverständlich einen Salon, die für Besucher reservierte Gute Stube. Der Herr Professor braucht ein Studierzimmer, ein weiterer Raum dient als Wohn- und Eßzimmer, im vierten schlafen die Eltern, im fünften und durch Wandschirm aufgeteilten Raume schlafen die neunzehnjährige Tochter und die beiden wesentlich jüngeren Söhne.

Den höchsten Betrag verlangt auch hier die Ernährung: 180 Mark (30 %), – Miete für die Wohnung, die „im dritten Stock und weit draußen" liegt: 120 Mark (20 %), – Neuanschaffungen, Ergänzung und Instandhaltung des Hausrates: 50 Mark (6 %), – Kleidung und Schuhe für die fünfköpfige Familie: 30 Mark (5 %), – Schulgeld und

Schulbedarf für die beiden jungen Söhne: 30 Mark (5 %), – Steuern: 20 Mark (3 %), – für ein Dienstmädchen, das zu entbehren nicht möglich ist: 15 Mark (ca. 2 %).

Damit sind nahezu drei Viertel des Einkommens verbraucht; den Rest beanspruchen Arzt, Straßenbahn, bescheidene Versicherungen und Sparkassenbücher. Einige hundert Mark verwendet der Herr Professor, der sich das Rauchen abgewöhnt hat, für Fachliteratur und Fachzeitschriften.

Für schöngeistige Literatur ist kein Etatposten vorhanden; von einer Reise kann erst recht nicht die Rede sein. Das alles erklärt den weltfernen und weltfremden Professor, dem die bereits erwähnte *Berliner Zeitung* vorwarf: „Der Berliner Gelehrte sitzt bei seinen Büchern und kümmert sich den Teufel um die Welt. Er schreibt Bücher auch über das Theater der letzten dreißig Jahre, hat es aber seit dreißig Jahren nicht besucht."

Arbeiterhaushalt

In seinen „Sozialen Briefen aus Berlin" hat Otto von Leixner auch über die Lebensverhältnisse der Arbeiter berichtet. Eine dieser sehr exakten Darstellungen befaßte sich mit der Familie eines Metallformers, eines qualifizierten Facharbeiters also.

Die Familie besteht aus Mann, Frau und zwei Kindern. Das monatliche Einkommen beträgt 150 Mark und macht, wie Leixner hervorhob, die sonst übliche Lohnarbeit der Frau unnötig.

Für Ernährung: 75 Mark (50 %), – Miete und Heizung für ein Zimmer mit Küche, Hinterhaus, 4. Stock: 26 Mark (17 %), – Taschengeld für den Mann, Tabak, Getränke: 15 Mark (10 %), – Kleidung für die vierköpfige Familie: 10 Mark (ca. 7 %), – Steuern: 3 Mark (2 %).

Anschaffungen für den Haushalt, Versicherungen sind nicht vorgesehen. Dafür werden monatlich 7 Mark (ca. 5 %) zurückgelegt, um für Krankheit und Arbeitslosigkeit eine Reserve zu schaffen.

Bürgerliche Lebensregel

Man soll, sagten die Berliner, „über seinem Stande wohnen, sich nach seinem Stande kleiden, unter seinem Stande essen".

Vieles wird sich umgestalten

Das Deutsche Theater, vom Schriftsteller Adolph L'Arronge und dessen Freunden als „Musterbühne der Schauspielkunst" gegründet, war nach zehnjährigem Bestehen in Schwierigkeiten geraten. Otto Brahm eröffnete in der Schumannstraße das neue Deutsche Theater. Otto Brahm hatte dem Verein „Freie Bühne" angehört und für deren Mitglieder die ersten, nicht-öffentlichen Premieren Hauptmanns inszeniert. Gerhart Hauptmann verfaßte den Prolog zur Eröffnung von Brahms neuem Deutschen Theater:

Alles müssen wir erfassen,
So das Schöne wie das Rohe,
Das Gemeine und das Hohe
mit dem Künstler gelten lassen.

Kaufmann, Arbeitsmann und Kaiser,
Christ und Jude, hingerissen,
Werden, billiger und weiser,
Menschen sich erkennen müssen.

Ja, ich sehe solchen Räumen
Manches herrlich vorbehalten;
Weise sinnen, Dichter träumen,
Vieles wird sich umgestalten.

Die gefährlichen „Weber"

Otto Brahm plante die öffentliche Aufführung der „Weber". Polizeipräsident Richthofen widersprach, formulierte jetzt aber genauer, was ihm an der „janzen Richtung" und besonders eben an den „Webern" nicht paßte:

„Die kraftvollen Schilderungen, die zweifellos durch die schauspielerische Leistung noch erheblich an Leben und Eindruck gewinnen würden, werden ... einen Anziehungspunkt für den zu Demonstrationen geneigten sozialdemokratischen Teil der Bevölkerung Berlins bieten, für deren Lehren und Klagen über die Unterdrückung und Ausbeutung des Arbeiters das Stück durch seine einseitige tendenziöse Charakteristik hervorragende Propaganda macht."

Das war alles in allem ein Kompliment für den Dichter, und daß Richthofen auch die Berliner Situation richtig eingeschätzt hatte, zeigte sich, als die „Weber" nach langem Rechtsstreite endlich doch öffentlich aufgeführt werden durften. Man las im *Kleinen Journal:*

„... lag eine Spannung auf den Gesichtern der Zuschauer, daß man jeden Augenblick einen Ausbruch der Wut erwarten konnte ... Als nun aber der Vortrag des Weberliedes die erste dramatische Bewegung brachte, da gab es kein Halten mehr ... Die Wut auf der Bühne fand ein vollklingendes Echo im Zorne der aufgestachelten Zuschauer ..."

Friedrich Dernburg, Reichstagsabgeordneter und Redakteur des *Berliner Tageblattes,* erinnerte an die Aufführung von Beaumarchais' „Hochzeit des Figaro" am Vorabend des Bastillesturms. Der Leitartikler des *Reichsboten* wehklagte: „Das Schauspiel der Revolution ist gefunden! An dem Tage, da sie beginnt (wenn uns Gott nicht in Gnaden davor bewahrt!), wird man dies Stück aufführen, und die Massen werden wissen, was sie zu tun haben."

Der Kaiser kündigte die für ihn und den Hof allabendlich gemietete Loge. Da die „Weber" in wenigen Monaten hundertsiebenmal vor meist ausverkauftem Hause gegeben wurden, konnte Brahm den Verlust der kaiserlichen Miete ertragen.

Verrückte Chirurgen

Carl Ludwig Schleich, vor kurzem noch Virchows Assistent, jetzt Leiter einer Privatklinik in der Friedrichstraße, referierte auf dem Chirurgenkongreß über die von ihm entwickelte Technik der örtlichen Betäubung. Schleich, dreiunddreißigjährig, aus wohlhabendem Hause, verwöhnt, auch ein bißchen Beau, ein bißchen Poet, Salonlöwe und Träumer zugleich, unterschied sich beträchtlich von den braven Kollegen im Bratenrock.

Als er schloß: „Wo dieses unschädliche Mittel (der örtlich wirkenden Cocain-Einspritzung) zureichend ist, kann ich es aus ideellen, moralischen und strafrechtlichen Gesichtspunkten nicht mehr für erlaubt halten, die gefährliche Narkose anzuwenden", erhob sich ein Sturm der Entrüstung von sehr viel älteren und berühmteren Ärzten, die vorerst auch für eine Narkose-Technik ideelle, moralische und strafrechtliche Gesichtspunkte in Anspruch nehmen durften.

Der Protest von 799 Chirurgen zwang Schleich zum Verlassen des Saales. An der Tür wartete Schleichs Vater, ebenfalls Arzt: „Carl! Diese Kerls sind ja ganz und gar verrückt. Komm! Wollen zu Hiller gehen und 'ne Pulle Champagner trinken. Recht kriegst du ja doch!"

Die alte Reichsschaute

Caprivi, der das Palais in der Wilhelmstraße vier Jahre bewohnt hatte, war durch Hohenlohe abgelöst worden. Dem einsiedlerischen General aus bescheidener Adelsfamilie folgte der weltgewandte Diplomat aus einem der vornehmsten Geschlechter Europas. Fürst Chlodwig zu Hohenlohe-Schillingsfürst war mit wohl sämtlichen Königshäusern, auch mit den Hohenzollern, verschwägert oder verwandt, so daß Wilhelm den alten Herrn mit „Onkel" anzureden pflegte.

Wenn Hohenlohe nicht zugegen war, liebte Wilhelm seinen Kanzler „die alte Reichsschaute" zu nennen, was weniger schmeichelhaft war. Denn in der Studentensprache, die Wilhelm in Bonn kennengelernt hatte, kennzeichnete das Wort Schaute einen albernen Trottel. Dafür verdächtigte

Hohenlohe, war Wilhelm nicht zugegen, seinen kaiserlichen Neffen der Geistesgestörtheit: „Ich habe schon einmal das Unglück gehabt, Regierungschef eines Königs (Ludwigs II. von Bayern) gewesen zu sein, der wegen Unzurechnungsfähigkeit abgesetzt wurde, ich möchte das nicht zum zweitenmal erleben."

Die Lex Heinze

Ein viel gesungener Gassenhauer, der etwa „In Rixdorf is 'n Ding passiert", begann, wurde umgedichtet. Jetzt war „am Karlplatz" die Gegend, wo sich zugetragen hatte, was den Kaiser, den Reichstag, die Juristen und ganz Berlin beschäftigte.

Eine Auguste Heinze, wohnhaft Luisenstraße, war wegen Diebstahls verurteilt worden. Aus Zeitungsberichten hatte der Kaiser entnommen, daß die Diebin als Prostituierte registriert sei und das unzüchtige Gewerbe in der ehelichen Wohnung ausübe. Wilhelm II. war empört und fragte an, warum nicht auch der Ehemann Albrecht Heinze vor Gericht gekommen wäre.

Wilhelms II. Empörung steigerte sich, als ihm mitgeteilt werden mußte, das Gesetz lasse Kuppelei und Zuhälterei des Ehemannes straffrei, und Einschreiten sei deshalb leider nicht möglich. Der Kaiser setzte durch, daß Heinze, der ganz und gar von den anrüchigen Einnahmen seiner Frau gelebt hatte, in das Arbeitshaus gesteckt wurde. Und der erwähnte Gassenhauer vermerkte bezüglich der aus dem Gefängnis schon wieder entlassenen und ihrem „Gewerbe" nachgehenden Frau:

... solche Sachen macht se,
dabei lacht se.
Jetzt, da weint se,
schwitzt ihr Heinze ...

Der Kaiser befahl dem Staatssekretär des Reichsjustizamtes, Hanauer, umgehend eine Änderung der bisherigen

Paragraphen vorzubereiten. Das geschah. Aber Hanauers Entwurf kam nicht durch, auch andere Entwürfe billigte der Reichstag nicht. Acht Jahre dauerte es, dann genehmigte der Reichstag einen Vorschlag, den Windthorsts früherer Mitarbeiter Graf Albrecht von Hompesch eingebracht und verteidigt hatte. Er wurde die „Lex Heinze".

Leichenwagen Erster Klasse?

Den Grundstein zum Gebäude des Reichstages hatte der alte Kaiser gelegt. „Zum Gedeihen und zur Ehre des deutschen Vaterlandes!" hatte Wilhelms I. Hammerspruch gelautet.

Den Schlußstein legte der junge Kaiser, und „Pro gloria et patria!" war Wilhelms II. Hammerspruch. Den Berlinern fiel auf, daß auch der Enkel das Volk nicht erwähnte, für dessen Vertreter das Haus doch bestimmt war.

Das Gebäude hatte ursprünglich am Leipziger Platz, dann am Dönhoffplatz errichtet werden sollen. Es war schließlich im Tiergarten, auf königlichem Gelände und jedenfalls außerhalb der Stadt errichtet worden. Warum? Nun, der junge Kaiser konnte kaum etwas dafür, daß der alte Kaiser einen Reichstagsbau nicht mitten in der Stadt, sondern möglichst abseits gewünscht hatte.

Der junge Kaiser war jedoch verantwortlich dafür, daß der Reichstagsbau nicht ganz so vollendet worden war, wie der Architekt Paul Wallot geplant hatte. Wilhelm II. beanstandete die Kuppel, die zwölf Meter höher als die des Schlosses werden sollte: „Das fehlte gerade noch, daß die Herren Abgeordneten prächtiger residieren als ihr Kaiser!"

Wallot gab sich Mühe, und wenn die Kuppel doch noch vier Meter höher war als die des Schlosses, fiel das den Unter den Linden promenierenden Berlinern nicht mehr auf. Den Berlinern, die in den Tiergarten spazierten, fiel jedoch auf, daß der Bau nicht gut proportioniert war, daß ihn die Kuppel mit ihrer mächtigen Krone schier erdrückte.

So haben sie denn Wallots Bau aus diesem – und vielleicht auch aus noch gewichtigerem Grunde – mit einem „Leichenwagen Erster Klasse" verglichen.

Der Name blieb. Er verschwand aus dem Sprachschatz erst, als nach der Revolution über dem Hauptportal die Inschrift „Dem Deutschen Volke" eingemeißelt wurde, die Wilhelm II. nicht gewünscht hatte.

Kirchweih mit Wolfsgeheul

Nicht sehr viele Monate später als der Reichstag am Brandenburger Tor wurde das Gotteshaus auf dem Platz vor Kurfürstendamm und Tauentzienstraße vollendet. Mit Parade, Militärmusik, Gesangvereinen, Glockengeläut.

Der Korrespondent der *Hamburger Nachrichten* berichtete: „... als der kaiserliche Herr sich nahte, scholl in die Hoch- und Hurrarufe ein befremdliches Geräusch hinein. Lang anhaltendes Geheul der Wölfe und anderer Tiere des Zoologischen Gartens mischte sich in den Jubel des Publikums. Ein Polizeioffizier und ein paar Wachtmeister jagten wie rasend nach dem Zoologischen Garten, um den Bestien das Singen zu verbieten – aber die Tiere hatten wenig Respekt vor den Uniformen. Die Wölfe heulten und bellten weiter, brachten damit in das ernste Fest doch eine heitere Episode."

Die *Hamburger Nachrichten* waren das Blatt Bismarcks; den Redakteuren machte das Wolfsgeheul, das Wilhelms II. zeremoniellen Auftritt begleitete, sichtlich Vergnügen.

Nach einigen Jahren wurde die Kaiser-Wilhelm-Gedächtnis-Kirche durch den Volksmund umbenannt. Am anderen Ende der Tauentzienstraße stand jetzt das Kaufhaus des Westens, und die respektlosen Witzbolde brauchten nur einen Buchstaben zu ändern, um als Pendant das Taufhaus des Westens zu erfinden.

Aus der Hof=Chronik

Einige Zeitungen berichteten täglich auf der ersten Seite, in feierlich umrahmter Spalte, über die Vorgänge am Hofe: der Morgenritt des Kaisers, der Jagdausflug eines Prinzen, ein Tee bei der Kaiserin – alles wurde mitgeteilt. In dieser Hof=Chronik stand auch, daß der jüngste, sieben Jahre alte Sohn des Kaisers die Masern hatte. Die Hof=Chronik meldete nach entsprechender Frist dann:

> „Die Allerhöchsten Herrschaften begeben sich heute in den Dom, um dem Höchsten für die Genesung des Prinzen Joachim zu danken."

Auch mancher kaisertreue Leser ergrimmte, daß Byzantinismus dieser Art „von oben" geduldet, vielleicht sogar geschätzt wurde.

Die Polizei=Matronen

Den „Verein zur Förderung der Erwerbsfähigkeit des weiblichen Geschlechtes" hatte der Jurist Wilhelm Lette schon bald nach dem Kriege von 1866 gegründet. Lette schuf in Berlin auch die ersten Ausbildungsstätten Deutschlands für Gewerbe=, Handarbeits= und Hauswirtschafts=lehrerinnen, sogar eine Schule für Setzerinnen. Es war doch schon einiges für die Ausbildung der Frauen getan worden.

Jetzt aber meldeten die Frauen selbst sich zum Worte. Es entstand eine Fülle von Vereinen; die Frauen befaßten sich plötzlich mit allen nur möglichen Problemen, nur nicht, seltsamerweise, mit den Problemen, die unmittelbar ihre eigenen waren.

So wurde in Berlin, nach englischem Vorbild, eine „Vereinigung zur Abschaffung der Unzucht" gegründet. Satzungsgemäß widmeten sich die Mitglieder unter Leitung der Gräfin Gertrud Schack darüber hinaus ganz allgemein dem „Kampfe gegen die Unsittlichkeit in Kunst, Literatur, Mode und Sitte".

Dem gleichen Kampf verschwor sich ein „Deutscher Kulturbund" unter Vorsitz der Malerin Hanna Bieber-Böhm. Man erfuhr aus Flugbättern, daß die Mitglieder der Vereinsarbeit mißtrauisch gegenüberstanden: „Die Damen waren empört, wurde frei über Zustände gesprochen, die auf einem Bierabend vielleicht zur Sprache kamen. Die rosenroten Schleier, die so lang ihre Blicke verhüllt hatten, sanken nur langsam, nur langsam gewöhnten sich die Damen, die Welt in ihrer grauen Alltagsnüchternheit und das Laster in seiner ganzen Häßlichkeit zu sehen."

Auch ein „Verein Jugendschutz" wurde von den Frauen gegründet. Er entfaltete eine segensreiche Tätigkeit, forderte eine besondere Jugendgesetzgebung, besonderen Schutz weiblicher Minderjähriger, die in Gaststätten, Vergnügungsbetrieben arbeiteten, und auch noch manches andere, das erst viele Jahrzehnte später verwirklicht wurde.

Daß die Vorsitzende, Frau Bieber, in einem Immediatgesuche an den Kaiser weibliche Polizeibeamte verlangte, soll ebenfalls anerkannt werden, wenn sie sich auch des ungewohnten Ausdruckes „Polizei-Matronen" bediente.

Neu! Das Bioskop! Neu!

In den Tageszeitungen kündigten die Direktoren Dorn und Baron das Programm des „Wintergartens" an. Durch kräftige Schrift besonderer Größe fiel die Zeile auf:

NEU! DAS BIOSKOP! NEU!

Zum ersten Male wurde in Deutschland vorgeführt, was man „lebende Photographie" nannte. Max Skladanowsky hatte sie erfunden, gleichzeitig und unabhängig von Lumière in Paris. Skladanowsky zeigte ein boxendes Känguruh, tanzende Bauern und ähnliches. Sein Freund und Mitarbeiter Oskar Messter meinte später: „Wenn mir damals jemand gesagt hätte, wir hätten eine neue Kunst bekommen, dann hätte ich bloß mit dem Finger an die Stirn jetippt!"

Ein komischer Vogel

In Lichterfelde wurde an einer anderen Erfindung gearbeitet: „Otto Lilienthal hatte nun schon ungefähr 1200 Gleitflüge unternommen", erzählt sein Mitarbeiter Paul Beylich, „er flog meistens 30 Meter hoch; seine gespreizten Arme in den Flügeln steuerten den Flug, der nach 350 bis 400 Metern zumeist sanft ausglitt. In Lichterfelde hielt man Lilienthal für verrückt, lachte ihn aus, nannte ihn ‚komischen Vogel' und wies mit dem Finger gegen die Stirn."

Otto Lilienthal konstruierte einen größeren Flugapparat, der einen Motor bekommen sollte. „Wir konnten es nicht fassen, ich hatte Angst, aber Lilienthal war vorsichtig. Auch als es mit dem Motor voranging, übte er noch ohne Motor, immer wieder ohne Motor. Und dann noch einmal. Es war sehr windig, das gefiel mir nicht, aber die Sonne war hell, der Himmel klar, als Lilienthal zum letzten Probeflug ohne Motor aufstieg. Er erhob sich in 15 Meter Höhe und war im Nu 200 Meter vom Winde davongetragen. Da sahen wir ihn stürzen! Alles war wie gelähmt! Ich rannte zur Unglücksstelle. Lilienthal lebte noch. Ich bettete seinen Kopf in meine Arme. Er stöhnte. Er hatte sich das Rückgrat gebrochen. Am nächsten Tage starb Otto Lilienthal, achtundvierzig Jahre alt."

Ta-tü-ta-ta!

Der Inhaber der bekannten Firma Rudolph Hertzog hatte sich eines der neumodischen Automobile gekauft. Es war das erste Fahrzeug dieser Art, das durch Berlins Straßen fuhr; es wurde ihm das Kennzeichen IA 1 zugeteilt. Auch Majestät erwarb einen Motorwagen, wollte aber nicht als IA 2 durch die Stadt fahren, und ließ mit Rudolph Hertzog verhandeln. Hertzog bestand auf seinem Kennzeichen, der Kaiser mußte sich fügen.

Da IA 1 nicht zu bekommen war, verzichtete Wilhelm überhaupt auf die übliche Bezifferung. Sein Wagen trug

Königliche Schlösser für das Volk!

»Max, geh mal und hol mir meine Pfeife, ick globe, sie liegt im Weißen Saal uff'n Thronsessel!«

(Karikatur von Walter Trier auf die Wohnungszwangswirtschaft nach der Revolution 1918)

Im Ersten Weltkrieg: »Gibt es hier auch Butter?«

(Karikatur aus dem »Ulk«, 1915)

fortan die Kaiserkrone als Kennzeichen. Des Kaisers erste Fahrt brachte den ganzen Hof in Aufruhr; Auguste Viktoria und die Prinzen waren zugegen, als Chauffeur Bauerschmidt die Gewalt von 16 PS ankurbelte. Auguste Viktoria mahnte den von den Mercedeswerken mitgelieferten Chauffeur: „Denken Sie ja immer daran, daß das Leben Seiner Majestät in Ihrer Hand liegt!"

Bauerschmidt, einstiger Fremdenlegionär, schlug die Hakken zusammen: „Jewiß doch, ick passe auf, ick sitze ja auch drin!"

Einige Monate später gab es bereits zehn Automobile in Berlin. Deren Fahrer hupten genau wie Bauerschmidt hupte. Wilhelm II. fand das peinlich. Damit niemand ein kaiserliches Automobil mit einem bürgerlichen verwechseln könne, bekam der neben Bauerschmidt sitzende Lakai ein Signalhorn, um (wie einstens die Herolde) das Nahen des Fürsten zu künden.

Ta-tü-ta-ta! Die Berliner summten dazu die Worte: Der Kaiser kommt!

Die fauchenden Ungeheuer

Zu Tausenden standen die Berliner auf dem Potsdamer Platz, dem Startplatz für die „Erste Deutsche Autofernfahrt".

Es ging bis nach Potsdam und wieder zurück zum Potsdamer Platz. Reporter berichteten über das „rasende Tempo" der Wagen, die mit zwanzig, ja fünfundzwanzig Kilometern Stundengeschwindigkeit fuhren, kurz vor Potsdam das Tempo auf achtundzwanzig Kilometer steigerten.

Die Automobilisten brauchten bis Potsdam, weil Kühe, Hühner, Gänse oft den Weg versperrten, drei Stunden. Zurück ging es in zwei Stunden. Der Reporter der *Vossischen Zeitung* endete seinen Bericht: „Es war ein ungeheuerliches Erlebnis, die fauchenden Ungeheuer wie gespenstische Schatten an sich vorbeigleiten zu sehen, derart schnell, daß Augen nicht mehr folgen konnten."

Die gleichgültige Ecke

Hitzigs Reichsbankgebäude war vergrößert worden, an der Kreuzung von Jäger- und Oberwallstraße hatte sich manches verändert. Man mußte Abschied nehmen von der Ecke, die schon Groß- und Urgroßväter die „gleichgültige" genannt hatten, weil

im Parfümeriegeschäft von Treu und Nuglisch ja „alles Pomade" war,
beim Schlächtermeister Niquet „alles Wurscht" war,
beim Lichtzieher und Kerzenhändler Gladebeck „alles schnuppe" war,
in dem Kleiderladen von Landsberger ja „alles Jacke wie Hose" war.

Nur Niquet, der seinem Geschäft ein Speiselokal angeschlossen hatte, hielt sich. Seine Wurst muß also doch wesentlich besser gewesen sein, als es Zilles Spottvers wahrhaben wollte:

Seine Wurscht is jut!
Wo keen Fleesch is, da is Blut;
Wo keen Blut is, da sind Schrippen.
An Niquets Wurscht is nich zu tippen!

Die größte Kalamität

Deutschland war Kolonialmacht geworden, es begann sich für die Bagdad-Bahn im Nahen Orient zu interessieren, der nach dem Kaiser benannte Nordostsee-Kanal war eröffnet worden, man vergrößerte die Kriegsflotte. England schien sich daran zu gewöhnen, daß Deutschland in der großen Weltpolitik mitreden wollte.

Die Hoffnung, nach der Nichterneuerung des Rückversicherungsvertrages die britische Weltmacht zum Alliierten zu haben, zerstob von einem Tage zum anderen. Wilhelm II. hatte in einem Telegramm dem Präsidenten der Südafrikanischen Republik zum Siege über England gratuliert, dabei von „bewaffneten Banden" gesprochen, die „als Friedensstörer eingefallen" seien. Abgesehen von der Emser Depesche hatte kein Telegramm soviel Aufsehen erregt wie dieses; die Engländer reagierten in einmütigem Zorn, überall kam es zu Demonstrationen gegen Berlin.

Was die Burenfrage und den Präsidenten „Ohm Krüger" betraf, so waren die Deutschen ebenso einmütig auf Seiten der Südafrikanischen Republik. Auch die Berliner dachten da nicht anders. Nur war man in Berlin mißtrauisch und fragte, wer von den Herren in der Wilhelmstraße da die Finger im Spiele gehabt und den Monarchen bei seiner Krüger=Depesche beeinflußt hätte.

Aus guter örtlicher Kenntnis kam man, wieder einmal, auf die „Graue Eminenz" und deren Clique. Zu den Freunden des umstrittenen Geheimrates von Holstein gehörte auch Graf Philipp von Eulenburg, der geliebte „Phil" des Kaisers. Die Berliner *National=Zeitung* warnte:

> „Von Parteihader zerrissen, in öde, unfruchtbare Programme, in leere Buchstabenprinzipien eingezwängt, leidet unser gesammtes Volk unter dem Terrorismus der Parteiführer. Parteiwohl geht schon lang über Gemeinwohl! Über dem Parteiwohl jedoch stehen die Interessen einiger ganz wenigen Herren, welche die effektive Macht in ihren Händen zu haben meinen und leider auch haben. Einsichtige und verständige Männer haben sich längst gegen diese unwürdigen Zustände aufgelehnt, aber wo finden sie Gelegenheit, sich öffentlich über die größte Kalamität (Not) Deutschlands zu beschweren? Wo wird heute ein freies, offenes Manneswort gehört?"

Menzel

Biedermeier, Tolles Jahr, die Regierung des dritten und vierten Friedrich Wilhelm, den ersten und den zweiten Kaiser, ein Dutzend preußischer Ministerpräsidenten, drei

Reichskanzler hatte er überlebt. Jetzt regierte schon länger als ein Dutzend Jahre Wilhelm II. in Berlin.

Wilhelm II. hatte ein Bild erworben und fragte nach Menzels Urteil. Die alte Exzellenz erklärte kurz und bündig: „Schund, Majestät!"

Die Herren vom Hofe waren betroffen, auch der Kaiser schien beleidigt und meinte, Menzel solle das Bild doch erst genauer ansehen. Und Menzel tat's und erklärte: „Es hilft nichts, Majestät, es ist Schund und bleibt Schund!"

Menzel war anderer Meinung auch, was die modernen Maler betraf. Wenn Wilhelm II. für Liebermann nicht viel übrig hatte, meinte Menzel: „Der Liebermann, das ist der einzige, der Menschen macht und keine Modelle."

Wilhelm II. hatte den Maler friderizianischer Zeit mit dem Schwarzen=Adler=Orden ausgezeichnet. Es war eine wirklich außergewöhnliche Ehrung, und Menzel war ein Herr von Menzel geworden. Er ließ sich in vollem Ordensprunke photographieren, einen Stuhl neben sich, auf dem sein Zylinderhut stand.

„Den Orden bekommen sonst ja nur hohe Herren", erklärte Menzel, „und die lassen sich dann immer mit Krone oder Krönchen oder wenigstens mit einem schönen Helm photographieren. Die Leute sollen meinen Zylinderhut sehen und merken, daß ich ein einfacher Bürger bin."

Die lang erörterte „Lex Heinze" war endlich vom Reichstag genehmigt worden. Vielen Berlinern mißfiel sie trotzdem. Vielen Berlinern mißfiel auch die fertiggestellte Siegesallee. Eine Vereinigung fortschrittlicher Berliner beraumte einen Diskussionsabend an, Punkt 1 war die Lex Heinze, Punkt 2 die Siegesallee. Menzel ging hin. Sudermann, „ganz deutsche Eiche", wie Liebermann schildert, sprach gegen das neue Gesetz. Er sprach sehr lange, und der alte Menzel schlief ein. Sudermann donnerte plötzlich mit doppelter Lautstärke, da wachte Menzel auf und schrie ebenso aufgeregt: „Jawohl, jawohl, gegen jeden Geschmack, die Siegesallee!"

Mommsen klärte auf, auch Sudermann korrigierte: „Exzellenz, ich spreche ja gegen das neue Gesetz!"

Da lehnte sich Menzel wieder vornüber und schlief wei=ter. Bis Mommsen und Max Liebermann ihn weckten, weil die Veranstaltung zu Ende war.

Menzel: „Macht auch nichts, abreißen können wir die scheußliche Allee ja doch nicht. Schade um den Marmor, hat viel Geld gekostet."

Politische Gastronomie

Wenn des Altkanzlers Anhänger dem Bismarck=Hering huldigten, so schwärmten für ein „Schnitzel à la Holstein" nun die Parteigänger der Grauen Eminenz. Völlig korrekt wurde es selbstverständlich nur in der Französischen Straße bei F. W. Borchardt, Holsteins Stammlokal, serviert.

Es gab Gourmets, die diese Anhäufung von Kalb, Kaviar, Ei, Sardelle, Lachs, Kapern kulturlos fanden. In die inter=nationale Küche ist das Schnitzel à la Holstein denn auch ebensowenig eingedrungen wie der Bismarck=Hering und die Erbswurst und die nach dem Schlächtermeister Wien in der Friedrichstadt benannten Wiener Würstchen, die gleich-falls berlinischer Herkunft sind.

Neue Töne

Hans von Bülow, der fünf Jahre lang das Philharmo=nische Orchester geleitet hatte, war gestorben. Nach kur=zem Interregnum der Gastdirigenten Hans Richter, Felix Mottl, Ernst von Schuch, Hermann Levi übernahm, für siebenundzwanzig Jahre, Artur Nikisch den Taktstock.

Von den siebenundzwanzig Jahren waren noch nicht viele vorübergegangen, da hieß es:

Sitz ich in der Philharmonie,
hat Nikisch meine Sympathie.
Doch sitz ich in dem Opernhaus,
bin ich für Weingartner und Strauß.

Anton von Werner hatte den Fries für die Siegessäule entworfen, den Berliner Kongreß in einem prächtigen Gemälde festgehalten, von Wilhelms I. und Moltkes neunzigstem Geburtstage Bilder gemalt. Er war seit Jahren Präsident der Akademie und bestimmte, was in dem Hause am Pariser Platz und eben auch anderswo als Kunst zu gelten hatte.

Als Werner nach Berlin gekommen war, hingen schon Liebermanns „Gänserupferinnen" in Lepkes Galerie. Die Kritiker tadelten, daß Liebermann „sowohl in der Wahl der Typen als in der schweren, schwärzlichen Tonart eine entschiedene Vorliebe für das Häßliche bekundet." Anton von Werner mochte nichts Häßliches in seiner Akademie. Es ging der Jahrhundertwende schon entgegen, aber für die Anhänger des modernen Impressionismus blieb die Akademie der Künste verschlossen.

Liebermann sammelte die Verfemten. Als sie eigene Ausstellungen wagten, kam es zu offenem Streit. Der Akademiepräsident bediente sich gehässiger Worte, und Liebermann vergalt Böses mit Bösem, wenn er Lessings Ausspruch über Raphael abwandelte: „Ick sage ja, wenn Anton von Werner ooch ohne Hände geboren wäre, denn hätte er doch die jrößte Schnauze!"

Die dem akademischen Stile abtrünnigen Künstler nannten sich die „Sezessionisten". Die ihnen befreundeten Galeriebesitzer Bruno und Paul Cassirer ermöglichten den Kauf eines Hauses. Wo heute das Theater am Kurfürstendamm spielt, sahen die Berliner damals Slevogt, Corinth, Leistikow, Hans Baluschek, Lesser-Ury, bald auch Ernst Barlach, Georg Kolbe, Lyonel Feininger, Emil Orlik, Bruno Paul, Heinrich Zille. Natürlich auch Liebermann.

Die Sezessionisten hatten Erfolg, und den Ruhm Liebermanns mußte schließlich auch Wilhelm II. anerkennen. „Aber ein Anarchist ist der Kerl doch", meinte er, weshalb Liebermann auch nicht Akademie-Präsident wurde, als A. v. Werner zu Beginn des Weltkrieges gestorben war.

Ick radle!

Es gab einen Verband Deutscher Privat-Feuerversicherungsanstalten, und dieser Verband Deutscher Privat-Feuerversicherungsanstalten hatte einen Sekretär namens Richard Dehmel, der seine freie Zeit der alten Kunst des Dichtens und dem neuen Sport des Radfahrens widmete:

Wer niemals fühlte per Pedal,
Dem ist die Welt ein Jammertal!
Ich radle, radle, radle.
Einst suchte man im Pilgerkleid
Den Weg zur ewigen Seligkeit.
Ich radle, radle, radle.
So kann man einfach an den Zeh'n
Den Fortschritt des Jahrhunderts sehn.
Ich radle, radle, radle.
Noch Joethe machte das zu Fuß,
Und Schiller ritt den Pegasus.
Ick radle!

Des Kaisers Zoo

Wilhelm II. schätzte weder die Maler noch die Bildhauer der neuen Schule. Auch das Denkmal, das seinen Großvater ehren sollte, ließ er von Reinhold Begas errichten, der noch bei Rauch gelernt hatte. Kurz vor dem zehnten Todestage des alten Kaisers wurde das Werk vollendet. Es war von gewaltigem Umfange, hatte auch vier Millionen Mark gekostet. Sein offizieller Name lautete „Nationaldenkmal für Kaiser Wilhelm I".

Die Berliner nannten es „Wilhelms II. Zoo"; denn Begas hatte das Denkmal mit einer Fülle symbolischer Zierate geschmückt. Die Berliner zählten:

21 Pferde, 2 Stiere, 8 Schafe, 4 Löwen, 16 Fledermäuse, 6 Mäuse, 1 Eichhörnchen, 10 Tauben, 2 Adler, 2 Raben, 16 Eulen, 1 Eisvogel, 32 Eidechsen, 18 Schlangen, 1 Karpfen, 1 Frosch, 16 Krebse.

Das Nationaldenkmal war viel zu kolossal auf dem schmalen Raum zwischen Kupfergraben und Schloß, und bald gab es Leute, die es verlegen wollten. Es blieb, es überdauerte schließlich die Monarchie und wurde erst nach dem zweiten Weltkrieg abgerissen, nun zusammen mit dem Schloß, dessen Eosander=Fassade es verdeckt hatte.

Kleines Jubiläum

Zum zehnten Male jährte sich der Tag, da Wilhelm die Regierung angetreten hatte. Man zog Vergleiche: Der Greise Kaiser – Der Weise Kaiser – Der Reisekaiser.

Er war ein unsteter Herr geworden. Je mehr ihn innerer und äußerer Widerstand in der Verwirklichung seiner Ideen behinderte, desto häufiger wurden die Reisen Es hatte den Anschein, meinte Ludwig Quidde, daß „der Mann, der einmal davon geträumt hatte, Deutschlands ‚Volkskaiser' zu werden, beständig auf der Flucht vor seinem Volke" war.

In Berlin hielt der Kaiser sich eigentlich nur noch wenige Wochen des Jahres auf, auch in Potsdam blieb er nie lange. Die Berliner vermuteten, daß vielleicht nicht nur politische Enttäuschung den Monarchen unablässig in die Ferne trieb. Die Berliner hatten in diesen zehn Jahren Auguste Viktoria lieben und achten gelernt, obwohl sie spotteten:

„Sie kennt nichts sonst in der Welt als ihre vier Ks, Kaiser, Kinder, Kirche, Küche."

Caesarenwahnsinn?

Daß Gajus Caligula einer der anrüchigsten Kaiser Roms gewesen war, daß er verlangt hatte, als leibhaftiger Gott verehrt zu werden, hatte jeder Berliner Gymnasiast gelernt. Aber nicht deshalb interessierte er sich jetzt für ein Büchlein „Caligula, Studie über römischen Caesarenwahnsinn" des Dr. Ludwig Quidde, der bis vor kurzem leitender Sekre=

tär des Königlich-Preußischen Historischen Institutes in Rom gewesen war.

Dreißig Auflagen erlebte das Büchlein in schneller Folge – denn die Studie über den wahnwitzigen, sich selbst vergottenden Imperator Roms war zweifellos eine Charakterisierung des regierenden deutschen Kaisers. Wer es etwa bezweifelt hatte, wurde belehrt, als Wilhelm II. den Autor wegen Majestätsbeleidigung anklagen ließ. Das Urteil war mild, drei Monate Gefängnis, die Quidde nicht abzusitzen brauchte. Er war in Italien, und er kehrte nach Deutschland erst zurück, als man ihn in den bayerischen Landtag gewählt hatte. Er blieb dessen Mitglied, als solches vor aller Verfolgung sicher, bis er nach der Revolution in die Weimarer Nationalversammlung gewählt wurde. Quidde nahm Berlin zum Wohnsitz, und als zweiter von drei Berlinern wurde er mit dem Friedens-Nobelpreis ausgezeichnet, der bis zum heutigen Tage nur drei Deutschen zuteil geworden ist. Zuletzt dem tapferen Carl v. Ossietzky.

Herrn von Kiderlens Rheuma

Was Quidde „Caesarenwahnsinn“ genannt hatte, war nichts anderes als die Selbstgefälligkeit, die meist unbelehrbare Voreingenommenheit, die auch liebenswürdigere Gegner dem Kaiser vorwarfen. „Kritik könne Majestät nun einmal nicht vertragen“, klagte im Auswärtigen Amt der Vortragende Rat Kiderlen-Waechter.

Er hatte schon unter Bismarck gearbeitet, als politischer Berater den Kaiser auf dessen Reisen begleitet, und Wilhelm II. hatte Vergnügen am munteren Witz des Schwaben gefunden. Alfred von Kiderlen-Waechter durfte eine glänzende Karriere erwarten, war jedoch schon unter Caprivi in Ungnade gefallen, weil er freimütig vor spontanen Entschlüssen gewarnt und gemeint hatte, Majestät täte gut, in außenpolitischen Fragen die Ansichten des zuständigen Auswärtigen Amtes zu beachten.

Mit einem Male fand Majestät den Herrn Vortragenden Rat „zu alt" für die Wilhelmstraße, Kiderlen wurde ins Ausland, auf zweitrangigen Gesandtenposten, abgeschoben. Erst nach Jahren, als Hohenlohes Kanzlerzeit dem Ende entgegenging, als Kiderlen zur Berichterstattung im Auswärtigen Amte weilte, begegnete er dem Kaiser wieder. Er erhob sich nicht zur Begrüßung, blieb bockig im Sessel: „Majestät wollen verzeihen, aber mein Rheuma..."

„Schon gut", meinte Wilhelm liebenswürdig, als ob nie etwas gewesen wäre. Der gekränkte Schwabe jedoch wollte nicht vergessen und erinnerte witzig und doppeldeutig: „Auch wissen Majestät ja, ich bin schon viel zu alt, um noch in die Höhe zu kommen."

Die vortrefflichen Krickenten

Friedrich von Holstein hatte zwanzig Jahre unter Bismarck gearbeitet. Ob Holstein, mittlerweile wichtigster Kopf des Auswärtigen Amtes, die politische Lage stets richtig beurteilt hat, mag umstritten bleiben; durchaus im Recht war die Graue Eminenz mit der Meinung, daß die auswärtige Politik Sache des zuständigen Ministeriums wäre. Mit allergrößtem Mißtrauen beobachtete Holstein den Kaiser, den er im Verdacht hatte, persönliche Freunde in politische Ämter zu bringen und damit Einfluß auf die Staatsgeschäfte zu gewinnen.

Nur einmal trafen sich Wilhelm II. und Herr von Holstein. Nach einem Frühstück im Reichskanzlerpalais hatte Wilhelm II. sich den Mann, der für Hohenlohe jetzt so unentbehrlich war wie früher für Caprivi und Bismarck, vorstellen lassen. Zum ersten Male standen sie sich gegenüber. Wenn Holstein ein politisches Gespräch erwartet hatte, so wurde er stark enttäuscht. Wahrscheinlich vermutete und fürchtete Wilhelm II. unangenehme Fragen, denen er vorbeugen wollte. Er begrüßte Holstein:

„Bei bester Gesundheit, Exzellenz, das freut mich. Wie ich weiß, sind Sie in Schwedt geboren, stammen ja aus dem Oderbruch; da gibt es die vortrefflichen Krickenten..."

Majestät wandte sich bereits einem anderen Gaste zu.

Die Krickenten, von Feinschmeckern geschätzt, waren Thema des ersten und auch letzten Gespräches zwischen dem Kaiser und der Grauen Eminenz gewesen. Nicht lange danach nannte auch Holstein den Kaiser einen „schweren Psychopathen" und erwog die verfassungsrechtlichen Möglichkeiten, den Kaiser zu entmündigen.

Aus dunklem Wein und tausend Rosen

Die Polizeiämter registrierten einen Herrn René Maria Rilke, dreiundzwanzig Jahre, zu Prag geboren, von Beruf Schriftsteller. Das Haus Rheingaustraße 9 in Friedenau, das für kurze Zeit Rilkes erster Berliner Wohnsitz war, steht noch jetzt. Die kleine „Villa Waldfrieden" in Schmargendorf ist lang schon neueren Häusern gewichen.

Etwa drei Jahre lang blieb Rilke in Berlin. Er begegnete Stefan George, Michael Georg Conrad, Liliencron, freute sich verschwärmter Neigung schöner Frauen, genoß die luxuriöse Eleganz der neuen Patrizierhäuser im Grunewald wie den stillen Frieden am Hundekehlen- und Schlachtensee. In Villa Waldfrieden entstanden „Das Stundenbuch" und viele Gedichte, die in das „Buch der Bilder" eingegangen sind. In Villa Waldfrieden schrieb er auch:

> „Aus dunklem Wein und tausend Rosen rinnt die Stunde rauschend in den Traum der Nacht."

Es vergingen einige Jahre, bis Rilke auch den oben zitierten Satz in einem Buche veröffentlichte. „Die Weise von Liebe und Tod des Cornets Christoph Rilke" wurde das bekannteste Werk des Dichters, nachdem Anton Kippenberg es als Nummer eins seiner neuen Insel-Bücherei herausgegeben hatte.

Das Schwarze Ferkel

Es war ein Restaurant in der Dorotheenstraße, es hieß so nach einem mißfarbenen Weinsack, den Gastwirt Julius Türke ins Fenster gehängt und den Strindberg oder Hartleben oder Hamsun oder Dehmel oder ein anderer Poet mit den Konturen eines Schweinchens verglichen hatte.

Das Schwarze Ferkel war jedenfalls ein Künstlerlokal. Auch Edward Munch, Ola Hanson, Paul Scheerbarth, Laura Marholm, Stanislaus Prszybyszewski und viele andere deutsche oder fremdländische Genies, die sich für Berlin und die Moderne begeisterten, fühlten sich bei Julius Türke wie zu Hause. Man brachte Freunde mit, man fand Freunde. August Strindberg fand hier auch Frida Uhl, die zweite seiner drei Ehefrauen.

August Strindbergs Kopf befaßte sich nicht nur mit poetischen Plänen, im Kreise der Freunde erörterte er physikalische, chemische Probleme, auch die Kunst, Elemente zu verwandeln. Dichterische Seherkraft ließ ihn zuweilen weit in die Zukunft schauen; kindhaft naiver Trotz gegen wissenschaftliche Autorität machte ihn zuweilen auch blind. So stritt er eines Abends über das planetarische System, bezweifelte die Kugelform der Erde und auch damit zusammenhängende Gesetze der Optik.

Strindberg, Otto Erich Hartleben und Schleich hatten von Türkes schwerem Südwein schon viel getrunken, als sie „experimentell" die Kugelgestalt der Erde und die Bahnen der Lichtstrahlen prüfen wollten. Es gelang ihnen, zu schon „sehr später Stunde" einen Besen aufzutreiben. Hartleben mußte die Friedrichstraße hinuntergehen, an der Leipziger Straße den Besen aufpflanzen – Strindberg und Schleich legten sich an der Behrenstraße „platt auf den Bauch" und visierten ...

„Aber kaum lagen wir blickbereit, da herrschte uns ein Schutzmann an. Mit ganzem Aufwand unserer Gelehrtenüberzeugung gelang es, ihn über die Wichtigkeit des Experimentes aufzuklären, und für den wissenschaftlichen Geist unserer Polizei ist gewiß ein rührendes Beispiel, daß dieser Wachmann sich beinahe zu uns gelegt hätte, um die Rundheit der Erde definitiv abzutun ..." Es kam nicht dazu, die Gespräche mit dem Schutzmann hatten wohl zu lang gedauert, Hartleben, in der Leipziger Straße auf dem Asphalte liegend, war des Wartens überdrüssig geworden.

Fauchend, prustend und scheltend, den Besen in der Hand, kam er zurück, und „so fiel unser schönes Experiment ins Wasser, und wir zweifelten weiter an der Kugelgestalt der Erde". Eines hatte das Experiment jedoch bewiesen: daß man sich damals, knapp vor der Jahrhundertwende, bäuchlings viele Minuten in die Friedrichstraße legen konnte, ohne den Verkehr zu behindern.

August Strindbergs Ehe mit Frida Uhl wurde bald geschieden. Dauerhafter erwies sich die Verbindung, die Strindberg mit den Berliner Bühnen geschlossen hatte. Zum ersten Male in Deutschland waren hier die Dramen „Vater" und „Fräulein Julie" aufgeführt worden; in Berlin fand Strindberg dann auch Emil Schering, und dessen deutsche Übersetzungen verschafften Strindberg mehr internationale Beachtung, als es die schwedischen Originalausgaben zunächst vermochten.

Der bizarre Herr Scherl

Von den drei Verlegern, die Berlin zur größten Zeitungsstadt Deutschlands machten, ist keiner in Berlin geboren. Rudolf Mosse, der das *Berliner Tageblatt* erstmals erscheinen ließ, stammte aus Grätz bei Posen. Von Geburt ein Nürnberger war Leopold Ullstein, der die *Berliner Zeitung* und dann die *Berliner Morgenpost* gründete. August Scherls Heimatstadt hieß Düsseldorf.

Wenn August Scherl nicht der erfolgreichste und wohl auch nicht der bedeutendste von den dreien war, wurde er zweifelsohne der bizarrste Herr im Zeitungsviertel. Er hatte ja auch, wie man so sagt, schon einiges hinter sich, ehe er vom Rhein an die Spree zog und Berlin mit dem *Local-Anzeiger* überraschte.

Die Zeitung florierte, August Scherl wurde ein reicher Mann. Er gründete die Zeitschrift *Die Woche* und verdiente noch mehr. Er gründete eine neue Zeitung, die *Der Tag* hieß, und diese Zeitung florierte nicht, die Berliner sagten: „Was Scherl an der ‚Woche' verdient, gibt er am ‚Tage' wieder aus."

Er riskierte sein Geld nicht nur in Verlagsgeschäften, der Erfindung einer die Zukunft vorwegnehmenden Ein-Schienen-Bahn und sozialen Experimenten. In einer Zeitschrift hatte er das Bild eines Mädchens gesehen, das von Defregger gemalte Bild einer kleinen Tiroler Bauerntochter. Das Bild hatte es ihm angetan; Scherls Verlagsdirektor mußte sogleich nach München zu Defregger reisen.

„Herr Scherl wünscht, den Namen Ihres Modelles zu erfahren!"

„Weiß i nemma. So an Madl halt is's gwesen!"

Geld spielte keine Rolle, wenn August Scherl etwas wissen wollte. Als nach weiteren Reisen des Verlagsdirektors ein Fräulein Therese Zöttl ermittelt wurde, bestellte sich Scherl für sechzehnhundert Mark – sofort, allerdringlichst! – einen Extrazug nach Kufstein und warb um ein „Madl", das er nie zuvor gesehen hatte.

Es wurde eine glückliche Ehe. Am Bizarren war trotzdem nicht Mangel. Scherl wollte seiner Frau eine ganz besondere Freude bereiten. Heimlich hatte er in der neuen Kolonie Grunewald ein riesiges Grundstück erworben, eine schloßähnliche Villa bauen lassen. Als alles fertig war, ließ Scherl anspannen und fuhr mit Therese spazieren, auch in die Kolonie Grunewald, und zeigte seiner ahnungslosen Frau einen Neubau zwischen herrlichen Bäumen und großen Warmhäusern und Tiergehegen. Therese schüttelte den Kopf, solch Prunkhaus gefiel ihr nicht.

August Scherl gab keine Erklärung. Zu Hause ging er an das Telephon und befahl dem Architekten: „Abreißen lassen!"

Das ging über „normale" Kauzigkeit schon hinaus. Aber im Grunde war überhaupt nichts mehr „normal" an Scherls Lebensgewohnheiten. Im Verlagshaus in der Zimmerstraße mußte die Straßenfront aufgebrochen werden für eine Tür, die nur Scherl benutzte. Es mußte eine Treppe zum ersten Stock gebaut werden, die nur Scherl betrat. Er wollte niemandem begegnen, wollte im Verlage nur seine ältesten Mitarbeiter sehen.

Scherl kam schließlich überhaupt nicht mehr in die Zimmerstraße. Sein Friseur Alois Pfitzenreuter wurde sein Vertrauter, sein Sekretär, sein Bote. Der Friseur brachte in die Zimmerstraße die Zettel, auf denen stand, was Scherl wollte oder nicht wollte.

Loblied auf Berlin

In ' kleenen Finger is' mir lieber
wie London samst Paris und Wien
un Rom erscht mit den faulen Tiber,
da jeht doch unse Spree weit driber:
Ick stamme nämlich aus Berlin!

Und wenn nu jar zur Herbstparade
de Milliteers nach Temploh ziehn,
schimpf ick ooch uf die Steuern jrade,
voruf marschier ick ohne Jnade:
Denn dafor stamm ick aus Berlin!

In den *Cafés Chantants*, die manchmal auch schon *Cabarets* genannt wurden, konnte man die Strophen, die des Berliners selbstgefälligen Lokalpatriotismus und Untertanensinn verspotteten, nun häufig hören.

Wandervögel

Die Berliner konnten auch von Gymnasiasten hören, daß zu geruhsamer Selbstgefälligkeit weder Ursache noch Anlaß wäre. Die biedern Berliner hörten von Gymnasiasten, die sich „Pachanten" nannten, einen Sekundaner namens Karl Fischer als „Oberpachanten" zu ihrem Führer erkoren hatten.

„Eines Sonntags, ganz in der Früh, als wir in den Grunewald wollten", erzählt ein Pachant, „machten wir halt in Dahlem, an der alten Kirche. Wir gingen in den Friedhof, und gleich links vom Eingang sahen wir das Grab einer Tochter des bekannten Physikers Helmholtz und lasen auf dem Stein die Verse:

Wer hat euch Wandervögeln
die Wissenschaft geschenkt,
daß ihr auf Land und Meeren
die Flügel sicher lenkt,
daß ihr die stolze Palme
im Süden nicht verfehlt,
daß ihr die alte Linde
im Norden wieder wählt?

Wir waren in die Betrachtung dieser Verse versunken, als einer von uns plötzlich rief: ‚Wandervögel', das gefällt mir, so wollen wir uns nennen!' Dabei blieb es."

Die Pachanten marschierten nicht wie Soldaten im Gleich=schritt, übernahmen auch nicht die Bräuche der Turner. Sie zogen auch nicht mit „de Milliteers" nach Tempelhof, wie ihre Väter das taten. Sie folgten nicht dem elterlichen Bei=spiel, was gesellschaftliche Sitte, Kunsturteile, Lebensideale betraf. In trotziger Opposition gegen eine ihnen unberech=tigt scheinende Bevormundung der „Alten" suchten die Pa=chanten eigene, der „Jugend" gemäße Lebensform.

Es hat sich nicht alles nützlich oder gut ausgewirkt, was als „jugendeigene Kultur" sich dem Alten entgegenstellte. Aber bald waren es Hunderttausende, die sich dem „Wan=dervogel" anschlossen, seine Gedanken weitergaben. In Musikpflege, Wohnkultur, literarischem Geschmack, Klei=dung, Kunstgewerbe, Geselligkeit entwickelte sich ein Stil, der noch heute bemerkbar ist.

Das Feuer, das ein paar Gymnasiasten gezündet hatten, flammte von Berlin über ganz Deutschland. Die Geschichte kennt wohl kein zweites Beispiel dafür, daß ohne poli=tischen Apparat und auch ohne wirtschaftliche Macht die Lebensgewohnheiten in solchem Maße beeinflußt und sogar revolutioniert worden sind.

Das Deutsche Theater hatte kurz vor der Jahrhundertwende „Fuhrmann Henschel" aufgeführt, es brachte „Rosenmontag" in der neuen Spielzeit. Hartlebens „Rosenmontag" bewies, daß die schöpferische Zeit naturalistischer Dichtung vorüber war.

Neue Poeten hatten sich in Berlin niedergelassen, und wenn sie auch der Stadt nur für kurze Zeit und oft nur als flüchtige Besucher verbunden waren, blieb Berlin die Stadt ihres Verlegers Georg Bondi, blieben die bei Bondi verlegten „Blätter für die Kunst" die Zeitschrift des George-Kreises. In Berlin lebte auch der Maler Melchior Lechter, der den Büchern Stefan Georges und seiner Freunde den charakteristischen Schmuck und die eigenwilligen Lettern gab.

Es bedeutete völlig neue Zielsetzung und radikale Absage an bisherige Ideen, wenn in Stefan Georges Zeitschrift zu lesen war:

„Daß ein Strahl von Hellas auf uns fiel, Daß unsere Jugend jetzt das Leben nicht mehr niedrig, sondern blühend anzusehen beginnt, Daß sie im Leiblichen und Geistigen nach schönen Maszen sucht, Daß sie von der Schwärmerei für seichte allgemeine Bildung und Beglückung sich ebenso gelöst hat als von verjährter landsknechtischer Barbarei, Daß sie steife Gradheit sowie das geduckte Lastentragen der Umlebenden als häßlich vermeidet und freien Hauptes schön durch das Leben schreiten will, Daß sie schließlich auch ihr Volkstum groß und nicht in beschränktem Sinne eines Stammes auffaßt: darin finde man den Umschwung des deutschen Wesens bei der Jahrhundertwende."

Der neue Kanzler

Die Jahrhundertwende brachte auch die lang erwarteten Veränderungen des Kabinetts. Bernhard von Bülow wurde Reichskanzler. Vor mehreren Jahren war er schon zum Leiter des Auswärtigen Amtes berufen worden; damals hatten die Berliner den eleganten, lebensfrohen Diplomaten den „Minister des schönen Äußeren" genannt.

Nachdem der Kavalier aus des Kaisers engstem Freundeskreise Kanzler geworden war, hieß es von ihm sehr bald:

Er möchte gern die Bülowstraße wandern,
und muß doch stets die Wilhelmstraße gehn.

Das war Spott, der ein Quentchen tragischen Ernstes enthielt. Bülow war kein Mann von schöpferischem Geiste und großen Ideen, aber politische Erfahrung war ihm eigen und ließ ihn bedrohliche Situationen erkennen. Auch wenn er oft genug die „Wilhelmstraße", des Kaisers Weg, ging, verstand er routiniert, Gefahrenpunkten auszuweichen und Deutschland vor sinnlosen Konflikten zu bewahren.

Unterirdische Hochbahn

Die Strecke Warschauer Brücke—Gleisdreieck sollte bis zum Knie, heute Ernst-Reuter-Platz, geführt werden. Majestät wollte keine hohen Pfeiler und Dämme, die den Blick auf die Gedächtniskirche gestört hätten. Majestät erhob, wofür die Nachwelt dankbar ist, Einspruch. Die Hochbahn senkte sich zwischen Nollendorf- und Wittenbergplatz tief in die Erde, und Berlin hatte seine erste Untergrundbahn.

In den Zeitungen stand, daß am ersten Tage „nur vierzehn Kühne, neun in der ersten Klasse und fünf in der zweiten, so wagemutig" waren, das unterirdische Verkehrsmittel zu benutzen.

Café Größenwahn

Es lag am Kurfürstendamm, im Eckhaus Joachimsthaler Straße. Sein Besitzer hatte es „Café des Westens" genannt. Bald nach der Eröffnung fanden sich „ein paar Künstler aus den umliegenden Ateliers zusammen, links vom Eingang nahmen sie den Tisch in Beschlag, ich erinnere mich an den Bildhauer Max Kruse, den lyrischen Edelanarchisten J. H. Makay, an Maximilian Bern, der später als Herausgeber der ‚Zehnten Muse' bekanntgeworden ist."

Bald kamen neue Gäste: Felix Holländer, der Baumeister Rossius vom Rhyn, Roda Roda und Carl Rößler, Erich Mühsam, Oscar Straus, Hanns Heinz Ewers, die Schauspieler Friedrich Kayssler und Max Reinhardt, die Dichterin Else Lasker-Schüler.

„Es ist, als ob die Marmortische mit süßem Leim bestrichen wären, auf den die geistig bedeutenden Fliegen Berlins krochen und kleben bleiben. Alles, was dichtet, malt, bildhauert, schauspielert, kommt in das Café des Westers. Hier ist der große Gedankenaustausch, hier werden die Schlachten der Cliquen geschlagen. Hier werden Weltanschauungen täglich aus dem Ärmel geschüttelt, Existenzen vernichtet, neue Helden auf den Thron gehoben, Kritik an allem geübt, was man nicht selbst geschaffen hat. Das kleine Café ist schnell berühmt geworden wegen seiner Gäste, wegen deren auffälligster Eigentümlichkeit man ihm den Namen ‚Café Größenwahn' gegeben hat. Es trägt diesen Namen mit großen Ehren, und es wird ihn verteidigen bis in alle Ewigkeit."

Auch das war ein wenig Größenwahn, die „Ewigkeit" dauerte nicht viel länger als zwanzig Jahre, das Café Größenwahn überlebte den ersten Weltkrieg nicht mehr.

Das Überbrettl

Es wurde am Stammtisch im Café des Westens ausgedacht. Hedda Somin, siebzehn Jahre, Schauspielerin am Lessing-Theater, die später als Käthe Kruse die bald so beliebten Puppen schuf, war mit den Stammgästen des Cafés gut befreundet. Sie erzählt uns: „Während langer Wochen und Monate wurden an jedem Abend Hoffnungen zertrümmert, wenn die Herren Geldgeber die Rentabilität plötzlich wieder bezweifelten und gegebene Zusicherungen zurückzogen. Endlich, nachdem Wolzogen so manchen Abend mit düsterer Miene brütend dagesessen hatte, erschien der Retter in der Not, dessen Name (Zuckermann) so süß war wie das Lächeln um seine schwulstigen Lippen. Nun konnte das ‚Überbrettl' steigen! Die Utopie wurde zur Wirklichkeit. Im Café Größenwahn wurden Engagements abgeschlossen, wurden alle Unterhandlungen erledigt. Und mit dem ‚Überbrettl' wehte ein lustiger Wind über Berlin. Ganz Berlin sprach nur noch vom ‚Überbrettl' und sang nur noch Otto Julius Bierbaums ‚Ringelringelrosenkranz', das Lied, für das zum ersten Male die Bezeichnung ‚Schlager' geprägt wurde."

Wolzogen hatte über das „Brettl", die Unterhaltungsbühne üblicher Art weit hinaus gewollt mit dem „Überbrettl" am Alexanderplatz. Als er in die Köpenicker Straße umsiedelte, ulkte Erich Mühsam, hätten „die Berliner nicht so weit hinaus gewollt". Der Besuch ließ nach, Wolzogen mußte die Bühne noch vor Ablauf eines Jahres schließen.

Unzucht am Wannsee

„Die Friedrichstraße wird ein reines Kloster sein gegen das Freibad am Wannsee", wetterte eine Zeitung gegen den Plan des Landrates Stubenrauch, ein Familienbad zu schaffen. „Wir können voraussagen, daß es zu unerträglichen Skandalen kommen muß, und verwahren uns im Namen der anständigen Bürger dagegen, daß der Unzucht von einem königlichen Beamten Vorschub geleistet werden soll, dazu fiskalische Gelder verwendet werden."

Die Proteste fanden poetische Form in einem Witzblatt, das den Landrat Stubenrauch angriff:

O, es ist ja kaum zu glauben,
Nein, wie konnten Sie erlauben,
Daß jetzt in dem Havelfluß
Mit Genuß
Weib und Mann
Unentgeltlich baden kann,
Und zwar nur mit wenig an.

Jammernd wend' ich und entsetzt
Mich von dieser Landschaft jetzt.
Sie die einst so wunderschön
ist gemein und ganz obszön!

Zille bevölkerte die „Landschaft" mit seinen „Typen".

Der böse Althoff

Referent für das preußische Hochschulwesen war Geheimrat Friedrich Althoff. Sein Amtszimmer im Kultusministerium Unter den Linden nannten Professoren den „Versprecher=Keller", weil der Geheimrat zuweilen Gehälter in Aussicht stellte, die er aus Sparsamkeit dann doch nicht gewährte. In den Dozentenzimmern hörte man den Vers:

Warum heißt Althoff dieser Mann?
Weil, wer auf ihn hofft, alt werden kann.

Althoff hielt sich für solchen Spott schadlos, indem er den arrivierten, „ordentlichen" Professor vom keinen festen Lehrstuhl innehabenden „außerordentlichen" folgendermaßen unterschied:

„Meine Herren, der Ordentliche Professor ist ein Mann, der nichts Außerordentliches mehr leistet; der Außerordentliche einer, der noch nichts Ordentliches leistet."

Friedrich Althoff war „nicht frei von Selbstherrlichkeit", muß auch sein Biograph zugeben, aber „sie war mit unermüdlicher Energie gepaart". Während seiner Amtszeit wurde in der Dorotheenstraße die neue Universitätsbibliothek gebaut, mit anderen Einrichtungen der Universität kam der Botanische Garten nach Steglitz. Draußen, auf dem Land der Dahlemer Domäne, plante er den Bau weiterer Universitätsinstitute, für deren Erweiterung in der Stadt kein Platz war. Wenn es um die Berufung angesehener Gelehrten ging, konnte der Herr Ministerialdirektor sogar seine sonst charakteristische Sparsamkeit bezähmen. Die Friedrich=Wilhelms=Universität verdankt ihm viele be=

rühmte Namen: August Bier, Kurt Breysig, Konrad Burdach, Max Dessoir, Wilhelm Dilthey, Adolf Harnack, Jacob van 't Hoff, Max Planck, Gustav Roethe, Erich Schmidt, Reinhold Seeberg, Georg Simmel, Ulrich Wilamowitz-Moellendorff, Heinrich Woelfflin.

Althoffs Plan, vielleicht die ganze Universität nach Dahlem zu verlegen, wurde niemals ausgeführt. Aber er hatte doch das Gelände gerettet, auf dem die ersten Gebäude der Kaiser-Wilhelm-Gesellschaft zur Förderung der Wissenschaften und, nach dem zweiten Weltkriege, die Bauten der Freien Universität Berlin errichtet werden konnten.

Wilhelms II. Gruß an Harden

Eulenburg, dem Wilhelm II. Fürstenrang gegeben hatte, mußte vor der Moabiter Strafkammer erscheinen. Zu einem Urteilsspruch kam es nie, das Verfahren wurde wegen Krankheit des Angeklagten ausgesetzt.

Daß des Kaisers Duzfreund Phil, des Kaisers Flügeladjutant Graf Kuno von Moltke, daß ein Dutzend weiterer Herren aus des Kaisers nächster Umgebung der Homosexualität beschuldigt werden konnten, erregte ungeheures Aufsehen. In der ganzen Welt wurde der „Skandal am Berliner Hofe" erörtert, und obwohl der Kaiser Eulenburg verbannte, auch Moltke und die anderen verabschiedete, blieb der Verdacht, Wilhelm II. habe gewußt und bisher geduldet, was er nun nicht gewußt haben wollte.

Ausgegangen war alles von einer „Die Zukunft" betitelten Zeitschrift; in deren Spalten hatte Maximilian Harden, der Herausgeber, den ersten Artikel über angebliche Laster am Hofe veröffentlicht. Er ließ weitere Aufsätze folgen, nannte die Namen, brachte Details und erwähnte unablässig auch Wilhelm II. als Mitglied einer „Liebenberger Tafelrunde" in Eulenburgs Schloß.

Jahrelang erregte der Skandal Berlin, er hat dem Kaiser mehr als manches andere geschadet. Und deshalb hat etwas Rührendes, was Bülow nur mit kalter Ironie erzählt:

In der Villenkolonie Grunewald wohnte ein Graf Sierstorpff, dessen schöne Frau von Wilhelm II. sehr bewundert wurde. Der Kaiser erschien dort an manchen Nachmittagen zum Tee; er benutzte einen Wagen ohne Lakai und Wappen; er ließ den Wagen einige Ecken vorher halten, ging den Rest des Weges zu Fuß, betrat das Sierstorpffsche Haus durch ein Gartenpförtchen, zu dem er angeblich einen Schlüssel besaß.

Auf diesem kurzen Spaziergange also traf Wilhelm ein spielendes Mädchen, dessen Ball seine Füße streifte. Die Kleine sprang heran: „Entschuldige, Kaiser, ich hab Dich nicht treffen wollen."

„Das denke ich mir", meinte Wilhelm und fragte, weil die unbefangene Art des Mädchens ihm gefiel: „Du kennst mich also? Da will ich auch wissen, wie du heißt."

„Maximiliane Harden, und mein Papa, Kaiser, kennt Dich auch. Soll ich ihn von Dir grüßen?"

„Die Kleine war so liebenswert und zutraulich", berichtete der Kaiser seinem Kanzler, „da habe ich ihr geantwortet: ‚Dann grüße den Papa schön vom Kaiser, Maximiliane', was hätte ich denn anderes sagen können."

Ein Kommentar Hardens, des Hausherrn Wernerstraße 16, Berlin-Grunewald, ist leider nicht überliefert.

Gleichberechtigung

Es waren „Gymnasialkurse für Mädchen" eingerichtet worden, die Frauen hatte man jetzt auch zum Studium zugelassen. Der Kampf um die politische Gleichberechtigung ging weiter. Auf einem Internationalen Frauen-Kongreß, der im Saale des Reichstages sich versammelte, wurde von Befürwortern und Gegnern aufgeregt debattiert.

Wie überall und immer meldete sich auch kompromißfreundliche Meinung. Einer der Redner war für eine weitgehende Angleichung, meinte aber: „Wir sollten immerhin nichts übertreiben, wenn hier verallgemeinert wurde, denke ich, es ist doch zwischen Frau und Mann immerhin ein kleiner Unterschied in..."

Weiter kam der Redner nicht. Einer der Zuhörer rief mit lauter Stimme: „Es lebe der kleine Unterschied!" Die allgemeine Heiterkeit war so stürmisch, vermerkte das Protokoll, „daß eine Pause eingelegt werden mußte".

Hohlweg statt Bülowstraße

Auch Bernhard von Bülow war Eulenburgs Freund gewesen; er war auch Holsteins Freund gewesen. Nach dem durch Harden bekanntgewordenen Skandal hatte der Reichskanzler den Geheimrat Holstein, der wiederum Hardens Vertrauter war, entlassen. Einige Jahre später wurde Bülow von seinem kaiserlichen Freunde verabschiedet, weil dieser dem Kanzler vorwarf, ihn verraten zu haben.

Neun Jahre fast hatte Bülow die politischen Geschäfte geleitet; wenn er Deutschland keine Freunde gewinnen konnte, hatte seine Routine doch verhindert, daß die Entente seiner Feinde zum offenen Konflikt führte. Es war ihm gelungen, England immer wieder zu beschwichtigen. Sein Nachfolger war Bethmann-Hollweg.

„Nu bet man, nu kommt der Hohlweg", sagten die Berliner jetzt, und es klang sorgenvoller als einst der Scherz mit Bülow- und Wilhelmstraße. Zum neuen, fünften Kanzler des Kaisers hatten sie kein Vertrauen. Sie hatten recht. Das Beten half nicht, Deutschland kam in den Hohlweg, der zum Kriege führte.

S. Fischer-Verlag

Bevor Wilhelm II. das Jubiläum fünfundzwanzigjähriger Regierung feiern konnte, beging Samuel Fischer mit einem Fest, zu dem ganz Deutschland gratulierte, das fünfundzwanzigjährige Bestehen seines Verlages. Ibsen, Björnson, Gerhart Hauptmann, Thomas Mann, Hugo von Hofmannsthal hatte er herausgebracht, in billigen Ausgaben seiner „Romanbibliothek" alte und moderne Prosa bekannt gemacht. Seine Zeitschrift *Die neue Rundschau* gehörte zu den angesehensten Zeitschriften der Erde. Samuel Fischer hielt Rückschau:

> „Die Anfänge meines Verlages wurden getragen von der Welle einer neuen menschlichen Gemeinsamkeit, einer neuen Herzlichkeit, die in die Welt zu kommen schien... Ich empfand es anfangs nur unklar, mehr phantastisch, jugendlich erregt, mehr ahnend als fühlend und wissend. Aber was ursprünglich triebhafter Tatendrang war, wurde allmählich zu einer latenten Erregung, die sich erneuerte an jeder neuen Aufgabe. An den Werken und dem Wesen der Dichtkunst ist der innere Mensch in mir geworden, und je stärker meine Teilnahme an der gestalteten Welt wuchs, desto stärker hat sie sich in lebendige Aktivität umgesetzt... Was ich den Dichtern, die mir ihr Werk anvertrauten, zu danken habe, ist gewiß nicht wenig; was ich von ihnen als Steigerung meines Lebensgefühls empfangen habe, das ist mehr; es nach meinen Kräften zurückzugeben, ist der Sinn meiner Arbeit."

Des Kaisers Flöte

„Es war einmal ein mächtiger Kaiser", erzählte man sich schmunzelnd ein neues Märchen, „dem hatte die gütige Fee eine Flöte geschenkt. Es war eine kostbare, einzigartige Flöte. Wenn man sie vor das Auge hielt, sah man die edelsten Werke unserer Maler und Bildhauer; legte man sie an das Ohr, hörte man die herrlichsten Schöpfungen unserer Komponisten. Und was tat der Kaiser mit der Flöte? – Er pfiff darauf!"

Welcher Kaiser gemeint wäre, ahnten die Berliner, auch wenn sie nicht Abonnenten der Zeitschrift waren, die das

„Märchen von des Kaisers Flöte" als erste Talentprobe des siebzehnjährigen Abiturienten Kurt Tucholsky in ausführlicherer Originalfassung gedruckt hatte.

Igor Strawinsky erinnert sich

Es war, man wußte es nicht, das letzte Jahr vor dem Kriege. Noch einmal entfaltete sich aller Glanz, als Wilhelms II. Tochter Viktoria Luise den Enkel des hannoverschen Königs heiratete, dem Wilhelm I. sein Land geraubt hatte. König Georg und Königin Mary von England, Zar Nikolaus II. von Rußland, Souveräne und Prinzen aus allen Ländern Europas waren nach Berlin gekommen, um an der Hochzeit teilzunehmen, die Welfen und Hohenzollern versöhnte. Die Monarchen, die Königinnen, die Prinzen, die Prinzessinnen gaben sich Küsse. Sie glaubten ihren Küssen, sie waren eine einzige Familie, jeder war Oheim, Vetter, Neffe des anderen, jede durfte jede als Tante, Base, Nichte betrachten.

Um seinen „Vetter Nicki" zu ehren, hatte der Kaiser den berühmten Sergej Diaghilew und dessen Ballett, auch den russischen Komponisten Igor Strawinsky eingeladen.

Strawinsky: „Ich erinnere mich deutlich der Aufführung, bei der der Kaiser, die Kaiserin und der Hof zugegen war. Man gab ‚Kleopatra' und (Strawinskys) ‚Petruschka'. Der Beifall des Kaisers galt natürlich dem Ballett. Er beglückwünschte Diaghilew und sagte, er werde seine Ägyptologen in die Aufführung schicken, von der sie viel lernen könnten. Offensichtlich hatte er die Tänze für eine genaue geschichtliche Rekonstruktion gehalten und das musikalische Potpourri der Partitur für eine Wiedergabe altägyptischer Musik."

Strawinsky lernte bei diesem ersten Aufenthalt in Berlin Richard Strauß kennen. Er hatte „auch Gelegenheit, zum erstenmal Musik von Schönberg zu hören, der", wie Strawinsky berichtete, „mich zu einem Konzert einlud, in dem sein ‚Pierrot Lunaire' gespielt wurde. Ich war keineswegs entzückt ... Die Vollendung hingegen, mit der die Partitur instrumentiert ist, kann meiner Ansicht nach nicht bestritten werden".

Schieß, Karlchen, schieß!

Dann, einen Sommer später, las man die Verse des Theaterkritikers Julius Bab, des Leiters der Berliner Volksbühne und der Humboldt-Hochschule:

Vor meinem Fenster seit vierzehn Tagen
rollen die Wagen, die Wagen, die Wagen.
Außen von Kreide ein lustges Geschmier:
"Nikoläuschen, nu kommen wir!"
"Luxusexpreßzug Berlin – Paris!"
"Serbien muß sterbien! Schieß, Karlchen, schieß!"

Aber seit gestern ist Stille geworden.
Schwer auf den Schienen schreiten Posten.
Züge rollen nun von Westen nach Osten,
Aber kein Lärm mehr von mutigen Horden.

Innen die kostbare Fracht ist entladen,
Und all die Tausend, die gestern sangen:
"O du mein Deutschland!" – sie bangen
Auf steil überm Tod hinführenden Pfaden.

Untertanen werden Bürger

„... denn der Krieg politisiert die Menge. Der Krieg hat jedem einzelnen Gedanken und Ansprüche aufgeprägt, die ihm früher oft ganz fremd waren. Die Fragen, wozu der Krieg ist, wozu die Rüstung ist, wie der Friede sein könnte, wer bezahlt – diese Fragen kommen aus dem Krieg in einer Deutlichkeit hervor, daß wir mit dem alten Volk von ehemals nichts mehr zu tun haben. Aus den Untertanen werden durch den Krieg Bürger, und dieselben Massen, die Träger des

Krieges gewesen sind, wollen auch die Träger eines Friedens und wollen auch die Träger weiterer Erneuerungsgedanken werden. Sie fragen: Braucht ihr uns etwa nur in dem Zeitraum zwischen Kriegserklärung und Friedensunterschreibung und schickt uns dann wieder nach Hause, damit alles wieder werden soll, was vorher gewesen ist? ... Jetzt in diesem Kriege der Bevölkerung zwar den blutigen Dienst zu lassen, ihr aber politisch nur ein halbes Dasein zu gestatten, das wird eine Unmöglichkeit sein."

Friedrich Naumann, der Herausgeber der Wochenschrift *Die Hilfe*, im dritten Kriegsjahr.

Durchhalten?

„Ich kenne keine Parteien mehr, ich kenne nur Deutsche!" hatte Wilhelm II. an die Nation appelliert. Das glücklich geprägte Wort verfehlte die Wirkung auf Berliner, die ideologische Kriegsgegner waren, auch auf Gruppen, die den Krieg zwar nicht grundsätzlich verwarfen, einen Krieg „Für Kaiser und Reich" aber nicht unterstützen wollten.

Schon in der ersten Reichstagssitzung war, bei der Bewilligung der Kriegskredite, der Gegensatz spürbar geworden. Er wurde gefährlich, als die militärischen Erfolge bescheidener, die Lasten schwerer wurden. Ein anonymes Flugblatt wandte sich an die Unzufriedenen:

Vorsicht – Weitergeben
Durchhalten für Kaiser und Reich,
für Militaristen, Kapitalisten?
Das Volk will keinen Krieg!
Zerstört alle Munitionsfabriken, Magazine
und Vorräte! Verhindert Truppen- und
Munitionstransporte!
Arbeiter, 3 Tage Streik und der Sieg ist Euer!
Nieder mit Kriegshetzern!
Vorsicht – Weitergeben!

Na, denn laßt se

Es war alles so unerwartet, so plötzlich gekommen, daß kaum Widerstand versucht wurde. Weil Widerstand fehlte, erwiesen sich auch die Revolutionäre zunächst friedlich. Mitglieder des „Arbeiter- und Soldatenrates" besetzten das Reichsjustizministerium am Wilhelmplatz; die Herren Räte protestierten; dagegen protestierten wiederum die Genossen Räte und telephonierten mit einem ihrer Führer.

Er gab den Befehl: „Schmeißt die ollen Exzellenzen raus!"

„Sie jehen aber doch nich!"

„Denn prügelt se raus!"

„Jenosse, et sin so ruhje, nette Herren, se woll'n halt nich jehn, sagen se, weil se von Minister Krause (Paul von) keenen Befehl nich haben."

„Na, denn laßt se da, wenn se nich stören, bis se von Herrn Krause wat jehört haben."

Da bin ick aber neugierig

Jakob Tiedtke, so man ihm glauben darf, nahm auf seine besondere Weise an dem Zeitereignis teil. Er spielte in einer Neubearbeitung der uralten Posse „Stralauer Fischzug" und hatte einen Monolog zu sprechen, der mit den Worten endete: „Es klopft an der Tür? Da bin ick aber neugierig, wer da kommt!"

Und die Tür, erzählt Tiedtke, öffnete sich auf das Stichwort; zwei Matrosen mit roter Kokarde und gezückten Revolvern traten ein:

„Aufhören! Sie müssen die Vorstellung sofort abbrechen! Es ist Revolution, Herr Tiedtke!"

Bricht die Welt zusammen?

Der Korrespondent einer badischen Zeitung gab folgendes Bild dieser Tage:

„Es redete jeder mit jedem, der feine Bankier mit seinem Kohlenlieferanten, die Dame mit der Verkäuferin auf dem Markt. Die Unruhe hatte sich zum Fieber gesteigert; auf der Straße lasen Leute gedruckte oder auch nur von Hand geschriebene Flugblätter vor. Genau wußte man ja nur, daß die Matrosen da waren, daß der Kaiser abgedankt haben sollte. Es hieß jedoch auch, alles das sei Schwindel, und der Kronprinz habe eingegriffen und wäre mit dem Heer auf dem Marsch nach Berlin, die Berliner Garnison habe schon Befehl erhalten, den Prinzen Max und Ebert zu verhaften. Dann tauchen neue Gerüchte auf, daß alles ganz anders ist, der Kronprinz hat sich erschossen, Prinz Max ist von den Matrosen verhaftet, die Garderegimenter haben sich mit Ebert und Scheidemann verbündet. Während diskutiert wird, fährt vom Dönhoffplatz ein Automobil heran, Flugzettel werden in die Leipziger Straße geworfen. Eine Bekanntmachung des Polizeipräsidenten, daß alle Macht den Arbeiter- und Soldatenräten gehört. Gezeichnet hat das als Polizeipräsident ein Herr Klawunde oder Klawuttke oder ähnlich. Niemand hat den Namen je gehört. Was ist Wahrheit? Niemand weiß sie. Aber in den Gesichtern steht die Frage: Bricht die Welt zusammen? Was werden die nächsten Tage für Berlin bringen?"

Die Zwanziger Jahre

Sie waren ein bißchen auch noch die Zehner und ein bißchen auch schon die Dreißiger Jahre. Sie begannen am 9. November 1918 mit dem Aufmarsch der roten Volksmatrosen in Berlin und endeten am 30. Januar 1933 mit dem Aufmarsch der braunen SA-Leute in Berlin.

Für Adolf Hitler sind sie kurz und bündig die „Systemzeit" gewesen. Wenn er damit die neue Ordnung einer auf Freiheit und Gleichheit aller Deutschen beruhenden Demokratie gemeint hätte, würde man nichts einwenden können. Aber Hitler meinte, ganz im Gegenteil, die Unordnung, gegen die eine junge Demokratie leider zu kämpfen hatte. Für ihn und seine Anhänger war das Berlin der Zwanziger Jahre nur Korruption, Sittenlosigkeit, Schmach, Verfall. Und an dem allem hatten nach seiner Meinung nur die Juden schuld, von denen etwa einhundertfünfzigtausend in der Vier-Millionen-Stadt lebten.

Aber in diesem Berlin der Zwanziger Jahre arbeitete Arthur Korn an der Vervollkommnung seiner Bildtelegraphie, und zum ersten Male gelang es, ein Bild über den Atlantik zu funken. Heinrich von Fickers Erforschung der Stratosphäre erlaubte die moderne Wettervoraussage, ohne die ein moderner Flugverkehr kaum möglich wäre. Hermann Oberth baute – und Wernher von Braun war sein Schüler – die ersten Raketen. Berliner erfanden das kugelsichere Panzerglas, den elektrischen Lötkolben.

Theodor Wiegand brachte die Funde seiner Ausgrabungen im Pergamon-Museum zusammen. Otto Hahn und Lise Meitner waren auf dem Wege, das Atom zu spalten, entdeckten das radioaktive Element Protactinium. Die großen Chirurgen hießen Bier und

Sauerbruch. An Nobelpreisträgern nannte die Stadt als ihre Einwohner: Butenandt, Einstein, Haber, Heisenberg, von Laue, Nernst, Planck, Schrödinger, Stark, Warburg. Nicht jeder von ihnen blieb über die gesamte Zeitspanne der Stadt verbunden, dafür kamen andere Nobelpreisträger. Auch gab es nicht nur bedeutende Naturwissenschaftler und Mediziner. An der Friedrich=Wilhelms=Universität, deren Namen man respektiert hatte, lehrten Troeltsch, Spranger, Oncken, Meinecke, Harnack, Petersen, Eduard Meyer, Simmel, Lietzmann, Sombart, Stammler, Engler, Bergmann, Siebeck, Brandl, Breysig, Werner Jaeger. Und auch das ist nur eine Auswahl.

In diesem Berlin der Zwanziger Jahre hatte man, so rühmte ein Pressekatalog, die Wahl zwischen siebzig größeren und siebenundsiebzig kleinen Zeitungen, auch zwischen genau hundertdreiundfünfzig Zeitschriften „allgemeinen, politischen bzw. kulturellen" Charakters. Man konnte, man mußte wählen. Denn was Theodor Wolff schrieb, deckte sich nicht mit Georg Bernhards Ansicht, und beiden widersprach Friedrich Stampfer, den dreien widersprachen Hussong und Münzenberg, die als Deutschnationaler und als Kommunist Feinde waren. Und Siegfried Jacobsohn, dann Carl von Ossietzky in der „Weltbühne", sie waren nicht mit Leopold Schwarzschild vom „Tagebuch" auf einen Nenner zu bringen. Was Alfred Kerr mißfiel, fand Herbert Ihering unter Umständen ganz großartig, und im „Querschnitt" tat man gern verwundert und auch versnobt.

In diesem Berlin der Zwanziger Jahre baute man die Avus, das Kraftwerk Klingenberg, die Messehallen, den Funkturm, das Funkhaus. In der „Systemzeit" wurde die Stadtbahn elektrifiziert, wurden der Tonfilm, das Fernsehen, der Rundfunk erfunden. Zum ersten Male gab man „Luftpost" auf, reiste man per Luft. Zum ersten Male wurden die „Grüne Woche" und eine „Deutsche Automobil=Ausstellung" veranstaltet. Zu den Synkopen der Jazzband sang man: „Und alles in Berlin, alles in Berlin."

In diesem Berlin der Zwanziger Jahre gab es vierunddreißig Filmfirmen und fünfzig Bühnenhäuser mit hervorragenden Schauspielern, Sängern, Dirigenten und Regisseuren: Max Adalbert, Albert Bassermann, Elisabeth Bergner, Käthe Dorsch, Friedrich Kayssler, Werner Krauß, Fritzi Massary, Alexander Moissi, Maria Orska, Max Pallenberg, Paul Wegener, Irene Triesch, Marlene Dietrich, Emil Jannings, Henny Porten, Conrad Veidt; Gitta Alpar, Michael Bohnen, Barbara Kemp, Frida Leider, Tino Pattiera, Heinrich Schlusnus, Richard Tauber; Bruno Walter, Leo Blech, Wilhelm Furtwängler, Erich Kleiber, Max von Schillings; Max Reinhardt, Leopold Jessner, Jürgen Fehling, Erwin Piscator; Rudolph Nelson und Cläre Waldoff. Und viele andere.

Im Kürschnerschen Literaturkalender jener Jahre füllen die Namen der Berliner Autoren neun eng bedruckte Spalten. Wenn man Klabund, Zuckmayer, Kästner, Heinrich Mann, Döblin, Georg Kaiser, Remarque, Fallada, Morgenstern, Ringelnatz und Gottfried Benn erwähnt, ist das so viel und so wenig wie Busoni, Reznicek, Pfitzner, Schönberg, Krenek, Schreker, Weill als Beispiele auf musikalischem Gebiet zu nennen, oder für die Bildenden Künste: Liebermann, Slevogt, Corinth, Kokoschka, Carl Hofer, Georg Kolbe, Renée Sintenis, Max Pechstein, Schmitt-Rottluff, George Grosz und die Architekten Peter Behrens, Walter Gropius, Hans Poelzig, Mendelsohn und die Brüder Bruno und Max Taut.

Wer diese Jahre in Berlin erlebt hat, versteht ohne weiteres, daß Kiaulehn als „Die Goldenen Zwanziger Jahre" feierte, was Adolf Hitler als „Systemzeit" anprangerte.

Aber vielleicht ist auch Kiaulehns Urteil Vereinfachung und deshalb unvollständig und ungenau. Denn in diesen „Goldenen Zwanziger Jahren" gab es in Berlin eine Regierung der Arbeiter= und Soldatenräte, einen Spartakuskampf, den Kapp=Putsch. Und dem „Silberstreif" Stresemanns folgten die „Notverord=nungen" Brünings. Als Ebert starb, wurde Hinden=burg Reichspräsident, der dann schließlich Hitler berief.

Und während dieser „Goldenen Zwanziger Jahre" gab es eine durchaus papierne Inflation. Danach eine Deflation, und es dauerte nicht lang, bis der „Schwarze Freitag" der New Yorker Börse sich auswirkte. Es gab den Dawes=Plan, den Young=Plan. Es gab den Rathe=naumord, den Erzbergerprozeß, den Erzbergermord. Es gab noch vieles. Von Hunger und Elend sprachen er=greifend die Werke von Käthe Kollwitz, auf humorig typisierende Art die Zeichnungen von Heinrich Zille.

Der Herausgeber bemühte sich, damit das nächste Kapitel einigermaßen begreifbar sein könnte, auch zum Worte kommen zu lassen, was nicht „golden" war an jenen Zwanziger Jahren, als er für Valeska Gert schwärmte, in die „Lunte" ging und bei „Cassel" zu=hörte, wie sich Ernst von Salomon mit Morus, dem Wirtschaftspolitiker der Vossischen Zeitung, um die Temperatur des Pilsner Urquells stritt.

So etwas war möglich. Weil man sich nicht auswich, sondern die Diskussion suchte, das Gespräch. Und in diesem Sinne mögen die Zwanziger Jahre vielleicht doch die „goldenen" gewesen sein. Nicht vom 9. No=vember 1918 bis zum 30. Januar 1933. Wenn die Epoche nach dem Kalender vierzehn Jahre umfaßte, waren es wohl nicht einmal acht in Wirklichkeit. Die richtigen „Zwanziger Jahre" begannen zwar 1918, aber 1925 waren sie zu Ende. Schon 1925 begannen die „Zwan=ziger Jahre", die zum Anfang „Zehner Jahre" gewesen waren, die „Dreißiger Jahre" zu werden.

Der 9. November

Matrosen der „Volksmarine-Division" zogen durch die Stadt. Schon am Vormittag standen viele tausend Berliner vor dem Reichstag, in dessen Fraktionszimmern die Parteiführer mit Prinz Max berieten. Gegen zwei Uhr hörten die Berliner aus einem der hohen Bogenfenster die vor Erregung zitternde, nach jedem der kurzen Sätze atemlos verhaltende Stimme Philipp Scheidemanns:

„Der Kaiser hat abgedankt! – Das Volk hat auf der ganzen Linie gesiegt! – Die Monarchie ist zusammengebrochen! – Es lebe die deutsche Republik!"

Prinz Max erklärte den Rücktritt seines vor wenigen Wochen gebildeten Kabinetts und übergab das nun herrenlos gewordene Reichskanzleramt dem Abgeordneten Friedrich Ebert.

„Bald danach", notierte Stresemanns späterer Staatssekretär Werner von Rheinbaben, „sah ich den mir wohlbekannten sozialdemokratischen Abgeordneten Ebert im Auto durch die Wilhelmstraße zur Reichskanzlei fahren, eine große rote Fahne zwischen den Knien."

Die revolutionäre Zeitung

Spartakisten hatten bereits in den Morgenstunden das Scherl-Haus besetzt. Die kommunistischen Organisationen verfügten über keine Zeitung. Liebknechts Leute wollten so schnell wie möglich mit einem eigenen Blatt dem sozialdemokratischen *Vorwärts* entgegentreten. Um keine Zeit zu verlieren, übernahmen sie die schon fertiggestellten Druckformen des *Berliner Lokalanzeigers*, änderten nur auf der ersten Seite das Allernotwendigste.

Trotz allen Ernstes der Ereignisse schmunzelten die Berliner über die erste Nummer eines kommunistischen Blattes, das über dem bisherigen Titel *Berliner Lokal-Anzeiger* den neuen Titel *Die rote Fahne* zeigte. Auch die Verlagsangabe „August Scherl G.m.b.H." hatte man zu ändern vergessen. Eben nur in der Mitte der ersten Seite – dazu hatte die Zeit gerade gereicht – standen kurze Meldungen vom Ausbruch der Revolution in München, von der bevorstehenden Abdankung des Kaisers, von der Einberufung sozialistischer Arbeiter- und Soldatenräte.

Daneben, rechts und links, noch die durchaus vorrevolutionären Berichte aus dem Kaiserlichen Hauptquartier, auch ein sehr vorrevolutionärer Leitartikel. Es war auch sonst alles „Lokal-Anzeiger" geblieben. Einschließlich der Nachricht von Prinz Louis Ferdinands elftem Geburtstag, der auf den 9. November fiel.

Individuelle Freiheit

Auch die Sozialdemokratische Partei hatte schon zur Wahl von Arbeiter- und Soldatenräten aufgefordert. Die Arbeiter- und Soldatenräte sollten eine Regierung wählen, Deutschland sollte eine sozialistische, vielleicht eine kommunistische Republik werden.

Der sechsundfünfzigjährige Historiker Friedrich Meinecke notierte in sein Tagebuch:

> „... Ich glaube, daß die Mehrheitssozialisten (SPD) eigentlich lieber in den Bahnen legaler, friedlicher Umbildung geblieben wären, weil sie dabei mehr Chancen hatten, die U-Sozen (USPD) und die Bolschewisten niederzuhalten ... Aber wie weit können sie (jetzt) wirklich mit dem demokratischen Mehrheitswillen Ernst machen, wie weit lockt sie (jetzt) doch die Diktatur des Proletariats?
> ... Wird mir noch möglich sein, das, was lebensvoll und zukunftskräftig am Sozialismus ist, in meine Gedankenwelt aufzunehmen? Auf materielle Güter kann man ganz verzichten; das geht, wie der Krieg uns gezeigt hat. Aber die individuelle Freiheit, die ist Lebensluft! Es weht einen schauerlich an, wenn sie einem genommen wird."

Überstürzt, innerhalb weniger Stunden, waren die Arbeiter- und Soldatenräte gebildet worden. Sie wurden noch am selben Tage in den Zirkus Busch am Bahnhof Börse gerufen, um die provisorische Regierung zu wählen.

> „Friedrich Ebert, den Prinz Max zum provisorischen Reichskanzler ernannt hatte, kehrte jetzt als provisorischer Volksbeauftragter in die Wilhelmstraße zurück. Mit ihm Karl Landsberg und Philipp Scheidemann, die gleichfalls bisher Reichstagsabgeordnete der Sozialdemokratischen Partei Deutschlands (SPD) gewesen waren. In zwei anderen Automobilen erschienen die Reichstagsabgeordneten Emil Bart, Wilhelm Dittmann, Hugo Haase, die sich während des Krieges von jenen losgesagt und die Unabhängige Sozialdemokratische Partei Deutschlands (USPD) gegründet hatten."

In der Regierung, die sich „Rat der Volksbeauftragten" nannte, saß beisammen, was sich bisher befehdet, jeweils des „Verrates an der Arbeiterklasse" oder des „Verrates an Deutschland" beschuldigt hatte. Zwischen Eberts Freunden und den drei Unabhängigen, die mehr oder minder einen Rätestaat bolschewistischer Art wollten, kam es zu Meinungsverschiedenheiten, die durch Kompromisse zwar verdeckt, aber nicht erledigt werden konnten. Als die Volksbeauftragten sich mit einer Proklamation zum ersten Male an das gesamte Deutschland wandten, hieß es:

> „Die aus der Revolution hervorgegangene Regierung, deren politische Leitung rein sozialistisch ist, setzt sich die Aufgabe, das sozialistische Programm zu verwirklichen ..."

Aber es fehlte in dem dreihundert Worte umfassenden Aufruf wohl kaum zufällig jede Erläuterung dieses „sozialistischen Programmes", das man verwirklichen wollte. Es war gewiß auch kein Zufall, wenn in dieser ersten amtlichen Verlautbarung der Hinweis fehlte, daß die von

Arbeiter= und Soldatenräten gewählte Regierung ja doch nur eine „provisorische“ sein sollte.

Begann der Aufruf im ersten Satze mit unklarer und sogar ungenauer Formulierung, endete er mit zwielichtiger oder jedenfalls sehr verschwommener Formulierung im letzten Satze. Es wurde eine „konstituierende Versammlung“ verheißen, auch daß sie von allen Deutschen, ohne Unterschied des Standes oder Einkommens, mit gleichem Stimmrecht gewählt werden solle. Diese konstituierende, verfassunggebende Versammlung mußte das Ende der „aus der Revolution“ hervorgegangenen Regierung, sie konnte das Ende auch des ganzen Räte=Systems bedeuten.

Wenn die einen auf der Ankündigung der „Konstituierenden“ beharrt hatten, so setzten die anderen eben durch, daß weder ein Datum noch überhaupt eine Frist für die Einberufung genannt wurde.

Lachen Sie schrill

Die Kabarette waren geöffnet; vorsichtig tasteten die Herren Conférenciers sich an die Zeitprobleme heran und versuchten neue Witze, gute und schlechte, mit harmlosen oder gehässigen Pointen.

„Sind ja jetzt alle begeistert, wegen dem Acht=Stunden=Tag, was? Jetzt brauchen sie, sagen die Leute, am Tage zwei ganze Stunden weniger zu arbeiten und bekommen doch genausoviel Geld wie früher! Die Leute werden sich wundern, sie werden schon noch merken, daß die Nacht jetzt zwei Stunden mehr hat, um das Geld auszugeben.“

„Die Zensur haben sie aufgehoben. Zensur is nich mehr. Wie det meinen Sohn freut, weil er doch immer soviel Angst vor der Zensur in Mathematik hat.“

„Ich sehe soviel ganz grauliche Gesichter, auch der Herr da drüben, man möchte beinahe glauben, der Herr ist auch dagegen. Weil der Wilhelm getürmt ist? Wat denn, seinse lustig, lachen Sie schrill! Stellen Sie sich doch mal vor, der Wilhelm wäre geblieben und vorneweg hoch zu Pferde an der Spitze seiner Soldaten=Räte durchs Brandenburger Tor gekommen. Der hätte die Revolution auch nicht besser gemacht, davon versteht er doch gar nichts. Seien Sie zufrieden, Herrschaften, und lachen Sie schrill oder noch schriller."

„Och, nu weeß ick wirklich nich, warum se uff eenmal alle 'ne Verfassung ham wolln. Wat denn? Ausjerechnet jetzt, wo allent schon in 'ne so miese Verfassung is!"

„Geschäfte machen möchten die Herrschaften, Geld, viel Geld, Devisen, Fränkli, Dollars wollen die Leute haben. Ich weiß schon, denn wolln wa mal, Herr Kapellmeister, bitte, und alle mitsingn, ich sage den Text vor, die Melodie is ja noch bekannt jenuch:

Freiheit, die wir meinen,
die die Kasse füllt,
komm' mit vielen Scheinen,
drauf des Dollars Bild ...

Der Weg zur Demokratie

Die *Vossische Zeitung* hatte als erste zum Aufruf der Volksbeauftragten Stellung genommen. Der Leitartikel Georg Bernhards war Protest grundsätzlicher Art:

> „Das Bürgertum ist von der Regierung ausgeschlossen. Das verstößt gegen die Grundsätze der wahren Demokratie. Denn die Demokratie hat die Mitbestimmung aller Teile des Volkes zur unerläßlichen Voraussetzung. Das Bürgertum (im engeren Sinne der Mittelstand, der Unternehmer, der Geistesarbeiter) kann und darf auf solche Mitbestimmung nicht verzichten ... Beim Ausbau der Neuordnung muß das bürgerliche Element tatkräftig mitarbeiten ... Soll das begonnene Werk der deutschen Freiheit Dauer haben, so muß es durch die Demokratie verbürgt werden. Der Weg zur Demokratie führt einzig und allein über die (konstituierende) Nationalversammlung. Ihre Einberufung ist angekündigt. Der Ankündigung muß ungesäumt die Tat folgen."

Wie wird es weitergehen?

In den Versammlungen prügeln sich die Links= und Rechtssozialisten. Regierungstruppen verhaften die Arbeiter= und Soldatenräte. Matrosen der Volksmarine=Division nehmen Ebert und Landsberg gefangen.

Die Verhaftungen sind von kurzer Dauer. Der „Rat der Volksbeauftragten" in der Reichskanzlei nimmt die Arbeit wieder auf, die Arbeiter= und Soldatenräte tagen weiter im Reichstagsgebäude. Aber auch die Prügeleien gehen weiter, es kommt zu Kämpfen mit den Spartakisten, es gibt Tote.

In Meineckes Tagebuch steht: „Wie wird's weitergehen? Die jetzige Zweiherrschaft von Mehrheits= und U=Sozialisten kann nicht lang dauern..."

Auf einer der nächsten Seiten steht: „Es bleibt dem, der an das Gesamtinteresse denkt, nichts übrig, als den Arm der Ebertleute soviel als möglich zu stärken."

Aktion Straße

„Täglich rotteten sich irgendwelche Massen zusammen", schildert Ernst Lissauer. „Das Marschieren war zum politischen Bekenntnis geworden, die Aktion Straße ersetzte die Parlamentsrede. Immer dichte Menschenmassen. Viel Gesang. Viel Geschrei. Man konnte nur selten mehr als die Worte ‚Nieder! Nieder!' verstehen."

Spartakus

Die Unabhängigen hatten grollend ihre Regierungsämter niedergelegt, der Wahltermin für die Nationalversammlung war festgesetzt worden. Die Spartakisten und Unabhängigen griffen zu den Waffen, die Räte=Diktatur sollte durch eine neue Revolution erzwungen werden.

Die Aufständischen kämpften erbittert; einer ihrer wichtigsten Stützpunkte war das weitläufige Gebäude der

Druckerei Büxenstein im Zeitungsviertel. In einem der spartakistischen Lieder, von dem hier einige Verse als charakteristisches Zeitdokument zitiert werden, hieß es:

In finstrer, kalter Winternacht
ein Spartakist steht auf der Wacht.
Und mit der Knarre in der Hand
er hinterm Zeitungsballen stand.
Und donnernd dröhnt die Artillrie,
Spartakus hat nur Infantrie.
Granaten schlagen bei ihm ein,
die Noskehunde stürmen Büxenstein.
O Spreeathen, o Spreeathen,
viel Blut mußt du noch fließen sehn.

Der blutige Kampf dauerte drei Wochen. Gustav Noske, der Befehlshaber der Regierungstruppen, hatte zahlreiche Infanterie- und Kavallerieregimenter, schließlich auch Artillerie einsetzen müssen.

Knapp drei Tage vor den Wahlen zur Nationalversammlung brach der Spartakus-Aufstand zusammen.

Überall nur Schmutz

Die Wähler hatten sich für ein demokratisches Deutschland entschieden. Es gab noch Streiks, in der einen Woche erschienen keine Zeitungen, in der nächsten Woche fuhren keine Bahnen, mal waren die Bankschalter, mal die Warenhäuser geschlossen. Trotzdem wurde es in der Stadt ruhiger, die Berliner besahen sich den Film „Die Lieblingsfrau des Maharadscha" und freuten sich, wie die Zeitungen mitteilten, der ersten Orangen und Zitronen. In den Zeitungen stand jedoch auch:

„Es wird noch lang dauern, bis unsere Stadt sich erholt hat, um prüfenden Blicken standhalten zu können. Ganze Straßenzüge voll Schutt und Resten, die Hausbesitzer und Ladeninhaber einfach vor die Türe werfen. Auf dem Kurfürstendamm und Unter den Linden liegen Papierschnitzel, leere Zigarettenschachteln, Umschläge, zerrissene Briefe zentimeterhoch. – – – Und die Polizei sieht ruhig zu, wenn der Abfall auf die Straße geworfen wird."

Die Einheitspartei der Läuse

Auch das Reichstagsgebäude zeigte die Spuren der Ereignisse. Es hatte außen und innen große Schäden erlitten. Der Renovierung stellte sich ein unerwartetes Hindernis entgegen:

> „Eine Untersuchungskommission machte die Feststellung, daß in sämtlichen Fraktionszimmern, im Sitzungssaal, in den Räumen des Präsidenten Läuse vorhanden sind. Ohne Respekt vor parlamentarischen Unterschieden hat die Einheitspartei der Läuse den ganzen Reichstag besetzt. Es geniert sehr, es zu sagen, ist aber leider so. Bevor mit den notwendigen Renovierungsarbeiten begonnen werden kann, muß der Reichstag – entlaust werden, was vierzig Tage dauern soll. Es ist nach Ansicht der Untersuchungskommission nicht damit zu rechnen, daß die Nationalversammlung das Gebäude in absehbarer Zeit benutzen könnte."

Luftverkehr

Die Nationalversammlung war, nicht nur des verlausten Reichstags wegen, nach dem stillen Weimar einberufen worden. Die Eisenbahn litt unter dem ständigen Kohlenmangel und den zahlreichen Streiks. Die auf Walther Rathenaus Anregung gegründete Deutsche Luftreederei G.m.b.H. richtete einen Flugdienst ein, der Post und Passagiere schneller und zuverlässiger nach Weimar befördern sollte.

Am Steuerknüppel der ersten Maschine, die von Berlins damaligem Flugplatz Johannisthal startete, saß der aus dem Kriege als „Flieger von Tsingtau" bekannte Günther Plüschow. Auch die Maschine, mit deren Flug der zivile Luftverkehr begann, hatte am Kriege teilgenommen. Der einmotorige Doppeldecker bot keinerlei Komfort, mangels geschlossener Kabine auch keinen Schutz gegen Regen, Wind und Kälte. Dafür versprach die Deutsche Luftreederei:

„Eine vollständige Flugausrüstung wird leihweise und unentgeltlich zur Verfügung gestellt. Sie ist den hygienisch erprobten Forderungen angemessen und besteht aus einem wollenen Überanzug, Schal, Gesichtsmaske, Sturzhelm, Schutzbrille, Pelzhandschuhen und auch Pelzstiefeln."

Hin= und Rückflug kosteten siebenhundert Mark, was etwa heutigen hundertneunzig D=Mark entspricht. Und die Deutsche Luft=Reederei vertröstete dafür: „Wenn erst der Bau von geschlossenen Kabinen durchgeführt ist, wird sich die Ausrüstung einfacher und die Benützung des Flugzeuges bequemer gestalten."

das brot badet im schrank

du geilfinger jauchedrops
wir nochmals aber
das brot badet im schrank.
an unserer dampfheizung
riechen eckige brüste
wie briefmarken.
marionetten aller länder vereinigt euch
und nicht. es ist eine falsche ansicht,
daß der mastdarm der sitz der kopierpressen ist.

Zu obigen Zeilen berichtete der Journalist K. L. in den *Berliner Nachrichten:* „Es waren trotz der späten Stunde und des Verkehrsstreiks erstaunenswert zahlreiche Besu=cher, die ein Plakat mit der rätselhaften Ankündigung *‚da da sagt da da'* in die Kanonierstraße gelockt hatte. Kaum jemand hatte vom Dadaismus gehört, der sich zum ersten Mal jetzt den Berlinern präsentierte ... Die Vorträge wur=den vom Geklapper einer Schreib= und Rasseln einer Näh=maschine begleitet, es lasen manchmal auch mehrere Herren gleichzeitig ihre Kunstwerke vor... Einige Besucher verlangten das Eintrittsgeld zurück und verließen, als das abgelehnt wurde, die Buchhandlung unter lärmendem Protest... Die übrigen zeigten nachdenkliche Gesichter. Sie schienen das kindliche Spiel der Dadaisten, das zynische Weltverachtung war, für die Proklamation des neuen Schöpfergeistes zu halten."

Umsturz der Werte

Die Revolution hatte dem politischen Wirken neue Ziele, dem politischen Leben eine neue Ordnung gegeben. Die Revolution mußte früher oder später, erklärte der damals in Berlin lebende Philosoph Max Scheler, einen allgemeinen „Umsturz der Werte" herbeiführen:

> „Nicht nur auf einer, sondern auf sehr verschiedenen Ebenen wird sich die Umbildung der Weltanschauung vollziehen, die wir im Auge haben. Das eine aber wissen wir, sie (die Umbildung) wird sein wie der erste Tritt eines jahrelang im dunklen Gefängnis Hausenden in einen blühenden Garten."

Das Gefängnis, dem die Menschheit zu entfliehen begann, war nach den Worten Schelers die seelenlose Zivilisation, die ein „auf das bloß Mechanische und Mechanisierbare gerichteter Verstand" geschaffen hatte.

Ein Ding der Menschheit

Die alten Tafeln des Geistes, hatte Scheler erklärt, waren zerschlagen worden. Wer nach neuer Sinngebung suchte, von den Zielen einer neuen Kunst wissen wollte, beschaffte sich den Vortrag, den der siebenundzwanzigjährige Kasimir Edschmid in einem privaten Kreise gehalten hatte. Der Erich-Reiss-Verlag in Berlin hatte Edschmids programmatische Rede „Über den Expressionismus" gedruckt. Das

Heft war sofort vergriffen, es erschien binnen weniger Monate in fünfzehnter (!) Auflage, es enthielt die Sätze:

„Der große Gorten Gottes liegt, paradiesisch geschaut, hinter der Welt der Dinge, wie unser sterblicher Blick sie sieht. Große Horizonte brechen auf ...
Es kamen die Künstler der neuen Bewegung. Sie waren nicht unterworfen den Ideen, Nöten, persönlichen Tragödien bürgerlichen und kapitalistischen Denkens. Ihnen entfaltete das Gefühl sich maßlos. Sie sahen nicht. Sie schauten.
Hier wird der bürgerliche Weltgedanke endlich nicht mehr gedacht ... Ein neues Weltbild mußte geschaffen werden, das nicht mehr teilhatte an jenem nur erfahrungsmäßig zu erfassenden des Naturalismus ...
Auch das Wort erhält andere Gewalt. Es wird Pfeil. Trifft in das Innere des Gegenstandes und wird von ihm beseelt. Es wird kristallisch das eigentliche Bild des Dinges ... Diese Art des Ausdrucks ist nicht deutsch, nicht französisch, sie ist übernational. Sie ist nicht nur Angelegenheit der Kunst. Sie ist Forderung des Geistes. Sie ist kein Programm des Stils. Sie ist eine Frage der Seele. Ein Ding der Menschheit."

Ekstatisches Gerülps

Der Expressionismus, der nun modern wurde, war so neu nicht. Lang vor dem Kriege lagen seine Anfänge. Lang vor dem Kriege auch hatte Herwarth Walden, gebürtiger Berliner, Verlag und Galerie der Zeitschrift *Der Sturm* gegründet. Es war ein kleiner Kreis von Malern, Bildhauern, Dichtern gewesen, der sich der neuen Kunst verschworen hatte. Er hatte das gesamte Bürgertum zum Gegner gehabt.

Jetzt bekam er die Revolution zum Feinde. In Franz Pfemferts rotgewandeter Zeitschrift *Die Aktion* donnerte es der grüngewandeten Zeitschrift *Der Sturm* entgegen:

„Künstler sein heißt, sich in die Reihen des Proletariats zu stellen, die Pflicht der Solidarität zu übernehmen.

Künstler sein heißt, mit dem Proletariat denken und schaffen. Was sollen Striche und Farben auf Leinwand, Dokumente des bürgerlichen Ichs und seines kranken Geistes? Das behauptet, wahr zu sein, es ist nicht einmal Lüge, ist nichts! Der Proletarier kann nichts damit anfangen, will nichts damit zu tun haben ...

Ihre Literatur möchte revolutionär sein. Sie ist Wiedergekäu bürgerlicher Snobs, bürgerlicher Hampelmänner von gestern. Es ist ekstatisches Gerülps! Nochmals, es ist ekstatisches Gerülps.

Der Künstler ist Politiker. Oder er ist nichts. Künstler, marschiert mit dem Proletariat! Künstler, schafft mit dem Proletariat! Lernt! Übt! Laßt uns Schlagwetteratmosphäre verbreiten!"

Maler und Bildhauer ließen den Expressionismus in andere Ausdrucksformen eingehen. Der literarische Expressionismus blieb ohne Folge und Nachfolge. Die „Mensch, o Mensch-Poesie" mit den ekstatischen Szenerien und ekstatischen Versen, die wie ein Rausch auch die Jugend Berlins gepackt, die wesentlich von Berlin aus die junge Generation ganz Deutschlands begeistert hatte, war nach kaum zwei Jahren schon fast vergessen.

Die große Diskussion über den politischen Auftrag der Kunst ging jedoch weiter, bis wohl zum heutigen Tage. Aber die Wortführer wechselten auch damals zuweilen Standpunkte und Plätze. So geschah es, als die Zeit dieses Kapitels zu Ende ging, daß Herwarth Walden in die Sowjetunion auswanderte, Franz Pfemfert aber sich vom Kommunismus lossagte und nach Mexiko emigrierte.

Nur in Berlin möglich

„Wollte man festzustellen versuchen", schrieb Paul Westheim, „für was alles Berlin jetzt der Schrittmacher gewesen ist, so würde das Ergebnis verblüffend sein. Gewisse Existenzen sind so vielleicht nur in Berlin möglich. Es gibt

Emil Jannings als Heinrich VIII. in dem Lubitsch-Film »Anna Boleyn«

(Landesbildstelle Berlin)

Außenminister Dr. Gustav Stresemann

(Landesbildstelle Berlin)

keine Richtung, kaum ein Schlagwort, das in Berlin nicht Anhänger gefunden hätte."

Paul Westheim, Kunstkritiker, stellte mit einigem Bedauern fest: „Das Berliner Publikum hat eine beträchtliche Menge unsympathischer Züge, kokettiert allzugern mit der Extravaganz."

Im Rückblick auf diese ersten Monate der Republik konstatierte Westheim mit Vergnügen, daß gerade die Fülle des Neuen, des Gegensätzlichen Berlin von anderen Städten unterschied: „Aber es ist nur in Berlin möglich, zu arrivieren, und darum ist Berlin eine Stadt für Künstler. Es scheint, als ob es auf dem Wege wäre, ein Sammelpunkt, wenn nicht gar der Sammelpunkt der künstlerischen Kräfte Deutschlands zu werden."

Die alte deutsche Heldenkraft

Es meldeten sich bereits andere Stimmen, die Berlin zum Sammelpunkt anderer Kräfte machen wollten. Professor Otto von Gierke, ohne Zweifel einer der verdienstvollsten Juristen der Universität, sprach zu den im Mozart-Saal versammelten Studenten:

> „Wir müssen uns heute bescheiden ... Allzu furchtbar hat sich die staatliche Ohnmacht gerächt, in die uns das Mißtrauen gegen den geschmähten ‚Militarismus' gestürzt hat ... Wir müssen die Reste unserer zerschmetterten Wehrmacht sammeln und ... ihnen so viel vom alten militärischen Geiste einflößen, daß sie wieder gewillt werden, die Lebensnotwendigkeiten unseres nationalen Daseins zu erfüllen ... Auf daß Ordnung, die hohe Himmelstochter, wieder bei uns einkehre ... Dann mag in naher oder ferner Zukunft das gesunkene Staatsgefühl neu erstarken und die alte deutsche Heldenkraft wieder erstehen ... Die Herrlichkeit des Reichs von 1870 bis 1918 ... wird wieder als leuchtende und wärmende Erinnerung das deutsche

Volksgemüt durchdringen und von neuem deutsche Männer und deutsche Frauen mit Begeisterung für deutsches Wesen erfüllen."

Kapp=Putsch

Vom Truppenplatz Döberitz waren die „Freikorps" heranmarschiert, mit Regimentskapellen, Spielmannszügen, mit der alten deutschen schwarzweißroten Kriegsflagge.

„Die Regierung der Novemberverbrecher ist abgesetzt. Eine neue Regierung der Freiheit und der Tat wird gebildet. Kapp, Reichskanzler. Freiherr von Lüttwitz, General der Infanterie."

Berlin antwortete mit dem Generalstreik. Die Reichsbank weigerte sich, auf Anweisung Kapps Geld auszuzahlen. Drei Tage später war der Putsch vorüber, und ein Hauspoet des Verlages Mosse dichtete:

... es war sein Traum,
mit Klingeling und Schellenbaum
als großer Mann von Großberlin
durchs Brandenburger Tor zu ziehn.
Mit Schellenbaum und Klingeling
es in die Wilhelmstraße ging ...
... doch wurd' dem Kapp
das Geld bald knapp,
aus war sein Traum,
und ohne Klingeling und Schellenbaum
der Kapp
haut ab.

Wulles Großmama

Reinhold Wulle, auf Grund eines deutschnationalen Mandates im Reichstage, zerstritt sich mit den bisherigen Freunden und gründete eine „Deutschvölkische Freiheitspartei" in Berlin. Im Reichstage war der Berliner Wulle, der „Radauantisemit" genannt, lang vor den Münchener Konkurrenten Wortführer wildesten Rassenhasses.

Aber Wulles Mutter, so war bei den Deutschnationalen bekannt, entstammte einer mosaischen Familie. Als der Deutschvölkische wieder einmal die Juden „das Unglück Deutschlands" schimpfte, unterbrach ihn sein früherer Fraktionskollege Hergt ironisch: „Herr Wulle, denken Sie an Ihre Großmama?"

Lachen rechts, Lachen links. Ihren Zuruf mit dem Klappern der Pultdeckel begleitend, riefen die Abgeordneten des ganzen Hauses: „Wulle, Wulle, denk an deine Großmama!"

Das wurde bald allgemeiner Zuruf in öffentlichen Versammlungen, wenn „Völkische" sprachen. Umgeformt zu einem beliebig langen Volksgemurmel „wullewullewulle..." übertönte es ganze Reden.

Unter Ihrer und meiner Würde

„Es wäre mir lieb gewesen, wenn Sie mir von Ihren Bestrebungen auf Bekämpfung antisemitischer Ausschreitungen nichts gesagt hätten. Es ist unter Ihrer und meiner Würde, sich mit Ausschreitungen der Lüge und Verleumdung zu befassen. Wenn Sie an die Wirkung sittlicher Kräfte auch in Dingen des Alltags glauben, so wissen Sie, daß Bewegungen, die auf gemeine Leidenschaften begründet sind, auch wenn sie eine Zeitlang Schaden anrichten können, in sich selbst zusammenbrechen, und daß es keiner Bemühungen von außen bedarf. Ich selbst werde mich niemals mit Dingen dieser Art befassen. In Ergebenheit (Walther) Rathenau."

Kollegiale Kritik

Man kümmerte sich wenig um das, was Herr Wulle und seine „Völkischen" redeten, nahm allenfalls mit ironischen, oft auch sich selbst persiflierenden Witzen davon Kenntnis.

Fritz Kortner spielte schon lang bei Barnowsky; Ernst Deutsch war von Jessner gerade an das Staatstheater engagiert worden. Die Herren galten nicht als große Freunde, wenn jeder von ihnen auch damals schon ein großer Schauspieler war.

Kortner sah Deutsch in der Titelrolle des Schauspieles „Der Sohn" von Walter Hasenclever. Kortner faßte sein Urteil über Hasenclever und Deutsch in dem Satze zusammen: „Hm, hm, aber Jude sein ist auch nicht abendfüllend."

Der andere vergalt, als er Kortner in „Wilhelm Tell" gesehen hatte: „... dabei soll das doch wirklich ein gutes deutsches Stück sein."

Um Aar und Hymne

Emil Döpler, Professor an der Kunsthochschule, entwarf das Wappen der neuen Republik. Döpler übernahm den Adler des alten Kaiserreiches.

Auch gute Demokraten fanden, der ehedem so prächtige Aar sei sehr gerupft worden, sehr dürftig und armselig ausgefallen. Es war auch kein reaktionäres Witzblatt, das spottete:

> „In Ansehung auch der großen wirtschaftlichen Notlage hat die Regierung statt des Reichsadlers den Pleitegeier zum Staatssymbol bestimmt, welchem Auftrag Herr Döpler nach allgemeinem Urteil vorzüglich nachgekommen ist."

Man brauchte auch eine Nationalhymne. Ebert traf die Entscheidung: Das Deutschlandlied Hoffmanns von Fallersleben, schon im Kaiserreich bei amtlichen Feiern viel gehört, wurde republikanischer Festgesang. Der berlinische Humor reagierte wieder etwas melancholisch:

> „Die Männer tragen gewendete Anzüge, die Frauen gewendete Kleider. Was sind wir doch arme Leute geworden. Für eine neue Nationalhymne hat's auch nicht gelangt, wir haben die alte wenden lassen."

Nach Tarif

Die Gewerkschaften waren als die berufenen Vertreter der „Lohn- und Gehaltsempfänger" anerkannt worden. Die Gewerkschaften handelten Mindestlöhne und Mindestgehälter aus.

Selbstverständlich zahlten gescheite Unternehmer ihren tüchtigen Leuten mehr als die vorgeschriebenen Mindestsätze. Bockig wurde Kommerzienrat Henneberg, Inhaber einer großen Eisenwarenfabrik, als ausgerechnet einer seiner unfähigsten Angestellten von besonderer Leistung sprach und höhere Bezüge forderte. Henneberg antwortete:

„Herr ..., ja, ich möchte Sie ja wirklich gern entsprechend Ihrer Leistung bezahlen. Aber Sie wissen doch, Ihre Gewerkschaft verbietet mir ja strikt untertarifliche Gehälter."

An'n bißchen Unterschied gewöhnt

Das Wort „Genosse" hatte sich nicht durchgesetzt, es war unbeliebt und verschwand sehr bald aus der Alltagssprache. Dafür wurde nun das Wort „Herr" sozialisiert und von jedermann beansprucht.

Bei Carl Fürstenberg, dem wegen sarkastischen Witzes weit über Berlin hinaus bekannten Bankier, erschien eine Abordnung der Volontäre und Lehrlinge. Der Direktor der Berliner Handelsgesellschaft, hieß es, möge seine Volontäre und Lehrlinge künftig mit „Herr" anreden, selbstverständlich auch nicht mehr duzen oder mit Vornamen rufen.

Fürstenberg war einverstanden: „Gewiß, aber ich habe ooch einen Wunsch, den Sie mir erfüllen müssen. Ab heute, meine Herren, nennen Sie mich Carl und sagen du zu mir! Wissen Sie, so ein oller Knopp wie ich, siebzig Jahre, der hat sich nu mal an 'n bißchen Unterschied im Leben jewöhnt."

In den Kinos, die jetzt „Lichtspielhaus" oder ähnlich vornehm hießen, wurden „Golem" und „Das Kabinett des Dr. Caligari" und „Anna Boleyn" gezeigt. Die Premieren von „Dr. Mabuse" und „Fridericus" waren, wie die Presse hervorhob, die „großen gesellschaftlichen Ereignisse" des Jahres.

Die Berliner sahen zum ersten Male auf der Leinwand die berühmten Bühnenkünstler Emil Jannings, Werner Krauß, Konrad Veidt, Paul Wegener. Bei der Ufa arbeiteten jetzt Paul Czinner, Fritz Lang, Murnau, Erich Pommer. Die Ufa holte sich den Intendanten des Staatstheaters Leopold Jessner als Regisseur für einen Film, in dem Wilhelm Dieterle und Fritz Kortner spielten.

Kaum drei Jahre nach Kriegsende brauchten „die hiesigen Ateliers die schwedische und amerikanische Konkurrenz nicht zu fürchten, die schwarzweiße Bildkunst hat in Berlin einen Grad höchster Vollkommenheit erreicht..."

Genau jetzt hörte man von drei Berlinern, die diese „höchste Vollkommenheit" noch sehr viel „vollkommener" machen wollten. Die Idee, daß man „auch Schallvorgänge durch fotografisches Verfahren mit den Bildreihen verbinden und festhalten könnte", erzählt Hans Vogt, „war mir schon vor dem Kriege gekommen, aber erst nach seinem Ende konnte das Problem wieder aufgegriffen werden. In der Überzeugung, daß die Aufgabe für einen zu schwer, verband ich mich mit meinen Freunden Josef Engl und Josef Massolle. In einem Blumenladen in der Babelsberger Straße 49 richteten wir unser Laboratorium ein..."

Es dauerte dann rund drei Jahre, bis eine Apparatur die photographierten Lichtwerte eines Filmbandes in Schallwellen umsetzte und hören ließ:

„So spricht der sprechende Film. So spricht der sprechende Film..."

In der Nacht, da Ton und Film sich zum ersten Male vereinten, schrieb Vogt in sein Tagebuch:

„Die Sprache, auch Händeklatschen, Mundharmonika wurde schon gut wiedergegeben. Im übrigen müde, Schnupfen, ohne Geld, das kennzeichnet den Tag."

Die drei Erfinder ernteten keinen Lohn. Die Berliner Filmindustrie war uninteressiert, und als Amerika sich dem Tonfilm zuwandte, hatte „Tri Ergon" (Werk der Drei) längst schon wegen Geldmangels seine Patente verkauft.

Verkümmern oder verlumpen

In vielen Läden gab es jetzt ein Spruchblatt mit dem tristen Scherz: „Auf Preiserhöhung kann gewartet werden."

Aber die Berliner lachten nicht. Der Feuilletonist Friedrich Kroner schilderte:

> „Die Anstehschlangen, der Blick der Frauen, ihre vergrämten Gesichter. Die ungewisse Zukunft, der Zahlenwahnsinn. Das trommelt täglich auf die Nerven. Epidemie der Angst, der nacktesten Not ... Der Wochenlohn, heute früh ausgezahlt, verlor schon auf dem Wege zum Kaufmannsladen seinen Wert. Der Mann hinter dem Ladentisch zuckt die Achseln ... Der Dollar ist gestiegen! Und Tagesgefühle wie Tageskurse. Mit dem Dollar steigt die Verzweiflung, steigt der Haß."

Es gab clevere Berliner. Sie konnten sich Bankkredite verschaffen. Sie erwarben mit den frisch gedruckten Scheinen Aktien, Waren, Grundstücke, auf denen sie prächtige Villen errichteten. Ein paar Monate später reichte ein Päckchen Zigaretten, eine Briefmarke dazu aus, um den Kredit in noch stärker entwerteter Mark zurückzuzahlen.

Der Politiker Maximilian Harden schrieb:

> „Wird ja auch klotzig verdient ... in einer dünnen, durchaus nicht reinlichen Schicht. Aber der Mittelstand verhungert anständig im Dunkel. Richter, Lehrer, Pfarrer, Kleinrentner, das ganze Heer der Festbesoldeten, Proletariat von morgen, mindestens an den Rändern

vor Fäulnis nicht mehr zu schützen... Verkümmern oder verlumpen, wo eine andere Wahl? An Warnung hat's niemals gefehlt. Jede ist nutzlos verhallt, selbst die dem Ohr der Reichsregierung, Staatsregierung nächste... Wer im Esplanade oder Fürstenhof, bei Peltzer, Hiller, Borchardt sich an den Trog setzt, der begreift ebensowenig wie Marie Antoinette, warum die armen Leute, wenn's kein Brot gibt, nicht Kuchen essen."

Max Klante Heil, ja Heil!

Der kleine Mann aus dem Mittelstand begriff die Welt nicht mehr. Er konnte sich nicht wehren, aber er wollte auch nicht verkümmern oder verlumpen. Er setzte seine Hoffnung auf Max Klante.

Max Klante war Inhaber eines Wettbüros. Max Klante machte auf den Rennplätzen offensichtlich glänzende Geschäfte. Er besaß in der Frankfurter Straße ein großes Verwaltungsgebäude, er gab eine eigene Zeitschrift heraus. In Klantes *Meldereiter* wurde dem Leser mitgeteilt:

„Sie geben mir eine Summe, die Ihnen angemessen scheint, als monatlich kündbares Darlehen... Der Einzahler übernimmt und trägt keinerlei Verlustrisiko, aber er erhält je Monat 600 Prozent Zinsen, nach Monatsfrist wird ihm also das Siebenfache des Darlehens zurückgezahlt..."

In Max Klantes Haus- und Werbezeitschrift las der um Existenz und Leben bangende kleine Mann:

„Alle die vom Schicksal Benachteiligten fordere ich auf, ihre Rechte wahrzunehmen. Alle die von der Regierung Vergessenen will ich zusammenfassen. Sie sollen die gleichen Chancen haben wie die Herren des Großkapitals. Zu diesem Zweck habe ich meinen Konzern gegründet...

Max Klante will sein Unternehmen von großkapitalistischen Einflüssen freihalten. Für die Großkapitalisten und jüdischen Spekulanten, für die Schieber darf keine Möglichkeit sein. Volksgenossen, mit Euren Darlehen wird der Konzern Fabriken, Häuser, Grundbesitz kaufen. Alles soll einer großen Genossenschaft der Volksaktionäre gehören. Ganz Deutschland soll uns gehören. Max Klante ist durch die Armen groß geworden. Max Klante wird die Armen groß machen. Max Klante ist Max Klante."

Im selben Jahr, da Adolf Hitler auf dem Coburger Parteitag 900 seiner Anhänger versammelte, trugen 260 000 Berliner ihr Geld zu Klante. Viele verkauften ihre Möbel, ihren Ehering, um als Klante-Sparer eines Tages Mitglied der „Genossenschaft der Volksaktionäre" und Mitbesitzer Deutschlands zu werden.

Max Klante beschimpfte die Juden, die Internationale, die Kapitalisten, die Parteien, die Regierung. Max Klante redete den kleinen Mann mit „Volksgenosse" an und ließ ein „Deutschland der Ehre" erstehen. Er steckte seine zahlreichen Angestellten in Uniform, ließ sie bei seinen Versammlungen Spalier bilden. Er hatte eine eigene uniformierte Musikkapelle, die den „Max-Klante-Marsch" spielte. Und viele Berliner sangen nach der bekannten Melodie:

Es braust ein Ruf durch ganz Berlin.
Voran! Laßt uns mit Klante ziehn ...

Nach jeder Strophe zweimal hintereinander der Kehrreim:

Und wär der Weg auch hart, der Weg so steil,
wir rufen laut: Max Klante Heil, ja Heil!

Das dauerte nicht viel länger als ein Jahr. Dann machte die Inflation eine Pause. Klante war pleite. Klante kam vor Gericht. Die Richter vernahmen ihn zur Person:

Vierunddreißig Jahre. In einem nach 1918 an Polen abgetretenen Dorfe Schlesiens geboren. Bei einem Onkel lernte er Bürsten binden. Flucht aus der Erbärmlichkeit. Zeitungsverkäufer. Endlich Kunstphotograph. Konflikt mit der Gewerbepolizei wegen fehlender Fachausbildung. Klantes Atelier wurde geschlossen, die Apparate wurden konfisziert. Im Weltkrieg: Front, Krankheit, Schreibstube. Und dann war Klante vier Jahre älter geworden, wurde nach Berlin entlassen und war ohne Heimat, ohne Beruf, ohne Geld. Und der Dank des Vaterlandes? Er beschloß – nein, er beschloß nicht, Politiker zu werden. Oder beschloß er es doch, und alles wäre nur Vorspiel gewesen?

Wir wissen es nicht. In Moabit wurde nur über den Finanzspekulanten Klante verhandelt, der seine Leute um 20 Millionen Goldmark (!) geschädigt hatte. Das Gericht hielt dem Finanzspekulanten die „schon fast schuldhafte Vertrauensseligkeit" der Darlehensgeber zugute und erkannte auf fünf Jahre Gefängnis.

Der kriminell vorbestrafte Klante wurde dann Vertreter einer Kartonagenfabrik. Er verlor diesen Posten – als Hitler den jüdischen Inhaber der Fabrik enteignete. Das „Deutschland der Ehre" ließ auch den kleinen Papierladen, mit dem Klante sich selbständig gemacht hatte, unter Trümmern versinken.

Klante überlebte. Nach dem zweiten Weltkrieg hauste er beim Alexanderplatz in einer halbzerfallenen Stube. Ein Pappschild „Max Klante – Bürstenmacher" an der Tür. An seinem sechzigsten Geburtstag öffnete Klante den Gashahn, nachdem er alle seine Aufzeichnungen vernichtet hatte. So bleibt unbekannt, was der Mann, der in Berlin lang vor Hitler mit „Heil" begrüßt wurde, nun selbst von sich und den seltsamen, oft gespenstischen Parallelen mit jenem anderen gedacht haben mochte.

Drum lustig, Brüder, lustig!

Aber noch waren die Bankschalter Klantes von Einzahlern umlagert, noch stieg der Dollar, fiel die Mark. Nationalistische Politiker machten den zurücktretenden Reichsfinanzminister Matthias Erzberger, auch dessen Nachfolger Reichsfinanzminister Joseph Wirth für den Währungsverfall verantwortlich.

Erzberger wurde von Mitgliedern einer rechtsradikalen Organisation erschossen. „Entsetzen und Trauer bei den Parteien der Mitte und der Linken, Jubel bei der nationalen Opposition", waren das Echo. Während die Freunde des Zentrumspolitikers nach Süddeutschland zur Beisetzung Erzbergers fuhren, sangen Studenten in einem Demonstrationszuge Unter den Linden:

Die Schwarzen scharren den Hias ein,
Ihr allerdickstes Rübenschwein;
Drum lustig, Brüder, lustig! Bald
Wird auch der Wirth noch abgeknallt.
... ...
Nun danket alle Gott
für diesen braven Mord.
Den Erzhalunken, scharrt ihn ein,
heilig soll uns der Mörder sein,
die Fahne schwarz-weiß-rot.

furor teutonicus

Dann gleich mehrere Versuche, den „Erfüllungspolitiker" Hermann Wirth zu töten. Prügeleien im Stadtparlament. Überfall auf Harden; der Herausgeber der *Zukunft* wurde schwer verletzt. Hakenkreuzler stürmen Gaststätten, vertreiben Ausländer, demolieren die Räume. Gewalt triumphiert, Willkür überall, 3000 Krawalle auf den Straßen, 600 Tote.

Walter Mehring, der damals mit George Grosz das politische Witzblatt *Pleite* herausgab, zitiert in der Rückschau seiner Autobiographie einen der ausländischen Berlinbesucher:

„Immoralismus? Nietzsche in Reinkultur? Jawohl! Der furor teutonicus, die deutsche Kraftmeierei... Stark und mächtig oder, wie Ihr sagt, geballt und gesteilt. Mit diesem Modeausdruck wird man von jedem Wasserstoff=superoxyd=Gretchen Eurer Nackttanz=Dielen angeredet. Blut und Boden – oder Kokain und Hakenkreuz."

Witze

Aus Indien kam Rabindranath Tagore. Tagore, der berühmteste Dichter Indiens, Nobelpreisträger, war den gehetzten Berlinern zu verträumt, zu wortselig, zu gefühlvoll. Man nannte ihn den „Gangeshofer".

Aus Dornach kam Rudolf Steiner, der seine große Gemeinde hatte. Aber die Mehrzahl der Berliner, meinte eine Zeitung, hätte Hunger und keinen Bedarf an Worten. Die Zeitung gab dem Bericht über die anthroposophischen Vorträge die boshafte Überschrift „Steiner statt Brot!"

Gleichzeitig las man, Professor Steinach in Wien habe eine Methode zur Verjüngung der Pubertätsdrüse entwikkelt. Einstein bekam den Nobelpreis. Es gehörte zum guten Ton, sich über Einstein, Steinach, Steiner zu unterhalten.

Natürlich verquaste Herr Raffke, der reich gewordene Schieber, von dem alle Witzblätter erzählten, die Probleme: „Was halten Sie denn von der Steinerschen Relativitätsdrüse?"

Frau Raffke, damit auch sie noch zum Worte kommt, entrüstete sich über das neue, sensationelle Buch: „Nein, haben Sie schon gehört, jetzt soll ja ein Spengler ein dickes Buch geschrieben haben. Aber Wasserleitung reparieren, dazu haben die Leute keine Zeit."

Schlager

Ein richtiger moderner Berliner, der „Shimmy=Schuhe" trug, und eine richtige moderne Berlinerin mit Bubikopf und kniefreiem Rock sangen jetzt Schlager und redeten vom Schlager. Das neue Wort war kurz und einprägsam, es ließ auf Härte und Keßheit schließen. Und die neuen

Schlager waren keß und hart, bleiben es auch in der Minimaldosis einer Auswahl.

Bei so 'n bißchen Killekille,
da hält jede gerne stille,
ja, da wird ihr selig-heiter,
und sie seufzt: Oh, bitte weiter ...

Im Kehrreim wieder eines anderen Schlagers seufzt der junge Mann nicht weniger ungeniert:

Ich möchte einmal, ich möchte zweimal,
ich möchte dreimal, in einer Tour.
Mit dir, du kleine, so ganz alleine
möcht ich die ganze Nacht – tanzen nur.

Der Schlager fragte: „*Was machst du mit dem Knie, lieber Hans, mit dem Knie, lieber Hans, beim Tanz?*" Der Schlager wurde grob: „*Die Hauptsache, der Knalleffekt ... wenn du nicht kannst, laß mich mal!*" Der Schlager tat naiv: „*Ach Ernst, ach Ernst, was du mir allens lernst.*"

Es ging nicht immer um solche Liebesfreuden. Da war der Schlager, der „Hiawatha" hieß, der viel gesungen wurde, dessen Anfangsverse schon Protest sind:

Jeder tanzt, auch wenn er 's nicht versteht,
denn es sind ja alle noch verdreht.
Alles schiebt und scherbelt spät und früh,
schlottert mit die Knie,
Kinder, Mutter, Vater,
es ist ein Theater ...

Brutal und ohne Übergang reißt der Kehrreim die Tänzer in die Wirklichkeit des Straßenkampfes:

Licht aus! Messer raus!
Haut ihn, daß die Fetzen fliegen.
Straße frei! Fenster zu!
Runter vom Balkon!

Vielleicht ist es am seltsamsten, daß man so etwas als Schlagertext hinnahm und dazu tanzte. Denn der „Hiawatha" war sehr beliebt, bis ihn eine neue Melodie mit neuem und noch zeitgemäßerem Texte ablöste:

Wir versaufen unser Oma ihr klein Häuschen,
ihr klein Häuschen.
Wir versaufen unser Oma ihr klein Häuschen,
und die erste und die zweite Hypothek ...

In der *Weltbühne* schrieb Peter Panter (Kurt Tucholsky) über diesen Schlager im besonderen:

„Das kleine Lied enthält klipp und klar die augenblickliche volkswirtschaftliche Lage. Wir leben von der Substanz... Die alte Generation, die noch ein Häuschen hat, erworben von den emsig verdienten Spargroschen – und die neue Generation, die das Familienvermögen keck angreift und den sauren Schweiß der Voreltern durch die Gurgel jagt:.."

Und über jene Schlager ganz allgemein:

„So singt das Volk. Hier spricht die Seele deines Volkes. Hier ist es ganz. Es soll uns nicht wundernehmen, wenn nächstens in einem schlichten Volkslied das Wort ‚Teuerungszulage' oder ‚Weihnachtsgratifikation' vorkommt – denn dies allein ist heute echte, unverlogene Lyrik."

Gesprächsthemen

Novemberling. Novemberverbrecher. Die deutsche Frau raucht nicht. Dolchstoß. Agitprop. Fürstenabfindung. Dolchstoßlegende. Kommune. Verniggerte Kunst. Untergang des Abendlandes. Schmachfrieden. Panzerkreuzer oder Kinderspeisung. Der Sattlergeselle. Der Sattlerfritze. Saftladen. Völkerbund. Ich küsse Ihre Hand, Madam. Der rote Handel lockt. Valutafritze. Dollarmieze. Schwarzrotsenf. Schwarzrotmostrich. Proletkult. Flittchen. Broadway. Untermenschentum. Edelkommunist. Valencia, Valencia, deine Augen... Kosmisch. Astralebene. Nackttänzerin. Schülerstreik. Hollywood. Reparationen. Die deutsche Frau schminkt sich nicht. Hawaian Songs. Bubikopf. Der Blaue Vogel. Reichskunstwart. Intellektueller. Seit wann bläst deine Großmama Posaune? Furtwängler. Organisation Roßbach. Strichjunge. Kauft keine ausländischen Waren. § 218. § 175. Ruhrkampf. Girl. Das Entfesselte Theater. Haushaltindex. Schlageter. Elisabeth Bergner. Fridericus. Mussolini. Marsch auf Rom. Was will der Hitler eigentlich? Was macht der Mayer am Himalaya? Asphaltliteratur. Grüne Woche. Schiebung. Bonzen. Bonzokratie. Cocktail. Barfrau. Schutzverband der Prostituierten. Oberschlesien. Annaberg. Alle Menschen sind Brüder.

An die Mutter des Mörders

Es knallten wieder Schüsse. Es wurde wieder ein Minister ermordet.

Die Regierung hatte den Rapollovertrag geschlossen. Außenminister Rathenau hatte den ersten Schritt auf dem Wege gewagt, der Deutschland aus der politischen Isolierung führen sollte. Die Sowjetunion hatte ihre Bereitschaft zum Abschluß von Handelsabkommen erklärt, was Steigerung des Exportes, was Verminderung der Arbeitslosigkeit bedeutete. Die Sowjetunion verzichtete auf die in Versailles für sie vorgesehenen Reparationslieferungen.

Die nationale Opposition, die gestern den „Erfüllungspolitiker" Rathenau verunglimpft hatte, schmähte jetzt den „jüdischen Verräter" Rathenau, der Deutschland den „jüdischen Bolschewisten" ausliefern wollte. Aufmärsche und Versammlungen mit Freikorpswimpeln, Hakenkreuz, Stahlhelm, Schwarzweißrot. Polizeisperren in der Wilhelmstraße, um das Auswärtige Amt vor Demonstrationen zu schützen.

Einige Wochen darauf wurde Walther Rathenau in der Koenigs-Allee, nahe seiner Wohnung in der Grunewaldkolonie, von drei Angehörigen einer nationalradikalen Gruppe ermordet. An die Mutter eines der Mörder schrieb die Mutter des Ermordeten:

„In namenlosem Schmerz reiche ich Ihnen, Sie ärmste aller Frauen, die Hand. Sagen Sie Ihrem Sohne, daß ich ihm im Namen Gottes und im Geiste des Ermordeten verzeihe ... Hätte er meinen Sohn gekannt, den edelsten aller Menschen, so würde er die Mordwaffe eher auf sich selbst als auf ihn gerichtet haben. Mögen diese Worte Ihrer Seele Frieden geben."

Voxhaus, Welle 400

Funktelegraphie gab es schon lang, Wirtschaft und Heer bedienten sich auch schon der Funktelephonie. Nach Kriegsende hatte Hans Bredow, Staatssekretär im Reichspostministerium, einen öffentlichen Rundfunk angekündigt.

Hans Dominik war sofort begeistert gewesen: „Zukunftsperspektiven von Jules Vernescher Kühnheit ... an einer Stelle in den drahtlosen Apparat und gleichzeitig von Millionen gehört ..."

Die meisten Berliner blieben skeptisch, wozu ihnen schließlich vier Jahre Zeit gelassen wurde. Als dann wirklich jemand an einer Stelle, nämlich in der Potsdamer Straße, in den drahtlosen Apparat sprach:

„Hier Sendestelle Berlin
Voxhaus Welle 400",

waren es auch nicht Millionen, sondern genau zweihundert Berliner, die im Kopfhörer ihrer meist selbstgebastelten Detektorgeräte die Geburtsstunde des deutschen Rundfunks miterlebten.

Inflatorisches

Eine bekannte Firma wies ihre Direktoren an: „Wir bitten Sie, in Ihren Abteilungen bekanntzugeben, daß ein privates Telephongespräch Mk 500 000,– kostet. Dieser Betrag ist jedesmal an die Telephonzentrale zu zahlen."

»Der Führer spricht!«

(Landesbildstelle Berlin)

Zwei Westberliner auf dem im Ostsektor gelegenen Ostbahnhof

»Wenn man 'n Paß hätte von der Joldküste, könnte man nach Potsdam fahrn!«

(Satirische Zeichnung von Heinz Schmidt-Berg, Berlin 1959)

Mittlerweile war der „Index" eingeführt worden, mit dem die Preise entsprechend dem Dollarkurs multipliziert wurden.

„Tach, wie geht's Ihnen?" – „Danke, mies mal Index!"

Die Kinder sangen:

Eins, zwei, drei, vier, fünf Millionen,
meine Mutter, die kauft Bohnen,
zehn Milliarden kost' das Pfund,
und
ohne Speck,
du bist weg.

Verlust der Kulturschicht

Die Inflation nahm ihren Fortgang. Stresemann war Reichskanzler geworden und schrieb an einen Abgeordneten:

> „Manchmal gewinnt man wohl den Eindruck, als ob die ganzen Probleme ... sich auf wirtschaftliche und finanzielle Fragen konzentrieren. Wer die Dinge so ansieht, verkennt die wirklich treibenden Faktoren im Aufstieg und im Niedergang der Völker ... Auf das geistige Deutschland müssen wir die Aufmerksamkeit lenken und nicht immer nur von Eisen, Kohle, Baumwolle und ähnlichen Dingen sprechen ... Ich habe vor kurzem im Reichstag an die Adresse Frankreichs den Vergleich gerichtet, wer denn wohl mehr verloren hätte, ein Volk, das in einer Provinz die Ruinen von Fabriken oder Wohnhäusern zu beklagen hat, die in wenigen Jahren wiederaufgebaut werden können, oder ein Volk, das die Träger des Kulturlebens so verloren hat, wie das in Deutschland der Fall gewesen ist ... Soweit ich die Dinge zu übersehen vermag, haben sich bei uns in Deutschland Anschauungen eingebürgert, die nicht gesund sind, und die verschwinden müssen. Man hat zwischen werktätiger und geistiger Arbeit eine Differenzierung nicht mehr anerkennen wollen ... Der Verlust der Kulturschicht ist für uns völlig untragbar. Nur wenn

wir geistig mehr leisten als andere, werden wir wieder einbringen, was der verlorene Krieg uns genommen hat. Die Hochachtung vor dem geistig Gebildeten, die wir früher hatten und die der Reichtum vor dem geistig Gebildeten hatte, müssen wir wiedererhalten."

Musikalische Impotenz?

Ferruccio Busoni galt bereits vor dem Kriege als revolutionärer Erneuerer der Tonkunst. Jetzt war Franz Schreker sein Kollege an der Musikhochschule geworden. Es kamen Arnold Schönberg und Paul Hindemith. Die Berliner hörten Bartok und Strawinsky in den Konzertsälen, Krenek in der Oper.

Hans Pfitzner, Mitglied der Akademie der Künste, kämpfte in der Schrift „Die neue Ästhetik der musikalischen Impotenz" wie ein Berserker gegen das Moderne. Der Komponist von „Palestrina" und „Christelflein" war kein und wurde kein Anhänger Hitlers, aber er wurde ungewollt dessen Gewährsmann, wenn er in der modernen Musik Gefahr für die deutsche Kultur, für das deutsche Volk witterte:

> „Das atonale Chaos, nebst den ihm entsprechenden Formen der anderen Künste, ist die künstlerische Parallele zum Bolschewismus, der dem staatlichen Europa droht. – – Die Jazzwelt bedeutet die Niedrigkeit, die Aharmonik den Wahnsinn. – – Die künstlerische Verwesung ist das Symptom der nationalen."

Friedrich Ebert gestorben

Nur sechs Jahre war er Reichspräsident gewesen. Er starb nur wenige Tage nach seinem vierundfünfzigsten Geburtstag im West-Sanatorium. Theodor Heuß, der Friedrich Ebert in einem Nachruf den „Abraham Lincoln der deutschen Geschichte" nannte, berichtete später:

„Der derbe große Kopf mit den gescheiten Augen, der hatte Raum für Fröhlichkeit besessen. Aber nun hatten sich dort Furchen eingegraben. In den Mundwinkeln ein trauriger Ernst, ja eine Bitterkeit. Denn da er Reichspräsident geworden war, war er Freiwild geworden für die Gassen, die Biertische, die Salons, die Literaten ...

Ich glaube, eine neue tiefe Furche des Schmerzes grub sich in sein Antlitz an dem Tage, als der Sattlerverband ihn aus seinen Reihen stieß, weil er in Aufgaben und Verantwortungen gewachsen war, die sich aus der inneren Logik der Dinge trennen mußten von dem, was Enge des Beginns gewesen. Aber dann von der Seite der Rechten her! Ach, in unserem Wissen sind noch die Schmähungen, Verfemungen und Verleumdungen ...

Und (dann stand sogar) in einem Urteil drin: Er, der zwei Söhne im Kriege geopfert hatte, er, der innerhalb der Sozialdemokratischen Partei die ruhige, klare Linie am unverwirrtesten gehalten – er sei ‚ein Landesverräter'. Der Richter, der das schrieb, bleibt eine peinlich böse Fußnote der deutschen Geschichte.

Die Ärzte wollten ihn ins Krankenhaus haben. Er selber wollte nicht den Eindruck erwecken, als ob er nun ins Krankenhaus fliehen wollte ... Die Krankheit zwang ihn nieder. Und dann war es zu spät. Er starb.

Lincoln wurde von Kugeln ermordet, Ebert mit Worten gemartert. Ich weiß nicht, was das schlimmere Schicksal war."

Der Silberstreif

Gustav Stresemann hatte das Kanzleramt abgegeben und als Außenminister mit Briand den Locarno-Pakt geschlossen. Deutschland und Frankreich sollten nach mehr als dreihundert Jahren der Rivalität Freunde werden. Man sah, endlich, den „Silberstreif am Horizont" Europas.

Der Ingenieur Karl Kaltdorff aus Berlin-Siemensstadt schrieb über einen beabsichtigten Mordanschlag seinem Studienfreunde in München:

„Ich habe den Reim gemacht ‚Stresemann, verwese man'... Ich habe zwei Offiziere, die mitmachen, und auch die ‚Finanzierung' ist all right... verwese man, das Schwein muß gekillt werden. Ein Flugzeug ist auch zur Verfügung. Aus diesen Andeutungen weißt Du, um was es geht! Die Industrie ist auch gegen den Verräterhund..."

(Nachzulesen im vollständigen Wortlaut in Band II Gustav Stresemanns Vermächtnis. Herausgegeben von Henry Bernhard.)

Akademie und Wartesaal

Eine „Deutsche Dichter-Akademie" wurde gegründet. Zu den ersten zwanzig Mitgliedern gehörten auch Ludwig Fulda, Max Halbe, Gerhart Hauptmann, Ricarda Huch, die Brüder Heinrich und Thomas Mann, Walter von Molo, Wilhelm von Scholz.

Nach den sehr feierlichen Eröffnungsreden sah man Fulda, Hauptmann, Molo in offensichtlich wichtigem Gespräch. Endlich löste sich die Gruppe der Berühmten auf, und ein Reporter, auf der Suche nach interessantem back ground, erkundigte sich bei Molo, worüber denn so aufgeregt verhandelt worden wäre.

„Über die Tantiemen der deutschen Theater. Sie ahnen gar nicht", wurde der enttäuschte Zeitungsmann belehrt, „wie wichtig die Tantiemen der deutschen Theater für Mitglieder der Deutschen Akademie sind."

Die Akademie am Pariser Platz war, wenn man so sagen darf, der „Salon" des staatlich anerkannten Genius. Im Romanischen Café bei der Gedächtniskirche trafen sich die anderen, und Günther Birkenfeld hat ihm den hübschen Namen „Wartesaal des Genius" gegeben:

„Das Lokal selbst war so farblos und frostig wie sein Name, abgeleitet von der spätwilhelminischen Romanik rund umher ... Hier traf sich alles, was zwischen Reykjavik und Tahiti von Beruf oder aus Liebhaberei mit den Musen und Grazien in irgendeiner Beziehung stand ... Schräg gegenüber der Drehtür ein Büfett, das sich an architektonischer Abscheulichkeit und kulinarischer Geschmacklosigkeit mit jedem Wartesaal Preußens messen konnte. Darüber eine der wagenradförmigen Kronen, Serienproduktion im standardisierten Makartstil . . . Und das in einem Lokal, in dem Slevogt, Orlik und Mopp (Max Oppenheimer) täglich ihren Kaffee tranken!"

Es tranken ihren Kaffee, außer Birkenfeld, dem Autor von „Dritter Hof links", auch Roda Roda, Walter Mehring, George Grosz im Romanischen. Es trafen sich die Damen, die dazugehörten oder dazugehören wollten, die Redakteure, die Mitarbeiter, die Mitarbeiter, die Redakteure suchten. Man spielte Schach, und nicht einmal der berühmte Emanuel Lasker verschmähte ein Café, dessen Stammgast auch seine berühmte Schwägerin Else Lasker-Schüler war. Man erfand oder kolportierte die Bonmots des Tages:

Daß Alfred Kerr den Spruch „Der Becher geht so lang zum Bronnen, bis er Brecht" geprägt hatte. Und Kerr apostrophierte einen viel schreibenden Poeten, der den Verlegern fortgesetzt neue Werke offerierte: „Ich bin der Dichter Werfel. Haben Sie kein Bederfel?"

Auch Hanns Johst hatte sich, wie die meisten Expressionisten, nach großen Anfangserfolgen mit seinen neuen Stücken nicht durchgesetzt. Es hieß mokant: „Der Autor schreibt jetzt nur noch Uraufführungen!"

Nach der Premiere eines neuen Werkes von Georg Kaiser witzelte Georg Hermann im Romanischen: „Ich merkte nichts, ich roch nichts, aber Kaisers ‚Gas' war von unerhörter Wirkung, und ich bin sofort eingeschläfert gewesen."

Und Georg Kaiser, einer der wenigen, die sich auf der Bühne behaupteten, schrieb wieder zwei neue Stücke. Es war nicht nur Pointe, es war Abschied, wenn Max Krell erklärte, der von ihm geliebte Expressionismus sei „nun endgültig ‚Kolportage' und reif für die ‚Papiermühle' geworden."

Übliches Programm

Frida Leider, Stern der Staatsoper, gefeierte Marschallin, Isolde, Leonore, sang zum ersten Male im Konzertsaal. Michael Raucheisen war Begleiter. Michael Raucheisen war und ist in vielen Liederabenden am Flügel. Über seine Berühmtheit als Konzertbegleiter, erzählt Frida Leider, kursierte in Künstlerkreisen der Scherz:

Liederabend
MICHAEL RAUCHEISEN
Am Sopran: Sängerin X

Albert Einstein

Vor dem Kriege war er nach Berlin gekommen, Mitglied der Akademie der Wissenschaften, Direktor des Kaiser-Wilhelm-Instituts für Physik geworden. Daß er den Nobelpreis erhalten hatte, lag auch schon lang zurück. Jetzt wurde Einstein, der wohl berühmteste Berliner, gerade fünfzig!

Sein Geburtstag wurde auch in London gefeiert, und Einstein mußte hinfahren, um irgendeine Ehrenmitgliedschaft zu übernehmen. Seine Frau protestierte gegen Einsteins Unbekümmertheit in Garderobefragen: „Du kannst doch unmöglich den gräßlichen Mantel anziehen, wenn du nach London fährst, was sollen denn die Leute dort von dir denken?"

„Aber in London kennt mich doch überhaupt niemand!"

„Und deine Kollegen?"

„Na ja, was denn, die kennen mich doch!" sagte er beruhigend.

Er wohnte schon nicht mehr in Schöneberg in der Haberlandstraße, hatte sich für seine zahlreiche, aus Kindern, Stiefkindern, Neffen und Nichten bestehende Familie an der Havel bei Caputh ein Heim geschaffen. Es war sehr „j. w. d." nach berlinischer Sprache, janz weit draußen, und da Einstein, zum chauffieren untalentiert, keinen Wagen besaß, benutzte er den Omnibus. Wenn es abends in ein Konzert ging, stand eine vielköpfige Familie an der Haltestelle, und den Omnibusschaffnern gefiel die Variante der vorschriftsmäßigen Aufforderung:

„Alles einstei'n, alles einstei'n, Herrschaften, bitte, alles einstei'n!"

Doch einem anderen Schaffner, erzählt Louis P. Lochner, war der Professor unbekannt. Lochner stand daneben, als Einstein behauptete, zu wenig Geld beim Wechseln des Millionenscheines bekommen zu haben, sich auch nach Aufklärung des Falles höflich entschuldigte. Nachdem er die Straßenbahn verlassen hatte, tippte der Schaffner, einen Vogel zeigend, erzählt Lochner, an die Schläfe und bemerkte: „So'n Dussel! Sollte sich nochmal uff de Schulbank setzen und 'n bißchen Rechnen lernen!"

Als die Kaiser-Wilhelm-Gesellschaft das „Harnack-Haus" in Dahlem einweihte, das als Hotel und geselliges Zentrum der Gelehrten in Europa ohne Beispiel war, fand auch Einstein sich ein. Photographen und Reporter beschäftigten sich mit ihm. Er berichtete über eine neue Ergänzung seiner neuen Feldtheorie, tat es mit der liebenswürdigen Resignation des Mannes, der sich klar war, daß ihn doch niemand verstand. Dann hörte er die Frage, ob und wo er die neuen Forschungen veröffentlichen werde.

Die Antwort kennzeichnete die Einsamkeit des Gelehrten: „Ach, da schreibe ich eine Postkarte an den (holländischen Physiker) Lorentz. Und dem Planck habe ich es ja schon gesagt."

Die ferngesehene Negri

Ein paar Zeitungen brachten Karikaturen. Etwa, daß Großpapa behaglich im Lehnstuhl vor einem Kasten saß, durch dessen gläsernes Fenster er das Wettrudern in Grünau verfolgte. Sämtliche Zeitungen brachten fast gleichlautend eine Notiz im lokalen Teil:

> „Dem Physiker Dr. Denes von Mihaly gelang es, von seinem Laboratorium in der Hildegardstraße (Wilmersdorf) Bilder der Filmschauspielerin Pola Negri in eine Villa in der Hardenbergstraße (Charlottenburg) zu übertragen. Obwohl die Bilder stark flimmerten und sehr klein waren, war die Diva sehr gut zu erkennen, was von ihren in der Hardenbergstraße anwesenden Freunden mit Applaus gefeiert wurde, wie man in der Hildegardstraße per Telephon hören konnte."

Pola Negri war also die erste Fernsehspielerin. Und die ganze muntere Angelegenheit wurde als Geburtsstunde des Fernsehens betrachtet, das die Post einige Monate später mit Mihalys Apparatur der Öffentlichkeit vorstellte.

Der Mann mit den 5 PS

Er hieß Kurt Tucholsky, redigierte eine Zeitschrift, schrieb Romane, Gedichte, Glossen, Feuilletons. Er hat auch ein Buch herausgegeben, das „Deutschland über alles" hieß.

Wer es vielleicht des Titels wegen kaufte, der las: „Und nun will ich euch mal etwas sagen. Es ist ja nicht wahr, daß jene, die sich ‚National' nennen und nichts sind als bürgerlich-militaristisch, dieses Land und seine Sprache für sich gepachtet haben. Weder der Regierungsvertreter im Gehrock noch der Oberstudienrat, noch die Damen und Herren des Stahlhelms allein sind Deutschland. Wir sind auch noch da."

Er schrieb in seiner Zeitschrift *Die Weltbühne* oder anderswo:

„Wegen ungünstiger Witterung fand die deutsche Revolution in der Musik statt ..." – „Das deutsche Schicksal: vor einem Schalter zu stehn. Das deutsche Ideal: hinter einem Schalter zu sitzen ..." – „Nie geraten die Deutschen so außer sich, wie wenn sie zu sich kommen wollen ..." – „Die Deutschen haben zwar nicht das Pulver erfunden, wohl aber die Philosophie des Pulvers ..."

Mit solchen Sätzen machte man sich nicht beliebt. Und wer den politischen Tucholsky nicht mochte, fing gar nicht erst an, sich mit dem anderen Tucholsky zu beschäftigen, der „Rheinsberg, ein Bilderbuch für Verliebte" und die Verse an die Berlinerin geschrieben hatte:

Mädchen, kein Casanova
hätte dir je imponiert.
Glaubst du vielleicht, was ein dofer
Schwärmer von dir phantasiert?
Sänge mit wogenden Nüstern
Romeo, liebesbesiegt,
würdest du leise flüstern:
Woll mit die Pauke jepiekt?
Willst du romantische Feste,
gehst du beis Kino hin ...
Du bist doch Mutterns Beste,
du, die Berlinerin!

Er war nun einmal abgestempelt. Er war der „Vogel, der das eigene Nest beschmutzt", der Bürgerschreck, der Asphaltliterat. Dabei war er wirklich nicht so, er liebte Deutschland, er hatte Respekt vor geistiger Tradition, es steckte sogar ein Schuß Sentimentalität ganz durchschnittlicher Art in ihm. „Aber Tucholsky verstellte sich gern", meinte die Frau, die ihn wohl besser als andere Menschen gekannt hat. Vielleicht liebte er deshalb die Pseudonyme?

Er nannte sich Ignaz Wrobel, Peter Panter, Theobald Tiger, Kaspar Hauser. Wenn er einem Sammelband den Titel „Mit 5 PS" gab, übertrieb er also. Es sei denn, er hätte den fünften, angeborenen Namen Kurt Tucholsky ebenfalls als „Pseudonym" betrachtet.

Medizin und Zirkuskunst

Die Spezialisierung war feiner und feiner geworden. Assistenzärzte ulkten, ob sie sich als „Facharzt für das linke Auge" oder als „Facharzt für Krankheiten der Zehen am rechten Fuß" niederlassen sollten.

August Bier, Chirurg, ging neue Wege, betonte den Zusammenhang leiblicher und seelischer Vorgänge und Erscheinungen, warnte, über dem kranken Organ den kranken Menschen zu vergessen. Der Chirurg Bier wollte auch nicht zustimmen, als ein Kranker mit leichter Appendicitis, mit einer Entzündung des Appendix, des Wurmfortsatzes des Blinddarmes operiert werden sollte. Bier hielt die Operation nicht für nötig:

„Und überhaupt, meine Damen und Herren", wandte er sich an seine Mitarbeiter: „Die Chirurgen übersehen so gern, daß an so einem winzigen Appendix ein ganzer Mensch hängt."

Der andere große Meister, mit Bier nicht gerade befreundet, wegen seines Selbstbewußtseins auch sonst nicht durchweg beliebt, war E. F. Sauerbruch. Beim Geheimrat Sauerbruch meldete sich ein noch sehr junger Dr. Forssmann, gebürtiger Berliner. Er habe für die Untersuchung des Herzens eine neue Methode entwickelt, und wolle sich als Privatdozent an der Universität niederlassen.

Sauerbruch gab dem noch sehr jungen Herrn Gelegenheit, seine neue Methode vorzuführen. Dann brüllte er los: „Mit so etwas habilitiert man sich an einem Zirkus, aber nicht an einer anständigen Klinik!"

Der Doktor Werner Forssmann verschwand in eine Arztpraxis. Und dann dauerte es einige Jahrzehnte, bis er als Erfinder des „Herzkatheterismus" gefeiert wurde und den Nobelpreis für seine „Zirkuskunst" erhielt.

Ernst Reuters Stadt im Grünen

Aus vierundneunzig früher selbständigen Gemeinden war ein Groß-Berlin gebildet worden. Die Zahl der Einwohner war auf mehr als vier Millionen gestiegen. Die Industrie strebte aus den engen Stadtkernen hinaus, in den neuen riesigen, leeren Gebieten war Platz für Siedlungen.

Ernst Reuter, achtunddreißig, Stadtrat von Groß-Berlin, referierte: „Die Menschen sollen aus den Steinmassen hinaus ins Freie, Berlin soll eine Stadt im Grünen, eine Stadt zwischen Seen und Wäldern werden."

Ernst Reuter, zuständig für die Verkehrsbetriebe, verlangte die Untergrundbahnen, Omnibusse, Straßenbahnen, welche die Aufschließung und Besiedlung der angelegenen Gebiete ermöglichen würden. Das U-Bahnnetz wurde von 37 auf 80 Kilometer Streckenlänge erweitert. Es wurden 100 Kilometer neue Straßenbahngleise gelegt. Die Zahl der Omnibuslinien wurde verachtfacht, die Busse wurden in die entferntesten Winkel geführt. Für sämtliche städtischen Verkehrsmittel 20 Pfennig Einheitstarif, wie weit man auch fuhr, wie oft man umstieg.

Jetzt entstanden die großen Siedlungen in Weißensee, Zehlendorf, Britz, Reinickendorf, Siemensstadt, Lichtenberg. Als Ernst Reuter nach knapp fünfjähriger Tätigkeit Oberbürgermeister von Magdeburg wurde, verabschiedete er sich im Rundfunk:

> „Die Denkmäler unserer Zeit werden nicht große Prunkbauten sein können ... In einer neuen, auf dem Willen nach Sachlichkeit und Einfachheit, nach ehrlicher Klarheit beruhenden Baugesinnung erwachsen in den Großstädten die Wohngebiete und Arbeitsstätten unserer Zeit, in denen ein freies, seines Wertes, seiner Kraft und seiner Zukunftsmöglichkeiten bewußtes Volk seinen Lebens- und Behauptungswillen manifestiert."

Die Katakombe

„Die jungen Leute, die sich in dem neuen Kabarett einen Namen machten, hatten um diese Zeit noch keinen. Wer kannte Hans Deppe, Rudolf Platte, Dolly Haas, Inge Bartsch, die Herking?" referiert Werner Finck, der bei der Eröffnung gesagt hatte:

„Wie ich auf den Namen Katakombe gekommen bin? Ganz einfach. Vor zweitausend Jahren war die Katakombe der Zufluchtsort der ersten Christen, heute ist sie die Zuflucht der letzten."

Die Katakombe galt als das beste und lebendigste Kabarett. Was Werner Fincks Vergleich betraf, so stimmte er jedenfalls in der Auslegung, daß sein Haus Zuflucht der Letzten war, die sich dem Rassendogma widersetzten und sich dem alten Geiste des Abendlandes verpflichtet fühlten. Nur dauerte es nicht lang, und ein „erwachter Deutscher" warf Finck ein provozierendes „Judenjunge" zwischen zwei Pointen. Antwort, referiert Finck weiter: „Sie irren, ich sehe nur so intelligent aus!"

Neue Gesprächsthemen

Wochenend und Sonnenschein. Tangobubi. Dr. Unblutig. Barmatprozeß, 70 Hauptbände, 1000 Nebenbände, 400 Zeugen, 50 Sachverständige, 17 Rechtsanwälte, 5 Staatsanwälte. Sexappeal. Von roten Ketten macht euch frei allein die Deutsche Volkspartei. „Kleiner Mann, was nun?" Neue Sachlichkeit. Bauhaus. Schmeling. Remarque soll ja ein Pseudonym sein. Der Eiserne Gustav. „Revolte im Erziehungshaus". „Friederike" im Theater des Westens. Notverordnung. Aber der Marschall doch nicht mit 'nem Gefreiten! Die Bindernagel erschossen. 134000 Wohlfahrtserwerbslose. Ausgesteuert. Charlie Chaplin. § 48. Rotfrontkämpferbund. Paneuropa. Deutschland erwache! Zum 500. Male „Fröhlicher Weinberg". Wer ist eigentlich Horst Wessel? „Mädchen in Uniform." „Das Unaufhörliche", Oratorium, Musik von Hindemith, Text von Gottfried Benn, Dirigent Otto Klemperer. „Jahrgang 1902." George Boulanger. Junglehrer. Coué, es geht mir jeden Tag besser. Sind's die Augen, geh zu Ruhnke. „Hoppla, wir leben." Die Brüder Sass. Herr von Papen. Brachts Zwickel. Burgfriede. Der Kaiserhof. Reichsbanner Schwarzrotgold. Weltwirtschaftskrise. Schwarzer Freitag. 700 000 Erwerbslose. „Die Vollkommene Ehe." Glaubt an Weißkäse! Charell-Revue. Deutschland erwache!

„Die Premiere warf alles über den Haufen. Sie war ein Triumph. Die Zeit war reif für den gallenbitteren Zynismus, die Brutalität, den harten Knockout der Songs von Brecht und Weill. Jeder etwas zeitgemäße jüngere Mann trug diese neue Brutalität im Knopfloch als den Slogan des Tages ... Es saß wie ein wohlgezielter Hammerschlag ... Das Parkett des Theaters am Schiffbauerdamm applaudierte frenetisch, die Galerien mit den jungen Leuten trampelten, brüllten und jubelten vor Begeisterung. Nach dem ‚Kanonensong' stürzten begeisterte junge Menschen an die Rampe, es konnte kaum weitergespielt werden ... Es war aber auch eine wirklich ausgezeichnete Aufführung unter Erich Engel."

Die Schauspieler der Uraufführung waren: Harald Paulsen (Mackie), Roma Bahn (Polly), Kurt Gerron (Polizeichef), dazu Lotte Lenja, Kathe Kühl, Rosa Valetti, Erich Ponto.

Die Songs, denen Willy Haas so „harten Knockout" attestierte, wurden das Riesengeschäft der Schallplatten-Fabrikanten. Zahlreiche Formulierungen Brechts wurden Geflügelte Worte. Überall war zu hören:

... erst kommt das Fressen,
dann kommt die Moral ...
... Ja, mach nur einen Plan,
sei nur ein großes Licht,
und mach noch einen zweiten Plan,
gehn tun sie beide nicht ...
... ja, da muß man sich doch einfach hinlegen,
ja, da kann man doch nicht kalt und herzlos sein ...
... Was hilft da Freiheit? Es ist nicht bequem,
nur wer im Wohlstand lebt, lebt angenehm ...
... wir wären gut, anstatt so roh,
doch die Verhältnisse, sie sind nicht so ...

Seit langem hatte kein Bühnenwerk so viele Zitate geliefert. Willy Haas bestätigte „vollen Einklang mit der Berliner Zeitstimmung" und fragte: „Lag schon etwas in der

Luft von der großen Krise, die später über die Welt losbrach? Die Welt schlitterte langsam auf den Abgrund zu, in dem sie dann in der schwarzen New Yorker Woche versank, Deutschland voran."

Marlene! Marlene!

Erich Pommer fand in Heinrich Manns Roman „Professor Unrath" einen geeigneten Filmstoff. Es gab Streit mit der Ufa. Carl Zuckmayer und Karl Vollmöller schrieben das Drehbuch. Es gab Streit um das Drehbuch mit der Ufa. Für die Hauptrolle konnte endlich der große Emil Jannings gewonnen werden. Auch Hans Albers, Rosa Valetti wirkten mit. Es gab Streit, weil Regisseur Josef von Sternberg die kleine Rolle der Chansonette Lola mit einer zwar hübschen, aber weithin unbekannten Revuedarstellerin Marlene Dietrich besetzen wollte. Es gab Streit um den Titel des Films. Man einigte sich, den Film einfach wie das Tingeltangel, in dem einige Szenen spielten, „Der blaue Engel" zu nennen.

Schon am Abend der Uraufführung hieß der Film „Marlene"! Nichts von Jannings, nichts von Heinrich Mann. Heinrich Mann verließ unbeachtet den Gloria-Palast. Niemand kümmerte sich um Jannings. Aber vom Kurfürstendamm bis zur Hardenbergstraße standen Menschen und schrien „Marlene! Marlene!"

Die Zeitungen schrieben: „Umweht von allen erotischen Faszinationen der Erde", „elementare Sinnlichkeit", „Schicksal der ewig zur Liebe Verdammten", „Siegesweg des Tonfilms", „der Tonfilm aus den Kinderkrankheiten heraus, durch die Beine der Dietrich gerettet", „perverse Sinnlichkeit", „Triumph der Gemeinheit". Und das steigerte sich in Bewunderung und Verachtung bis zu: „die herrliche Urgewalt der Schauspielerin Marlene Dietrich" und „jeder anständige Deutsche protestiert, wenn ihm das vorgesetzt wird. Wo gibt es den Lehrer, den Herrn Professor, den zwei nackte Streifen Fleisch an den Beinen einer Dirne den idealen Geistesschwung Fichtes, Hölderlins, Schillers vergessen lassen?"

Jeder Flapper (heute: Teenager) bemühte sich um eine rauhe, tiefe Stimme und sang: „Ich bin von Kopf bis Fuß auf Liebe eingestellt." Auch wenn's nicht stimmte. Und jeder Flapper (Teenager) kürzte den Rock noch etwas mehr, so daß über den schwarzen Seidenstrümpfen zwei Streifen nackten Fleisches zu sehen waren. Auch wenn's nicht stimmte. Weil Marlenes Beine wirklich einzigartig waren, sogar bis heute.

$-2 + 2 = 0$

Dem Schwarzen Freitag der New Yorker Börse folgte die Weltwirtschaftskrise. Auch in Berlin gerieten angesehene Firmen in Zahlungsschwierigkeiten, in Konkurs. Die Arbeitslosen sahen einem schweren Winter entgegen. Auf dem Weihnachtsmarkt im Lustgarten gab es Pfefferkuchen mit der Aufschrift:

Dieser Kuchen ist nicht groß,
denn auch ich bin arbeitslos.

In die Theater gingen jetzt nicht einmal die Freikärtler, Fahrt und Garderobe waren ihnen zu teuer. In der Hardenbergstraße, beim Springbrunnen, trafen sich zufällig Max Adalbert und Arthur Eloesser. Es war kurz vor halb neun. Ringsum kein Mensch, der in das Renaissance-Theater ging. Gespräche über die miesen Zeiten. Irgend jemand, vielleicht von Taggers (Ferdinand Bruckners) Personal, kam aus dem Theater heraus. Man erörterte den Konkurs der Piscator-Bühne. Noch jemand, vielleicht von Taggers Büro, kam aus dem Theater und strebte der Straßenbahn entgegen.

„Wenn Sie nichts Besonderes vorhaben, Herr Eloesser", meinte Max Adalbert, „wollen wir Tagger doch die Freude machen. Wenn wir beide jetzt reingehen, ist das Theater wenigstens leer."

Bumbum

Was auch in schlechtester Zeit noch lockte, waren Sportveranstaltungen, Boxkämpfe, Fußballmatches, war vor allem das Sechstagerennen. Des Schriftstellers Max Barthel Aufzeichnung:

„Berlin schlug die Riesenpauke Bumbum. Der Sportpalast war überfüllt, und ‚Sonja! Sonja!' brüllte der proletarische zweite Rang, und Sonja nahm die Pistole und schickte die vierzehn Paare auf die Reise ... Der Heuboden hat seine Lieblinge unter den Fahrern, er hetzt sie herum, klatscht, pfeift und rebelliert. Er richtet seine grausame Stimme auch gegen schrullige Einzelgänger unter den Gästen:
Schüttelfranz, Schüttelfranz, deine Birne stimmt nicht ganz!
Wer ist Schüttelfranz? Der Herr da im grauen Regenmantel, der Herr dort im Frack? Der (bettelnde) Schüttler an der Potsdamer Straße?
Da sitzen die Köpfe und Köpfchen von Film, Theater, Kunst, Geld, Literatur, Mode. An der Bar schwarze Seide auf nacktem Fleisch. Frackwesten.
Wer wird das Rennen machen? Sie denken nicht an die Fahrer, sondern an die politischen Parteien, die sich auf Tod und Leben bekämpfen, bespucken, verleumden, abknallen.
Schüttelfranz, Schüttelfranz, deine Birne stimmt nicht ganz ...
Das Rasen des Beifalls, das gellende Pfeifen. Betrieb! Betrieb! Betrieb! Und: Schüttelfranz, Schüttelfranz, deine Birne stimmt nicht ganz!"

Max Liebermann

Er war jetzt achtzig. Er hatte Virchow, Fontane, Emil Rathenau, Maximilian Harden, Gerhart Hauptmann und den Grafen Schlieffen porträtiert. Nun porträtierte er den Reichspräsidenten von Hindenburg.

„Ja, wissen Sie, Hindenburg und ich, wir sind beide doch aus einem Jahrgang, beide noch janz frisch. Aber da fiel mir doch ein Spatel runter. Und ick, det Bücken fällt mir schwer, ich konnte nicht gleich zufassen. Da wollte Hindenburg ihn aufheben. Aber der konnte ooch nich. Da ham wir beide gelacht. Und 'n Diener mußte kommen und den Spatel aufheben. Heute lach ick nich mehr, daß der alte Herr sich nicht bücken konnte. Ick freu mir, wenn er nur 'n steifet Rückgrat hat."

In diesem Optimismus amüsierte sich Liebermann: „Da hat so'n Hitlerblatt geschrieben, es wäre unerhört, daß ein Jude den Reichspräsidenten malt. Über so etwas kann ich nur lachen. Und wenn Hindenburg das erfährt, ich bin überzeugt, lacht er auch darüber. Was hat die Malerei mit dem Judentum zu tun?"

KRISIS

Achtundzwanzig Autoren vereinigten sich zu einem Werk, das den Titel KRISIS trug. In dem mehr als dreihundert Seiten starken Band untersuchten sie die KRISIS der

Außen-, Innen-, Sozial-, Finanzpolitik,
Beamtenschaft, Arbeiterbewegung,
Wehrmacht,
Rechtsprechung,
Wirtschaft, Landwirtschaft,
Kirchen,
Parteien,
Literatur, Malerei, Musik, Bühnen,
Schulen, Hochschulen.

Zu den Mitarbeitern gehörten Rudolf Smend, Ludwig Bernhard, Emil Dovifat, Otto Flake, Franz Oppenheimer, Alfons Paquet, Ludwig Kaas, Rudolf Kircher, Eugen Schiffer, Friedrich Muckermann S. J., Paul Scheffer, Heinrich Brüning. Im Vorwort des Herausgebers hieß es:

„Die politischen Systeme, nach denen der Staat mitsamt seinen äußeren und inneren Problemen erst einmal zerstört werden müsse, werden kritisch gewürdigt und als mahnende Krankheitssymptome zur Erkenntnis verwertet... Alle Autoren haben nur den Willen, zur klaren Erkenntnis der Lage Deutschlands beizutragen und daraus den Mut und den Entschluß zu festigen, an der Rettung nicht zu verzweifeln."

Wenn ich nur wüßte

Hundertsechsundneunzig Nationalsozialisten im Reichstag. Die preußische Regierung abgesetzt. Reichskanzler von Papen läßt Braun und Severing in Schutzhaft nehmen? Papen tritt zurück. Hitler bei Hindenburg. Hitler lehnt ab? Schleicher Reichskanzler. Riesenaufmarsch der NSDAP. Schleicher geht. Hitler wird, Hitler wird nicht, wird, wird nicht. Er wird? Er wird!

Zweiundfünfzig Stunden Ungewißheit, und im Kabarett der Komiker (oder war es noch die Katakombe?) lachte das Publikum über den Berliner, der sich fragte:

Wenn ich nur wüßte, was der Adolf mit uns vorhat,
wenn er erst die Macht am Brandenburger Tor hat.
Müssen wir dann braune Kragen tragen?
Dürfen wir dann nicht mehr „nebbich" sagen?
Wird uns der Dr. Meissner bleiben?
Wird t. w. Fraktur dann schreiben?
Müssen wir im Teutoburger Walde leben?
Und zum Gruß die Ärmchen heben?
Trifft ins Herz uns Adolfs Pfeil
Oder auch ins Gegenteil?

Es ist wie ein Traum

„Es ist wie ein Traum. Die Wilhelmstraße gehört uns. Der Führer arbeitet bereits in der Reichskanzlei. Wir stehen oben am Fenster, und Hunderttausende und

Hunderttausende von Menschen ziehen im lodernden Schein der Fackeln am greisen Reichspräsidenten und jungen Kanzler vorbei und rufen ihnen ihre Dankbarkeit und ihren Jubel zu ...
Nun liegt die Etappe des Kampfes um die Macht hinter uns; nun müssen wir arbeiten, um die Macht zu behaupten ...
Der Tag verläuft wie ein Traum. Alles mutet an, als wäre es ein Märchen ..."

So Josef Goebbels in: „Vom Kaiserhof zur Reichskanzlei."

„Und dann begann der Fackelzug. Endlos, endlos, von 7 Uhr abends bis 1 Uhr nachts. SA-Männer, SS-Männer, Hitlerjugend, Zivilisten, Männer, Frauen, Väter, die ihre Kinder auf dem Arme trugen und zum Fenster des Führers emporhoben. Wenige Meter von der Reichskanzlei steht der Reichspräsident an seinem Fenster, ragende Heldengestalt, ehrwürdig und von mythischem Zauber umwittert. Mit dem Spazierstock schlug er hin und wieder zu den Rhythmen der Militärmärsche den Takt. Hunderttausende und Hunderttausende ziehen im ewigen Gleichschritt ...

Das ist der Aufbruch der Nation!
Deutschland ist erwacht!"

Die Berliner und Hitler

In den Jahren zwischen dem 30. Januar 1933 und dem 8. Mai 1945, zwischen dem Tage der Machtergreifung durch Hitler in Berlin und dem Tage der Kapitulation durch Keitel in Berlin, ist viel geschehen. Die Ereignisse folgten einander Schlag auf Schlag, pausenlos, in unheimlicher Schnelle, in bestürzender Zahl.

Dieses Buch ist kein Geschichtskalender. Der Leser wird deshalb von diesem Kapitel noch weniger als von einem der vorigen „Vollständigkeit" erwarten. Er wird verstehen, daß solche „Vollständigkeit" nicht erreicht werden sollte, sehr oft nicht erreicht werden wollte. Er wird auch in diesem Kapitel nicht die Registrierung der Tatsachen finden, sondern wiederum deren Spiegelung im Wort oder Schicksal eines Menschen.

Was die Spiegelungen im einzelnen Schicksal betrifft, ist zu vermerken notwendig, daß sie mehr als nur vertausendfacht oder verzehntausendfacht werden könnten. Der jüngere Leser, der damals noch nicht Zeitgenosse war, darf nicht für Ausnahme halten, was Regel gewesen ist. Der jüngere Leser muß wissen, daß mehr als 160 000 Berliner wegen ihres mosaischen Glaubens, wegen ihrer „nichtarischen" Abstammung des Eigentums bestohlen, ausgewiesen, ins Konzentrationslager geschafft, vergast oder sonstwie ermordet wurden. Gleiches oder doch ähnliches Schicksal litten andere zu Tausenden, weil ihre politische Überzeugung sie dem Regime unbequem gemacht hatte. Der jüngere Leser mag, ehe er aus einer durch den Rahmen dieses Buches bedingte Auswahl voreilig falsche Schlüsse zieht, sich umfassender unterrichten. In jeder Bibliothek findet er Kogons „SS-Staat", Kubys „Das Ende des Schreckens", Schlabrendorffs „Offiziere gegen Hitler" und auch Walter Hofers Dokumentensammlung „Der Nationalsozialismus".

Auch eine Anmerkung zu den Spiegelungen im Worte scheint angebracht. Es kursierten zahllose und oft sehr gute Witze. Es wurden in Berlin mehr Witze als anderswo gemacht. Es wurde in Berlin auch mehr als anderswo gelacht. Besuchern aus anderen Städten blieb der Atem weg, dachten sie an daheim. Auf den folgenden Seiten findet der Leser auch eine Auswahl von Witzen. Wenn er sie gut findet, mag er lachen, sollte aber keine falschen Schlüsse ziehen. Die Witze entspringen der dem Berliner angeborenen Neigung zur Ironie, die auch in früheren Jahren nichts und niemanden verschont hatte. Sie sind nicht ohne weiteres als politisches Glaubensbekenntnis zu betrachten, noch weniger als Heldentat.

Entscheidend für das Verhältnis zum Nationalsozialismus war die Größe der Stadt. Die Masse von viereinhalb Millionen Berlinern konnte auch ein feinst ausgebauter Kontrollapparat parteilicher oder staatlicher Organe nicht überwachen. In der Vier=Millionen=Stadt versagten die sonst bewährten Praktiken. In der Vier=Millionen=Stadt verschwand, wer wollte. In der Vier=Millionen=Stadt konnte nicht selten verschwinden, wer mußte. In der Vier=Millionen=Stadt konnte man schon mal „eine Lippe riskieren" und dabei, im allgemeinen, sicher sein, daß man nichts riskierte.

Die Frage, ob die Berliner weniger „nazistisch" waren oder blieben als Einwohner anderer Städte, wird durch Witze nicht beantwortet. Vielleicht läßt sie sich überhaupt nicht exakt beantworten. Immerhin sei vermerkt:

Die Einwohnerzahl Berlins war 1926 auf 4,1 Millionen gestiegen. Die NSDAP zählte in diesem Jahre 1926 genau 450 Berliner als Mitglieder.

Ein Jahr später kam Hitler zum ersten Male als Parteiführer in die Stadt, die er 1916/17 als Urlauber des nahen Lazarettes Beelitz des öfteren und als Wehrmachtsentlassener für mehrere Wochen auch 1918/19 besucht hatte. Hitler begrüßte in einer geschlossenen Mitgliederversammlung 1927 genau 680 Parteigenossen.

Er sprach 1928 im Sportpalast erstmals öffentlich. Aber die Berliner, las man, waren gekommen, um „sich den komischen Herrn anzusehen, der schon so viel von sich reden gemacht hat. Marschmusik und Fahnenträger konnten nicht darüber hinwegtäuschen, daß viel mehr Neugierige als Anhänger zugegen waren ..."

Bei den Gemeindewahlen 1929 erhielt die NSDAP dann auch von den insgesamt 225 Mandaten nicht eines. Sie schnitt, in Berlin, auch bei den nächsten Reichs= und Landtagswahlen miserabel ab. Auch für das am 12. März 1933 neugewählte Stadtparlament, als die oppositionelle Presse schon verboten oder stark behindert war, hatte es nur zur erstaunlich knappen Mehrheit von rund einem Dutzend Stimmen gereicht.

Adolf Hitler mochte Berlin nicht. In dieser Stadt war es 1930 zur Stennes=Revolte gekommen, die seine SA bedroht hatte. In diesem Berlin sammelte sich Opposition aus eigenen Reihen 1934 um Röhm. In diesem Berlin waren später dann die Männer, die vor dem Einmarsch in Österreich, in die Tschechoslowakei warnten. In diesem Berlin waren die Männer, die sich einem Kriege widersetzten, in Berlin war das Zentrum des Widerstandes, das die Attentate 1943 und 1944 vorbereitet hatte.

Aber Adolf Hitler hat lang zuvor Berlin nicht gemocht. Er hatte schon 1924 in dem Buche „Mein Kampf" geschrieben: „Würde das Schicksal Roms Berlin treffen, so könnten die Nachkommen als gewaltigste Werke unserer Zeit dereinst die Warenhäuser einiger Juden ... als charakteristischen Ausdruck der Kultur unserer Tage bewundern."

Adolf Hitler hat der Stadt das Schicksal Roms bereitet. Was davon in der Auswahl von Spiegelungen in Wort und Schicksal zu berichten ist, enthalten die folgenden Seiten.

Die große Entscheidung

Es waren einige tausend Berliner auf dem Wilhelmplatz und sahen Hitler den Weg „vom Kaiserhof zur Reichskanzlei" gehen. Hundert- und vielleicht zweihunderttausend dann sahen die uniformierten, fackelschwingenden Kolonnen, hörten die Heilrufe, das Horst-Wessel-, das Deutschlandlied.

Die anderen vier Millionen Berliner erfuhren es am nächsten Morgen aus den Gratisexemplaren des *Völkischen Beobachters* oder *Angriffs*, die man ihnen in den Briefkasten gesteckt oder in die Hand gedrückt hatte:

„Die große Entscheidung ist gefallen! Der Führer Adolf Hitler zum Reichskanzler ernannt! Eine Regierung der nationalen Erhebung gebildet!" –
„Ungeheuer ist die Aufgabe, die vor uns liegt! Wir müssen sie lösen, und wir werden sie lösen. Die vierzehnjährige Mißwirtschaft des Marxismus und seiner Helfer hat ein Trümmerfeld zurückgelassen... Das Programm der nationalsozialistischen Bewegung ist bekannt... Die Korruptions- und Bonzenwirtschaft wird beseitigt, befreit von Parasiten, soll das deutsche Volk selbst die Früchte seines Fleißes genießen..."

Die große Gefahr

In der *Vossischen Zeitung* stand:
„Was aber wird geschehen, wenn die Unzufriedenen nicht mehr auf andere abgelenkt und mit keiner Zukunft mehr vertröstet werden können? Dann, und das ist die große Gefahr, wird die Versuchung riesengroß werden, den Weg des geringsten Widerstandes zu gehen...

Die Armut kann man nicht abschaffen, aber die Freiheit kann man abschaffen. Die Not läßt sich nicht verbieten, aber die Presse läßt sich verbieten. Der Hunger läßt sich nicht ausweisen, aber die Juden kann man ausweisen ..."

Liebermanns Meinung

Max Liebermann, fünfundachtzig Jahre jetzt, wohnte in dem Hause, das schon seinen Eltern gehört hatte. Das Haus lag am Pariser Platz, unmittelbar neben dem Brandenburger Tor. Carl Fürstenberg, zweiundachtzig, besuchte den Freund, der am Fenster den nächtlichen Aufmarsch verfolgt hatte.

Liebermann, Tränen der Empörung in den Augen: „Soviel kann ick jar nich fressen, wie ick kotzen möchte."

Fürstenberg starb wenige Tage später. Liebermann erst nach zwei Jahren. An den weltberühmten Maler hatten sich weder Goebbels noch Himmler gewagt. Seine Witwe jedoch sollte in das Konzentrationslager. Sie nahm sich das Leben.

Reichstagsbrand

Der Reichstag brannte. Es hieß, ein Geisteskranker habe ihn angezündet. Es hieß, die Kommunisten hätten es getan. Es hieß, die SA hätte den Plenarsaal in Flammen aufgehen lassen.

Die Berliner meinten: „Wat denn, denn isset doch klar, det is einfach 'n verrückter kommunistischer Nazi jewesen."

Die Neuen

Es trugen wirklich mit einem Male auch Leute ein Braunhemd, die vor kurzem anderswo organisiert gewesen waren. Einer von den Neuen geriet mit seinem Blockleiter in Streit und trumpfte auf: „Wat heeßt hier ‚Alter Kämpfer'? Mann, ick war schon bei die Fahne, du, da war det Ding da, det Hakenkreuz, noch jar nicht druff!"

Am Kurfürstendamm wurden die Neuen mit Roastbeef verglichen: „Außen braun – innen rot!"

Hetzjagd auf Künstler

In der „Systemzeit" hatten Bühnengenossenschaft und Schutzverband der deutschen Schriftsteller nahe dem Breitenbachplatz die vielen Häuser gebaut, die auch jetzt noch „Künstlerviertel" heißen.

„Vielleicht blieb mancher fremde Spaziergänger verwundert stehen", erinnert sich Axel Eggebrecht an die ersten Jahre der Künstlerkolonie, „wenn ihm eine Altstimme aus einem offenen Fenster die rätselhafte Mitteilung machte: ‚Barbar saß am Bache und badete'. Bedrohlicher klang Ernst Buschs stählern schneidende Stimme aus einem dritten Stockwerk; zehn-, fünfzehnmal wiederholte er die Anfangszeilen des neuen Brecht-Eisler-Songs: ‚Kommt heraus aus eurem Loche, das man eine Wohnung nennt'. Hinter den meisten Fenstern aber spielten sich die mürrischen und mühseligen Abenteuer der sorgenvollen Kleinbürgerlichkeit ab. Waren die Anwohner doch hierher gezogen, um endlich einmal der ungewohnten bürgerlichen Sicherheit teilhaftig zu werden."

Man war im „Künstlerblock" sozialistisch, demokratisch, anarchistisch, anthroposophisch. Man war auch von jedem etwas. Oder man war eben Nihilist. Nur „Nazi" war man nicht. Und als Hitler den doch gerade erst (unter Papen) gewählten Reichstag auflöste, Neuwahlen ausschrieb: „... die Künstlerkolonie wie eine einsam herausfordernde Insel inmitten des brandenden Meeres von Hakenkreuz und Schwarzweißrot, das ganz Steglitz und Wilmersdorf überflutete ..."

Trotz allen Terrors standen 288 Nationalsozialisten einer Mehrheit gegenüber. In den Reichstag waren 81 Kommunisten, 92 Zentrumsabgeordnete, 120 Sozialdemokraten gekommen.

In die Künstlerkolonie kamen die „Hilfspolizisten" der SA. Axel Eggebrecht fährt in seinem Bericht fort: „... Im Lichtkegel der Polizeischeinwerfer drangen sie in die Häuser der ‚artfremden' Intellektuellen ein. Pistolenschüsse zermalmten die Türschlösser. Hiebe sausten auf ‚Juden und Judengenossen' herab. Blutig geschlagene Menschen wurden die Treppe hinunter geschleift. Johlend triumphierte der braune Mob."

Die schon bevormundeten, gleichgeschalteten Zeitungen meldeten: „Bei einer Razzia in Wilmersdorf wurden mehrere Personen wegen Widerstandes festgenommen."

Verboten und verbrannt

Auf dem Opernplatz gegenüber der Universität und den Denkmälern Alexanders und Wilhelms von Humboldt verbrannten Studenten und SA-Leute die Bücher der „Systemzeit". Sie verfuhren dabei nicht kleinlich, „Systemzeit" waren für sie auch Voltaire, Gorkij, Selma Lagerlöf, Helen Keller, Thomas Mann.

„Schmutz und Schund" waren sämtliche Werke jüdischer Autoren, ob sie Albert Einstein, Heinrich Heine, Mendelssohn-Bartholdy oder Sigmund Freud hießen. „Systemzeit" oder „Schmutz und Schund" waren beispielsweise – die Werke von Ernst Barlach, Bertolt Brecht, Max Brod, Alfred Döblin, Lion Feuchtwanger, Egon Friedell, Wilhelm Hausenstein, Georg Hermann, Hugo von Hofmannsthal, Georg Kaiser, Franz Kafka, Klabund, Annette Kolb, Heinrich Mann, Thomas Mann, Julius Meier-Graefe, Walter Mehring, Erich Mühsam, Robert Musil, Alfred Polgar, Theodor Plievier, Erich Remarque, Joseph Roth, Arthur Schnitzler, Anna Seghers, Carl Sternheim, Peter Suhrkamp, Frank Thiess, Ernst Toller, Fritz von Unruh, Jakob Wassermann, Franz Werfel, Arnold Zweig, Stefan Zweig, Carl Zuckmayer.

Und weitere etwa 700 Autoren wurden gebrandmarkt. Und wenig später gab es ein Verzeichnis dessen, was nicht

„Schmutz und Schund" war und gedruckt und gelesen werden durfte. Das Verzeichnis enthielt wenige und meistenteils unbekanntere Namen.

Der 30. Juni

> „Die Gerüchte über die blutigen Ereignisse verbreiteten sich mit Windeseile im Volk, das zunächst durch die Nachricht von der Beseitigung des verhaßten Röhm und des von ihm begünstigten SA-Terrors erleichtert aufatmete. Als dann aber die Einzelheiten, die blutigen Grausamkeiten und der Umfang der Hinrichtungen bekannt wurden, ging eine Welle der Empörung und des Schreckens durch Deutschland. Die Erregung stieg, als bekannt wurde, daß Hitler, Himmler, Göring und Heydrich die Gelegenheit benutzt hatten, um politische Gegner zu beseitigen, die nichts mit Röhm zu tun hatten ..."

Nichts mit Röhm zu schaffen hatten: General von Schleicher und Frau; Ministerialdirektor Klausener, Führer der Katholischen Aktion; General von Bredow; Hitlers alter Meinungsgegner Gregor Strasser.

Über die Ermordung Schleichers sagte die Köchin Marie Güntel als einzige Tatzeugin, sie habe die Haustür geöffnet, ein Herr wollte zu Schleicher vorgelassen werden, der Herr sei ihr trotz Protestes sofort in das Arbeitszimmer gefolgt: „und fragte den am Schreibtisch Sitzenden, ob er der General von Schleicher sei ... Er sagte jawohl. In diesem Augenblick krachten auch schon die Schüsse. Was weiter geschehen ist, weiß ich nicht, denn aus Angst lief ich aus dem Zimmer ... Im Arbeitszimmer des Generals hat Frau Schleicher am Radio gesessen. Als ich nachdem das Zimmer wieder aufsuchte, fand ich Frau von Schleicher so mit dem General erschossen auf dem Fußboden wieder. Näher beschreiben kann ich den Täter nicht, weil ich zu aufgeregt war."

Der große Gundolf

Der „Reichs-Dichtschein", einst als Absurdität belacht, wurde Tatsache. Die Literatur wurde organisiert, natürlich auch die Musik, die Presse, das Theater, der Rundfunk, die Bildenden Künste. Und alles wurde in einer „Reichskulturkammer" zusammengeschlossen, die Goebbels in der Philharmonie mit einer Festrede eröffnete.

Er ließ es an Schmähung der „Artfremden" nicht fehlen, er geißelte den „Judengeist" auch der Literarhistoriker Oscar Walzel und R. M. Meyer. Er stellte ihnen die „herrliche aus dem deutschen Fühlen geschaffenen Werke des großen Gundolf" entgegen.

Friedrich Gundolf war vor Jahren bereits gestorben. Aber als Joseph Goebbels vier Semester lang in Heidelberg Literaturgeschichte studierte, hatte der Literarhistoriker Gundolf noch gelebt. Goebbels muß seine Vorlesungen sehr unachtsam besucht haben; denn Gundolf hat seine jüdische Abstammung niemandem verborgen. Aber vielleicht hat Goebbels damals noch nicht zwischen „arisch" und „artfremd" unterschieden. Auch der andere Literarhistoriker, bei dem er promovierte, war von Kopf bis Fuß „Nichtarier".

In memoriam Kurt Tucholsky

Er hatte als Emigrant in Schweden seinem Leben ein Ende gemacht. Keine deutsche Zeitung durfte einen Nachruf veröffentlichen. Nur „Das Schwarze Korps", das Blatt der SS, konnte sich erlauben, an Kurt Tucholsky zu erinnern. Es widmete ihm die ganze Titelseite, es war sehr viel über Tucholsky zu lesen, auch die Sätze:

> „Der Haß sprach aus ihm, der Haß eines verschmähten Liebhabers, der täglich mit der Pistole seines zersetzenden Intellekts der Geliebten (Deutschland!) auflauerte und schließlich daran zugrunde ging ...
>
> Seine Freunde werden aufgeregt durcheinanderreden und einen Nervenzusammenbruch zusammendeuteln

wollen, und daß er in einem Anfall von Gemütsdepression ... Nein! Er hatte nicht nur den Mut zur Verleumdung gehabt, sondern auch einmal, als er aber auch gar keinen Ausweg mehr sah, zur Wahrheit, und das war sein Tod!"

Reichserziehung

Ein Reichsministerium für Wissenschaft, Erziehung und Volksbildung wurde geschaffen. Das war eine kühne Neuerung; zum ersten Male in der deutschen Geschichte wurde beseitigt, was auch heute wieder „Kulturhoheit" der Länder heißt. Beweggrund war selbstverständlich, das Bildungswesen bis ins Letzte mit den Grundsätzen des Nationalsozialismus „gleichschalten" zu können.

Die schon früher gleichgeschaltete Presse erhielt entsprechende Anweisung. Mehr oder minder stand in allen Zeitungen das gleiche. Die *Deutsche Allgemeine Zeitung* brachte ergänzend, einige Zeit später, einen sehr gelehrten Artikel über die Geschichte ministerieller Kulturverwaltung und überschrieb ihn: „Die Kunst, Charaktere zu bilden."

Wer stutzte, wer lächelte, gehörte zu denen, von denen es jetzt hieß, sie könnten „zwischen den Zeilen" lesen.

Chef des Ministeriums war Bernhard Rust, der sich als ehemaliger Studienrat fleißig mit der Reformierung des Unterrichtes beschäftigte. Er wechselte recht häufig seine Ansichten, erließ immer neue Vorschriften. In Fachkreisen wurde die Frage, welches die kleinste Zeiteinheit wäre, so beantwortet: „Ein Rust, es dauert nur von der Einführung des einen Lehrplans bis zur Einführung des nächsten!"

Unter den Linden ohne Linden

Schon lang vor dem Tage der Machtübernahme war mit dem Bau einer S-Bahnlinie begonnen worden, die unterirdisch vom Anhalter zum Stettiner Bahnhof führen sollte.

Man arbeitete jetzt beim Pariser Platz, wo der Bahnhof „Unter den Linden" angelegt wurde. Es mußten 246 der Bäume gefällt werden. Man beseitigte gleich auch noch andere altersschwache Linden und verschmälerte die Mittelpromenade, damit „die Fahrdämme 14 Meter breit sein und bei Paraden auch Zwölferkolonnen marschieren können".

Die Olympischen Spiele sollten, wie ebenfalls schon vor Hitlers Zeit vereinbart worden war, in Berlin abgehalten werden. Man pflanzte 370 neue Lindenbäume, und wegen der Olympischen Spiele wurde die Straße sogleich auch mit den neu-biedermeierlichen Laternen versehen. Die Bäumchen waren klein, die Masten der Laternen hoch.

Der Berliner spazierte jetzt „Unter den Laternen" statt „Unter den Linden" und nannte die Straße auch (nach einer bekannten Firma) die „Kahlbaum-Allee".

Auf die Nähe sah man fern

Die erste öffentliche Fernsehsendung wurde angekündigt. Sie wurde vom „Langen Lulatsch", dem Berliner Funkturm, ausgestrahlt, aber sie wäre, ließ sich das Reichspostministerium vernehmen, auch „in Potsdam, Zossen, noch in Eberswalde gut aufzunehmen".

Als erste deutsche Fernsehansagerin stand Fräulein Ursula Patzschke im Bildschirm. „Fernsehansagerin war ich allerdings nur für das Publikum", erzählt Ursula Patzschke in ihren Erinnerungen, „amtlich war ich, das Fernsehen war ja völlig neu, als ‚Postfacharbeiterin' eingestellt und im Etat geführt worden."

Olympische Zustände

Für die Olympischen Spiele waren große Vorbereitungen getroffen worden. Es gab jetzt das mächtige „Reichssportfeld" Werner Marchs, ein „Olympisches Dorf", eine „Olympische Ausstellung" mit Werken, die thematisch dem Sport gewidmet waren. Theater, Lichtspielhäuser, Hotels, Gaststätten, alles war für die sechzehn großen Tage bereit. Man erwartete Teilnehmer aus fünfzig Ländern, Gäste aus fünfzig Ländern.

Bei neunundvierzig von den fünfzig Ländern hatte das nationalsozialistische Regime keine „gute Presse", wie man zu sagen pflegt. Die Regierung legte Wert darauf, einen guten Eindruck zu machen. Auch von Amts wegen wurde man konzilianter, freundlicher. Die Presse brauchte für begrenzte Zeit nicht auf Liberalismus, Demokratie, Marxismus und Judentum zu schelten. Gehässige Plakate verschwanden, wilde Parteifunktionäre spielten die höflichen Volksgenossen. In den Kiosken waren wieder ausländische Zeitungen in Fülle zu kaufen.

In der Monatszeitschrift *Querschnitt* freute sich Hans Hofer in gut gekonnter Unbefangenheit:

> „Dem Erdball sei's gesagt! In Berlin herrschen – nicht himmlische, nicht paradiesische, nicht astronomische, nein mehr – olympische Zustände! Olympische Zustände, das ist mehr als ein ff Reichssportfeld und ein ff Olympisches Dorf. Beides sind nur olympische Notwendigkeiten. Olympische Zustände aber sind die tausend ganz unsportlichen Vorgänge, die das internationale Kräftemessen ausgelöst hat. Wie die Schlaraffen wiegen sich heute vier Millionen Berliner in diesen olympischen Zuständen . . ."

Und Hans Hofer registrierte, wie trefflich die Regierung gesorgt hatte, wie schön alles war. In vier Spalten trug er zusammen, was das Leben so heiter und angenehm machte. Er vergaß zum Schluß auch nicht den Schmuck mit Blumen und Girlanden in den Straßen, um dann von den nur allzu vergänglichen Blumen zu den letzten Sätzen zu kommen:

> „Nur das ff Olympische Dorf und das ff Reichssportfeld werden bleiben, aber sie sind ja olympische Notwendigkeiten und nicht Zustände, die uns zeigen, wie schlaraffisch das Leben in Berlin ewig sein könnte,

wenn – ja wenn die Olympiade nicht nur sechzehn kurze Sommertage dauerte."

Da war kaum mehr notwendig, „zwischen den Zeilen" zu lesen.

700 Jahre Berlin

Das große Sportfest war kaum vorüber, als Berlin sein siebenhundertjähriges Bestehen feierte. Die Historiker hatten kummervolle Tage, da sie entweder schweigen oder im Sinne des Regimes schreiben sollten. Der Poet, der im amtlichen Auftrage die Geschichte Berlins zu einem vierunddreißig Seiten langen Gedicht verarbeitete, hatte keine Skrupel und reimte munter. Um einige Verse nur zu zitieren:

Die Herrscherzeit Wilhelms des Zweiten
Steckt voller Oberflächlichkeiten
Es fehlte in den meisten Dingen
Das große sehnsuchtsvolle Ringen ...
Der Handel wuchs – mit jedem Tage
Wuchs aber auch die Judenplage ...
Doch neue Zeit kommt an die Macht;
Deutschland ist endlich aufgewacht.
Was morsch und faul, erhält den Rest.
Die Länder schweißt man ewig fest
Zum Dritten Reich, dem fürderhin
Als Hauptstadt weiterdient Berlin.

Ministerielle Fürsorge

Goebbels war für die Filmwirtschaft der mächtigste Mann geworden. Er entschied über Besetzungen, wobei auch Neigung zu dieser oder jener schönen Schauspielerin mitwirkte. Er entschied über die Stoffe, die Drehbücher, über die Finanzierung.

In der Ufa-Kantine Babelsberg regte sich ein Regieassistent (so leise wie möglich) auf, nannte Goebbels – den „Schrumpfgermanen" – einen widerlichen, nichtsnutzigen, niederträchtigen Patron.

„Nee, so ist det nu auch nicht", protestierte ein junger Schauspieler. „Der Goebbels is 'n ganz reizender Mann. Da stehste am Bahnhof Nikolassee, und 's ist spät, und der Zug is grade weg, und du bist hungrig und bist müde. Da kommt n' Auto, bremst, hält! Der Minister sitzt drin! Und der Minister will dich nach Hause bringen. Aber weil du noch nicht gegessen hast, nimmt er dich erst mit in sein Haus auf Schwanwerder. Und der Goebbels, nee, der markiert nich 'n dicken Wilhelm, der ist wirklich nett zu dir, und 's gibt Champagner und überhaupt wat du willst. Und weil 's dann doch, weil ihr so lang über den Film jeredet habt, ein bißken spät jeworden ist, der Goebbels lädt dich ein, bei ihm zu schlafen."

„Kollege, Mann, nu mach aber mal 'n Punkt! Det ist dir passiert?"

„Mir nicht, aber meine Schwester hat 't mir so erzählt. Jenau so, sagt se, ist es gewesen, als sie vorige Woche nach die lange Ballettprobe in Nikolassee uff 'n Zug hat warten wollen."

Ariereck

Die „arteigene" und die „artfremde" Bevölkerung wurden voneinander geschieden. Jüdische Kunst war den einen verboten, den anderen waren die nichtjüdischen Theater, Kinos, Bibliotheken und so weiter verschlossen. „Die Juden sollen sich, wenn dazu imstande, ein eigenes kulturelles Leben schaffen", lautete vorerst die Parole.

Tatsächlich bildeten sich jüdische Orchester, Schauspielgruppen, Clubs. Es wurde ein „Philo-Verlag" gegründet, der jüdische Bücher und Zeitschriften verlegte. Er plante auch die Herausgabe eines Zitatenschatzes. Das zuständige, sonst auf scharfe Trennung bedachte SS-Amt genehmigte

„ausnahmsweise" die Aufnahme von etwa einem Dutzend Aussprüchen „arischer" Herkunft. Aber keinen von Lessing, Schiller, Fontane etc. Und von Goethe nur eines: „Kennst du den Faust? – Den Doktor? – Meinen Knecht!"

Damit jedoch in der Gesellschaft von sechshundert jüdischen die zwölf „deutschblütigen" Autoren auf den ersten Blick zu erkennen waren, mußten ihre Namen durch ein vorangesetztes Dreieck gekennzeichnet werden. Das gefiel wiederum Alfred Rosenberg nicht, und Rosenberg beschwerte sich bei Himmler: „Das würde ja nun gerade noch fehlen, daß die Deutschen ein ‚Ariereck' tragen sollen!" Auch Goebbels protestierte. Goebbels hatte die Hoffnung, Thomas Mann für die „Volksgemeinschaft" zu gewinnen, noch nicht völlig aufgegeben. Goebbels protestierte, um das Absurde noch absurder zu machen, dagegen, daß man Thomas Mann ins jüdische Zitatenlexikon aufgenommen, ohne Dreieck aufgenommen und also als „nichtdeutsch" deklariert hatte.

Wer Jude ist, bestimme ich

Es ist ein bekannter Ausspruch. Nur stimmt er nicht ganz, wie ja auch manche anderen bekannten Aussprüche, auch wenn sie noch so häufig zitiert werden, nicht immer stimmen. Auch daß Göring den Satz gesagt hat, stimmt nicht.

Immerhin hatte der Reichsmarschall und Preußische Ministerpräsident einiges mit dem bekannten Ausspruch zu tun. Ihm, als dem „Beauftragten für den Vierjahresplan", war gemeldet worden, der Chemiker Artur Imhausen, Witten an der Ruhr, habe den „Hauptteil an einer epochemachenden Erfindung von Seife und synthetischen Speisefetten aus Kohle" geleistet...

Staatssekretär Keppler, der solches seinem Chef berichtete und auf die Unentbehrlichkeit der Erfindung und des Erfinders hinwies, verhehlte nicht die Tatsache, daß Artur Imhausen Halbjude sei. Im Schreiben vom 18. Juni 1937 trug er vor, daß er darüber auch bereits den Führer selbst unterrichtet und zur Antwort bekommen hätte:

„Wenn der Mann die Sache wirklich erfunden hat, dann machen wir ihn halt zum Arier."

So geschah es. Am 23. Juli 1937 erging aus Görings Kanzlei Bescheid an den Chemiker Imhausen:

„In Anbetracht der großen Verdienste, die Sie sich . . ., hat der Führer auf meinen Vorschlag Ihre Anerkennung als Vollarier gutgeheißen, und ich freue mich . . . Ich habe die Kanzlei des Führers um die formelle Durchführung dieser Maßnahme gebeten.

Heil Hitler! Göring"

Der einzige, der nicht um seine Meinung gefragt wurde, war der Chemiker Artur Imhausen, der nicht mit „Heil Hitler!" zu grüßen gewohnt war.

Folgt man diesen und den vielen dazugehörigen Dokumenten der „Aufnordung", bleibt als Substanz des viel zitierten Satzes die Formulierung: „Wer Arier ist, bestimmt der Führer!" Und Adolf Hitler hat es dann, ob die Betroffenen oder Beglückten wollten oder nicht wollten, des öfteren bestimmt. Wer gebraucht wurde, wer unentbehrlich schien oder war, den hat er zum „Arier" gemacht. Sogar Offiziere.

Die Sünde ist der Leute Verderben

Martin Niemöller, Pfarrer der St.-Annen-Kirche in Dahlem, der sich gegen Eingriffe des Nationalsozialismus in kirchliches Leben verwahrt, Konzentrationslager, Judenverfolgung von der Kanzel als Missetaten bezeichnet hatte, war von einem Sondergericht zu sieben Monaten Festungshaft verurteilt, von der Gestapo jedoch in ein Konzentrationslager gebracht worden.

In den Gemeinden der Bekennenden Kirche wurde eine „Kanzelabkündigung" verlesen, in der es hieß:

„. . . Martin Niemöller ist nicht in Freiheit gesetzt. Er ist in ein Konzentrationslager überführt, für unbestimmte Zeit. Damit ist ihm der Makel des Volksschädlings angehängt. Diese Maßnahme ist mit dem Urteil des Gerichtes nicht vereinbar. Es steht geschrieben: ‚Recht muß doch Recht bleiben!' und ‚Gerechtigkeit erhöht ein Volk, aber die Sünde ist der Leute Verderben.'"

Condor

Der Kondor, steht im Lexikon, ist der größte Geier der Erde und ernährt sich hauptsächlich von Aas. Hitler hatte den deutschen Einheiten, die in Spanien für Franco kämpften, den Namen „Legion Condor" gegeben. Er gab den Namen „Condor" auch dem neuen viermotorigen Flugzeug, das der Ingenieur Kurt Tank gebaut hatte und das den Atlantik im Non-Stop-Flug bezwingen sollte.

Die Maschine startete in Tempelhof „gegen heftigen Einspruch sämtlicher Fachleute, die sich gegen diese selbstmörderische Absicht, den Ozean in einer gewöhnlichen Maschine statt in einem Flugboot zu überqueren, aussprachen".

Tank behielt recht. Nach 24 Stunden 57 Minuten landete sein Flugzeug auf New Yorker Boden. Ein neuer Abschnitt in der Geschichte der Verkehrsfliegerei begann.

9. November 1938

Peter Suhrkamp: „Jeder von uns war in irgendeiner Form beteiligt. Ob er nun zu einem der Kommandos gehörte, die in der Nacht die Synagogen zu demolieren und Feuer anzulegen hatten, oder zu den Trupps, die vom Morgengrauen bis in die Abenddämmerung vor den jüdischen Geschäften aufzogen, die Schaufensterscheiben zertrümmerten, in die Geschäfte eindrangen und die Waren herauszerrten und umherstreuten, oder zu den kleinen

Gruppen, die an jüdischen Wohnungstüren läuteten ... und dann ihr Vandalenwerk an Möbeln und Garderobe vollzogen. Ob er auf dem Wege ins Büro oder als Passant an den wüsten Szenen vorübereilte oder neugierig, schaudernd oder auch belustigt stehenblieb, als geschähe das alles in einem fremden Lande; oder sich ins Innerste seiner Wohnung zurückzog, um den Lärm, das Klirren und Krachen nicht hören zu müssen – in einer dieser Formen war jeder dabei und beteiligt ... Das war der satanische Eingriff des Staates in die Herzen und das Empfinden seiner Bürger ... Die einen, die Täter, wurden gewöhnt an Handlungsweisen, die gegen das allgemeine Gefühl waren. Die anderen, die Zuschauer, wurden gezwungen, gutzuheißen, was sie im Kern ihrer Existenz verletzte."

Gesprächsthemen

Die Märzgefallenen. Goldfasan. Untermensch. Führerbefehl. Gleichschaltung. Der deutsche Blick. Gemeinnutz geht vor Eigennutz. Volksschädling. Eintopf. Tag der deutschen Scherbe. Tag der deutschen Kunst. Untergetaucht. Illegal. Winterhilfe. Mutterkreuz. KZ. Ein Reich, ein Volk, ein Führer. Auf der Flucht erschossen. Ist auch Staatsrat. Lügensender. Gebt mir vier Jahre Zeit! Die Partei. Kanonen statt Butter. Sie hören jetzt Hans Fritzsche. Großdeutschland. Kommune. Gelber Stern. Volk ohne Raum. Das weiß der Führer nicht. Wenn der Führer das wüßte. Wehrhoheit. Heim ins Reich.

In der Universität

Sie war gleichgeschaltet. Die Professoren waren trotzdem, was das Regime anging, recht verschiedener Meinung. Es gab eine Menge Nazis. An der noch sehr viel größeren Menge der Nichtnazis gemessen, waren es doch wenige. Auch der Philosoph Eduard Spranger beharrte in Opposition, wie etwa auch Bergmann, Siebeck, Laue, Oncken, Bier, um einige Namen zu erwähnen.

Als Eduard Spranger in einer Vorlesung auf einige Ungereimtheiten des „völkischen" Kulturbegriffes hingewiesen hatte, scharrten mehrere Studenten der schon fünf Jahre „ausgerichteten" Jugend.

Eduard Spranger wartete geduldig Ruhe ab und erklärte dann: „Ich habe mir Ihre Füße angehört, aber, bitte, hören Sie jetzt ebenso geduldig meine Argumente."

Und der Germanist Artur Hübner entschleierte die sogenannte „Uralinda-Chronik" als zeitgenössisches Machwerk.

Entartete Kunst

„Herrn Karl Friedrich Schmidt-Rottluff, Berlin W 30, Bamberger Straße 19. Einschreiben! – Anläßlich der Ausmerzung der Werke entarteter Kunst in den Museen mußten von Ihnen alle 608 Werke beschlagnahmt werden ... Obwohl Ihnen die richtungweisenden Reden des Führers bekannt sein mußten, geht aus Ihren Werken der Letztzeit hervor, daß Sie auch heute dem kulturellen Gedankengut des nationalsozialistischen Staates fernstehen ... Auf Grund des § 10 der ... untersage ich Ihnen mit sofortiger Wirkung jede berufliche – auch nebenberufliche Betätigung auf den Gebieten der bildenden Künste ...

gez. Ziegler."

Verrat an der Idee

Adolf Hitler hatte seine großdeutsche Wehrmacht marschieren lassen. Er hatte Polen überrannt. Hinter Polen lag Rußland. Deutschland hatte schon einmal einen Weltkrieg geführt. Tapferkeit und Opferbereitschaft der Soldaten waren im Kampf gegen zwei Fronten vergeblich gewesen. Was würde Moskau tun?

Rundfunk und Presse jubelten, und das Volk atmete ein wenig auf, als ein „Deutsch-Sowjetischer Freundschaftsvertrag" bekanntgegeben wurde.

Alfred Rosenbergs Tagebuch verzeichnet: „Ich habe das Gefühl, daß sich dieser Moskau-Pakt irgendwann am Nationalsozialismus rächen wird. Das war nicht ein Schritt aus freiem Entschluß, sondern die Handlung einer Zwangslage."

Straßenbahn und Nationalsozialismus

Früher war nicht an jeder Ecke von irgendwelchen Amtsträgern für irgendwelche Zwecke gesammelt worden. Vor dem 30. Januar 1933 hatte man seine Meinung sagen, hatte sogar an der Regierung heftig Kritik üben dürfen.

Der Volkswitz verglich das „Dritte Reich" mit der Straßenbahn:

„Fortwährend heißt es: Zusammenrücken! Fortwährend wird kassiert! Lebensgefahr bei Berührung der Oberleitung! Die Unterhaltung mit dem Führer ist nicht gestattet!"

Gleich nach Ausbruch des Krieges ergänzte man: „Abspringen während der Fahrt ist verboten!"

Und dann, als Rudolf Heß nach England abgesprungen (nämlich abgeflogen) war, hieß es:

„Der Platz neben dem Führer bleibt frei!"

Neue Gesprächsthemen

Marschall Meier. Achtung, Feind hört mit! Blitzkrieg. Das kann ja einen Seemann nicht erschüttern. Führerhauptquartier. Wunschkonzert. Denn wir fahren gegen Engelland. Ausradieren. Lebensborn. Einsatz. Unter der Laterne, bei dem großen Tor. Das Oberkommando der Wehrmacht gibt bekannt.

Es geht alles vorüber,
es geht alles vorbei,
und auf jeden September
folgt wieder ein Mai

Antje, mein blondes Kind. Luftpiraten. Quisling. Siegesfanfare. Voralarm. Bunker bauen! Frauen und Kinder aus der Stadt! Die Achse. Geringer Sachschaden. Siegreicher Rückzug. Volkssturm. Absetzbewegung. Heldenklau. Ich weiß, es wird (k)ein Wunder geschehen. Totaler Krieg. Vergeltungswaffe. Behelfsheim. Fremdarbeiter.

Bombenkrieg

Göring – im Berliner Volksmund „der Quellgermane" – hatte geschworen, Meier heißen zu wollen, wenn feindlichen Maschinen der Flug nach Berlin gelänge. Die feindlichen Maschinen kamen; sie kamen immer häufiger zu immer längeren und schwereren Angriffen. War ein Angriff vorüber, gab die Sirene Entwarnung, stieg Luftschutzwart Krause, X-Straße 37, in den Keller:

„Ihr könnt jetzt alle ruffkommen, Meier hat die Luftherrschaft zurückjewonnen."

Fiel beim nächsten Angriff die Bombe auf das Haus X-Straße 37, las man auf einem zwischen die Trümmer geklemmten Zettel: „Haus im Eimer. Heil Hitler! Krause, jetzt Y-Straße, Turnhalle. Sonst alles in Ordnung." – Oder: „Alles im Arsch. Wohne bei Emma."

20. Juli 1944

Nachmittags. „Attentat auf Hitler! Aber es soll mißlungen sein. Er soll leben. Unmöglich, Näheres zu erfahren. Sie haben also zugeschlagen. Ob (der Anfang des Monats verhaftete Julius) Leber nun befreit wird? Alle Straßen von Truppen besetzt. Aufständische? Oder Regierungstreue? Bürgerkrieg? Daß die Spannung einen nicht zerreißt. Muß mich zusammennehmen."

8 Uhr abends. „Die Straßen sind wieder frei. Alle der Meinung, daß der Aufruf (von Goebbels) nur eine Finte ist. Sie wollen Zeit gewinnen. In Wirklichkeit ist Hitler tot. Es kann gar nicht anders sein. Die Leute auf der Straße in abwartendem Schweigen. Keine Äußerung irgendeiner Art. Niemand traut sich, seine wahre Meinung zu sagen."

10 Uhr abends. „Mit zwei Leuten aus dem Auswärtigen Amt. Fiebernde, aber lautlose Erregung. Ich hatte den Aufruf mitgebracht ... Im Aufruf steht, daß durch ein Bombenattentat im Führerhauptquartier sieben Personen getötet wurden. Hitler selbst aber unverletzt. Ich kann das nicht glauben. Unsere Begleiter äußern sich nicht. So sprachen wir über Bridge und ähnliche naheliegenden Themen, ohne daß einer dem anderen viel zuhörte."

Am nächsten Tage: „Diese Stunden! Ich hatte nicht gewußt, daß es solche bodenlose Abgründe der Verzweiflung gibt ... Jetzt werden die Verhaftungen in die Tausende gehen ... Langsam erfährt man Näheres ... Aber bis jetzt nichts von F. Und doch weiß ich, daß sie ihn haben. Es kann nicht anders sein ... Nur mit äußerster Beherrschung konnte ich mich (bei einem Wege in die Stadt) im Zaume halten. Verweinte Augen können heute gefährlich sein. Viele wurden geholt ... Bei jedem Klingeln denke ich, nun kommen sie zu mir."

Aus den Aufzeichnungen der Schriftstellerin Ursula v. Kardorff.

Den Weggefährten

Der Aufstand gegen Hitler in Berlin war gescheitert. Hitlers Rache traf jeden, der an dem Umsturzversuch beteiligt war oder der Freundschaft mit einem der Beteiligten verdächtigt wurde. Die Liste der Opfer des 20. Juli nennt mehr als hundertundfünfzig Namen. Die Liste kann keinen Anspruch auf Vollständigkeit erheben.

Der Aufstand war nicht der erste gewesen. Den Widerstand gegen die nationalsozialistische Diktatur, den Versuch, dem deutschen Volke wieder Freiheit zu verschaffen, haben viele hundert Frauen und Männer mit ihrem Leben bezahlt, und viele Tausende sind eingekerkert worden. Es waren Generalfeldmarschälle, Handwerker, evangelische und katholische Geistliche, Reichsgerichtsräte, Arbeiter, hohe Diplomaten, kleine Beamte, Kaufleute, Gewerkschaftssekretäre, Universitätsprofessoren. Sie kamen aus den früheren sozialistischen, deutschnationalen, demokratischen Parteien. Es waren auch Mitglieder der nationalsozialistischen Partei darunter.

Ihnen allen galten die Verse, die der zum Tode verurteilte Albrecht Haushofer in seiner Zelle in Berlin-Moabit schrieb:

Nicht einer, der des eignen Vorteils dachte,
Nicht einer, der gefühlter Pflichten bar,
In Glanz und Macht, in tödlicher Gefahr,
Nicht um des Volkes Leben wachte.
Den Weggefährten gilt ein langer Blick:
Sie hatten alle Geist und Rang und Namen,
Die gleichen Ziels in diese Zellen kamen.
Und ihrer aller wartete der Strick.
Es gibt wohl Zeiten, die der Irrsinn lenkt.
Dann sind 's die besten Köpfe, die man henkt.

Rundfunkprogramm

Immer noch fällte der „Volksgerichtshof" Urteile, immer noch arbeiteten die Henker. Sowjetische Truppen kämpften sich zur Oder vor, eroberten Küstrin. Der Rundfunk kündigte die Abendsendungen an:

19.30–19.45	Frontberichte
19.45–20.00	Aufsatz von Dr. Goebbels
20.15–22.00	*Zauberflöte* von Mozart

Die letzten Tage

Berlin war „Frontstadt" geworden. Der Volkssturm wurde zur Verteidigung eingesetzt, die Frauen mußten Gräben auswerfen, Barrikaden bauen. Horst Lommer veröffentlichte erst später die damals geschriebenen Verse bitterer Ironie:

Wie anders kam es, als ich dachte,
Schatz, reich mir deine weiße Hand,
Wir fahren in den Abgrund sachte
Und nicht mehr gegen Engelland.
Nach Rache und Vergeltung lechz' ich,
Drum auf zum Volkssturm, lieber Klaus!
Du bist erst zwölf, ich sechsundsechzig,
Doch sehn wir fast wie Männer aus ...
So wollen wir den Feind erwarten,
Des Führers letztes Aufgebot,
Durch Panzerschreck im Schrebergarten
Zum Reichsfamilienheldentod.

Auch die Parteigenossen ahnten, daß ihr Führer den Krieg verloren hatte. Sie ahnten noch anderes, und in den SS-Unterkünften und den Gestapo-Büros hieß es: „Kinder, genießt noch den Krieg – der Friede wird schrecklich."

Und die Berliner wußten, daß nicht nur Adolf Hitler, daß das ganze deutsche Volk den Krieg verloren hatte. Sie machten sich keine Illusionen über die Zukunft:

„Was machst du nach dem Kriege?" – „Eine Radtour durch Deutschland!" – „Aber was machst du am Nachmittag?"

Ein paar Tage noch, Stalinorgeln, russische Panzerwagen, Rotarmisten, „der Iwan". Und man hörte auch diesen Radtour-Witz nicht mehr. Die Berliner hatten auch keine Fahrräder mehr. Sie hatten auch manches andere nicht mehr. Manchmal noch ihren Humor – jetzt Galgenhumor.

Im Jahre Null und später

Am 20. April 1945 ging das Schlüsselwort „Clausewitz“ über alle militärischen Telephonleitungen der Stadt. Es bedeutete den Belagerungszustand. Berlin bekam als oberste militärische und auch zivile Autorität einen Kampfkommandanten.

Am 21. April stand die Rote Armee auf der Linie Lichtenberg – Niederschönhausen – Frohnau. Berlin wurde Kampfplatz.

In Berlin wurde erbarmungslos Krieg geführt, um jeden der 20 Bezirke, um jede zweite der 9000 Straßen, beinahe um jedes zweite der 200 000 Häuser.

Der 20. April 1945 ist für 2 500 000 Berliner der erste Tag jenes „Jahres Null“ gewesen, das außer zwanzig Kampftagen vielleicht nicht mehr als hundert weitere schreckliche Tage zählte, das aber auch lang danach der Stadt noch Leid und Not bereitete, die auch für ganz Deutschland in ihren Folgen noch zu spüren sind.

Von 200 000 Häusern wurden 40 000 völlig oder doch fast völlig zerstört. Von 1 500 000 Wohnungen hatte Berlin beinahe 350 000 verloren. Die Straßen waren zerstört, durch die zusammengebrochenen Tunnels fuhren keine Untergrundbahnen mehr. Zerfetzt die Gleise der S-Bahn und die Oberleitungen der Straßenbahn. Die Mehrzahl der Kirchen lag in Trümmern. Gerade die wichtigsten Zentralen der Verwaltung waren zerbombt. Das stolze Rathaus in der Königstraße war eine Ruine, Unter den Linden waren die meisten öffentlichen Gebäude dem Erdboden gleichgemacht, und in der Wilhelmstraße stand zwischen Leipziger und Behrenstraße überhaupt kein Haus mehr.

Aber es gab auch keinen Magistrat und keine Regierung mehr, auch kein Stadtparlament und keinen Reichstag. Es gab auch keine Polizei, keine Feuerwehr, keine Richter. Es gab auch kein Gesetz, kein Recht und keinerlei Ordnung mehr.

In diesem „Jahr Null“ hatten die Berliner alles verloren, was seit Jahrhunderten ihre Stadt gegenüber den anderen Deutschlands ausgezeichnet hatte. In diesem tragischen „Jahr Null" richteten sich die Berliner ein, so gut sie es verstanden, auf eine Zukunft in notwendiger Armut. Was sie nicht aufgaben, war der Glaube, daß auch das arme Berlin die Hauptstadt eines arm gewordenen Deutschlands geblieben war.

Warum es zunächst anders kam, steht nicht auf den folgenden Seiten. Es ist in diesem Kapitel nichts über die Konzeptionen Stalins, Churchills, Roosevelts oder Trumans zu lesen, die Ablauf und Wirkung des „Jahres Null" bestimmten. Über Hitlers Konzeption, die das „Jahr Null" ja herbeigeführt hatte, berichtete das vorige Kapitel einiges, was in die „Berliner Geschichten — Geschichte Berlins" gehörte. Unser Buch kann nicht den Ehrgeiz haben, die Dokumente internationaler Politik mitzuteilen. Auch vom „Führer" selbst, der sich in die tiefen Bunker der Reichskanzlei geflüchtet hatte, ist in diesem Kapitel nicht mehr die Rede. Er hat dort am 20. April seinen sechsundfünfzigsten Geburtstag gefeiert, er hat dort Eva Braun geheiratet, er hat dort am 30. April Selbstmord begangen.

Mit Berlin hat das alles nichts zu tun. Die 2 500 000 Berliner, die noch in der Stadt waren, konnten nicht Selbstmord begehen, sie mußten weiterleben. Und wenn sie im „Jahre Null" als tragisches Schicksal empfunden hatten, daß außer der Hoffnung buchstäblich alles verloren gegangen schien, so erlebten sie 1947, knapp zwei Jahre später, ein noch bestürzenderes Schicksal, als sie Verlorenes „doppelt" zurückbekamen.

Schon Anfang 1946, wenige Monate nach Unterzeichnung des Potsdamer Abkommens, war erkennbar geworden, daß die weltpolitische Situation sich veränderte. Die Allianz der Siegermächte war brüchig geworden. Die kommunistische Doktrin des Sowjet-Staates hatte sich als unvereinbar mit den demokratischen Grundsätzen der Regierungen zu London, Paris, Washington erwiesen. Was die von den Sowjets besetzte und verwaltete Zone betraf, war es im Vier-Mächte-Kontrollrat zu heftigen Auseinandersetzungen gekommen: wegen Demontage, Reparationen, Geldumlauf, Sozalisierung, auch — last not least — wegen der für die Sowjetzone typischen Beschränkung persönlicher und politischer Freiheit.

Der Streit im Vier-Mächte-Kontrollrat für Deutschland hatte sich in der Vier-Mächte-Kommandantur für Groß-Berlin fortgesetzt. Hier verschärfte er sich, als bei den Wahlen für die Stadt- und Bezirksverordnetenversammlungen am 20. Oktober 1946 die überwiegende Mehrheit gegen das kommunistische System entschieden hatte. Die Sowjets nahmen Berlins Bekenntnis zur Demokratie nicht hin: In ihrem Sektor behinderten, maßregelten sie die gewählten, ihnen aber mißliebigen Politiker. In ihrem Sektor machten sie das Wahlergebnis überhaupt völlig zunichte, indem sie ganz allgemein jede auf Grund der Wahlen nun notwendig gewordene personelle Veränderung innerhalb der Verwaltung von ihrer besonderen „Zustimmung" abhängig erklärten. Die Sowjets verweigerten solche „Zustimmung" auch, als der dem Kreml und dessen deutschen Funktionären verhaßte Ernst Reuter im Juni 1947 zum Oberbürgermeister von Groß-Berlin gewählt wurde.

Weil Berlin, ob West oder Ost, an den demokratischen Institutionen festhielt, begannen die Sowjets die Berliner einzuschüchtern. Es kam zu Störungen des Güterverkehrs zwischen Groß-Berlin und Westdeutschland, auch der Personenverkehr zwischen Groß-Berlin und Westdeutschland wurde noch stärker als zuvor schon erschwert. Güter- und Personenverkehr zwischen Groß-Berlin und der Sowjetischen Zone wurden ebenfalls immer mehr behindert. Die Sowjets fingen an, ihren Sektor von den drei anderen Sektoren zu lösen, sie verboten den postalischen Zeitungsaustausch, unterdrückten bald auch jede andere Art des Vertriebs westlicher Zeitungen in ihrem Sektor. Die Sowjets verboten schließlich, Dezember 1947, jeglichen Transport privaten Eigentums aus ihrem Sektor in die anderen Sektoren der Stadt. Praktisch bedeutete dieses Verbot, da auch Umzugsgut zum „privaten Eigentum“ gehörte, für die fast anderthalb Millionen des Ostsektors ein Verbot, ihren Wohnsitz innerhalb Groß-Berlins gemäß demokratischem Recht und Vier-Mächte-Statut frei bestimmen zu können.

Damit war der sowjetische Sektor schon zum Gefängnis, die Einheit Groß-Berlins schon fragwürdig geworden, ehe noch Schlimmeres sich ereignete. Die Sowjets duldeten, ja begünstigten, daß die traditionsgemäß in ihrem Sektor stattfindenden Tagungen des Stadtparlamentes von kommunistischen Straßendemonstranten behindert wurden. Die Sowjets duldeten, ja begünstigten, daß Straßenrowdies in den Sitzungsraum eindrangen und die Arbeit des Stadtparlamentes unmöglich machten. Die Sowjets sperrten, als die auch an Gesundheit und Leben bedrohten Stadtverordneten im westlichen Berlin Zuflucht suchten und fanden, den Westberlinern den elektrischen Strom, die Zufuhr von Lebensmitteln, die Lieferung von Milch für Säuglinge und Kinder. Und weil Berlin-West nicht nachgab, nur die demokratisch gewählten Körperschaften und die von ihnen gewählten Repräsentanten anerkannte, sprengten die Sowjets die letzte, wenigstens de jure vorhandene Gemeinsamkeit. Berlin-Ost wurde eine Stadt für sich. Berlin-Ost bekam seine eigene Verwaltung, mit eigenem Magistrat, mit eigenem Oberbürgermeister, auch bald mit einer eigenen Stadtverordnetenversammlung. Aber keiner, der nun dort ein politisches Amt innehatte, nun dort zur Stadtverordnetenversammlung gehörte, war auf Grund demokratischer Wahlen zu seinem Posten, zu seinem Mandat gekommen.

Allem de jure zum Trotz und entgegen dem ausdrücklich bekundeten Willen seiner Bevölkerung hatten die Sowjets Berlin-Ost nun de facto den Kommunisten ausgeliefert. Und diese von niemandem gewählten Kommunisten erhoben, wie sowjetische Politik verlangte, den Anspruch, die ganze Vier-Sektoren-Stadt Groß-Berlin zu vertreten.

Das übrige erhält Sinn und Bedeutung nur im Hinblick auf Deutschland. Was in Berlin-Ost geschehen, was nach sowjetischem Plan auch Berlin-West zugedacht war, ließ erkennen, was ganz Deutschland zugedacht sein würde, wenn man sich der Willkür Moskaus beugte. Die Westberliner — noch hatten sie keine Ahnung, wie es letztlich ausging — beugten sich nicht. Aber sie nahmen gelassen die Blockade hin und jede Not, die ihnen durch die Blockade auferlegt wurde. Und dann nahmen sie gelassen, ja selbstverständlich hin, daß ihnen der Westen half. Es ging jetzt nicht mehr um die Freiheit Berlins und auch nicht mehr um die Freiheit Deutschlands — schon war offenbar geworden, daß es um die Freiheit selber, um die Freiheit aller Menschen ging.

Für diese Freiheit zu leiden, war den Berlinern selbstverständlich. Sie rückten zusammen, hungerten ein bißchen am bescheiden gedeckten Tisch, froren ein bißchen vor knapp beheizten Öfen, ertrugen stundenlange Stromsperren. Sie fühlten sich deshalb keineswegs als Helden und tadelten oder verachteten jene nicht, die der Bedrängnis aus dem Wege gingen und die Stadt mit Richtung Westdeutschland, wo alles angenehmer war, verließen.

Auch als die Blockade im Mai 1949, nach fast einjähriger Dauer, ein Ende nahm, dünkten die Berliner, obwohl sie einen großen Sieg errungen hatten, sich nicht besser als die anderen Deutschen, die von diesem Siege nur profitiert hatten. Sie hatten auch keinen Grund zu besonderer Freude: Berlin blieb geteilt! Berlins Verbindung zum westlichen Deutschland war auch fortan sowjetischer Kontrolle unterworfen! Das freie Berlin-West war auch von der sowjetischen Zone abgetrennt, es war „Insel" geworden!

Mehr als zwanzig Jahre sind seit dem „Jahre Null" vergangen. Aus der „Frontstadt Berlin" wurde das

„Schaufenster Berlin". Und das „Schaufenster Berlin" verlor an Bedeutung, als der Eiserne Vorhang zur Steinernen Mauer wurde und niemand mehr aus Ostsektor und Ostzone kommen konnte, um das „Schaufenster Berlin" zu besichtigen. Was ist Berlin-West heute?

Es ist nicht gerade leicht, darauf Antwort zu geben. Berlin-West ist, stellvertretend für ganz Berlin, die Hauptstadt Deutschlands. Als solche gehört es nach Meinung aller demokratischen Deutschen und aller demokratischen Völker sonst auf der Erde zur Bundesrepublik — es gehört aber auf Grund vor oder nach 1945 getroffener Vereinbarungen einstiger Siegermächte auch nicht ohne weiteres zur Bundesrepublik. Und Moskau verficht die These, daß Deutschlands Hauptstadt innerhalb der sowjetischen Zone liegt und deshalb die sowjetischen Wünsche zu befriedigen hat.

Die Berliner konnten und können ihre Freiheit nur durch die Freiheit Deutschlands, die Wiedervereinigung Berlins nur durch die Wiedervereinigung Deutschlands erhoffen. Darauf warten sie — seit nun eben mehr als zwanzig Jahren!

Und was sonst darüber, auch über das „Jahr Null" und auch über „später", im Rahmen eines kurzen Kapitels mitgeteilt werden kann, mag der Leser auf den nächsten Seiten finden. Daß dieses Kapitel unvollständig, noch unvollständiger als die vorigen ist, sollte er verstehen. Es liegt in der Natur der Sache. Berlin, das einmal „Frontstadt" gewesen ist, das „Schaufenster" wurde, ist heute „Nahtstelle" geworden. Nirgendwo auf der ganzen Erde ist ein Ort gleicher politischer Wichtigkeit, wenn es sich um die Wiederherstellung der von jedem Deutschen ersehnten Einheit Deutschlands handelt.

Der Anfang des Endes

„... fast acht Tage hausen die Berliner, Frauen, Kinder, Greise, Kranke, Verwundete, Soldaten nun schon ohne Unterbrechung in ihren Kellern im Innern der Stadt. Der Durst ist noch schlimmer als der Hunger. Seit Tagen gibt es kein Wasser. Dazu dauernde Brände und Rauch, der in die Keller dringt, und eine sengende Aprilsonne. Die Krankenhäuser, Lazarette und bombensicheren Bunker sind längst mit Verwundeten überfüllt. In den Schächten der U-Bahn und S-Bahn liegen Hunderttausende Soldaten und Zivilisten."

Aus „Die letzten Tage" von Gerhard Boldt

Lebende Tote

Von einst (1932) mehr als 185 000 Berlinern jüdischen Bekenntnisses hatten 5000 der Deportation, dem Tod in den Konzentrationslagern, dem Sterben in den Gaskammern entgehen können. Sie waren, als (1942) die „Endlösung der Judenfrage" von den Machthabern dekretiert wurde, untergetaucht, um am Leben zu bleiben. Sie entledigten sich des (ein Jahr zuvor) verordneten *Judensterns*, auch des (schon zuvor) mit einem J gekennzeichneten Ausweises. Ohne Papiere, auch ohne Lebensmittelkarten, und immer in Angst vor Himmlers Schergen, warteten sie als lebende Tote in ihren Verstecken auf Befreiung. 622 Berliner halfen ihnen unter Einsatz ihres Lebens und wurden dafür nach dem Kriege als „unbesungene Helden" geehrt.

„Nach zwölf Jahren", schreibt dann Ilse Rewald, „brauchten wir nicht mehr vor unseren Verfolgern zu zittern! Wir können aus dem Dunkel der Keller ins helle

Tageslicht! Wir sind noch einmal davongekommen! Mein Mann ist allen Menschen gegenüber noch sehr zurückhaltend und verschüchtert, will sich am liebsten verkriechen, und ich träume immer wieder von Verhaftung, von Erschießungen und Verfolgung. Der seelische Druck läßt erst sehr langsam nach ..."

Es bedrängen den, der als „lebender Toter" nun wieder existent sein will, neue und ungeahnte Sorgen. Denn: „Man glaubt uns nicht, daß wir Juden sind und in Berlin überlebt haben . . . Unser früheres Polizeirevier ist zerstört, beim Finanzamt werden wir als ‚verstorben' geführt . . . Wie können wir unsere Identität beweisen, wie können wir wieder legal leben?"

Ilse Rewald schreibt: „Unsere Papiere hatten wir in einem Garten weit außerhalb der Stadt vergraben. Wir müssen stundenlang durch Berlin laufen, vorbei an Leichen, die nur mit einer Zeitung bedeckt sind, an Pferdekadavern, durch Bombenkrater und Trümmer, bis wir endlich in den Garten gelangen. Der Besitzer hat Berlin wegen der Bombenangriffe längst verlassen, und wir können uns nicht mehr erinnern, an welcher Stelle des Grundstückes wir das Konservenglas mit den Ausweisen vergraben haben. Wir graben stundenlang... Endlich stößt die Schaufel auf Widerstand... Wir finden die Dokumente! Die gehaßten Judenpapiere mit der Unterschrift Ilse Sara Rewald, mit Fingerabdruck und großem J werden der Umwelt beweisen, daß wir am Leben sind."

Befehl Nr. 1

„Heute bin ich zum Chef der Besatzung und Stadtkommandanten von Berlin ernannt worden. Die gesamte administrative und politische Macht geht laut Bevollmächtigung des Kommandos der Roten Armee in meine Hände über ...

Generaloberst N. Bersarin"

Panzerbär Nr. 14

Berlin ist groß. Das Stadtgebiet mißt rund 90 000 Hektar, erstreckt sich in Länge und Breite über jeweils 45 und 38 Kilometer.

Während in einigen Teilen Berlins seit Tagen der sowjetische „Befehl Nr. 1" ausgehändigt war, wurde in anderen Teilen Nr. 14 der nationalsozialistischen Zeitung *Der Panzerbär* verteilt:

> „Es kommt jetzt alles darauf an, daß die Verteidiger mit allen Kräften ihre Stellungen halten ... Unsere Aufgabe ist klar. Wir stehen und halten. Bei uns ist der Führer. Wo aber der Führer ist, ist der Sieg!"

Frau, komm!

Zwei Tage darauf – es war kein Führer mehr, er hatte in den Bunkern der Reichskanzlei Selbstmord begangen.

Aber für die Berliner ging der Krieg noch zehn Tage weiter. An jedem Tage rückten die Rotarmisten in den Straßen voran, an jedem Tage standen die Rotarmisten vor anderen Häusern. Der Franzose René Baron gab in den *„Variations sur un thème Berlinois"* einer Berlinerin das Wort:

> „Plötzlich packt mich der Schrecken. Harte Schläge gegen die Eingangstür. Ich höre Soldatenschritte. Die Stimme der Frau Köber ... Ich möchte taub sein, will mir nichts vorstellen müssen. Die Sprungfedern krachen. Die schrille Stimme des Opfers ... Der nächste ist dran . . . Ein Dritter macht sich 'ran . . . Von Frau Köber hört man nur mehr ein rauhes Stöhnen ... Da, ich bekomme keine Luft ... ‚Frau, komm!' Festgehalten am Handgelenk. Ungeduldige Griffe, die mich in eine bestimmte Richtung zwingen. ‚Frau, komm!' Hände, die sich ..."

Industrieproblem gelöst

Die Rote Armee schickt ihre Spezialisten in die Betriebe. Mit den Spezialisten kamen die leeren Lastwagen, die beladen nach Osten fuhren. In zwei Monaten der „Demontage" verlor die Berliner Industrie von ihrer Vorkriegskapazität im Durchschnitt 80 Prozent, während die Industrie in den drei Westzonen nur um 40 Prozent demontiert wurde.

Große Berliner Firmen wie Siemens, AEG, Telefunken, Mix & Genest, Osram wurden sogar zu 100 Prozent oder nahezu 100 Prozent abgebaut. Von 25 000 Werkzeugmaschinen blieben nur 88 übrig.

Als dann amerikanische, britische, französische Besatzungen kamen, kabelte einer der Korrespondenten:

> „Das Problem der deutschen Nachkriegsindustrie ist, wenigstens für Berlin, völlig gelöst. Es gibt dort keine Industrie mehr!"

Das nicht mehr!

„Wissen Sie", sagte mir gestern ein Berliner, „einen dritten Krieg würden wir vielleicht allenfalls überstehen. Aber noch eine Befreiung?"

(Erzählt von Hans Kasper)

Kultura

Die Rote Armee brachte auch Spezialisten mit, die nicht demontieren wollten. Die sowjetische Besatzung zeigte sich an nichts so stark interessiert wie an dem, was sie „Kultura" nannte.

Am sechsten Tage nach dem Waffenstillstand durchfuhren Personen- und Lastwagen Berlin und brachten nach Friedrichsfelde, was an künstlerischer Prominenz aufgetrieben werden konnte. Es waren immerhin Dutzende, unter ihnen Gustav Gründgens, Victor de Kowa, Ernst Legal, Heinz Tietjen, Paul Wegener. Die „Versammlung Berliner Kunstschaffender auf Einladung des sowjetischen Stadtkommandanten Generaloberst Bersarin" dauerte bis in die Nacht. Immerhin, sie bedeutete den Beginn der „Kultura", aus der sich einige Wochen später auch wieder „Kultur" entwickelte.

Administratives

Der Kommandant verlangte die Bildung eines neuen Magistrates. Daß sich Altkommunist Arthur Pieck als Stadtrat für Personalverwaltung zur Verfügung stellte, daß andere Kommunisten andere politische Ressorts übernahmen, war selbstverständlich.

Schwieriger war es mit den fachlichen Ressorts. Schließlich mußte auf Berliner zurückgegriffen werden, die keine Kommunisten waren oder gewesen waren:

Geheimer Rat Professor Dr. Ferdinand Sauerbruch, Stadtrat für Gesundheitswesen;

Professor Hans Scharoun, Stadtrat für Bau- und Wohnungswesen.

Der Schauspieler Walter Franck wurde Stellvertretender Unterbürgermeister in Schmargendorf. Walter Karsch, der letzte Chefredakteur der *Weltbühne*, amtierte als Unterbürgermeister in Zehlendorf.

Vorhang auf

Hildegard Knef, damals zwanzig oder neunzehn, war noch in den letzten Kampftagen ausgebombt, von ihrer Familie getrennt worden:

„Aber man gehörte zusammen in Berlin. Ich ging zu Victor de Kowa, der in Ruhleben ein Haus besitzt.

‚Mein Name ist Hilde Knef. Ich möchte mich waschen und eine Nacht schlafen', sagte ich zu ihm und seiner Frau Michi (Tanaka). Da ging die Tür weit auf – für drei Wochen. Ich war in die Gemeinschaft aufgenommen, zu der auch Günter Lüders, Karl Schönböck und Petra Peters gehörten. Als de Kowa das Theater ‚Die Tribüne' übernahm, fegten wir den Zuschauerraum. Die Bühne erhellten wir mit Kerzen, die Michi im Garten vergraben hatte."

Hildegard Knefs Weg führte dann zum „Schloßpark-Theater" Barlogs, wo der große Aufstieg zum internationalen Star begann. Nur war es vor dem Aufstieg bescheiden:

„Ich spielte ‚Drei Mann auf einem Pferd' und war sehr dünn wie alle in Berlin. Da wurde mir schwach, ein Bühnenarbeiter brach die Hälfte seiner amerikanischen Zigarette ab, eine Kostbarkeit. ‚Das hilft!' meinte er. Ich rauchte zum ersten Male in meinem Leben und fühlte mich noch hundeelender."

Aber es wurde gespielt, und in Barlogs Theater „gab es bereits Scheinwerfer", erinnerte sich Hildegard Knef, „und nicht nur Kerzen. Nur die Nägel für die Dekorationen waren erbärmlich knapp. Aber wir konnten uns auf unser Publikum, das zu Fuß oder Fahrrad anrückte, sich wärmende Decken für den ungeheizten Raum mitbrachte, verlassen. Wir baten um Nägel! Fast jeder Besucher gab an der Kasse einen Nagel ab."

Theatergeschichte – mißverstanden

Bevor Victor de Kowa in der „Tribüne" zu spielen begann, hatte Ernst Legal das Renaissance-Theater neueröffnet. Es bezeugt Legals Humor, daß er den „Raub der Sabinerinnen" auf die Bühne brachte. Irgendwie war alles „Striese-Theater" jetzt, mußte „Striese-Theater" sein.

Bevor Barlog im Schloßpark-Theater zu spielen begann, hatte Michael Bohnen in der Kantstraße die „Städtische Oper" eröffnet. Man hatte in der Schumannstraße das „Deutsche Theater" wieder in Betrieb genommen, auch schon die „Kammerspiele" in der Schumannstraße, Max Reinhardts eigentlichste Schöpfung, wiederaufgetan.

Aber Max Reinhardts Zeit, Max Reinhardt selbst war zwölf Jahre totgeschwiegen worden. Der wohl junge Reporter einer Zeitung, deren Namen ungenannt bleiben soll, wußte wahrscheinlich wenig mit Max Reinhardt anzufangen, als die Redaktion ihn mit einer Reportage beauftragte. So schrieb er also:

> „... von hier ging der Ruf der deutschen Theaterkultur hinaus in die Welt. Etwas von französischem Esprit, von französischer Art lag hier in der Luft. An dem 27. April 1937 hatte Max Reinhardt mit dem ‚Ersten Frühlingstag' von Dodie Smith eröffnet. Der Programmzettel jenes Tages verzeichnet die Namen von Ernst Karchow, Lida Barowa, Lizzie Waldmüller, Hans Brausewetter, Elisabeth Flickenschildt, Ursula Grabley, Gisela von Collande: Welche Namen!... Ein Auftritt, der Durchbruch und Weltruhm bedeutete ..."
>
> (Der Herausgeber ist gern bereit, das Original einer Nr. 146 vom 28. 9. 1946 vorzuzeigen)

Wo ist was?

Auch andere altbekannte Bühnen wurden wieder eröffnet. Nicht immer am altbekannten Platz. Die topographische Verwirrung war beträchtlich.

Weil ihr Haus in der Bismarckstraße zerstört war, spielte die „Städtische Oper" jetzt in der Kantstraße in dem Gebäude, das als „Volksoper" bekannt war. Die „Scala" – Lutherstraße – hatte sich im „Theater am Nollendorfplatz" etabliert, und als auch dieses wieder die Arbeit aufnahm, mußte es eine neue Bleibe suchen und sich deshalb „Theater am Nollendorfplatz am Rudolf-Wilde-Platz" nennen.

Die „Staatsoper unter den Linden" wurde eine „Staatsoper im Admiralspalast", und die „Komische Oper" bei der Weidendammer Brücke zog in das „Metropol-Theater", weshalb wiederum das „Metropol-Theater aus der Behrenstraße ins „Thalia-Theater" und das „Thalia-Theater" aus der Schönhauser Allee ans Hallesche Tor in die verwaiste „Bunte Bühne" Bendows flohen.

Es spielten in den zwei Jahren nach Kriegsende 27 Theater, 4 Freilichtbühnen, 3 Theater für Kinder.

Es gab die entsprechende Zahl der Intendanten oder Direktoren, unter ihnen fand man: Kurt Seiffert, Werner Fütterer, Franz Fiedler, Rudolf Platte. Auch Ernst Legal, Karl Heinz Martin, Walter Felsenstein, Wolfgang Langhoff, Fritz Genschow, Achim von Biel, Fritz Wisten, Kurt Raeck, Artur Maria Rabenalt, Michael Bohnen, Victor de Kowa, Jürgen Fehling, Boleslav Barlog.

Der neue Baustil

Wenn gebaut wurde, tat man's recht bescheiden. In Straßen, die einst von hochgeschossigen Häusern umsäumt waren, entstanden nun die Reihen kleiner, niedriger, primitiver Buden aus unverputztem Mauerwerk. Sie waren für das damalige Berlin typisch, und die Berliner sprachen von dem neuen Baustil als dem „Deutschen Barack".

Nischt versäumt

Man machte sich nichts vor. Schön war die Stadt nicht. Auf Schritt und Tritt wurde man an den Krieg erinnert.

Alfred Döblin kam. Im französischen Dienstwagen, einen ehemaligen Taxichauffeur am Steuer, fuhr er kreuz und quer durch die Stadt. Stundenlang. „Hier habe ich ja früher gewohnt", verriet er dem Fahrer, „und seit dem Reichstagsbrand, da mußte ich weg, bin nie wieder hier gewesen."

Freundlich, mitfühlend tröstete der Fahrer: „Da ham Se aber ooch nischt versäumt!"

Wähle – aber nicht so

Zum Stadtbild gehörten die Trümmer, auch die vielen zehntausend Frauen, die mit dem Aufräumen beschäftigt waren. Es gab diese Frauen überall, und häufig waren sie, wenn der Ehemann als „Pg" keine Arbeit fand, die einzigen Verdienerinnen in den Familien. Die „Trümmerfrau" wurde geachtet, und als zum ersten Male wieder ein Stadtparlament gewählt werden sollte, spielte sie ihre Rolle auch in der Politik. Ein Plakat zeigte ihre Stube, Pg-Hausvater im Plüschsessel, Zeitungen verschiedenster Parteien auf dem Schoß. Und vor ihm, Schippe und Abklopfhammer in der Hand, seine brave Trümmerfrau. „Wähle – aber nich so, Justav, det ick jleich noch mal enttrümmern muß!"

Blockade

Im Kontrollrat, in der Kommandantura, auch in der neuen Stadtverordnetenversammlung war es wegen der Währungsreform zu heftigen Auseinandersetzungen gekommen. Die Sowjets verriegelten den Westsektoren alle Straßen, Bahnlinien, Schiffahrtswege. Es war eine totale Blocke, zu Land und Wasser.

General Lucius D. Clay funkte nach Washington. Washington funkte zurück: „Sofort 39 Transportflugzeuge Skymaster abgeflogen, um bei Versorgung zu helfen."

London meldete sich: „Sofort 100 Maschinen der RAF startklar!"

Zwei Stunden später waren die Maschinen in der Luft. Zwei Tage später waren es nicht mehr 139, sondern 420 und bald 927 Flugzeuge. Sie brachten Lebensmittel, Maschinen, Koks, Zeitungen, Operationstische, Kupferdraht, Tuchballen, Briefe, Stahl, Holz und überhaupt alles, was nötig war, um die Berliner und ihre Wirtschaft am Leben zu erhalten.

Luftbrücke! Die Berliner sprachen von den „Rosinenbombern", die alle drei oder vier Minuten einflogen. Die Berliner liebten den Lärm der Maschinen. Während der elf Monate langen Blockade brachten amerikanische, britische und französische Piloten in 250 000 Flügen fast 2 500 000 Tonnen Güter nach Berlin.

> „29 Amerikaner und 29 Briten gaben ihr Leben dafür hin, daß zwei Millionen Berliner nicht Freiheit und Menschenrecht einer Diktatur opfern mußten."

Das Luftbrückendenkmal ist das Symbol des Dankes, es ist ein Symbol auch der Freundschaft. Denn Amerikaner, Briten, Franzosen, Berliner waren jetzt Freunde geworden.

Berlin-West

Die herkömmlich im Ostsektor tagende Stadtverordnetenversammlung war von kommunistischen Demonstranten bedroht worden. Als junge Kommunisten in den Sitzungssaal eindrangen, fand das Parlament bei Polizei und Sowjetkommandantur keine Hilfe. Die Sitzung wurde im Studentenhause am Steinplatz, im Britischen Sektor, fortgesetzt. Der gewählte Magistrat konnte seine Arbeit im Schöneberger Rathause weiterführen.

„Das war die Lage, in der Ernst Reuter vor den Augen der Welt die Führung des Abwehrkampfes übernahm", berichtete im Rundfunk Richard Loewenthal, „und am Nachmittag stand er vor 80 000 Menschen im Arbeiterviertel Gesundbrunnen und sagte den Berlinern, worum es ging."

Ernst Reuter wandte sich an alle Berliner, der Rundfunk ließ auch die Berliner im Ostsektor die Worte hören:

Mauer und Stacheldraht quer durch Berlin. Oben, beim Brandenburger Tor, Ostberlin, rechts

(Landesbildstelle Berlin)

John F. Kennedy und Willy Brandt an der Mauer

(Foto: Joachim G. Jung, Berlin)

„Wenn die Verwaltung pflichtgemäß sich weigert, den Boden des Rechts zu verlassen, dann wird der Versuch gemacht, die Bevölkerung einzuschüchtern und zu terrorisieren ... Unsere Stärke liegt nicht in der äußeren Kraft, wirklich nur darin, daß wir eine gute und gerechte Sache vertreten.
Heute weiß die ganze Welt, daß hier das Herz der neuen deutschen Demokratie schlägt . . . Wir werden uns mit allen Mitteln und bis zum äußersten gegen den Machtanspruch wenden, der uns zu Sklaven und Heloten einer Partei machen will."

Ick kann doch von Berlin nich weg

Als der sowjetische Sektor von den drei anderen Sektoren abgeriegelt wurde, war mit der politischen auch die wirtschaftliche Einheit der Stadt aufgehoben. Da der „östliche" Magistrat sich weigerte, die „westliche" Währungsreform anzuerkennen, wurden die Schwierigkeiten vorerst noch um einiges größer. Mancher verließ jetzt die Stadt.

Erika Brüning, von Willi Schaeffers gerade für sein wiedererstandenes *Kadeko* (Kabarett der Komiker) entdeckt, sang auf der kleinen Bühne in der Bleibtreustraße:

Mir jeht's zwar ooch nich sonderlich,
bei uns is et noch knupp,
un trotzdem haue ick jetz nich
nach dem joldnen Westen ab ...

Sie schloß ihr Chanson mit der Strophe, deren erster Vers noch heute Geflügeltes Wort aller Berliner ist:

Ick kann doch von Berlin nich weg,
wenn det ooch möchlich wär.
Det hat for mir jar keenen Zweck,
denn hier jehör ick her.
Ick seh Berlin, wie 't früher war
in meiner Fantasie,
un hab et noch jenau so lieb.
Hier weg — det kann ick nie!

Im sowjetischen Sektor protestierten Studenten der nun nach den Brüdern Humboldt benannten Universität gegen den politischen Zwang. Studenten wurden verhaftet, relegiert.

„Die schleunige Gründung einer freien Universität", schrieb Erik Reger, „ist hier notwendig geworden."

Die Schwierigkeiten waren riesengroß. Es begann so:

> „In einer Garage. Fünf oder sechs Studenten. Dr. von Bergmann. Der Doktor zückte seine Brieftasche. Ein Studiker trabte los, kaufte Briefmarken. Ein anderer brachte von daheim Briefpapier mit. Die Witwe eines Professors schenkte uns Bücher. Wir liehen uns Schreibmaschinen. Es war Blockade, also Stromsperre. Es wurde bei Kerzenlicht geschrieben. Die einen trabten los, um Räume für Vorlesungen zu erkunden ... Dann fanden sich Professoren ein. Endlich kam das erste Geld von den Amerikanern. Schon drängten sich 5000 Bewerber vor den Toren. Aber die Freie Universität war noch nicht amtlich ..."

Sie wurde amtlich, Edwin Redslob ihr geschäftsführender Rektor. Sie wurde mit einem Festakt im Titaniapalast eröffnet. Mit dem Wahlspruch „Veritas Justitia Libertas – Wahrheit, Gerechtigkeit, Freiheit" nahm sie die Arbeit auf.

Eine Stimme der freien Welt

Man hatte sehr bescheiden angefangen, sich des Drahtfunks bedient und war nur von knapp 1500 Berlinern gehört worden. Man hatte sich deshalb auch DIAS (Drahtfunk im Amerikanischen Sektor) genannt. Bis man RIAS (Rundfunk) geworden war.

Als die Blockade begonnen hatte, hörten Millionen auch im sowjetischen Bereich:

„RIAS, eine Stimme der freien Welt."

Der Insulaner

Die Blockade war aufgehoben, die Sowjets hatten nachgegeben.

Auch als dann jeden Tag Tausende von Kraftwagen über die Autobahn fuhren, die Züge wieder verkehrten, Viermotorige, Turboprops und Düsenmaschinen nach und von Berlin flogen, hatte der Berliner die Verse nicht vergessen, er hörte sie ja auch immer wieder:

Der Insulaner hofft unbeirrt,
daß seine Insel wieder 'n schönes Festland wird ...

Nur daß der „Insulaner" früher da war als die Funksendung gleichen Namens im RIAS, haben sie vergessen. Denn im Radioprogramm sang Tatjana Sais die Verse Günter Neumanns erst, als die während der Blockade gegründete satirische Zeitschrift „Der Insulaner" schon eingegangen war und deren bisherige Mitarbeiter sich als „Radio-Kabarettisten" meldeten.

Und jeden Tag Zeitungen

Noch vor den Heeren ihrer Alliierten hatten die Streitkräfte der Sowjetunion die deutsche Hauptstadt besetzt; die Presseoffiziere der Roten Armee edierten und lizenzierten sogleich Zeitungen.

Einige Wochen oder Monate danach war Berlin dann die Vier-Sektoren-Stadt geworden; die Presseoffiziere der Amerikaner, Briten, Franzosen edierten oder lizenzierten sogleich Zeitungen.

Bald zählte Berlin, seit Kriegsende war gerade ein Jahr vergangen, fünfzehn Zeitungen!

Man las den „Kurier" aus dem französischen Sektor. Man las den „Telegraf" und den „Sozialdemokrat" und las „Spandauer Volksblatt" aus dem britischen Sektor. Man las die „Allgemeine Zeitung", den „Abend" und den „Tagesspiegel" aus dem amerikanischen Sektor.

Wer wollte, konnte überall auch die Zeitungen aus dem Ostsektor lesen und sogar abonnieren. Deren gab es neun!

Es war eine interessante und bald sogar aufregende Beschäftigung, die sechzehn Zeitungen der vier Sektoren zu lesen. Die Berliner konnten jedenfalls um einiges früher als die anderen Deutschen feststellen, daß man im sowjetischen Machtbereich über Deutschland und Deutschlands Zukunft sehr anderer Meinung war als in den westlichen Sektoren.

Die Fülle der Journale

Sehr bald gibt es auch wieder Zeitschriften. Kaum zwei Jahre nach Kriegsende sind es mehr als zweihundert – vom „Amtsblatt" des Kontrollrates bis zum „Zuschneider" des Bekleidungsgewerbes. Fast die Hälfte aller Zeitschriften, 104 genau, wird in den Westsektoren redigiert und verlegt, und unter ihnen die kulturell wichtigen:

Athena. Berliner Hefte. Berliner Musikbericht. Colloquium. Deutsche Rundschau. Dramaturgische Blätter. Horizont. Melodie. Minerva. Das Programm. Radio-Revue. Revue. Der Schauspieler. sie. Spektrum. Weite Welt. Weltspiegel.

Zu den wagemutigen Herausgebern gehörten: Béla von Abony, Günther Birkenfeld, Werner Fiedler, Wolfgang Goetz, Fritz Helwaag, Otto H. Hess, Helmut Kindler, Rudolf Pechel, Hermann Raeck, Heinz Ullstein.

Jedes Heft ihrer Journale war, auf jeweils eigene Art, Bekenntnis zu humanitärem Denken, auch Bekenntnis zur deutschen Hauptstadt. Und gelesen wurden die Hefte gerade dieser berlinischen Zeitschriften in ganz Deutschland, von allen Deutschen, ob in der amerikanischen, in der britischen, in der französischen, in der sowjetischen Zone!

Als die Kommunisten mit der Einheit Berlins die Einheit auch Deutschlands zu zerstören begannen, als sie die Hauptstadt zu einer „Insel" machten, über den freien Teil Berlins die Blockade verhängten, den Eisernen Vorhang inmitten Deutschlands niederließen, wurde es anders ...

Vielleicht hätte es nicht unbedingt anders werden müssen? Vielleicht wäre es möglich gewesen, da man Berlins wirtschaftlich-industrielle Produktivität erhalten und fördern konnte, auch Berlins politisch-kulturelle Kapazität zu erhalten und sogar zu fördern?

Es geschah nicht. Von den namentlich angeführten, kulturpolitisch bedeutsamen Zeitschriften des Jahres 1947 gibt es nur noch das „Colloquium" in Berlin, die Zeitschrift der Studenten, die einst die Gründung der Freien Universität verlangten und durchsetzten. Alle anderen Journale, bis auf zwei, die „in den Westen" abwanderten, mußten ihr Erscheinen einstellen.

Auch spätere Versuche, Geist und Initiative des freien Berlins in einer Zeitschrift zu dokumentieren, hatten wenig Erfolg. Mit einer Ausnahme: das 1948 gegründete Journal „Der Monat" erscheint noch heute, hat Leser in aller Welt, in deren westlicher und auch östlicher Hemisphäre. Rechnet man „Colloquium" auch hinzu – die deutsche Hauptstadt, einst Verlagsort von Hunderten und Tausenden wichtiger Zeitschriften, hat, was ihr und des deutschen Volkes geistige Anliegen betrifft, heute nur zwei allgemein interessierende Zeitschriften.

Gesprächsthemen

Heimkehrer. Spätheimkehrer. Ehe im Schatten. Carepaket. Pg. Ami. Pajok. Antifaschist. Fragebogen. Wir sind noch einmal davongekommen. Auffanglager. Kalter Krieg. Lizenzträger. Fräulein. Persilschein. Pankow. Chesterfield. Re-Education. Volkspolizei. Off limits. Schnaps. Notstandsprogramm. Mount Clamott. Ich kann doch von Berlin nich weg. Stromsperre. Wiedervereinigung. Wiedervereinigung. Wiedervereinigung.

Freiheitsglocke

„Unter dem ergriffenen Schweigen der versammelten Hunderttausenden, die ihre Häupter entblößt hatten, sandte die Freiheitsglocke ihren ersten Klang um Punkt 12 Uhr über Berlin. Dieses Geläut wurde durch alle Rundfunkstationen der Welt den freien Völkern übertragen; es klang gleichzeitig durch den Äther zu jenen Völkern, die heute noch unter dem Joch ihnen auferlegter Diktatur schmachten müssen."

Das Geschenk der amerikanischen Nation, von 17 000 000 Unterschriften begleitet, war der alten „Liberty Bell" nachgebildet, die den amerikanischen Unabhängigkeitskrieg eingeläutet hatte. Ihre Inschrift war der alten Inschrift angeglichen worden:

„*That this world under God shall have a new birth of freedom* – möge diese Welt mit Gottes Hilfe eine Wiedergeburt der Freiheit erleben."

17. Juni 1953

Im Ostsektor waren die Gesetze härter, der Druck schwerer geworden. Der Arbeiter litt unter ihm abgepreßten Norm-Leistungen des Hennecke-Systems. Die Versorgung mit Lebensmitteln war unzureichend. Zum ersten Male wurde im Ostsektor gestreikt.

An hunderttausend Menschen in der Leipziger Straße vor den Zentralverwaltungen:

„Grotewohl und Ulbricht 'raus,
dann ist auch dieser Streik hier aus!"
„Wir brauchen keine neue Norm,
wir sind heut' in bester Form!"

Das war noch Streik. Aber endlose Kolonnen Unter den Linden. Die rote Fahne der Besatzungsmacht wurde vom Brandenburger Tor geholt, es wurde die schwarz-rot-goldene Flagge gehißt. Sprechchöre:

Kollegen, reiht euch ein!
Wir wollen freie Menschen sein!

Das war Revolution. Die „Volksregierung" forderte vom sowjetischen Kommandanten Panzer an, die das Volk niederwalzen sollten. Der sowjetische Kommandant schickte die sowjetischen Panzer. Mit blanken Händen gingen Arbeiter gegen die Panzer vor. Die Panzer schossen nicht. Aber sie blieben.

Flüchtlinge wählen

„Wie viele waren es gestern? – das ist des Morgens die erste Frage", schildert Wolfgang Hoffmann-Harnisch. „Es gab Zeiten, da zählten wir Tag um Tag vier- bis fünftausend ..."

Der Berliner prägte den wahrhaft schönen Satz: „Flüchtlinge sind Leute, die mit den Füßen wählen."

Neue Gesprächsthemen

Kongreß für kulturelle Freiheit. Clipper. Kühlschrank. Theaterfestwochen. Halbstarke. Benn. Pack die Badehose ein. Starkritiker. Frostgemüse. Bubi Scholz. Hansa-Viertel. Interbau. Filmfestspiele. Weißwandreifen. Teenager. Fontane-Preis. Presseball. Ruth Brandt. Corbusier. Harte Währung. 131er. Gesellschaftsreise. Stachelschweine. „Am grünnen Strand der Spree". Ölheizung. Modellkleid. Atomreaktor. Maltakartoffeln. Party. Louis Ferdinand. ERP. Kreßmann. Karajan. Wiedervereinigung. Wirtschaftswunder. Wiedervereinigung. Wirtschaftswunder. Wiedervereinigung.

Senderparadies

Der Berliner hört SFB (Sender Freies Berlin) und RIAS. Jeweils zwei Programme.

Er hört AFN, BFN, FFB, den amerikanischen, britischen, französischen Soldatensender.

Er sieht fern mit SFB und anderen Programmen.

Der Berliner, wenn er mag, kann auch drei SED-Sender mit drei SED-Programmen hören und auch, wenn er mag, kommunistisch fernsehen.

Haßgesang

Westberlin, du bist die Pestbeule
auf dem alten Antlitz von Europa.
Die alten Nazifüchse
lauern im Gebüsch
deiner schmutzigen Straßen,
und Coca-Cola und Antisemitismus
ergießen sich im Überfluß
auf deine Exkremente und Ruinen.

Verse aus dem in der Sowjetzone viel gepriesenen Lyrikband „Die Trauben und der Wind" von Neruda.

Freiheit

„Meinen Sie eigentlich", wurde ein Berliner gefragt, „daß man Ihnen einmal dafür danken wird, daß Sie für die Freiheit kämpfen?"

„Nein, wieso?" fragte der Berliner.

„Nun", sagte der andere, „warum kämpfen Sie dann?"

Der Berliner lächelte.

„Meinen Sie", fragte er zurück, „daß man Ihnen einmal dafür danken wird, daß Sie atmen?"

„Nein, wieso?" fragte der andere.

„Warum atmen Sie dann?" fragte der Berliner.

(Erzählt von dem Schriftsteller Hans Kasper)

Das biologische Beispiel

An der Freien Universität in Dahlem studiert eine Jugend, die mit der sowjetischen und sowjetzonalen Diktatur nichts zu schaffen haben will. Immerhin, man hörte bei den vielen politischen Debatten in einem zeitweise als Hörsaal dienenden Zehlendorfer Kino auch einen Studenten, der „eine gewisse Portion marxistischen Denkens“ empfahl, der das jedenfalls nicht für falsch, zumindest nicht für unnütz hielt.

Eine Studentin der Medizin schaltete sich ein und entgegnete mit dem ebenso treffenden wie witzigen Vergleich:

„Also, wenn ich Sie recht verstanden habe, ein ‚bißchen‘ Kommunismus? Wenn ich mir die Zwangsläufigkeit des Dialektischen Materialismus vergegenwärtige, wissen Sie, dann kommt mir die Empfehlung so vor, als ob mir eine Frau sagte, sie würde schon ganz gern ‚ein bißchen schwanger‘ werden, nur Weiteres möchte sie eben nicht.“

Neue Bauten, neue Witze

In West-Berlin wurde emsig wiederaufgebaut und neu gebaut. Viele Straßenlücken schlossen sich, es entstanden den Verkehr entlastende Schnellstraßen und ganz neue Stadtteile wie das Hansa-Viertel.

Nicht alles, was neu gebaut wurde, fand Anklang bei den Berlinern. Manches war ihnen zu „sachlich“ oder eben zu „modern“. Aber auch wenn sie einverstanden oder sogar begeistert waren, in jedem Fall bekamen die neuen Bauten sehr rasch ihre Scherznamen, ihren sie auf typisch berlinische Weise kennzeichnenden Spitznamen.

In Erinnerung an die mageren Zeiten der Blockade wie wegen der drei kühn gegen den Himmel gewölbt emporstrebenden Pfeiler wurde das Luftbrückendenkmal vor dem Flughafen Temepelhof als „Hungergabel“ bezeichnet. Der streng funktionelle Neubau des Konzertsaales der Musikhochschule in der Hardenbergstraße heißt „Musik-Garage“. Professor Eiermanns eigenwilliger Neubau der Kaiser-Wilhelm-Gedächtniskirche hatte schon im Modell die Spitznamen „Seelenkraftwerk West“ und „Gebets-Reaktor“ bekommen. Aus der St.-Canisius-Kirche ist wegen ihres einer Tonne ähnlichen Schiffes und in Erinnerung an die ebenso geformten Nissenhütten, die noch lange nach dem Kriege in derselben Gegend standen, ein „St. Nissen" geworden. Ein Hochhaus am Fehrbelliner Platz, das städtische Behörden aufnahm, ist der „Beamten-Silo".

„Warum heißt es ‚Hansa-*Viertel*'?" — „Weil es immer noch nichts Ganzes ist!" antwortet der Berliner prompt. Man ist ja 1961, vier Jahre nach der INTERBAU, immer noch nicht fertig geworden. Denn: „Die Architekten wollten zu hoch hinaus!"

Die Musen an der Spree

Aber nicht nur die Architektur, auch alle anderen Künste entfalteten sich wieder in West-Berlin. Die Musen fanden manche neue Heimstätte. Zum Jahreswechsel 1960/61 registrierte man:

Das Philharmonische Orchester mit seinem Dirigenten Herbert von Karajan und das Radio-Symphonie-Orchester mit seinem Dirigenten Ferenç Friscay. Im großen Saal der Musikhochschule konzertieren viele deutsche und ausländische Gäste von Rang...

Drei große Filmateliers, in deren siebzig Hallen vierunddreißig Spielfilme, fast zweihundert Synchronisationen, dreißig Fernsehstreifen und viele Dutzend Dokumentar- und Werbefilme hergestellt wurden...

Sieben große und viele kleine und vier ganz kleine Bühnen, die dem Schauspiel dienen...

Ein Opernhaus, dem sich bald die im Rohbau schon fertiggestellte „Deutsche Oper" an der alten Stelle der Städtischen Oper in der Charlottenburger Bismarckstraße beigesellen wird...

In jedem Jahr locken die „Berliner Festwochen" die Freunde von Theater, Oper und Tanz in die „Internationalen Filmfestspiele" die Freunde der Filmkunst nach West-Berlin...

Im Dahlemer Museum sind wieder viele der weltberühmten Werke der Malerei aus dem einstigen

Kaiser-Friedrich-Museum und Schätze des Kupferstichkabinetts zu sehen. Am Bahnhof Zoo befindet sich die ständig reicher werdende Galerie des 19. und 20. Jahrhunderts. Das Charlottenburger Schloß, die einzige in West-Berlin erhaltene historische Schloßanlage, der Lieblingssitz der Sophie Charlotte, soll zu einem neuen Museums-Zentrum West-Berlins erweitert werden. Auf der Museums-Insel im Ostsektor zieht besonders der Pergamon-Altar wieder viele Besucher an. Und dort ist auch ein Teil der Meisterwerke aus dem Kaiser-Friedrich-Museum wieder zu besichtigen. Auch die Nationalgalerie hat manche ihrer Kostbarkeiten zurückerhalten ...

Außerdem wurden, wie die Statistik verrät, 186 private Kunstausstellungen von genau 264758 Einheimischen und Fremden in West-Berlin besucht.

Immer nur Lachs!

Der Eiserne Vorhang war noch nicht ganz so eisern, daß er in Berlin völlig voneinander trennen konnte, was der Vier-Mächte-Status ja ausdrücklich zusammengehalten hat. Als der russische Kommandant in Ost-Berlin 1960 aus Anlaß eines sowjetischen Nationalfeiertages einen Empfang gab, erschienen auch die Kommandanten der westlichen Sektoren.

Es gab die üblichen Gespräche, auch über die Zonen und Sektoren. Und der russische Kommandant äußerte die Meinung, daß gerade in seinem Bereich „volksdemokratische Freiheit" sei und daß jeder in solcher „volksdemokratischen Freiheit" nach Belieben eine Meinung haben und ihr durch „freie Wahl" auch Ausdruck geben könne...

Dabei prüfte er das Tablett, das ein Diener ihm darbot. Und vielleicht hatte er Appetit auf einen Sandwich mit Schinken, auf ein Brötchen mit Kaviar, auf kaltes Huhn?

Aber auf der Platte lagen nur Lachsbrötchen, Lachsbrötchen und nichts sonst. Und einen Augenblick war der sowjetische Kommandant unschlüssig. Aber weil eben nur Lachsbrötchen auf der Platte lagen, griff er zu.

Worauf der Kommandant des amerikanischen Sektors vergnügt pointierte: „Das ist die Sache! Wählen kann man bei Ihnen – aber es ist immer nur Lachs!"

Als Gast in Berlin

Flugzeug, Bahn, Kraftwagen brachten auch 1960 an jedem einzelnen Tage Hunderte von Besuchern. Sie kamen aus der Bundesrepublik und aus vielen Ländern der Erde. Ein Reporter, der solche Gäste begleitete, hat aufgezeichnet, was große und kleine Prominenz so „nebenbei" äußerte.

Die Lehrerin aus Texas: „Das Brandenburger Tor ist doch viel kleiner, als ich gedacht hatte, der sight-seeing-car kam gerade noch zwischen den Säulen durch."

Der Herr aus Düsseldorf: „Dat is all' ja so eng und begrenzt, dat wundert mich, dat sich die Leut' hier 'n Auto kaufen."

Der Herr aus München: „Unvorstellbar, daß Berlin so groß ist! Ich bin mit meinem Auto stundenlang herumgefahren, ohne einmal wieder an dieselbe Stelle zu kommen."

Der Twen aus Hamburg: „Der Kurfürstendamm ist ja nur bei Nacht schön."

Der Bürgermeister einer westfälischen Stadt: „Berlin, das ist der Kurfürstendamm und ein lückenhaftes und unorganisches Gewirr von mittleren Großstädten."

Die Apothekergehilfin aus Stuttgart: „Unser Funkturm ist aber höher."

Der Student aus Kalkutta: „Ich kann nicht verstehen, wenn ihr Westberliner euch so aufregt, daß die Ostberliner nicht genug zu essen haben. Da müßt ihr mal nach Indien kommen."

Die Bankdirektorin aus London: „Wenn ich mir die westberliner Wirtschaft betrachte, verstehe ich gut, daß die Ostberliner das haben wollen."

Die Schülerin aus Schwetzingen: „Eigentlich hatte ich es mir viel aufregender vorgestellt. Aber es ist auch gar nichts passiert, und dabei bin ich doch sogar im Ostsektor gewesen. Die Vopos machen auch nur ihren Dienst und reden deutsch."

Der Mann aus dem Kongo: „Wenn ich fort bin, werde ich Sehnsucht nach Berlin haben. Mir hat es großartig gefallen. Ich denke, ich komme wieder."

Der Physikprofessor aus Paris: „Wird schon alles wieder werden. Man tut viel für die Wissenschaft. Aber, wissen Sie, einen Atom-Reaktor findet man jetzt häufig. Aber ein besonderes Fluidum oder anderes Besonderes entdeckte ich nicht, die Sektorengrenze zum Osten ausgenommen."

Der Physikprofessor aus Tokio: „Wenn ich daheim erzähle, wie schön Berlin ist, ist Berlin am nächsten Tag voll von Japanern. Dann müßt ihr auswandern."

Der König aus dem Morgenland

Auch König Hussein von Jordanien kam 1960 zu Besuch. Die Stadt legte Gala an. Auch eine Buchhandlung tat das ihrige und stellte ein Bild des Monarchen in das Schaufenster. Mit dem Hinweis:

„König Hussein II. von Jordanien besucht Berlin! Gehen Sie mit der Zeit und lesen Sie das berühmteste arabische Buch!"

Unter Buch und Schrift sah man die „Märchen aus 1001 Nacht" im Schaufenster.

Ulbricht baut die Mauer

Fast über Nacht war die von Ulbricht befohlene Mauer erstanden.

Am Sonnabend, dem 12. August 1961, hatten sich alle in Ostberlin stationierten Volkspolizisten um acht Uhr abends in ihren Kasernen einfinden müssen. Sowjetische Truppen in den Außenbezirken waren in Alarmbereitschaft versetzt worden.

Um drei Uhr früh rückten die Vopos aus, um Stacheldraht zu ziehen. Mit ihnen kamen Arbeitseinheiten, fuhren Trümmerschutt, Bohlen, Zementplatten heran.

Gegen 4 Uhr früh arbeiteten bereits etwa 40 000 Menschen an der Abriegelung Ostberlins.

Um Mittag war die erste Phase des Mauerbaues abgeschlossen. Waren im Juli 30 444 Menschen in den Westen geflohen, waren es am 2. August mehr als 1300, am 8. August mehr als 1700, am 12. August genau 2400 — seit dem 13. August 1961 konnte ein Ostberliner seinen Sektor nur noch unter Lebensgefahr verlassen.

Passierscheine

„Weihnachten, Besuchszeit für Gefangene", überschrieb ein ausländisches Weltblatt den Bericht seines Berliner Korrespondenten vom 26. Dezember 1963.

„Dies ist die maßloseste Weihnachtszeit in der Geschichte der Stadt. Maßlos sind die kurzen Stunden des Glücks, maßlos ist der aufbrechende Schmerz, maßlos ist aber auch der Ekel über den Zynismus, mit dem das Ulbricht-Regime sein zweischneidiges Weihnachtsgeschenk präsentiert."

Kein anderes Gespräch in den öffentlichen Verkehrsmitteln, in Lokalen, auf der Straße, in den Wohnungen, als die Passierscheine. Die Behörde schätzt, daß von den 2,25 Millionen Westberlinern 800 000 sind, die Verwandte jenseits der Mauer im Ostteil der Stadt haben ... So hämmerte in diesen Tagen der Pulsschlag Berlins, ganz Berlins, vor den Passierschein-Ausgabestellen ... Schon nachts formieren sich Schlangen vor den Schulen, in deren Turnhallen Ulbrichts Weihnachtsmänner in Postuniform amtieren. Jeder Stadtbezirk hat eine Ausgabestelle. Zwölfmal das gleiche Bild. Man bringt Schnaps zur Erwärmung mit, im Bezirk Wedding schlug das beklemmende Bild plötzlich in makabre Ausgelassenheit um, man sang, man tanzte auf der Straße bei minus acht Grad ... Erst um 13 Uhr erscheinen die Ost-Beamten, und von da an schleichen Gerüchte durch die

Menge. Die Antragsformulare seien ausgegangen. Heute keine Annahme ausgefüllter Formulare mehr. Für diejenigen, die diese beiden Phasen hinter sich haben und nun zum drittenmal warten, nämlich auf den Empfang des Passierscheins, sei, ab Ausgabenummer 5000, die Lage aussichtslos. Oft sind die Antragsformulare tatsächlich ausgegangen, dann wird abgebrochen oder ein Kurier nach drüben entsandt, denn es gibt keine Telefonverbindung nach Ostberlin, die SED hat sich geweigert, auch nur für die Dauer der Passierscheinaktion ein paar amtliche Leitungen schalten zu lassen.

Zwölf bis achtzehn Stunden in dieser Atmosphäre warten – da verfällt auch der Gutgenährte, Robuste, das Make-up der Frauen welkt, die Gesichter werden grau. Menschen brechen zusammen, werden ins Krankenhaus gebracht, eine 76jährige stirbt eingekeilt in der Menge am Herzschlag. Das Rote Kreuz reicht heißen Tee. Nachmittags um vier Uhr der Polizeilautsprecher: „Weiteres Warten zwecklos. Kommen Sie bitte morgen wieder ..."

Endlich! Man passiert, wie durch ein Laufgitter für Raubtiere, den Sektorenübergang, mit Geschenkpaketen beladen. Und bald fällt man sich um den Hals, nach zweieinhalb Jahren Trennung. Großväter nehmen zweijährige Enkel in den Arm, die sie noch nie gesehen haben, obwohl sie in einem 500 Meter von dem ihren entfernt liegenden Haus geboren wurden. Eltern umarmen Kinder, die inzwischen geheiratet haben, man lernt einen Schwiegersohn, eine Schwiegertochter kennen. Ein Festessen wird aufgetragen, denn auch drüben in Ostberlin hat man Schlange gestanden, nach Dingen, die im Westen zum alltäglichen Leben gehören und drüben noch immer Mangelware sind.

Aber dann der erste verstohlene Blick auf die Uhr. Um 24 Uhr läuft die Gültigkeit des Passierscheins ab. Man begleitet die Gäste bis an die 500-Meter-Sperrzone, bis an den Rand des Todesstreifens an der Mauer. Die Tränen, die dort geweint werden, sind unaussprechlich bitter. ‚Vielleicht war es das letzte Mal in meinem Leben', schluchzen die Alten. Die Jungen beißen die Zähne zusammen. Aber manch einer ist so zerschmettert, daß er wünscht, es hätte diese Passierscheine nie gegeben..."

Chruschtschow und die Mauer

„Die sogenannte Berliner Mauer dient der Normalisierung des Verkehrs und der Sache des Friedens."

Willy Brandt und die Mauer

„Die Mauer steht gegen den Strom der Geschichte. Sie steht gegen das Gebot der Menschlichkeit. Gegen das in der Charta der Vereinten Nationen verbriefte Recht auf Selbstbestimmung. Gegen die Sicherung des Friedens.

Vergeßt nicht das Unrecht der Mauer! Überhört nicht die Stimme des deutschen Volkes!"

Die Stimme Eisenhowers

„Die neuerdings errichtete Mauer, die den Osten der Stadt vom Westen trennt, ist ein aus Stein und Stacheldraht gefügtes Denkmal sowjetischer Treulosigkeit. Sie ist ein Hohn auf die Vereinbarungen, zu denen sich die Sowjets auf der Pariser Außenministerkonferenz feierlich bekannt haben. Darüber hinaus ist die Mauer ein Eingeständnis der Schwäche; sie bestätigt vor aller Welt, daß das kommunistische System weder auf die Anhänglichkeit noch auf den Respekt seiner Bürger zählen kann. Denn ihr Zweck ist nicht, uns auszuschließen, sondern ihre eigenen unterdrückten, unglücklichen Bürger einzuschließen."

Familiennöte

Die Abschnürung des Ostsektors und der praktisch ja einst zu Berlin gehörenden Zonenrandgebiete hat vielerlei Folgen.

Aufgebrachte studentische Jugend nach dem Attentat auf Rudi Dutschke am 11. April 1968

(Foto: Ullstein-Bilderdienst, Berlin)

US-Präsident Nixon trägt sich 1969 in das Goldene Buch von Berlin ein

(Foto: Ullstein-Bilderdienst, Berlin)

„Mindestens 500 berufstätige Mütter", melden einige Westberliner Bezirke, „stehen vor der bangen Frage: Wer kümmert sich jetzt um mein Kind, während ich arbeite? Die Oma aus Friedrichsfelde, die Tante aus Klein-Machnow, die sich bisher liebevoll ihrer kleinen Enkelkinder, Neffen oder Nichten annahm, kann nicht mehr kommen."

Für die Obhut der Kinder wurde gesorgt. Von einem Tage zum anderen schuf der Senat zusätzliche Plätze in den Kindertagesstätten. Fürsorgerinnen, Pflegerinnen, Kindergärtnerinnen verzichteten auf termingerechten Urlaub.

Es gab andere Familiennöte, die nicht behoben werden konnten. In etwa 20 000 Wohnungen wartete man vergebens auf die Haushaltshilfe, die bisher jeden Tag aus dem Osten gekommen war, um Westgeld zu verdienen.

Die Berliner grüßen Kennedy

Der Präsident der Vereinigten Staaten kam. Kennedy spricht zu den Berlinern vor dem Rathaus am Rudolf-Wilde-Platz (der heute John-F.-Kennedy-Platz heißt), Kennedy spricht zu den Berlinern vor dem Gebäude der Freien Universität in Dahlem.

Vor dem Rathaus eine so unfaßbar riesige Menschenmenge, daß von dem den Präsidenten begleitenden General Clay ein bewunderndes „Da hat sich ja halb Berlin versammelt", zu hören ist.

Vor der Freien Universität wieder die so unfaßbar riesige Menschenmenge. Clay zum Präsidenten:„ Okay. Da haben Sie die andere Hälfte!"

Und vor, zwischen, nach den Reden fuhr Mister President an diesem 26. Juni 1963 durch viele, durch große und kleine, prächtige und bescheidene Straßen Berlins. Es war unwahrscheinlich, ist später in einer Zeitung zu lesen, aber die Augen sahen es, die Ohren hörten es – die „dritte Hälfte" drängte sich in Fünfer-, Achter-, Zehnerreihen hintereinander, um Kennedy zu begrüßen. Auch Fenster und Balkons sind lebensgefährlich besetzt. Man winkt mit allem, was gerade zur Hand ist: mit Papierfähnchen, Zeitungen, Schlipsen, Halstüchern, die man an einen Regenschirm gebunden hat. Eine Möbelfirma hat Tausende von Luftballons verteilt. Papierschlangen baumeln von den Häusern, Spruchbänder und Plakate werden in die Höhe gestreckt. Auf einem der Schilder: „Wo ist Jackie?" Auf einem anderen: „Kennedy – der Beste vom Westen!" Und unentwegt donnern die Sprechchöre ihr „Kennedy – Kennedy – Kennedy" wie Explosionen.

Autofahrer haben ihre Wagen geparkt und steigen auf deren Dächer. Das Beispiel steckt an. Die Straßenbahner halten ebenfalls, schalten den Strom ab, klettern mit ihren Fahrgästen auf die Dächer. Findige Bauarbeiter am Kurfürstendamm haben eine besonders gute Idee. Sie setzen sich in den Korb ihres Baggers und baumeln direkt über der Straße. Noch besser haben es zwei Schornsteinfeger auf einem Hausdach. Sie haben klugerweise ihre Fotoapparate mitgenommen und schießen Bild auf Bild aus der luftigen Höhe. Da kommen andere nicht mit, die sich mit ihren Apparaten auf Telefonhäuschen, Zeitungskioske gesetzt haben. Auch nicht der junge Mann, der auf eine Verkehrsampel geklettert ist...

Der Tag in Berlin beeindruckt sogar die „Withe-House-Korrespondenten" Amerikas, die üblicherweise an jeder Reise des Mister President teilnehmen, für die Jubel, Trubel, Gedränge zum Routineerlebnis gehören: „Such a Day!" heißt es. Solch ein Tag! Solch ein Tag ist auch für die hartgesottenen Journalisten Amerikas noch niemals dagewesen, solche Begeisterung haben sie nie zuvor erlebt. Dieser Tag in Berlin, heißt es, ist der größte im Leben Kennedys. In Berlin versteht man ihn besser als in jeder anderen Stadt der Erde, die Städte Amerikas eingeschlossen.

Kennedy grüßt die Berliner

„Ich bin stolz darauf, heute in Ihre Stadt gekommen zu sein, in Gesellschaft eines amerikanischen Mitbürgers, des

Generals Clay, der hier in der Zeit schwerster Bedrückung tätig war und der wieder nach Berlin kommen wird, wenn es notwendig werden sollte...

Ein Leben in Freiheit ist nicht leicht, und die Demokratie ist keineswegs vollkommen. Aber wir hatten nie nötig, eine Mauer aufzubauen, um unsere Leute bei uns zu halten und sie zu hindern, woanders hinzugehen. Es gibt Leute, die sagen, dem Kommunismus gehöre die Zukunft. Sie sollten nach Berlin kommen. Die Mauer schlägt nicht nur der Geschichte, sie schlägt der Menschlichkeit ins Gesicht...

Jeder Bewohner von Westberlin hat deshalb die Pflicht, seinen Standort genau zu überdenken. Der Gelehrte, der Lehrer und der Intellektuelle haben (in dieser Hinsicht) eine höhere Verpflichtung als alle anderen...

Auch sie leben (in Berlin) auf einer verteidigten Insel der Freiheit, und ihr Leben ist mit dem unseres Kontinentes verbunden, und deshalb fordere ich sie auf, den Blick über die Nöte der Gegenwart hinweg auf die Hoffnung der Zukunft zu richten, auf den Vormarsch der Freiheit überall in der Welt...

Der Schild moralischer und auch militärischer Verpflichtung, mit dem wir die Freiheit der Westberliner schützen, wird nicht gesenkt oder weggelegt werden, solange er gebraucht wird...

Alle freien Menschen, wo immer sie leben mögen, sind Bürger dieser Stadt West-Berlin...

Vor zweitausend Jahren war der stolzeste Satz, den ein Mensch sagen konnte, der: ‚Ich bin ein Bürger Roms!' Heute ist der stolzeste Satz, den ein Bürger der freien Welt sagen kann: ‚Ich bin ein Berliner!' Und deshalb bin ich als freier Mann stolz darauf, sagen zu können: ‚Ich bin ein Berliner!'"

Ostwestlicher Diwan

Chruschtschow war gestürzt. Auch in den von Moskau abhängigen Gazetten und Journalen Deutschlands las man nichts mehr von Chruschtschow, noch weniger von Stalin. Aber mit einem Male war in deren Spalten überraschend viel von Wladimir Iljitsch Lenin zu lesen.

Die Mauer stand immer noch. Doch für die wenigen Leute, denen Ulbricht vertraute, war sie jetzt um einiges durchlässiger geworden.

Die Emissäre der Unfreiheit kamen, und Westberliner akademische Jugend, die ihre Existenz der Freiheit verdankt, diskutierte mit ihnen, zollte unerwarteten Beifall auch, als des Wladimir Iljitsch Lenin Verdienste um einen „humanitären Sozialismus" hervorgehoben wurden.

„Warum melden Sie sich nicht zum Wort?" wurde Joachim G. Leithäuser, Vorsitzender des Schutzverbandes Deutscher Schriftsteller Berlin-West, gefragt.

„Wenn unsere Studenten über Lenin reden", lautete die Antwort des sehr weltklugen Mannes, „halte ich immer den Mund. Am Ende, es könnte doch sein, meldet sich einer zu Wort, der ihn tatsächlich gelesen hat."

Witze Ost

Die Unfreiheit, auch die vielen Pannen des sozialistischen Aufbaus, auch die vielen Unzulänglichkeiten der sozialistischen Planwirtschaft sind Themen vieler mehr oder weniger scharfer Witze. Im Sektor, in der Zone, eben überall in Ulbrichts Machtbereich. In Eisenach oder Zwickau, in Rostock oder Dresden flüstert man sich zu, was hinter schützender Hand in Ostberlin an diesbezüglichen Pointen erzählt wird.

„Worin unterscheidet sich die Meinungsfreiheit des kapitalistischen Westens von der freien Meinungsäußerung der sozialistischen Länder?" — „Im Westen ist man auch nach der Meinungsäußerung noch frei!"

Ein erholungsbedürftiges Ehepaar aus Ostberlin hält sich als erholungsberechtigt auf Rügen auf und beobachtet, wie ein großes Schiff den Hafen verläßt.

„Einer von unseren neuen Frachtern", erklärt ein Hafenarbeiter, „er schafft Maschinen nach Leningrad." Erkundigt sich die Frau: „Un wat schicken de sowjetischen Freunde uns dafor zerick?" Antwortet der Hafenarbeiter: „Ich hoffe, wenigstens das Schiff."

Als neuester Witz mit elegantester Pointe erweist sich die Scherzfrage: „Welches sind die permanenten Eigenschaften unseres Wirtschaftslebens?" – „Die vorübergehenden Schwierigkeiten."

God save the Queen

An feierliche Staatsbesuche, an hohe und sehr hohe Gäste aus aller Welt haben die Berliner sich längst gewöhnt. Da wäre, jedenfalls im demokratischen Bereich, wohl kaum ein Land, dessen Repräsentant die Freundschaft mit der deutschen Bundesrepublik nicht durch einen Besuch der deutschen Hauptstadt bestätigt hätte. Der „Rote Teppich" ist für sehr vieler Länder Herren ausgerollt worden, und am herzlichen Empfange mangelte es nie.

Und dann, im frühen Sommer 1965, kam Elizabeth II. von Großbritannien, und es wurde ein Tag, an welchem bisher unbekannte, gänzlich neue Ovation vernehmbar war. Gewiß, die Berliner begrüßten mit dem gebührenden Respekt das gekrönte Oberhaupt der befreundeten Nation. Sie bedachten auch die politische Bedeutung dieses Besuches. Möglicherweise erinnerten sie sich als geschichtsbewußte Zeitgenossen sogar der Verwandtschaft der englischen Königsfamilie mit dem Hause der preußischen Hohenzollern ...

„Doch mitnichten, weder dieses, noch jenes, noch ein drittes oder anderes", schreibt ein Chronist, „erklärt letztlich den überschäumenden Jubel. Denn im Grunde kümmerte sich doch niemand um das einem Monarchenbesuche gemäße Zeremoniell, inklusive des vom Protokoll für etwa angebracht gehaltenen Begeisterungssturmes. Im Grunde beschäftigte sich kein Mensch mit irgendwelchem, etwa gar notwendigem politischem Kalkül. Die historischen Sentiments schienen auch nicht gefragt. Was die Berliner in diesen Stunden außer Rand und Band gebracht hat, war etwas ganz anderes – das Staatsoberhaupt des United Kingdom of Great Britain and Northern Ireland war eine Frau, eine bezaubernd anmutige und bezaubernd liebenswürdige Frau.

Und die Berliner, obwohl in der Mehrzahl des Englischen mächtig, riefen nicht „God save the Queen" und auch nicht einmal „Es lebe die Königin!" Die Berliner riefen unaufhörlich „Quinny", was einerseits dem Protokoll gerecht wurde, andererseits völlig unzeremonieller Ausdruck der Bewunderung war.

Um nochmals den Chronisten einer Zeitung hören zu lassen: „Das waren Stunden, wo den hart gewordenen Berlinern das Herz weich wurde, wo sie fühlten, das Leben ist schön, ist auch für uns schön. Sie warfen der schönen Königin schöne Blumen zu, um das schöne Leben zu grüßen.

Für ein paar Stunden war der Abglanz der schönen Welt zu merken, einer schönen Welt, von der man getrennt war, für viele Jahre noch getrennt sein würde. Es rührte die alten Berliner, es bewegte die jungen Berliner. Die einen wie die anderen summten mit, als auch zum Abschied die englische Königshymne erklang, deren Melodie die alten Berliner einst in kaiserlicher Zeit zu den Worten ‚Heil dir im Siegeskranz' gesungen hatten.

Hohenzollern-Hochzeit 1965

Sie fand nicht im Dom am Lustgarten statt, wo Wilhelms II. Tochter Victoria Luise sich 1913, wie es die Tradition verlangte, mit dem braunschweigischen Herzog Ernst August vermählt hat; der einstmals Königliche Dom, die Trauungskirche preußischer Prinzessinnen, liegt heute im Ostsektor, jenseits von Ulbrichts Mauer.

Die Hochzeit wurde auch nicht in den riesigen, kostbaren Sälen des Stadtschlosses gefeiert. Das Stadtschloß am Lustgarten, für mehr als ein halbes Jahrhundert die Residenz hohenzollernscher Kaiser, Könige, Kurfürsten und besonders berühmt durch Andreas Schlüters Trakte, gibt es nicht mehr; kommunistische „Raumgestalter" haben das Schloß niedergerissen, um einen für Massenaufmärsche geeigneten „Marx-Engels-Platz" zu schaffen.

Als 1965 Prinzessin Marie Cécile von Preußen, des letzten Kaisers und Königs Urenkelin, in der Stadt ihrer Vorfahren mit dem oldenburgischen Herzog Friedrich August getraut werden wollte, war auch sonst vieles, eigentlich alles anders als 1913. Es gab keine Monarchie mehr, es gab kein Deutsches Reich mehr, es gab auch kein Preußen mehr. Und die Kaiser-Wilhelm-Gedächtniskirche, in der die Trauung vollzogen wurde, weil Ulbrichts Mauer von den angestammten historischen Schauplätzen der Familiengeschichte nun einmal trennte, war auch nicht mehr das Gotteshaus, das Marie Céciles Großvater Wilhelm im ungeteilten Berlin dem Gedächtnis des eigenen Großvaters Wilhelm geweiht hatte. Die Kirche brannte während des letzten Weltkrieges aus. Nur der Turm blieb stehen – als Wahr- und Warnzeichen. Auch der Platz, auf dem neben dem alten Turm jetzt die neue Kirche steht, heißt nicht mehr Auguste-Victoria-Platz wie früher; eine andere Zeit hat ihn Breitscheid-Platz genannt.

Tempora mutantur, es ist nichts mehr, wie es einmal war, die Zeiten ändern sich. Selbst die kaiserlich-königlichen Hohenzollern, fast vollzählig zur Stelle, boten ein ganz neues, zeitgemäßes Bild. Man kam nicht in sechs- oder achtspännigen Karossen vorgefahren, man bediente sich der sechs- oder achtzylindrigen Limousinen. Man zeigte keine Krone, kein Krönchen, weder funkelnde Ordenssterne, noch bestickte Galauniformen. Nichts von höfischem Zeremoniell, von monarchistischem Gepräge. Man gab sich zivil, demokratisch, wie heutige Zeit es vom Wohlstandsbürger erwartet.

Unverändert, wie ehedem, wie vor fünfzig und mehr Jahren, waren nur die alten Berliner, die 1913 als Kinder gejubelt, die Hochzeit von damals und auch sonst alles von damals nicht vergessen hatten. Sie jubelten wie damals, riefen „Vivat" wie damals, und unter den zwanzigtausend waren wohl nicht wenige, die mit ihrem „Vivat" die Monarchie von Gottes Gnaden grüßten.

War's nun Satire oder Melancholie, die eine Berliner Zeitung verlockte, dem Bericht über die Hohenzollernhochzeit in der Kaiser-Wilhelm-Gedächtnis-Kirche, auszugsweise hier verwendet, die Schlagzeile „Ein Hauch von Preußens Gloria" voranzusetzen?

Verbandszeug im Hause

Eine Kellerassel
begrüßt Sie hier mit gregorianischem Gequassel.
Guten Abend, girls und boys!
Hier begrüßt Sie der Thersites vom Lützowplatz
Das Ungeheuer von Loch Neuss —
Guten Abend auch du, politischer Banause:
Wir können hier richtig deutsch diskutiern
richtig deutsch
wir haben Verbandszeug im Hause.

So begann Wolfgang Neuss sein 90-Minuten-Kabarett-Solo im Kellerlokal *Domizil* am Lützowplatz. Titel: „Das Jüngste Gericht". Allabendlich überfüllt, und das fast zwei Jahre lang. Sternstunden des deutschen Kabaretts, auf der Schallplatte und als Buch festgehalten. Ob rechts oder links, keine Partei, keine Persönlichkeit des öffentlichen Lebens bleibt verschont. Keine Sekunde Leerlauf, die Pointen hageln, als Sofortzünder, als Zeitzünder, drastisch oder auf leisen Sohlen. Obwohl täglich aktualisiert, bleibt überzeitliche Weisheit stets transparent.

Schrieb eine Berliner Zeitung, deren Verlag ebenfalls reichlich Federn lassen mußte: „Das orkanartige Gelächter besagt es Abend für Abend, daß die Weltstadt Berlin einen

Mann wie Wolfgang Neuss braucht und daß sie ihn versteht."

Vier Jahre später befragt, weshalb er nichts Neues mehr bringt, antwortet Neuss: „Weil die jungen Leute, mein liebstes Publikum von damals, heute auf die Straße gehen und kein Eintrittsgeld mehr bezahlen wollen..."

Auch die Putzfrau hat Stimmrecht

Brecht dem Schütz die Gräten,
Alle Macht den Räten!

Dazu rote Fahnen, Bilder von Lenin, Ho-Chi-Minh, Che Guevara. Zehntausend Demonstranten, davon 3000 aus Westdeutschland und dem Ausland. Aufgezogen als Kundgebung gegen den Vietnam-Krieg. Teilnehmer: Studenten, Gammler, Oberschüler, Rocker; hysterische Schreier, stumpfe Marschierer, Pärchen, denen das einfach Spaß machte.

Oft sind die Berliner auf die Straße gegangen seit 1949, um ihren Freiheitswillen zu bekunden, aus Protest, aus Trauer oder um einen großen Freund zu begrüßen – wie John F. Kennedy. Die wuchtigste Kundgebung fand im Mai 1949 nach Aufhebung der Blockade vor der Ruine des Reichstagsgebäudes am Brandenburger Tor statt, die erschütterndste im September 1953 beim Tode Ernst Reuters; die grimmigste im August 1962 nach der Ermordung des jungen Peter Fechter an der Mauer.

Die Vietnam-Demonstration im Februar 1968 war etwas ganz Neues. Rote Fahnen in Westberlin? Begonnen hatte das alles mit dem Tumult beim Schah-Besuch in Berlin. Ein Student wurde dabei durch die Kugel aus einer Polizeipistole getötet. Ein willkommener Märtyrer. Aufwind für die Radikalen unter Rudi Dutschke. Was wollten sie eigentlich? Das ursprüngliche Stichwort hieß: Hochschulreform. Bald stellte sich heraus, daß ihnen die Hochschulreform ziemlich gleichgültig war. Dann hieß es: Kampf gegen Imperialismus und Diktatur in aller Welt. Ausgenommen die östlichen

Diktaturen, Mao, der Sowjetimperialismus. Bald stellte sich heraus, daß auch diese Parolen nur Vorwand waren. Der Kampf richtet sich gegen das sogenannte Establishment.

Immerhin: Dutschke hielt seine Leute noch in Schach. Leidenschaftlich ermahnte er die Vietnam-Demonstranten zur Disziplin, die Demonstration löste sich friedlich auf. Keine zügellose Nachdemonstration fand statt. Dutschke wurde später von einem Attentäter niedergeschossen und schwer verletzt. Das kam den Radaubrüdern der APO recht. Anarchisten, Terroristen übernahmen die „Macht" in der APO, sie suchten die Straßenschlacht mit der unsicher, oft unglücklich operierenden Berliner Polizei. Bedeutende Sachschäden seither.

Unabhängig von dem allen: Eine Hochschulreform war gewiß dringend fällig. Eilfertig nun bastelte der Senat ein neues Hochschulgesetz, daß durch zahllose Gremien und Ausschüsse die Mitbestimmung aller an allem und jedem bringen soll. Im Zeichen der „Demokratisierung der Hochschulen" hat auch die Putzfrau Stimmrecht in Fragen von Lehre und Forschung. Und das, obwohl ein Modell-Versuch bereits die Funktion der Hochschule für Politik lahmgelegt hatte.

Hupf, mein Madel, hupf!

Er kam vor 70 Jahren aus Padua nach Berlin und blieb hier bis heute: Guiseppe Becce, 95 Jahre alt, der Vater der Filmmusik. Noch immer wohnt er in der Nähe jenes Kurfürstendamm-Cafés, in dem ihn im Jahre 1913 einer der Pioniere der Filmregie, Carl Fröhlich, aufgabelte, um ihn zu Oscar Meßter zu verschleppen, dem ersten deutschen Filmproduzenten, zugleich der Mann, der der Welt 1896 das erste brauchbare Filmvorführgerät geschenkt hatte. Meßter suchte einen Mann, der die Hauptrolle in seinem Richard-Wagner-Film spielen könne.

Erzählt Becce: „Im Korridor saßen schon drei Wagner, einer immer ähnlicher als der andere. Aber ich hatte Musik studiert und — konnte dirigieren. Das brachte die Entscheidung. Ich bekam 3000 Mark für zwei Monate, die höchste Gage, die damals, als die Herstellung eines Films im Schnitt 30 000 Mark kostete, einem Schauspieler gezahlt wurde. Emil Jannings, dem ich dort begegnete, bekam nur 1000 Mark im Monat."

Es blieb Becces einzige Filmrolle. Dafür aber schuf er als erster in der Welt Original-Filmmusik. Und das ist im Grunde einem Nervenzusammenbruch der Henny Porten zu verdanken. Sie hatte sich einen ihrer Filme im Kino angesehen und an der Stelle, da sie sich aus unglücklicher Liebe ins Wasser stürzen will, hatte der wackere Klavierspieler sinnigerweise das Liedchen „Hupf, mein Madel, hupf" gespielt. Darauf Meßter: „Der Becce wird den Film komponieren!"

Der Wahlberliner aus Italien hat den spätromantischen Stil der Filmmusik geprägt, der sich bis heute im Spiel- und Kulturfilm behauptet. Als 83jähriger schuf er die symphonische Musik zu dem Dolomitenfilm „Junge Bergsteiger", noch heute werden in Gildetheatern und im Fernsehen ständig Filme mit seiner Musik gezeigt. „Aber die meisten Filmproduzenten meinen, ich könne doch nicht mehr am Leben sein. Für sie bin ich tot", bedauerte er. Mit 95 Jahren.

Sieben Jahre Kampf um ein Kind

Auch das ist Berlin: wie die Bevölkerung leidenschaftlich Partei ergriff für ein Kind.

Angelika wuchs glücklich und unbeschwert bei ihren Großeltern und ihrem unehelichen Vater auf, in der einzigen und letzten dörflichen Hufschmiede der Stadt. Dort hatte ihre Mutter sie zurückgelassen, als sie mit einem Mann in die Sowjetzone übersiedelte. Jahrelang hatte sie nichts von sich hören lassen, als sie plötzlich das zuständige Jugendamt um die Rückgabe Angelikas ersuchte. Begründung: „Dann bekomme ich eine größere Wohnung." Das zuständige Amtsgericht lehnte ab. Die Mutter habe die nunmehr vierjährige Angelika schuldhaft vernachlässigt, ihr jetziger Ehemann sei vorbestraft und in den Osten gegangen, um einer weiteren Strafe zu entgehen. Die SED schaltete ihren Apparat ein: „Eine Mutter kämpft um ihr Kind!" Tränenreiches Interview im Ost-Fernsehen. Staranwalt Kaul geht vor die nächsthöhere Instanz, das Westberliner Landgericht.

Entscheidung 1962: Angelika ist auszuliefern. Begründung: ein positives Urteil der SED-Jugendbehörde. Unerheblich seien westliche Zeugenaussagen über das zweifelhafte Vorleben der Frau, unerheblich die Vorstrafen des Mannes. Der Übergabetermin wird festgesetzt. Das Kind erfährt die volle Wahrheit, bricht zusammen, hohes Fieber. Der Amtsarzt: nicht transportfähig. Das West-Jugendamt geht vor das Kammergericht.

Entscheidung 1963: die Beschwerde wird zurückgewiesen, das Kind ist auszuliefern. Die SED klagt auf Vollstreckung des westlichen Urteils. Gegenklage des Jugendamtes West. Das Landgericht entscheidet 1964 auf Auslieferung. Berufung beim Kammergericht. Das Kammergericht vom 8. Januar 1965: Angelika ist nach Zittau zu „überstellen".

Der Westberliner Vertreter des Ostanwalts Kaul, Scheid, erhält täglich drohende Anrufe, Briefe, Telegramme. Er äußert: „Nachdem man den Prozeß derart über Jahre verschleppt hat, nachdem der Fall in der Öffentlichkeit derart hochgespielt worden ist, könnte niemand mehr, auch eine Polizeieskorte nicht, für die Sicherheit des Vollstreckungsbeamten garantieren." Ein schlichter Amtsrichter, beauftragt mit der Entsendung des Gerichtsvollziehers, stoppt. Er erklärt die Vollstreckung der Herausgabe des Kindes als verfassungs- und menschenrechtswidrig.

Ein halbes Jahr später einigen sich die Parteien auf eine außergerichtliche Lösung. Angelika macht mit ihrer Großmutter die Reise zur Mutter nach Zittau. Dort darf sie sich frei entscheiden. Die nunmehr Elfjährige entscheidet sich für die geliebte Großmutter und den leiblichen Vater. Die Reise erwies sich nicht, wie Tausende befürchtet hatten, als eine Falle. Die beiden Besucher kehrten ungehindert nach Westberlin zurück; ein sechsjähriges Tauziehen ist beendet. Menschliche Einsicht hat über dürre Paragraphen gesiegt. Einmaliger Fall: das Zonenregime disqualifizierte westliche Gerichtsinstanzen.

Nur einer blieb dabei auf der Strecke: der Amtsrichter, der die Zwangsvollstreckung blockierte. Er wurde durch Disziplinarverfahren mit einem Verweis bestraft.

Preußischer Kulturbesitz

Der „Mann mit dem Goldhelm" von Rembrandt kehrte 1953 nach Berlin zurück. Drei Jahre später folgte die bemalte Büste der Nofretete. Heute sind alle im Zweiten Weltkrieg verlagerten Kunstschätze der Berliner Museen von ihren westdeutschen Gastgebern zurückgegeben. Jüngst auch die unermeßlich kostbaren Handschriften wie Bachs Johannespassion und h-Moll Messe, Beethovens V. Symphonie sowie das teuerste Druckerzeugnis der Welt, das zweibändige Pergamentexemplar der zweiundvierzigzeiligen Gutenberg-Bibel.

Verwaltet wird dies alles von der Stiftung Preußischer Kulturbesitz, die seit 1962 in Berlin residiert, mit vierzehn Museen, der Staatsbibliothek, dem Ibero-amerikanischen und dem Institut für Musikforschung das größte Kulturkombinat der Welt. Die Stiftung mußte ihren Schätzen neue Heimstätten schaffen und ist so zu einem der wichtigsten Bauherren in Berlin geworden. Erster vollständiger Neubau: die Neue Nationalgalerie, Entwurf Mies van der Rohe, trotz mancher Unzulänglichkeiten im Inneren ein international bestauntes Bauwunder. Am Kemperplatz, in Mauer-Nähe wie auch die emporwachsende Staatsbibliothek und das geplante Haus, das fünf Museen unter seinem Dach aufnehmen soll.

Weshalb an der Mauer? Die Antwort gab Hans Georg Wormit, der Präsident der Stiftung: „Dies war eine Entscheidung von großer Tragweite — nicht nur für die Zukunft der Museen, sondern auch für das geistige Profil Berlins. Wir mußten davon ausgehen, daß Berlin eines Tages wieder vereinigt sein wird. Der gesamte Raum Berlins mußte zugrunde gelegt und die Verbindung zu dem in Jahrhunderten entwickelten Kernbereich der Berliner Museen auf der Spree-Insel östlich des Brandenburger Tores und der Straße Unter den Linden muß immer im Auge behalten werden."

Ernst Reuters Volkswagen

Berlin-Zehlendorf, Bülowstraße. Eine Siedlung schlichter kleiner Einfamilienhäuser. In Nummer 33 wohnte Ernst Reuter. Die Berliner haben ihn verehrt und geliebt wie keinen anderen. Noch heute ist er der erdrückende Maßstab für seine Nachfolger im Amt des Stadtoberhauptes. Noch oft hört man: „Unter Ernst Reuter wäre das nicht passiert ..."

Im Haus Bülowstraße 33 lebt seine Witwe noch heute. Einbrecher drangen in ihr Haus ein, stahlen aus dem Wohnzimmer eine Orientbrücke. Eine Zeitung schrieb, daß Reuter an dieser Brücke als Erinnerung an seine Jahre in der Türkei ganz besonders gehangen habe. Wenige Tage nach dieser Veröffentlichung erhielt Frau Reuter die Brücke zurück. Man hatte sie der Kriminalpolizei zugespielt: Selbst Einbrecher empfinden Sympathie für den großen Namen.

Zu dem, was Hanna Reuter selbst gerettet hat, gehört Reuters Dienstwagen. Ausrangiert nach seinem Tode, sollte er der üblichen öffentlichen Versteigerung anheimfallen. Frau Hanna machte die Firma Mercedes-Benz darauf aufmerksam, die dem Auto einen Ehrenplatz im Firmen-Museum gab. In der Garage des Hauses in der Bülowstraße aber steht bis heute ein Volkswagen, Jahrgang 1953. Der damalige Regierende Bürgermeister hatte ihn drei Monate vor seinem Tode gekauft. „Er war stolz auf diesen ersten eigenen Privatwagen seines Lebens. ‚Mit dem fahren wir nach Rom', hatte er zu mir gesagt", erzählt Frau Hanna.

Künstlerisch und archäologisch lebhaft interessiert, Kenner der Antike, hatte er zwar Griechenland und den Nahen Osten bereist, Rom aber noch nie gesehen.

„Im Juni 1953 starteten wir, doch wir kamen nur bis Oberitalien, da riefen ihn die Ereignisse in Ostberlin und der Zone, der Volksaufstand, zurück. Rom zu erleben, blieb ihm versagt."

In dem schlichten Haus ist alles so geblieben, wie es war zu Lebzeiten des Mannes, der Berlin durch das Blockadejahr und die anschließende Zeit schlimmster Arbeitslosigkeit bis an die Schwelle des Wiederaufstiegs steuerte.

Ausgebeulte Pyramide

Unter den 2,2 Millionen Westberlinern sind rund 400 000 über 65 Jahre alt. Das sind 18 Prozent. In Hamburg lautet die entsprechende Zahl 14 Prozent, im Bundesdurchschnitt 11 Prozent.

Die Statistiker zeichnen die altersmäßige Zusammensetzung der Bevölkerung in Form des sogenannten Lebensbaums, einer Pyramide, deren Sockel die Neugeborenen, deren Spitze die Hundertjährigen sind.

Eine ideale Pyramide mit breitem Sockel zeigte Berlin letztmals im Jahre 1910. Jetzt kann von einer „Pyramide" nicht mehr die Rede sein. Sie ist zerzaust und weist bei den Lebensjahren zwischen sechzig und siebzig eine häßliche Ausbuchtung auf, die weit über den Sockel hinaussteht.

Man hat die Verformung der Pyramide bis 1975 vorausberechnet. Danach würde Berlin dann 471 000 alte Menschen zählen, gleich 21,5 Prozent.

Junge Facharbeiter

Berlin beschloß, etwas gegen die Überalterung zu unternehmen. Mit Prospekten und Kurzfilmen warb die Stadt um junge Facharbeiter. Man stellte ihnen eine hübsche, preiswerte Neubauwohnung in Aussicht, zunächst den Verheirateten. Und den Ledigen malte man aus, in Berlin würden sie bestimmt bald eine passende Partnerin fürs Leben finden.

Beides klappte nicht so recht. Zehntausende kamen, Zehntausende reisten aber auch wieder ab – nach enttäuschender Wallfahrt zu allen Wohnungsämtern der zwölf Stadtbezirke. In letzter Zeit zeichnet sich jedoch ein echter Zuwanderungsgewinn von mindestens 15 000 pro Jahr ab. Darüber sind nicht nur die Statistiker glücklich.

Miesmacher

Es wurde Mode bei westdeutschen Zeitungen und Zeitschriften, von Berlin als einer „sterbenden Stadt" zu berichten. Überalterung. Der Baugrund für Wohnungen und neue Industrieanlagen erschöpft. Es habe keinen Sinn mehr, die Stadt durch Subventionen und Steuerpräferenzen zu halten, die ihre Rolle als Schaufenster des Westens gen Osten hin mit dem Bau der Mauer verloren habe. Als Ersatz dafür habe Berlin „Kulturzentrum" werden wollen – das habe sich als Seifenblase erwiesen.

Als Beweis dafür glaubte man auf die Stagnation der Filmfestspiele hinweisen zu können und auf eine abbröckelnde Qualität der Festwochen. Oder auch darauf, daß der Mann, der draußen in der Welt den Ruf Berlins als Mode-Stadt verkörpert hatte, nach München gegangen war: Heinz Oestergaard.

Als einziger Pluspunkt blieb in so mancher Betrachtung dann nur noch das Berliner Philharmonische Orchester übrig.

Henze, Waschmaschinen

Indessen rückten die alljährlichen Berliner Jazz-Wochen an die Spitze aller europäischen Jazz-Festivals. Brachte das Schiller-Theater die sensationelle Welt-Uraufführung von

Peter Weiß' „Verfolgung und Ermordung des Jean Paul Marat", hob die Deutsche Oper Hans Werner Henzes „Der junge Lord" aus der Taufe, die erfolgreichste moderne Oper der Gegenwart.

Indessen wuchsen zwei Groß-Wohnsiedlungen, jede vom Format einer mittelgroßen Stadt, in die Höhe, die Gropius-Stadt im Südosten, das Märkische Viertel im Nordosten der Stadt. Konzentrierte Siemens – mit 45 000 Beschäftigten der größte Arbeitgeber der Stadt, der 41 Prozent der Erzeugung der Berliner Elektroindustrie und 13 Prozent der gesamten Produktion auf sich vereinigt – den Bau von Waschmaschinen auf Berlin, verdoppelte die Weltfirma Pharmazie Schering ihr bebautes Areal, entstand das für die Welt der Medizin richtungweisende Klinikum in Steglitz. Um nur einige wenige Beispiele zu nennen.

„Kreative" Werbung

Das Neueste: ein neuer Ton in der Berlin-Werbung. Der Senat sagte sich: Wenn wir ebenso erfolgreich sein wollen wie VW, dann müssen wir uns eben auch die Asse der modernen Werbewirtschaft holen. Wir müssen Berlin wie einen Markenartikel verkaufen, smart, lässig, suggestiv. Jeden Monat eine Großanzeige in Farbe, geschaffen von einer der größten amerikanischen Werbeagenturen. Etwa so:

Ein lächelndes Mini-Mädchen konstatiert:

Manche
mögen
uns nicht.

Die Berliner sind zu laut
Die Berlinerinnen zu keß
Die Studenten zu radikal
Die Akademiker zu aufsässig
Das Tempo zu schnell
Die Häuser zu modern
Der Kudamm zu schnieke

Die U-Bahn schon fertig
Die Nächte zu kurz
Das Publikum zu gemischt
Die Steuern zu günstig.

Oder: in eine farbige Luftaufnahme der Stadt geschrieben: „Hier haben wir die erste Elektrische angeschafft. Und als erste wieder abgeschafft... Der Alte Fritz, Fichte, Hegel, Kleist und Ranke, der olle Virchow, Röntgen, Einstein und Willy Brandt waren vor Ihnen da. Allen hat's gefallen."

Oder im Hinblick auf die Bildungsmöglichkeiten in Berlin: „Meiden Sie Berlin, wenn Sie nicht wollen, daß Ihr Sohn klüger wird als Sie."

Das alles zielt auf den begehrten jungen Nachwuchs ebenso wie auf die Touristen. In den zitierten Annoncen ist Berlins größte, wenn auch tragische Attraktion, die Mauer ausgespart. Das hat man bei der offiziellen Fremdenverkehrswerbung von Anfang an so gehalten.

Als Ernst Reuter 1950 das erste Berliner Hotelverzeichnis zusammenstellen ließ (es bestand aus ein paar Dutzend Pensionen), war Berlin für die Außenwelt ein ganz und gar ausgefallenes Reiseziel. Zwei Werbe-Marschrouten wurden festgelegt. Der für das Ausland bestimmte Slogan hieß: „Don't miss Berlin", laßt Berlin nicht aus, die Stadt, die euch einen Blick hinter den Eisernen Vorhang bietet. Instinktsicher wußte der hervorragendste Werber, den Berlin je hatte, daß man damit in der Bundesrepublik nicht „ankommen" würde. Für sie schuf bezw. plante er unpolitische Attraktionen, wie Filmfestspiele, Festwochen, die Interbau mit dem international neu aufgebauten Hansa-Viertel und dem Corbusier-Haus, förderte er das Wiedererstehen der aus dem Ostsektor vertriebenen Modebranche mit ihrer Frühjahrs- und Herbstdurchreise. Er legte den Grundstein zu Berlins heutigem Ruf als Tagungs- und Kongreßstadt, kümmerte sich um die Gastronomie.

Kneipen

Die Gastronomie hat sich mächtig geregt. Internationale Luxushotels sind geradezu aus dem Boden geschossen. Ebenso Kneipen im Alt-Berliner Stil, Galerie-Kneipen und Kneipen-Galerien. Rund um den Kurfürstendamm findet man: chinesische, französische, griechische, indische, israelische, italienische, japanische, jugoslawische, libanesische, österreichische, rumänische, russische, spanische und türkische Küche. Einige dieser Restaurants haben sogar die echte Atmosphäre. Und jede gewünschte Atmosphäre bietet die bunte Palette der Nachtbars.

Besondere Attraktionen: das hundertfünfzig Jahre alte im russischen Stil erbaute Blockhaus Nikolskoe, vis à vis der Pfaueninsel, der historische Weinkeller in einem Spandauer Haus aus der Zeit Friedrichs des Großen. Für wirkliche Feinschmecker: „Maitre" in der Meineckestraße. Von den „Wannsee-Strandterrassen" genießt man ein südliches Seepanorama, wie es südlicher gar nicht geht. Ohne Gastronomie: das 1542 von Caspar Theyss erbaute kurfürstliche Jagdschloß Grunewald, bezaubernd am See gelegen, im Hof sammeln sich noch heute die Berliner Reiter zu den Herbstjagden. Überhaupt: die Wälder und Gewässer, bis in die bebaute Stadt hineinreichend: einmalig.

Alexanderplatz

Zeitungsmeldung vom 4. Oktober 1969:

Das neue Wahrzeichen Ostberlins, der 365 Meter hohe Fernsehturm am Alexanderplatz, wurde gestern nachmittag seiner Bestimmung übergeben. Laut Ostberliner Nachrichtenagentur ADN setzte der DDR-Staatsratsvorsitzende und SED-Chef Walter Ulbricht symbolisch die Einrichtung „dieses kühnen Werkes von architektonischer Schönheit und wissenschaftlich-technischer Perfektion" in Betrieb. Gestern abend wurde von diesem Turm, der nach viereinhalbjähriger Bauzeit fertiggestellt wurde, zum erstenmal das zweite

Fernsehprogramm der DDR ausgestrahlt. Der Turm ist neben dem 532 Meter hohen Moskauer Turm nach Ostberliner Angabe das zweithöchste Bauwerk Europas. Das sich drehende „Telecafé“ und eine darunter befindliche Aussichtsplattform in der acht Etagen umfassenden Kugel in einer Höhe von 200 Metern werden für den Publikumsverkehr von 9 bis 24 Uhr geöffnet sein.

Um den Alexanderplatz entsteht ein neues, auch im westlichen Sinn modernes Stadtviertel mit dem größten Hotel von ganz Berlin. Die herrlichen Bauten am östlichen Teil der Linden sind historisch getreu wiederhergestellt.

Aber Passierscheine für Westberliner hat es seit 1966 nicht mehr gegeben ...

Neunzehn Jahre Mauer, Stacheldraht, Minen

179000 DDR-Bürger in den Westen geflüchtet, darunter 37126 unter Lebensgefahr (Sperrbrecher), 176 beim Fluchtversuch erschossen. Mindestens ebensoviele Morde bei Fluchtversuchen sind anzunehmen, die im Westen nicht beobachtet, im Osten verschwiegen wurden. Dazu kommt eine größere Anzahl von Menschen, die beim Versuch Grenzgewässer zu durchschwimmen, ertranken.

2720 Volkspolizisten und Angehörige der Volksarmee flüchteten in den Westen. Rund 227000 legal Ausgesiedelte (Rentner, Nicht-Arbeitsfähige).

Gesamtlänge der Grenze zur Bundesrepublik und Westberlin: 1380 km; davon 1211 km Metallgitterzäune, 790 km Sperrgräben, 34800 Selbstschußapparate auf 348 km.

Seit 1972 (Inkrafttreten des Transitabkommens) auf Transitstrecken festgenommen: 937 Personen. Die Einreise in die DDR verweigert: 3386 Personen.

Um aus der Sowjetzone und Ostberlin nach Westberlin zu gelangen, werden immer neue Fluchtwege ersonnen. Darüber berichtete eine Berliner Zeitung:

Erinnern wir uns: Als die Grenzhäuser an der Bernauer und anderen Straßen, aus deren Fenstern im Herbst 1961 weit über 100 Menschen in die Freiheit gesprungen waren, geräumt und zugemauert wurden, meinte man, es blieben keinerlei Fluchtwege mehr. Aber man kroch durch Tunnels, deren Geschichte atemberaubend war, der letzte und längste, 147 Meter lang, diente siebenundfünfzig Menschen als Fluchtweg, und das war noch Ende 1964!

Als Lokomotivführer Deterling mit einem ganzen Personenzug auf der Strecke Oranienburg–Albrechtshof nach Westberlin durchgebrochen war, sagten wir uns: Etwas Tollkühneres kann es nicht mehr geben. Aber ein halbes Jahr später fesselten zur Flucht Entschlossene den Kapitän des schönsten Ostberliner Ausflugsdampfers und nahmen unter dem Kugelhagel der Grenzsoldaten Kurs auf Westberlin, wo sie unversehrt landeten. Und wieder ein halbes Jahr später durchbrach ein gepanzerter Omnibus aus Sachsen die drei Schlagbäume am Kontrollpunkt Babelsberg.

Gewiß, jeder sensationelle Fluchtweg blieb meist nur einmal gangbar, war mit diesem einem Mal „verbraucht". Nicht verbraucht aber war und ist die Phantasie der Eingekerkerten. Sie hat die Vorstellungen ihrer Kerkermeister immer wieder übertroffen. Ehe es zum Beispiel wirksame Kontrollmaßnahmen fast unmöglich machten, war die Zahl derer, die mit geliehenen oder gefälschten Pässen die Mauer überwanden, in die Zehntausende gewachsen.

Hunderte passierten in umgebauten Kraftfahrzeugen die Schlagbäume noch, als die Durchsuchung der Autos schon eine unüberbietbare Perfektion erreicht zu haben schien. Und als man begann, die Wagen mit dem Zollstock auszumessen und über Kontrollgruben fahren zu lassen – da brachte noch der Fernfahrer Ross aus Karlshorst seine und die Familie des Beifahrers zwischen Gefrierfleisch versteckt im Kühllastzug nach Westberlin.

Unbeschreiblicher Wagemut der Menschen: Der Leipziger Heinz Holzapfel seilte sich mit Frau und Kind vom „Haus der Ministerien“ nach Westberlin ab, an einer der unüberwindlichsten Stellen der Mauer. Und eben dort, nahe beim Checkpoint Charlie, tat ein im Grenzabschnitt tätiger Bauarbeiter noch im September 1969, am hellichten Tag, das Unwahrscheinlichste: Er lehnte eine Leiter an die Mauer und — stieg nach drüben.

Und noch heute schwimmt man, unbemerkt oder im Kugelhagel, über die Havel oder andere Grenzgewässer in die Freiheit. Die unüberbietbarsten Fluchtwerkzeuge zeigt die Ausstellung der „Arbeitsgemeinschaft 13. August“ am Checkpoint Charlie: eine umgebaute Isetta (!), die vielen zur Flucht verhalf, und das berühmte Mini-U-Boot ... Sensationell: Die Flucht mit dem selbstgebastelten und zusammengenähten Heißluftballon am 16. September 1979.

Berlin bleibt doch Berlin!

In ganz Berlin pfeift, spielt und singt man noch immer „Solang noch untern Linden die alten Bäume blüh'n“ mit der Schlußzeile „Berlin bleibt doch Berlin“.

Wer hat die mitreißende Marschweise komponiert?

Walter Kollo, und von ihm stammen auch die anderen Evergreens wie „Das war in Schöneberg, im Monat Mai“, „Die Männer sind alle Verbrecher“, „Kleine Mädchen müssen schlafen gehn“, „Untern Linden, Untern Linden“. Noch immer erklingen auch „Was eine Frau im Frühling träumt“, „Warte, warte nur ein Weilchen“ und „Das ist der Frühling von Berlin“. Und zu diesen drei Evergreens wäre zu sagen: die Texte schrieb Walter Kollos Sohn Willi.

Dieser erzählt: „Mein Vater hatte damals eine Popularität, wie es das heute gar nicht mehr gibt. Jeder kannte ihn. ‚Hallo, Walter!‘ begrüßten ihn die Passanten auf der

Straße, ob Arbeiter oder Intellektuelle. Als neunjähriger Junge habe ich das miterlebt. Ich war auch dabei, als an jenem Schicksalstag, dem 1. August 1914, nach der Mobilmachung das Volk von Berlin sich vor dem Schloß versammelte und der Kaiser mit seiner Familie auf dem Balkon erschien. Als die jungen Kaiserenkel, von ihren Erziehern begleitet, den Balkon verließen, stimmte die Menge spontan an ‚Kleine Prinzen müssen schlafen geh'n'. Ein Lied Walter Kollos beherrschte den Lustgarten."

Willi Kollo ist nicht nur Textdichter, sondern ebenfalls Komponist. Auch ihm glückten Evergreens wie „Warum hast du so traurige Augen?", „Nachts ging das Telefon", „Einmal wirst du wieder bei mir sein". Im zweiten Weltkrieg konnte es nur „Lili Marleen", was die Popularität betraf, mit diesen Schlagern aufnehmen.

Beide Kollos, Vater und Sohn, waren mit dem großen Zeichner Heinrich Zille befreundet, und wie dieser haben die beiden Zugang zu den Herzen der Berliner gefunden, aller Berliner. Ihre Lieder erklangen und erklingen im Weddinger Hinterhof wie auf der Dahlemer Villenterrasse.

Auf einer der machtvollen Willenskundgebungen Berlins nach dem Zweiten Weltkrieg stimmten die Hunderttausende am Schluß spontan an: „Solang' noch unter'n Linden . . ." Hier war es mitreißender Ausdruck von unerschütterlichem Glauben, von unbesiegbarer Hoffnung. Fast wie ein Choral. Im Marschtempo. Das ging tief unter die Haut: „Berlin bleibt doch Berlin!"

Ein gesamtdeutsches Wunder

Wenige kennen seinen Namen, aber er hat ein Wunder vollbracht: Professor Dr. Dr. h. c. Andreas Bruno Wachsmuth, der Mann, der zwanzig Jahre lang Präsident der Weimarer Goethe-Gesellschaft war und jetzt noch ihr Ehrenpräsident ist. Er ist es, der nach Ende des zweiten

Weltkriegs die Spaltung der Gesellschaft verhinderte, heute die einzige noch verbliebene gesamtdeutsche Institution.

Sein Wohnsitz ist West-Berlin! Wir haben ihn besucht. Er qualmte eine dicke Zigarre, die senkrecht aus einer Pfeife ragte, eine Flasche Wein stand in Reichweite. „Mögen Sie ein Glas – ich habe nur exzellente Sorten." Dann hielt er es für angebracht, die Gäste über sein Alter zu informieren: „Daß man 89 Jahre alt ist, im November 90 wird, noch nie krank war und noch immer als Wissenschaftler aktiv – das wagt man kaum zu sagen, das ist ja eine Sünde ...", sagt er schmunzelnd.

Zu den wichtigsten Veranstaltungen der Goethe-Gesellschaft schickt man ihm einen Wagen mit Chauffeur, der ihn auch wieder nach Dahlem zurückbringt. „Ich wohne dann immer als Gast der Gesellschaft im ersten Haus am Platz, dem ‚Elephanten'."

Auf die Frage, wie er es denn geschafft habe, die Spaltung zu verhindern, angesichts der weitgehend konträren Interpretation Goethes in der DDR: „Es war schwierig. Es gab natürlich recht kritische Phasen während meiner zwanzigjährigen Präsidentschaft, doch hatte ich eine glückliche Hand. Immer wieder gelang es mir, Spannungen abzubauen, auszugleichen."

Eine große westdeutsche Zeitung schrieb über Wachsmuth: „Mit Festigkeit und Geschick, Leidenschaft und Humor, mit der gewinnenden Ausstrahlung lauterer Menschlichkeit und indem er immer wieder auf Freiheit, Wahrheit, gegenseitige Achtung als Grundbedingungen wissenschaftlicher Diskussion verwies, gelang es ihm, die bedrohlichen Momente zu überwinden."

Als Dorfschullehrer hat Wachsmuth angefangen, erst im Alter von 26 Jahren konnte er das Abitur ablegen und mit dem Studium von Deutsch, Geschichte und Philosophie beginnen. Er promovierte in Rostock, war als Lehrer und Erzieher zuletzt Direktor des Dahlemer Arndt-Gymnasiums.

Und im gegenüberliegenden Direktor-Haus wohnt er noch heute. Im Parterre Schulklassen, im ersten Stockwerk

Wachsmuth. Die Geräuschkulisse lärmender Jugend hat er gern, und die Jugend mag ihn sehr.

Wo er denn seine Erholung sucht? Er blickt uns nur mitleidig an. „Hier an meinem Schreibtisch. Arbeiten ist meine Erholung." Aber wenigstens doch ein täglicher Spaziergang? „Dazu habe ich keine Zeit. Ich habe noch viel vor." Der Goethe-Forscher, geschätzt unter den weltweiten Goethe-Verehrern, schreibt gerade wieder ein neues Buch zum Thema Goethe und die Gegenwart.

Wachsmuths Arbeit findet von 11 Uhr morgens bis zwei Uhr nachts statt. „Ich kenne kein Altsein, kein Abnehmen der Kräfte. Und wenn ich endlich zu Bett gehe, bedaure ich das. Der Tag war wieder mal zu kurz . . ."

Gesprächsthemen

Parkplatznot. Bußgeld. Goldpreise. Benzinpreise. Energiesparen. Fachkräfte dringend gesucht. Tourismus. Transit und Vopo und Verhaftung. Urlaubsgeld. Reisen nach Ceylon und zu den Inseln im Atlantik und im Indischen Ozean. Komfort. Schrankwände auf antik. Vergewaltigung. Banküberfälle. Überfälle auf Rentnerinnen. 14. Monatsgehalt. Weihnachtsgeld. Heilkuren. Apocalypse now! Disco, Discolook. Gastarbeiter raus! Subventionen. Berlin-Präferenzen. Drogenszene. Trip. Goldener Schuß. Intershops. Camping. TÜV. Führerscheinentzug. Dealer. Image. Prestige. Bestechung. Unterschlagung. SPD-Filz. Preußen, Preußenbücher, Preußenausstellung. Festwochen. Max Liebermann, Ausstellung und Katalog. Martin Held. Boy Gobert. Siegfried Palm. Götz Friedrich. Schönheitsoperation der Hilde Knef. Tutenchamon.

Keine Gesprächsthemen mehr: Die Mauer. Terroristen. Wiedervereinigung.

Vorübergehendes Gesprächsthema: Carter. Afghanistan.

Kennen Sie die neuesten Agenturmeldungen?
1. Meldung: Chinesische Truppen haben die sowjetisch-polnische Grenze überschritten.
2. Meldung: Chinesische Armeen sind über den Rhein gesetzt.
3. Meldung: Die Spitze des chinesischen Heeres hat soeben Portugal erreicht.
4. Meldung: Polnische Touristen verteidigen noch immer erbittert das Kaufhaus am (Ostberliner) Alexanderplatz.

Die Sowjetunion hat einen neuen besonderen Fernmeldesatelliten in den Weltraum geschickt. Nach den Vorgängen in Ungarn 1956, der Tschechoslovakei 1968 und Afghanistan 1979 will der Kreml sicher sein, daß er keinen Hilferuf überhört.

DDR-Partei- und Staatschef Erich Honecker hat damit begonnen, Griechisch zu lernen. Der Grund: er ist mit seinem Latein am Ende.

„Im Zuge der Verwirklichung der Beschlüsse des IX. Parteitages, die der Verbesserung der Lebensverhältnisse der Werktätigen dienen, sind in Ost-Berlin und sämtlichen Bezirksstädten der DDR die ersten Sex-Läden eröffnet worden. In allen kann man nackte Regale betrachten."

Lehrerin im Biologieunterricht: „Michael, was weißt du über den Aal?" Michael antwortet: „Der Aal wird grün gefangen, braun geräuchert und schwarz verkauft."

Frage: Was unterscheidet die Frauen in der DDR von denen in der Bundesrepublik? Antwort: „Die Frau in der DDR hat an der linken Hand drei Kinder, an der rechten Hand ihren Haustürschlüssel und ein Einkaufsnetz, hinter sich die Frühschicht, vor sich die Sonderschicht und über sich nur die Partei. – Die Frau in der Bundesrepublik hat an der linken Hand drei Brillanten, an der rechten Hand ihre Autoschlüssel und eine Plastik-Tüte, hinter sich den Mallorca-Urlaub, vor sich den Griechenland-Urlaub und über sich nur noch den Himmel."

„Alles klar – keiner weiß Bescheid" – Mitteldeutsche Spruchweisheiten:

1. Wer viel arbeitet, macht viele Fehler, wer nicht arbeitet, macht keine Fehler. Wer keine Fehler macht, wird befördert und prämiiert.

2. Wir kennen zwar die Aufgabe nicht, aber wir bringen das Doppelte.

3. Gestern noch standen wir vor einem Abgrund, aber heute sind wir schon einen großen Schritt weiter.

4. Wir wissen zwar nicht, was wir wollen, aber das mit ganzer Kraft.

5. Wer schon die Übersicht verloren hat, muß wenigstens den Mut zur Entscheidung haben.

6. Es gilt die Losung: so alt wie wir aussehen, werden wir nie.

7. Wo wir sind, klappt nichts – aber wir können nicht überall sein.

8. Der Mensch steht im Mittelpunkt und somit allen im Wege.

„Wo ist dein Vater?" wird der Sohn eines Sowjetastronauten gefragt. Antwort: „Der ist noch im Weltraum." „Wann kommt er zurück?" „Sonntagmittag, 14.40 Uhr MEZ!" „Und wo ist deine Mutter?" „Die ist beim Fleischer, aber wann die zurückkommt, weiß niemand."

Russischer Arzt leistet Lebenshilfe

Es ist eine einmalige Idylle: hoch im Norden der Stadt, im Tegeler Forst, ein eingeschossiges, weiß verputztes Häuschen, umrahmt von Birken. Tritt man hinein, glaubt man sich ins alte Rußland versetzt, unter Ikonen, Bilder und Bildchen, altem Zinngerät, den Samowar nicht zu vergessen. Hier wohnt seit 1944 Wladimir Lindenberg, 77 Jahre alt und noch immer ein produktiver Schriftsteller, begehrter Referent auch für Lesungen und Vorträge. Wo er auch auftritt, sind die Säle gefüllt. Zugleich ist er ein hochgeschätzter Nervenarzt, die Patienten drängen sich in seiner Praxis im kleinen Häuschen.

Der freundliche, immer liebenswürdige Mann mit dem deutschen Nachnamen gehört der russischen Bojarenfamilie Tschelitschew an, deren Kinder seit dem 12. Jahrhundert stets einen Romanow zum Paten hatten. Verwandt mit dem letzten Zarengeschlecht ist er durch seine Tante, die Großfürstin Elisaweta von Rußland. Verwandt ist er auch mit den preußischen Hohenzollern. 1917 mußte Lindenberg fliehen. In Berlin fand er seine neue Heimat.

Seine Erlebnisse hat er in mehreren Büchern niedergeschrieben: „Eine Kindheit im alten Rußland", „Eine Jugend in der russischen Revolution", „Ein junger Russe in der Emigration". Das ist Lesestoff, der schon viele Auflagen erlebte. Ebenso begehrt sind seine medizinischen und heilpsychologischen Werke. Die Amerika-Gedenkbibliothek am Halleschen Tor weist – Neuauflagen eingeschlossen – 45 Titel von ihm auf. Darunter „Gespräche am Krankenbett", „Geheimnisvolle Kräfte um uns", „Jenseits der Fünfzig", weiteres über Yoga und Meditation. Die Bibliothekare bestätigen: Lindenbergs Bücher sind so gut wie ständig ausgeliehen.

Gastfrei ist er, wie es nur ein Vollblut-Russe sein kann. „Jeden Sonntag habe ich acht Gäste, nämlich soviele wie an meinem Eßtisch Platz finden." Er ist ein Meister der Kochkunst, zudem Theater-Narr, der kein neues Stück an den Berliner Bühnen versäumt, er ist begeisterter Musikfreund und Freund der bildenden Künste.

Was Lindenberg jung erhalten hat, ist sein unerschütterlicher Glaube an das Gute im Menschen.

Berliner Mode versucht Comeback

In Berlin ist tatsächlich die Mode-Konfektion erfunden worden, das Gegenstück der individuellen Maßanfertigung. Berlin war und blieb die deutsche Modehauptstadt bis zum

Ende der sechziger Jahre unseres Jahrhunderts. Aber schon seit 1965 stürmte München nach vorn, während die ehemalige Modemetropole in einen Dornröschenschlaf verfiel. Sie hatte ihren Trumpf bereits 1966 aus der Hand gegeben: den Couturier Heinz Oestergaard, dessen Name in aller Welt mit Berliner Chic identifiziert wurde. Berlinmüde ging er nach München. Viele Mode-Potenzen zog er nach. Zählte Berlin einst ein Dutzend schöpferischer Couturiers, so sind davon nur noch zwei geblieben: Uli Richter und Werner Machnik. Konfektionsbetriebe gibt es nur noch knapp 90, im Jahre 1966 zählte man rund 400!

Unter den 90 befinden sich gewiß umsatzstarke renommierte Unternehmen, aber damit war das verlorengegangene Image des Berliner Chic nicht wiederzuerobern.
Und da die Berliner Presse verabredet zu haben schien, „nichts Schlimmes" über Berlin zu schreiben, verbreitete man so gut wie nichts Wesentliches mehr über das Berliner Modeschaffen. Als 1979 ein Autor wagte, die wahre Situation aufzuzeigen, fielen die Spitzen der Behörden und ebenso die vom Fachverband über ihn her. Aber siehe da, die kurze prägnante Meldung erwies sich als ein Signal. Umgehend erhielt das Dornröschen Belebungsspritzen, Subventionen als bundesweite Werbe-Hilfe, Zuschüsse für glanzvolle Veranstaltungen im Rahmen der Durchreisen.

Man kann nur hoffen, daß diese Initiativen sich nicht als Strohfeuer erweisen.

Blicken wir einmal ganz weit zurück. In der „Gartenlaube", einst das beliebteste Lesemagazin seiner Zeit, war in einer Ausgabe des Jahrgangs 1863 zu lesen:

„Eigentümlich für Berlin sind zwei kleinere Industriezweige, welche sich in kurzer Zeit zu einer kaum glaublichen Höhe emporgeschwungen haben: der Handel mit Stickmustern und das sogenannte Confektionsgeschäft mit hier gefertigten Mänteln und anderen Kleidungsstücken. Berliner Mantillen, Hüllen und Paletots wandern nach Dänemark und Schweden bis hoch in den Norden sowie nach dem Süden bis in die Donauländer und in die Türkei. Der

Grund für den Aufschwung dieser Industrie liegt in den hiesigen Verhältnissen, besonders in der Billigkeit des Arbeitslohns."

Das Zentrum der Berliner Konfektion mit ihren zahllosen Zwischenmeistern und Heimarbeiterinnen befand sich rund um den Hausvogteiplatz.

Untergang der Titanic 1979

Ein einmaliges, wagemutiges Experiment: Das Berliner Opernhaus verwandelt sich in einen Luxusdampfer. Taufe und Jungfernfahrt der als unsinkbar gepriesenen „Titanic". Den Auftakt erlebt man im Freien, eine „Marine"-Kapelle spielt flotte Weisen, es gibt feierliche Ansprachen von einem hohen Podest, die Lady Astor tauft das Schiff, eine Sektflasche zerschellt am imaginären Schiffsbug. Dann dürfen sich die Darsteller und das Publikum auf Holzstegen ins Innere drängen.

Das große Opernfoyer im ersten Stock ist längsgeteilt, auf einer Hälfte sitzt das auf 300 Personen beschränkte Publikum, die andere stellt das Sonnendeck der I. Klasse-Pasagiere dar, eine Salonkapelle spielt. Auf dem ein Stockwerk höheren Wandelgang sind die Kapitänsbrücke und die Funkerkabine installiert. Die Funker geben Börsenberichte durch, ein Paar singt eine Liebesszene. Ein Reporter – die einzige Sprechrolle – provoziert die Reichen durch freche Fragen.

Der Funker gibt dem Kapitän die Meldung „Eisberggefahr!" durch. Kapitän ordnet Kursänderung an. Doch der Schiffseigner besteht auf Beibehalten des alten Kurses, er ist kürzer: man will doch das Blaue Band erringen. Abermals Warnruf an das Schiff ...

Die Passagiere sollen abgelenkt werden, der Kapitän verkündet einen Ball. Drei Bands und das Salonorchester spielen gleichzeitig. Das zahlende Publikum wird jetzt aufgefordert sich unter die tanzenden Passagiere zu mischen. Ein Clown gibt seine Vorstellung.

Aber da: Matrosen verteilen Schwimmwesten, „nur eine kleine Übung", heißt es. Plötzlich heißt es: „In die Rettungsboote!" Panik bricht aus. Die überstürzte Flucht führt über die Garderoben durch lange Gänge, die von zischenden Dampfwolken erfüllt sind. Vorbei an geschlossenen Gittern, hinter denen, in höchster Lautstärke singend, die Zwischendeckpassagiere ihre Rettung verlangen.

Die Flucht der Mitwirkenden und des Publikums führt in einen engen Hof. Eine seiner Mauern ist jetzt das sinkende Schiff, über dem pausenlos Notraketen hochgehen. Auf einem Balkon spielt noch immer die Kapelle. Über eine Rutsche werden Passagiere heruntergelassen und auf der gegenüberliegenden Seite hochgehievt. Lady Astor stört die fieberhaften Aktionen: sie läßt sich ihren Schmuckkoffer nachreichen ... – Ende.

Mögen auch manche Kritiker anderer Meinung sein: das Experiment ist geglückt.

Die größte Datenbank der Welt

Nach elfjähriger Bauzeit wurde sie eingeweiht, die Staatsbibliothek Preußischer Kulturbesitz. Erbaut nach den Plänen von Hans Scharoun – einer der letzten Architekten, die Phantasie besaßen und Eigensinn. Er schuf auch die Philharmonie und damit am Kemperplatz ein exquisites Bau-Ensemble, dem sich aber auch die spätklassizistische Matthäikirche nobel anpaßt.

Die Staatsbibliothek besitzt derzeit über 3 Millionen Bände, der Magazinraum ist für ein Wachstum bis 8 Millionen Bände dimensioniert. Der schräg in den Himmel steigende Haupt-Magazintrakt hat die Berliner schnell animiert, das Ganze „Bücherdampfer" zu taufen. Weitere Superlative: die Bibliothek besitzt die größte Datenbank der Welt zur Erfassung wissenschaftlicher Zeitschriften;

mit 150 000 Bänden bundesweit die größte Sammlung ostasiatischen Schrifttums; 300 000 Handschriften deutscher Geistesheroen und 3000 der einmaligen Raritäten, an der Spitze die berühmte Gutenberg-Bibel.

Ausstellungen, Konzerte und Vortragsveranstaltungen locken von Jahr zu Jahr zunehmend auch Nicht-Leser in die Bibliothek. Ebenso ist ein Besuch der gastlichen Cafeteria zu empfehlen.

Kunst großgeschrieben ...

2 213 500 Besucher zählten die Museen der Stiftung Preußischer Kulturbesitz im Jahr 1979. Davon entfielen rund eine Million auf den Museumskomplex in Dahlem, 423 000 auf die Nationalgalerie, 362 000 auf das Ägyptische Museum.

Unter den zahllosen Ausstellungen der 70er Jahre ragen hervor: „Nofretete – Echnaton", die „Europäische Kunstausstellung 77", „Max Liebermann in seiner Zeit", „Max Ernst" und „Ernst Ludwig Kirchner". Ferner die Ausstellung des Museums für Völkerkunde „Steinzeit heute".

Tuntenball

Das Plakat für die 30. Berliner Filmfestspiele zeigt einen Mädchenkopf, angestückelt an eine stark behaarte Männerbrust. Der Volksmund reagierte sofort: man taufte die Berlinale „Tuntenball".

Philharmoniker in China

Nach wie vor tragen die Berliner Philharmoniker mit ihrem Chef Herbert von Karajan den Namen ihrer Stadt in alle Welt. Jede Tourneereise wird zum Triumphzug.

Anders als bei Oper und Theater gibt es in diesem Orchester keine Pannen, nichts, was zu „enthüllen“ wäre, keinen Klatsch, keine Intrigen . . . Immerhin: von der philharmonischen Reise nach China, der „Eroberung“ Pekings mit dem Taktstock, gibt es eine ganz besondere Geschichte zu berichten.

Einer der Violinisten, Hellmut Stern, erhielt eine unerwartete Einladung aus Harbin, der Millionenstadt im Nordosten Chinas. Im Anschluß an die Karajan-Tournee möge er dort einige Konzerte geben und dazu die beiden Kollegen, mit denen zusammen Stern das philharmonische Streichtrio gründete, mitbringen. Stern wurde in Harbin, als „Sohn der Stadt“, wie ein König empfangen. Der deutsche Musiker nämlich hatte von seinem 10. bis zum 21. Lebensjahr in Harbin gelebt. Er ist der Sohn einer Berliner jüdischen Familie, der es kurz vor dem Ausbruch des zweiten Weltkriegs, kurz bevor die tödliche Falle für die Juden zuschnappte, gelang, eine Ausreisegenehmigung in die Mandschurei zu erhalten.

In Harbin hat Hellmut Stern, 16jährig, sein erstes Konzert gegeben. Über drei Jahrzehnte später nun gab er zwei Konzerte, jedes mit 2000 Besuchern restlos ausverkauft. Wie in Peking das volle Orchester, löste das Auftreten des Streichertrios in Harbin Jubel und Begeisterung aus. Die Stadt hat die drei eingeladen, wiederzukommen, und zwar zum „Harbiner Sommer 1980“, dem einzigen Musikfestival in China.

Nun hatten die Berliner Musiker aber auch bemerkt, daß die Instrumente ihrer chinesischen Kollegen sich in einem erbarmungswürdigen Zustand befinden. Hellmut Stern, kaum nach Berlin zurückgekehrt, wandte sich an die Öffentlichkeit: „Die chinesischen Orchester brauchen Saiten, Stege, Stimmstöcke, sie brauchen Noten und Partituren. Harbin braucht einen Konzertflügel – in der großen Stadt gibt es keinen . . .“ Und er fragt: „Könnte es einen Mäzen nicht reizen, beim Aufbau der deutsch-chinesischen Kulturbeziehungen mitgeholfen zu haben?“

„Quo vadis Berlin?"

fragt Herbert Weichmann, der frühere Bürgermeister von Hamburg:

„Quo vadis Berlin – hierfür sind nun viele gute Rezepte von guten Leuten entwickelt worden. Ich habe sie mit der Aufmerksamkeit gelesen und mit der Erfahrung betrachtet, die nun einmal einem ehemaligen Stadtvater Hamburgs, das auch den Rang einer Weltstadt beansprucht, zugewachsen ist. Vielleicht aber sollte ein gelernter Bürgermeister aus einer anderen Stadt, die gleichfalls Ambitionen hat, dieses unterstreichen: Es ist, etwa im Gegensatz zu Frankreich oder England, der Vorzug des deutschen Föderalismus, meinetwegen auch der deutschen Kleinstaaterei gewesen, viele Hauptstädte und damit eine diversifizierte Kulturlandschaft geschaffen zu haben, in der jede Hauptstadt ihr eigenes Gepräge hatte. Es muß darüber hinaus im Rückblick auf die Vergangenheit daran erinnert werden, daß keine Stadt eine so spezielle Prägung hatte wie Berlin, mag man sie im administrativen Sinne Reichshauptstadt und in einem umfassenderen Sinne Metropole nennen. Und eben dieser Platz als eine Sammelstelle schöpferischer Kräfte, der einer Stadt den Stempel „Hauptstadt" aufdrücken konnte, ist auch heute nicht anderweitig okkupiert. Er ist nicht okkupiert durch Bonn, das ein administratives Getto, bestenfalls eine Art Washington als politische Schaltstelle ist.

... Um so mehr muß sich an der Seite Berlins die gesamte Bundesrepublik in der Verantwortung fühlen, die geographische Exklave zu einem Mekka aller jener fruchtbaren Kräfte zu machen, die Berlin helfen können, seine unverwechselbare Eigenart als Empfangs- und Sendestation einer vielfältigen fruchtbaren Gesellschaft zu erhalten.

„Quo vadis Berlin?" Die Antwort auf diese Frage hängt auch von der Antwort auf die Frage ab: „Quo vadis, Germania?"

NAMENREGISTER